Capacidade civil da pessoa com deficiência intelectual e mental: entre a autonomia e a desproteção jurídica

Diretora de Conteúdo e Operações Editoriais
JULIANA MAYUMI ONO

Gerente de Conteúdo
MILISA CRISTINE ROMERA

Editorial: Aline Marchesi da Silva, Diego Garcia Mendonça, Karolina de Albuquerque Araújo Martino e Quenia Becker

Gerente de Conteúdo Tax: Vanessa Miranda de M. Pereira

Direitos Autorais: Viviane M. C. Carmezim

Assistente de Conteúdo Editorial: Juliana Menezes Drumond

Analista de Projetos: Camilla Dantara Ventura

Estagiárias: Ana Amalia Strojnowski, Bárbara Baraldi, Bruna Mestriner e Mirna Adel Nasser

Produção Editorial
Coordenação
ANDRÉIA R. SCHNEIDER NUNES CARVALHAES

Especialistas Editoriais: Gabriele Lais Sant'Anna dos Santos e Maria Angélica Leite

Analista de Projetos: Larissa Gonçalves de Moura

Analistas de Operações Editoriais: Alana Fagundes Valério, Caroline Vieira, Damares Regina Felício, Danielle Castro de Morais, Mariana Plastino Andrade, Mayara Macioni Pinto, Patrícia Melhado Navarra e Vanessa Mafra

Analistas de Qualidade Editorial: Ana Paula Cavalcanti, Fernanda Lessa, Thaís Pereira e Victória Menezes Pereira

Designer Editorial: Lucas Kfouri

Estagiárias: Bianca Satie Abduch, Maria Carolina Ferreira, Sofia Mattos e Tainá Luz Carvalho

Capa: Ariel Villalba e Cinthia Riveros

Líder de Inovações de Conteúdo para Print
CAMILLA FUREGATO DA SILVA

Visual Law: Danielle Castro de Morais, Maria Carolina Ferreira e Rodrigo Barcelos

Equipe de Conteúdo Digital
Coordenação
MARCELLO ANTONIO MASTRORROSA PEDRO

Analistas: Gabriel George Martins, Jonatan Souza, Maria Cristina Lopes Araujo e Rodrigo Araujo

Gerente de Operações e Produção Gráfica
MAURICIO ALVES MONTE

Analistas de Produção Gráfica: Aline Ferrarezi Regis e Jéssica Maria Ferreira Bueno

Assistente de Produção Gráfica: Ana Paula Evangelista

Dados Internacionais de Catalogação na Publicação (CIP)
(Câmara Brasileira do Livro, SP, Brasil)

Silva, Erika Mayumi Moreira da

Capacidade civil da pessoa com deficiência intelectual e mental : entre a autonomia e a desproteção jurídica / Erika Mayumi Moreira da Silva. -- São Paulo : Thomson Reuters Brasil, 2021.

Bibliografia.
ISBN 978-65-5991-985-7

1. Capacidade civil 2. Direito civil - Brasil 3. Pessoas com deficiência intelectual 4. Pessoas com deficiência mental I. Título.

21-64874   CDU-347.161 (81)

Índices para catálogo sistemático:
1. Brasil : Capacidade civil : Pessoas com deficiência : Direito civil 347.161(81)

Cibele Maria Dias - Bibliotecária - CRB-8/9427

Capacidade civil da pessoa com deficiência intelectual e mental: entre a autonomia e a desproteção jurídica

ERIKA MAYUMI MOREIRA DA SILVA

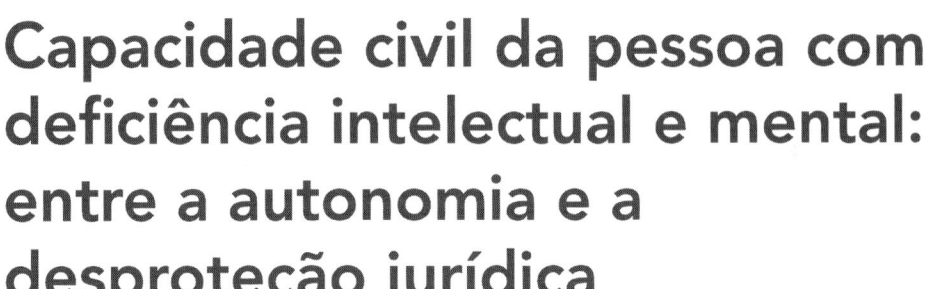

CAPACIDADE CIVIL DA PESSOA COM DEFICIÊNCIA INTELECTUAL E MENTAL:

Entre a autonomia e a desproteção jurídica

ERIKA MAYUMI MOREIRA DA SILVA

© desta edição [2021]

THOMSON REUTERS BRASIL CONTEÚDO E TECNOLOGIA LTDA.

JULIANA MAYUMI ONO
Diretora Responsável

Av. Dr. Cardoso de Melo, 1855 – 13º andar – Vila Olímpia
CEP 04548-005, São Paulo, SP, Brasil

TODOS OS DIREITOS RESERVADOS. Proibida a reprodução total ou parcial, por qualquer meio ou processo, especialmente por sistemas gráficos, microfílmicos, fotográficos, reprográficos, fonográficos, videográficos. Vedada a memorização e/ou a recuperação total ou parcial, bem como a inclusão de qualquer parte desta obra em qualquer sistema de processamento de dados. Essas proibições aplicam-se também às características gráficas da obra e à sua editoração. A violação dos direitos autorais é punível como crime (art. 184 e parágrafos, do Código Penal), com pena de prisão e multa, conjuntamente com busca e apreensão e indenizações diversas (arts. 101 a 110 da Lei 9.610, de 19.02.1998, Lei dos Direitos Autorais).

A autora goza da mais ampla liberdade de opinião e de crítica, cabendo-lhe a responsabilidade das ideias e dos conceitos emitidos em seu trabalho.

CENTRAL DE RELACIONAMENTO THOMSON REUTERS SELO REVISTA DOS TRIBUNAIS

(atendimento, em dias úteis, das 09h às 18h)

Tel. 0800-702-2433

e-mail de atendimento ao consumidor: sacrt@thomsonreuters.com
e-mail para submissão dos originais: aval.livro@thomsonreuters.com
Conheça mais sobre Thomson Reuters: www.thomsonreuters.com.br

Acesse o nosso *eComm*
www.livrariart.com.br

Impresso no Brasil [06-2021]
Profissional
Fechamento desta edição [07.05.2021]

ISBN 978-65-5991-985-7

Aos meus pais, Elisa e Edgard.
Em memória dos meus avós Sanemi Shimura e Toshiko Shimura.

AGRADECIMENTOS

Agradeço a todos que me auxiliaram nessa conquista, especialmente:

Aos meus amados pais, Elisa Mizue Shimura Moreira da Silva e Edgard Moreira da Silva, pela compreensão, incentivo e apoio incondicional, dispensando todos os esforços necessários à minha formação humana, acadêmica e profissional.

Ao meu irmão, Edgard, pela compreensão e ajuda.

Ao meu tio, Ênio Moreira da Silva, pelos seus sábios ensinamentos.

Ao Luis Cabello, pelo seu grande apoio.

Ao meu Ilustre Orientador, Professor Doutor Mairan Gonçalves Maia Júnior, pela confiança, atenção, motivação e lições de sua enaltecida sabedoria, desde o período da graduação.

Aos Ilustres Professores Doutores Giovanni Ettore Nanni, Vidal Serrano Nunes Júnior, Rodrigo de Lima Vaz Sampaio, Gustavo Luís da Cruz Haical e Adriano Ferriani por aceitarem compor a minha banca de mestrado, contribuindo com o elevado grau de conhecimento nas indispensáveis críticas, sugestões e nas honradas palavras de encorajamento.

Aos Professores do mestrado, funcionários da PUC-SP e colegas de mestrado.

PREFÁCIO

No dia 03 de dezembro comemora-se o dia internacional da pessoa com deficiência. Segundo dados da ONU, aproximadamente 10% (dez por cento) da população mundial são pessoas com deficiência. Apesar dos avanços para inserção das pessoas com deficiência em nossa sociedade, muitos são os obstáculos existentes, desde os mais comezinhos, próprios do dia a dia, aos de caráter mais complexos, como os jurídicos.

As regras jurídicas, como demonstra a análise histórica, têm optado por considerar as pessoas com deficiência como hipossuficientes, impossibilitadas de exercer atividades econômicas ou de exteriorizar autonomamente a vontade. Como consequência, limita-lhes a capacidade jurídica em alguns de seus aspectos. A finalidade é nitidamente protetiva, mas a restrição generalizada pode comprometer a dignidade e autonomia da pessoa com deficiência.

O Código Civil Brasileiro atual, à semelhança do anterior, optou por trabalhar com os graus de capacidade de fato para possibilitar a justa adequação ao caso concreto, na proteção à pessoa com deficiência. Essa solução tradicional foi, todavia, substancialmente alterada pela Lei n. 13.146/2015, o Estatuto da Pessoa com Deficiência, que revogou os incisos I a III do art. 3º e alterou o art. 4º, *caput*, do Código Civil. O objetivo: assegurar a plena autonomia da pessoa com deficiência. A medida foi, entretanto, criticada por reduzir bastante a proteção jurídica conferida pela norma.

Com efeito, as críticas são justificadas, porque o suposto equilíbrio entre proteção jurídica e autonomia da pessoa com deficiência não foi obtido. Essa questão constitui o cerne do trabalho escrito pela Dra. Érika Mayumi Moreira da Silva, jovem e brilhante jurista formada nos bancos da Pontifícia Universidade Católica de São Paulo.

Louve-se, inicialmente, sua coragem de abordar o tema com espírito questionador, fugindo da análise comum, e enfrentando as novas questões que a Lei n. 13.146/2015 trouxe. Com essa finalidade, a Dra. Érika inicia o texto com o estudo da capacidade jurídica, suas espécies e teorias, prosseguindo com a análise da relação entre capacidade de fato e imputabilidade.

Merecem especial destaque os capítulos 7 e 8, os quais tratam, respectivamente, das pessoas com deficiência intelectual e mental e das alterações ao regime das incapacidades promovidas pela Lei n. 13.146/2015. Na sequência, a autora trabalha, especificamente, o exercício da capacidade nas situações patrimoniais e extrapatrimoniais, detalhando ainda mais o tema no capítulo 10, ao discorrer sobre o exercício da capacidade em situações especiais.

Propõe, ainda, no capítulo 11, a reconstrução da teoria das incapacidades e, com esse objetivo, esmiúça o conceito de discernimento e sua importância para a formação da vontade.

Na conclusão, responde à pergunta sobre os efeitos da Lei n. 13.146/2015 na equação proteção jurídica X autonomia da pessoa com deficiência.

De fato, o trabalho da Dra. Érika Mayumi Moreira da Silva destaca-se como obra pensada e executada com esmero e dedicação pela autora, que ousou trabalhar com profundidade a questão pertinente ao exercício da capacidade para agir das pessoas com deficiência, à luz das regras veiculadas pela Lei n. 13.146/2015 e suas consequências, nem sempre as melhores.

MAIRAN GONÇALVES MAIA JUNIOR
Profª Livre-Docente da Pontifícia Universidade Católica de São Paulo
Desembargador Federal Presidente do Tribunal
Regional Federal da 3ª Região.

APRESENTAÇÃO

Honrou-me a Doutora Erika Mayumi Moreira da Silva com pedido para fazer a apresentação desta importante obra: "A Capacidade civil e pessoas com deficiência mental e intelectual: entre a autonomia e a desproteção jurídica".

A obra nasceu como uma tese de doutoramento de cuja comissão examinadora tive a satisfação de pertencer, que, a propósito, atribuiu-lhe a nota dez.

Ao ler o trabalho, fui surpreendido com um raciocínio lógico perfeito, partindo de premissas claras das quais conclusões originais e relevantes foram extraídas, revelando um esmerado processo de elaboração, que contou com a segura orientação de um dos maiores juristas do país, o ilustre Professor Mairan Maia.

Escorado em sólida pesquisa bibliográfica, houve apontamentos novos, e de tal modo relevantes, que farão do trabalho material de leitura obrigatória para aqueles que quiserem estudar o tema.

Para finalizar, não poderia deixar de registrar minha admiração pela autora, jovem talentosa e socialmente comprometida, que já vem revelando os traços da notável jurista em que está se transformando.

São Paulo, 14 de dezembro de 2020.

Vidal Serrano Nunes Júnior
Professor Livre-docente
Diretor da Faculdade de Direito da PUC-SP.

Veja no QR Code o Visual
Law com os objetivos da obra

SUMÁRIO

AGRADECIMENTOS 7

PREFÁCIO... 9

APRESENTAÇÃO 11

1. INTRODUÇÃO 17
2. CAPACIDADE CIVIL... 21
   2.1. Aspectos gerais.. 21
   2.2. Espécies de capacidade civil... 23
3. CAPACIDADE DE DIREITO OU DE GOZO...................................... 27
   3.1. Conceito 27
   3.2. Capacidade de direito e personalidade civil 27
      3.2.1. Capacidade de direito: atributo da personalidade civil............. 32
   3.3. Evolução histórica da concepção de personalidade e de capacidade 34
   3.4. Capacidade de direito e legitimação 39
4. CAPACIDADE DE FATO OU DE EXERCÍCIO 43
   4.1. Conceituação e aspectos gerais 43
   4.2. Fundamentos da capacidade de fato.. 44
      4.2.1. Autonomia da vontade e autonomia privada........................... 45
         4.2.1.1. Teoria da vontade ou teoria clássica da autonomia privada 47
         4.2.1.2. Teoria normativista da autonomia privada 48
         4.2.1.3. Princípio da liberdade 50
            4.2.1.3.1. Liberdade: o livre-arbítrio 51
            4.2.1.3.2. Liberdade e discernimento................... 53
         4.2.1.4. Manifestação da vontade 56
         4.2.1.5. Princípio da confiança... 60
         4.2.1.6. Capacidade de obrar e independência financeira 62
5. TEORIA DAS INCAPACIDADES OU TEORIA DAS CAPACIDADES 67
   5.1. Aspectos gerais.. 67

5.2.	Objetivos da teoria	68
5.3.	Regime das incapacidades	72
	5.3.1. Capacidade plena	73
	5.3.2. Incapacidades	73
	5.3.2.1. Incapacidade absoluta	76
	5.3.2.2. Incapacidade relativa	80
5.4.	Amplitude da teoria	84
6.	**RELAÇÃO ENTRE CAPACIDADE DE FATO E IMPUTABILIDADE PENAL**	**93**
7.	**PESSOAS COM DEFICIÊNCIA INTELECTUAL E MENTAL**	**99**
7.1.	Internalização da Convenção da ONU sobre Pessoas com Deficiência	99
7.2.	Microssistema da pessoa com deficiência	101
7.3.	Evolução histórica da concepção de pessoa com deficiência	109
7.4.	Conceito jurídico de pessoa com deficiência	111
	7.4.1. Doença e deficiência	114
	7.4.2. Deficiência e incapacitação	115
7.5.	Conceito de deficiência intelectual e mental	117
7.6.	Dignidade humana da pessoa com deficiência	121
8.	**ALTERAÇÕES AO REGIME DAS INCAPACIDADES PROMOVIDAS PELAS NORMAS ESPECÍFICAS DAS PESSOAS COM DEFICIÊNCIA**	**127**
8.1.	A "capacidade legal" da Convenção da ONU	127
	8.1.1. "Capacidade legal": relação entre o artigo 12 da Convenção da ONU sobre Pessoas com Deficiência e o artigo 84, *caput*, da Lei de Inclusão	131
8.2.	Estatuto da Pessoa com Deficiência: principais alterações no regime da capacidade civil	133
	8.2.1. Revogação da incapacidade absoluta	133
	8.2.2. Incapacidade relativa	135
	8.2.2.1. Curatela	136
	8.2.3. Tomada de decisão apoiada	140
	8.2.3.1. Tomada de decisão apoiada e curatela	144
	8.2.3.2. Tomada de decisão apoiada e diretivas antecipadas da vontade	146
	8.2.3.3. Tomada de decisão apoiada e institutos semelhantes no direito internacional	149
9.	**ATOS PATRIMONIAIS E EXTRAPATRIMONIAIS: NOVO PARÂMETRO DA CAPACIDADE CIVIL**	**155**
9.1.	"Despatrimonialização" do direito privado	156
9.2.	Breve menção às técnicas de classificação e o corte metodológico	162

9.3.	Classificações genéricas	164
9.4.	Classificação de negócios patrimoniais ou de lucro e existenciais	165
	9.4.1. Regime jurídico dos negócios existenciais e dos negócios de lucro	170
9.5.	Dicotomia no Estatuto da Pessoa com Deficiência	178

10. CAPACIDADE CIVIL EM SITUAÇÕES ESPECIAIS 181
   10.1. Direito para dispor sobre próprio corpo e direitos consectários 182
       10.1.1. Capacidade para consentir para tratamentos médicos 184
       10.1.2. Exercício de direitos sexuais 192
       10.1.3. Conservação da fertilidade e esterilização 196
   10.2. Capacidade para o matrimônio e formação de união estável 203
       10.2.1. Capacidade matrimonial 204
       10.2.2. Capacidade para formação de união estável 213
   10.3. Capacidade para decidir sobre o planejamento familiar, guarda, tutela e curatela 218
       10.3.1. Capacidade para decidir sobre o planejamento familiar 220
       10.3.2. Direito à guarda, tutela e curatela 228
   10.4. Capacidade para testar 230

11. RECONSTRUÇÃO DA TEORIA DAS INCAPACIDADES 237
   11.1. Capacidade de agir para atos patrimoniais e extrapatrimoniais 237
   11.2. O mínimo de discernimento para o exercício da capacidade nos atos existenciais 237
       11.2.1. Existe vontade sem discernimento? 238
       11.2.2. Diferentes âmbitos do exercício do discernimento 238

12. VISÃO GLOBAL: PROTEÇÃO OU DESPROTEÇÃO? 241

13. CONCLUSÃO 247

REFERÊNCIAS 253
      Legislação e diretrizes 266
      Sites consultados 268
      Filme/documentário 269
      Referências normativas 269

POSFÁCIO 271

PRINCIPAIS NORMAS RELACIONADAS AO TEMA 273
   1. Histórico da capacidade civil no Código Civil brasileiro 273
   2. Tomada de decisão apoiada (art. 1783-A, do Código Civil) 275

3. Comparativo entre a Convenção da ONU sobre os direitos das pessoas com deficiência e o Estatuto da Pessoa com Deficiência no tocante ao tratamento da capacidade civil 276
4. Quadro comparativo das principais revogações expressas ao CC feitas pelo artigo 123, EPD 279

1
INTRODUÇÃO

O direito civil é a área mais abrangente do direito privado. Nos ensinamentos preliminares do direito, demonstram-se diferenças didáticas entre os ramos do direito público e do direito privado[1]. Dentre elas, interessa ressaltar os sujeitos envolvidos e a amplitude da liberdade em cada ramo. No primeiro, sempre figura como uma das partes o Estado. No segundo, os sujeitos, em regra, são indivíduos; excepcionalmente o Estado poderá se inserir na relação privada. Quando isso acontecer, ele atuará como um particular, encontrando-se em pé de igualdade na relação. Outro traço distintivo diz respeito à liberdade. No âmbito público, as pessoas, principalmente o Estado, devem fazer apenas o que impõem a lei, predominando normas de força cogente. Enquanto isso, no âmbito privado, as pessoas podem dispor sobre tudo o que não esteja vedado legalmente, preponderando as normas dispositivas[2].

Diante disso, é possível afirmar que significativa parte do direito privado se constrói na liberdade de os sujeitos se autodeterminarem. Por essa razão, a doutrina brasileira afirma que a autonomia privada configura o "eixo do direito privado"[3]. Nessa área recebe importância o elemento da vontade. Para o real alcance dessa autonomia privada na construção das relações jurídicas civis, é fundamental compreender a capacidade civil em todos os seus aspectos, pois seu objeto de estudo concerne sobre a aptidão de as pessoas serem titulares de direitos e deveres, e o seu modo de exercê-los, relacionando-se, assim, com o exercício da autodeterminação. Ao qualificar o sujeito, a capacidade refere-se diretamente no tripé da relação jurídica[4], razão pela qual se insere na parte geral do direito civil.

Desde o Código de Beviláqua, o tema parecia estar sedimentado. Dessa forma, o advento do Código Civil de 2002 não trouxe grandes inovações na aplicação

---

1. Salienta-se que não são distinções absolutas. O sistema jurídico é uno, a divisão em ramos serve para auxiliar o estudo do Direito. Portanto, essas searas jurídicas se comunicam.
2. PEREIRA, Caio Mário Silva. **Instituições de direito civil**. v. I. 31. ed. Rio de Janeiro: Forense, 2018, pp. 11-15.
3. MARTINS-COSTA, Judith. **A boa-fé no direito privado**: critérios para a sua aplicação. 2. ed. São Paulo: Saraiva Educação, 2018, p. 248.
4. A doutrina considera o tripé da relação jurídica o sujeito, o objeto e o instituto.

legal da teoria das capacidades, que fundamenta o exercício dos atos civis pelos sujeitos de direito. Predominava o mesmo ponto de vista na doutrina civilista, a qual tratava o assunto de maneira descritiva, sem demonstrar preocupação em modificar expressivamente seu conteúdo normativo.

Entretanto, nos últimos anos, o assunto veio à tona. O Estatuto da Pessoa com Deficiência[5], Lei n. 13.146/2015, introduziu substanciais alterações no regime das capacidades desses indivíduos. Esse diploma, também denominado Lei Brasileira de Inclusão ou, simplesmente, Lei da Inclusão, buscou o merecido intuito de promover dignidade a esses sujeitos, não apenas pela proteção conferida, mas também por meio do reconhecimento de sua autonomia. Trata-se de uma transformação de perspectiva consubstanciada na Convenção da ONU sobre os direitos das pessoas com deficiência, firmada em Nova Iorque.

Partindo desse paradigma, o legislador nacional conferiu maior liberdade a estes indivíduos para a prática de atos civis e restringiu a interferência de outrem na transmissão de sua vontade. Nessa senda, os principais impactos da Lei Brasileira de Inclusão foram a vedação da incapacidade civil absoluta de qualquer pessoa com deficiência; permitido apenas reconhecer a presença do assistente nos atos patrimoniais e o reconhecimento da plena capacidade para os atos extrapatrimoniais.

Nota-se que além da modificação das regras quanto à gradação da capacidade e incapacidade (plena, relativa ou absoluta), o Estatuto trouxe as noções de atos patrimoniais e extrapatrimoniais. Trata-se de conceitos indeterminados que, com as devidas ressalvas, não eram positivados na ordem jurídica pátria e eram pouco explorados pela doutrina para fins de aptidão de agir.

O novo cenário legal provocou insegurança jurídica, especialmente no que concerne às pessoas cuja capacidade é reduzida em razão de deficiência intelectual ou mental. Há dúvidas e resistência quanto à aplicação destas normas. Diante disso, o presente livro visa averiguar o novo tratamento da capacidade de fato desses indivíduos, de acordo com a norma, a teoria e as consequências práticas, avaliando-o sob o aspecto protetivo.

O caminho para cumprir esse objetivo é cercado de problematizações. Antes de perquirir estas indagações é requisito assimilar conceitos elementares e contextualizar o assunto. Por isso, inicialmente, apresentar-se-á o estudo analítico e comparativo do instituto da capacidade civil (capítulo 2). Desenvolver aspectos

---

5. Convém fazer uma breve menção à nomenclatura. A partir de uma visão inclusiva, convencionou-se que a melhor expressão para designar esse grupo de pessoas é "pessoa com deficiência", como ensina a doutrina brasileira especializada no tema. Desse modo, esse trabalho não utilizará termos sinônimos, a fim de evitar qualquer carga pejorativa. Expõe esse entendimento: ARAUJO, Luiz Alberto David. **A proteção constitucional das pessoas portadoras de deficiência**. 4. ed. Brasília: CORDE, 2011.

basilares aparenta ser algo simples, sem embargo, a precisão de certos conceitos, como capacidade de gozo e capacidade de fato (item 2.2), será essencial para a correta hermenêutica da Convenção de Direitos sobre as Pessoas com Deficiência (item 8.1).

Inserido na temática da capacidade de fato, é indispensável entender a *ratio* de sua existência, buscando seus fundamentos (item 4.2), a fim de valorar quais indivíduos são merecedores de tratamento especial. Também se examinará a teoria das capacidades, para posteriormente perquirir se ela se adequa à sociedade contemporânea (capítulo 5).

Convém abordar a situação dos indivíduos com deficiência, principalmente, em razão de limitação mental e intelectual, sob o viés jurídico e social. A finalidade é compreender as novas diretrizes, que construíram a vigente concepção de pessoa com deficiência e promoveram a releitura da capacidade de fato (capítulo 7).

Tal estudo preliminar permitirá raciocínios mais complexos sobre o tema, respondendo às seguintes indagações. Houve alteração no regime das capacidades? Como é o regramento vigente (capítulos 8 e 11)? O teor da capacidade civil prevista no Estatuto da Pessoa com Deficiência tem interpretação conforme a Convenção das Pessoas com Deficiência (item 8.1)? Como se interpreta o parâmetro da "patrimonialidade" dos atos à luz do Estatuto (capítulo 9)? Houve tutela ou desproteção das pessoas com deficiência de ordem intelectual ou mental (capítulo 12)? Qual seria o melhor entendimento para o assunto (capítulo 12)?

Em suma, a presente obra solidificará os conceitos fundamentais de capacidade civil e de pessoa com deficiência intelectual e mental, apresentando o respectivo panorama jurídico e social. Visto isso, examinará as problematizações a respeito, com a finalidade de conjugar a lei, a doutrina e a realidade da capacidade civil desses indivíduos.

2
CAPACIDADE CIVIL

Acesse o Visual Law

2.1. Aspectos gerais

Raramente se encontra um conceito genérico de capacidade jurídica, pois a lei, a doutrina e a jurisprudência debruçam-se em sistematizar o assunto a partir das espécies de capacidade civil. Ademais, a preocupação primordial dos juristas concentra-se nas formas de incapacidade de fato, devido à natureza instrumental do instituto, na formação de relações jurídicas e nas restrições geradas ao incapacitado. Não obstante, é relevante ter uma visão sobre a integralidade do tema, antes de ingressar em suas especificidades.

Na linguagem comum, a acepção de capacidade mais próxima com o instituto em tela é a de habilidade, aptidão ou perícia de um indivíduo[1]. Esse significado coincide, mas não alcança com exatidão a acepção no campo da ciência normativa. A partir do significado genérico, o direito direcionou essa capacidade à aptidão do indivíduo no tocante à ação válida sobre si mesmo. Observa-se a diferença com a semântica de "poder", que é a aptidão de agir sobre o patrimônio do outro, conforme retratou Baptista de Mello[2].

Grosso modo, capacidade civil é o instituto de direito privado, cuja natureza jurídica é de situação classificatória simples ou unissubjetiva, relativa à qualidade de ser pessoa ou ente[3] a quem a lei atribui a possibilidade de ser sujeito de direitos e deveres restrito pelas normas de conduta no universo social restrito.

---

1. "Capacidade [...] 3. Qualidade ou condição de capaz. 3.1.1. Habilidade física ou mental de um indivíduo; aptidão ou perícia [...]". HOUAISS, Antônio; VILLAR, Mauro de Salles. **Dicionário da língua portuguesa**. Instituto Antônio Houaiss de Lexicografia e Banco de dados da Língua Portuguesa S/C Ltda. Rio de Janeiro: Objetiva, 2009, p. 391.
2. "Planiol faz, outrossim, distinção entre capacidade e poder. Capacidade, para ele, é a aptidão de agir validamente por si próprio; poder é a força de agir sobre o patrimônio de outrem". MELLO, Baptista de. A incapacidade civil do pródigo. Revista dos Tribunais, RT 97/318, set. 1935. In: MENDES, Gilmar Ferreira; STOCO, Rui (org.). **Edições Especiais Revista dos Tribunais 100 anos.** Coleção doutrinas essenciais: direito civil, parte geral. v. 3 (pessoas e domicílio). São Paulo: RT, 2011, p. 144.
3. Como será explanado, todas as pessoas possuem capacidade. Os entes despersonalizados podem ter capacidades específicas, desde que autorizados por lei, como figurar em juízo, contrair obrigações etc.

Marcos Bernardes de Mello explica que por ser uma situação jurídica unissubjetiva, a capacidade jurídica caracteriza-se pela referibilidade direta e imediata, oponibilidade *erga omnes* e impositividade. A partir da primeira se explica que a capacidade decorre tão somente da situação individual das pessoas, sem depender de um vínculo de sujeição com outra pessoa. Por ser uma prerrogativa que emana de cada pessoa, independentemente de uma situação de sujeição específica, irradia efeitos perante todos, sendo oponível *erga omnes*. Por fim, estas situações estão protegidas pela impositividade, inclusive por meio de ação judicial, com o intuito de firmar as prerrogativas, que decorrem da capacidade[4].

O autor também assevera que a capacidade jurídica é expressão genérica, classificando-a de acordo com os ramos do direito: privado, público material, processual e postulacional, embora estejam inter-relacionados[5]. Para o estudo em voga, interessa aprofundar apenas na capacidade civil. Trata-se de instituto que pertence à parte geral do diploma civil, tema inaugural do respectivo Código, juntamente com a personalidade civil (título I, capítulo I).

Essa posição topográfica da norma demonstra sua importância para o ordenamento civil, uma vez que ele é base na estrutura das relações da ordem civil, servindo de alicerce para todo o sistema jurídico privado e como instrumento para a realização de diversos atos e imputação de efeitos. Por esse motivo, é difícil refletir sobre relações jurídicas que dispensem esse instituto, especialmente sob a ótica civilista. Justamente a capacidade civil é o alicerce da pessoa como sujeito de direitos e deveres.

Além disso, a capacidade de exercício é um dos requisitos de validade do negócio jurídico ao qualificar o elemento "sujeito" que deve ser "capaz", nos termos do artigo 104 do Código Civil. Essa espécie de capacidade qualifica o sujeito como apto a expressar corretamente sua vontade, conferindo validade à ação praticada.

No campo do direito das obrigações, é intuitivo cogitar que os fatos jurídicos involuntários ou até mesmo os atos jurídicos *stricto sensu* dispensem maior apreço pela aplicação da capacidade de exercício, tendo em vista a irrelevância da vontade. Como exemplo, cita-se a descoberta[6], a usucapião, a prescrição e a decadência, cujos efeitos operam independentemente da vontade de quem o fez.

Contudo, ainda nessas hipóteses, cujos efeitos correm de pleno direito, a capacidade civil trará reflexos, tal como a previsão legal de não ocorrência de prescrição ou decadência aos absolutamente incapazes. Assim, embora se trate de ato jurídico *stricto sensu*[7], a descoberta de coisa abandonada seria influenciada pelo instituto

---

4. MELLO, Marcos Bernardes de. Achegas para uma teoria das capacidades em direito. **Revista de Direito Privado**, jul.-set. 2000. São Paulo: RT, 2000, pp. 3-5.
5. MELLO, Marcos Bernardes de. Achegas para uma teoria das capacidades em direito. **Revista de Direito Privado**, jul.-set. 2000. São Paulo: RT, 2000, pp. 1-2.
6. BRASIL. Código Civil (2002), artigos 1.233 a 1.237.
7. Para a doutrina filiada por Pontes de Miranda, a descoberta é ato-fato jurídico.

da capacidade civil. Primeiramente, ao imaginar que a suposta coisa abandonada pertencesse a um menor de idade, suscitar-se-ia que ela não poderia ser considerada abandonada, em razão da incapacidade do menor no ato volitivo de abdicar da propriedade de seu bem. Ademais, é defeso o escoamento dos prazos prescricional e decadencial contra absolutamente incapaz, de forma que não correria o termo de 60 dias, após a publicação do edital, para se alienar o bem em hasta pública.

Não obstante a importância e aplicação inexorável, o tema era pouco explorado pelos acadêmicos e pela jurisprudência, que não traziam grandes polêmicas, salvo no que concerne aos menores de idade e, eventualmente, aos pródigos. Também é verdade que o Código Civil de 2002 não trouxe mudanças estruturais ao regime desse instituto, em comparação ao Código de Beviláqua. No decorrer desses dois diplomas, as principais alterações concernem à nomenclatura mais adequada ao descrever o rol de incapazes, além do aprimoramento da gradação das hipóteses de incapacidade, quando a norma publicada em 2002 impôs expressamente o critério do discernimento e da manifestação de vontade para classificar a capacidade da pessoa.

Recentemente, com as novidades introduzidas pela Lei n. 13.146/2015, o assunto veio à tona, pois as alterações foram acentuadas e há dúvidas quanto à sua viabilidade e conformidade com o sistema. Essa mudança substancial temperou ou até mesmo alterou o regime das capacidades, de forma que é mister o estudo pormenorizado por parte da academia para compreendê-lo e aplicá-lo de acordo com o sistema jurídico nacional vigente.

2.2. Espécies de capacidade civil

Atualmente, a doutrina de direito civil é uníssona ao retratar as espécies de capacidade civil, que se biparte em capacidade de direito ou de gozo e a capacidade de fato ou de exercício. A primeira é ampla, pois condiz com o conceito genérico de capacidade, isto é, a aptidão de titularizar relações jurídicas; ao passo que a segunda é restrita ao estudo da forma de exercício dessa capacidade de direito, conforme será aprofundado.

Percebe-se que a nomenclatura de cada espécie faz *jus* à terminologia empregada. A doutrina francesa distingue "gozo" de "exercício" de direito, como explica Clóvis Beviláqua[8]. Gozar de um direito equivale à aptidão legal de uma

---

8. "Na doutrina francesa, há uma distinção semelhante entre o gozo e o exercício dos direitos. Gozo de um direito é a aptidão legal de uma pessoa para se utilizar as vantagens reconhecidas ou sancionadas pela lei. Exercício de um direito é a realização efetiva do gozo. Gozar de um direito é ser titular dele, exercê-lo é extrair as vantagens que possa fornecer. Assim, a ideia de gozo corresponde à de capacidade de direito; e a de exercício não corresponde à de capacidade de fato, mas a pressupõe [...]". BEVILÁQUA, Clóvis. **Teoria geral do direito civil**. Campinas, SP: Servanda, 2007, pp. 94-95.

pessoa se utilizar das vantagens decorrentes de lei. Na capacidade civil, o "gozo" seria a aptidão para estabelecer as relações jurídicas reconhecidas pelo direito. Já o "exercício" de um direito é efetivamente utilizar ou extrair as vantagens decorrentes de determinado direito. No caso, a capacidade de exercício é a aptidão de agir por si mesmo, a fim de concretizar seus direitos e deveres. Malgrado o termo exercício não seja exatamente empregado, é perceptível a analogia entre eles, pois a capacidade de exercício se refere a forma pela qual se extrai o gozo de seus direitos.

Por fim, necessário fazer referências à origem dessa distinção no ordenamento pátrio. Historicamente, as doutrinas de direito civil costumam citar o direito romano, devido à origem latina da construção normativa ocidental. Isso também acontece no tocante à capacidade, em que o direito romano serve como exemplo de negação da capacidade a certos grupos sociais. Porém, ele não trazia efetivamente a noção que se tem hoje sobre o tema. Até os tempos medievais, havia certa proteção de algumas pessoas consideradas inaptas para agirem sozinhas, mas não havia exatamente a sistematização binária entre capacidade de fato e de direito.

A Constituição do Império[9] impôs expressamente a criação de tal codificação, porque o país ainda se utilizava de vetustas leis medievais portuguesas, cujas normas civis se encontravam esparsas em diferentes diplomas[10]. O primeiro a se se incumbir dessa tarefa foi Augusto Teixeira de Freitas, que se debruçou na sistematização de um Código Civil.

Metódico, Teixeira de Freitas dedicou atenção à divisão do Código Civil em parte geral e especial. Durante essa incumbência, manteve participação doutrinária no exterior, permanecendo atualizado e fomentando seu poder criativo para a tarefa legislativa pátria. Ao participar do debate sobre o novo Código Civil

---

9. BRASIL. Constituição (1824): "Artigo 179. A inviolabilidade dos Direitos Civis, e Politicos dos Cidadãos Brazileiros, que tem por base a liberdade, a segurança individual, e a propriedade, é garantida pela Constituição do Imperio, pela maneira seguinte. [...] XVIII. Organizar-se-ha quanto antes um Codigo Civil, e Criminal, fundado nas solidas bases da Justiça, e Equidade".
10. A Lei de 20 de outubro de 1823 determinou que permaneceriam vigentes as normas portuguesas cuja data de entrada em vigor não ultrapassasse o dia 25 de abril de 1821: "Artigo 1º. As Ordenações, Leis, Regimentos, Alvarás, Decretos, e Resoluções promulgadas pelos Reis de Portugal, e pelas quaes o Brazil se governava até o dia 25 de Abril de 1821, em que Sua Magestade Fidelissima, actual Rei de Portugal, e Algarves, se ausentou desta Côrte; e todas as que foram promulgadas daquella data em diante pelo Senhor D. Pedro de Alcantara, como Regente do Brazil, em quanto Reino, e como Imperador Constitucional delle, desde que se erigiu em Imperio, ficam em inteiro vigor na parte, em que não tiverem sido revogadas, para por ellas se regularem os negocios do interior deste Imperio, emquanto se não organizar um novo Codigo [...]".

português da época[11], com a sua obra conhecida como *Nova Apostila*[12], o autor aprofundou-se no tema da capacidade civil. A partir dos estudos aplicados em seus trabalhos, Teixeira de Freitas foi o pioneiro no direito nacional a inserir a teoria da capacidade na disciplina de pessoas[13]. Consequentemente, introduziu conceitos mais precisos e trouxe a divisão da capacidade civil em capacidade de direito ou de gozo e capacidade de fato ou de exercício, conforme adotada atualmente.

Apesar de ser um estudioso do direito estrangeiro, com fortes influências jurídicas alemãs, francesas e portuguesas, o autor não se restringiu a mera repetição de ideias, mas buscou construir uma teoria própria e adaptada ao contexto brasileiro. Como se sabe, o direito comparado, alienígena ou histórico, deve ser sempre interpretado de acordo com as circunstâncias idiossincráticas de cada povo e de sua cultura. Se no atual mundo globalizado há evidentes diferenças culturais, naquela época, então, as conjunturas distintas eram ainda mais fortes, de forma que uma mera importação de teorias internacionais seria não somente inadequada, mas incompatível com os fins almejados. Portanto, todas as contribuições acadêmicas e legislativas atuais ou do passado, nacionais ou estrangeiras, devem ser entendidas à luz de seu tempo e lugar, para serem concebidas e aplicadas nos moldes da ordem jurídica vigente a fim capitanear os subsídios normativos legados em sua marcha para a civilização dos povos.

---

11. Trata-se do Código Civil português publicado em 1857, sob a autoria de Visconde Antônio Luiz Seabra.
12. Esse trabalho de Freitas decorreu do debate sobre o Código Civil português de 1857, o qual sofreu censuras de Alberto Antônio Moraes de Carvalho, seguida da defesa de Seabra (Apostila à censura). Por fim, houve as críticas do jurista brasileiro.
13. Felipe Quintella M. de Carvalho realizou um trabalho sobre o histórico da teoria das capacidades no Brasil. Após o estudo das principais obras legislativas e doutrinárias, concluiu que Teixeira de Freitas foi o responsável por introduzir a teoria da capacidade no direito brasileiro: "A análise do repertório normativo vigente – organizado na *Consolidação das Leis Civis* –, por fim, revelou que também no direito positivo não havia ainda àquele tempo um *esquema de capacidades*. Na *Nova Apostila*, publicada por Augusto Teixeira de Freitas em 1859, e na primeira parte do *Esboço de Código Civil*, por ele publicada em 1860, encontraram-se reflexões teóricas, um esquema normativo e uma construção conceitual suficientes para que se considere haver nessas obras uma *teoria das capacidades*. É seguro, por conseguinte, concluir que é a partir de Freitas que o direito civil brasileiro passa a incluir na *disciplina das pessoas* uma *teoria das capacidades* com referencial filosófico e conceitos técnicos". CARVALHO, Felipe Quintella Machado de. **Teixeira de Freitas e a história da teoria das capacidades no direito civil brasileiro**. Dissertação (Mestrado em Direito). Universidade Federal de Minas Gerais, Minas Gerais, 21 nov. 2013. Disponível em: http://www.bibliotecadigital.ufmg.br. Acesso em: 18 mai. 2021, p. 231. [grifos do autor]

3
CAPACIDADE DE DIREITO OU DE GOZO

3.1. Conceito

Como não é tarefa do legislador ditar conceitos, a doutrina se encarregou disso e consagrou o conceito de capacidade de direito como a aptidão genérica de uma pessoa contrair direitos e assumir deveres, portanto, é a potencialidade de uma pessoa praticar um ato jurídico no plano abstrato[1]. Em outras palavras, é o atributo que torna alguma pessoa ou ente suscetível de ser sujeito de direitos e deveres[2].

Deduz-se que a capacidade é o pressuposto para ser sujeito de direito e, por consequência, para a formação da relação jurídica. Porém, da capacidade não se infere que efetivamente a pessoa será titular dos direitos e obrigações. Por ser uma potencialidade genérica e abstrata, nessa capacidade também se insere a faculdade do não uso dessa possibilidade de titularização de direitos e deveres. O fato de uma pessoa ter capacidade para se apropriar de um bem não significa que ela deva se inserir como proprietária.

3.2. Capacidade de direito e personalidade civil

Ao abordar a capacidade civil, é inquestionável a importância de relacioná-la ao tema da personalidade, pois são conceitos próximos e institutos que se "completam"[3], na medida em que um auxilia a existência e concretização do outro.

---

1. LOPES, Miguel Maria de Serpa. **Curso de direito civil.** v. 1. 8. ed. Rio de Janeiro: Freitas Bastos, 1996, p. 306.
2. "Sujeito de direito pode ser conceituado como todo ser capaz de titularidade de uma situação jurídica, de ter direito e obrigação. Sem sujeito de direito não há relações jurídicas, nem situações jurídicas. Constitui conceito formal construído pela Ciência Jurídica, no século XVIII, essencial à individualização das posições no plano da eficácia jurídica". MELLO, Marcos Bernardes de. Achegas para uma teoria das capacidades em direito. **Revista de Direito Privado**, jul.-set. 2000. São Paulo: Ed. RT, 2000, p. 1.
3. "Personalidade e capacidade completam-se: de nada valeria a personalidade sem a capacidade jurídica, que se ajusta assim ao conteúdo da personalidade, na mesma e certa medida em que a utilização do direito integra a ideia de ser alguém titular dele. Só não há

Isso se demonstra na localização dos temas nas legislações civis. O Código Civil de 2002 mantém a sistematização germânica, proposta no projeto de Teixeira de Freitas e adotada no Código Beviláqua, a qual divide o Código em parte geral e parte especial. Por constituir o cerne da relação jurídica privada, ambos os temas são previstos na parte geral e de modo sequencial. Também adotam o tratamento conjunto ou sequencial desses dois temas: o recente Código Argentino e o Código Civil português, o qual aborda os dois institutos no título II, do livro I, que cuida da parte geral.

Da mesma forma, os diplomas estrangeiros que adotam o sistema romano-francês[4] conjugam os temas ao abordá-los dentro do mesmo livro, ainda que não o façam sequencialmente. O secular Código Francês[5] traz a capacidade civil no título X, do livro que disciplina as pessoas. Já a Codificação espanhola disciplina a personalidade civil no título II e a capacidade nos títulos IX e X, do livro primeiro *de las personas*.

É evidente a conexão entre os temas, porém, não é fácil diferenciá-los. Talvez, a maior dificuldade seja identificar a acepção do termo pessoa e saber em qual sentido o direito pretende utilizá-la. Vencida essa etapa, será possível contextualizar os dois institutos, solucionando confusões decorrentes do uso ambíguo desses vocábulos.

Estudar a etimologia dessas palavras não é tarefa simples. Há certa divergência quanto a sua exata origem. Grande parte da doutrina se fundamenta na procedência greco-latina do vocábulo, na qual se identificam diversas de suas derivações. *Prosopon* possui uma acepção ampla, designando face, figura, aparência e máscara, e é dessa palavra que deriva o termo "prosopopeia"[6]. *Per si soma* significa "círculo ao redor do corpo"; *persum* fazia referência ao rosto; *per si uma* queria dizer (por meio de) si próprio, e *personare* tem o sentido de

---

capacidade de aquisição de direitos onde falta personalidade, como no caso do nascituro, por exemplo". GONÇALVES, Carlos Roberto. **Direito civil esquematizado®** v. 1: parte geral, obrigações e contratos. 8. ed. São Paulo: Saraiva Educação, 2018, p. 108.

4. Inspirados no Código Civil napoleônico de 1824, muitos países não adotam a separação em parte geral e especial, mas a planificação de Gaio (o sistema romano-francês), a qual divide o direito jurídico privado com base nos três elementos da linguagem jurídica (ideia aristotélica-ciceroniana): *cives* (pessoa e família), *res* (direitos referentes a bens e às coisas) e *causae* (sucessão por morte, obrigações e contrato). NERY, Rosa Maria de Andrade; NERY JUNIOR, Nelson. **Instituições de direito civil**: direito das obrigações. v. I. t. I. São Paulo: Ed. RT, 2014, p. 450.

5. FRANÇA. **Código Civil Francês**. Disponível em: http://codes.droit.org/CodV3/civil.pdf. Acesso em: 22 jul. 2019.

6. Prosopopeia é a "figura que dá ação, movimento ou voz às coisas inanimadas". NERY, Rosa Maria de Andrade; NERY JUNIOR, Nelson. **Instituições de direito civil**: parte geral do Código Civil e direitos da personalidade. v. I. São Paulo: Ed. RT, 2019, p. 28.

ressoar. Daí o surgimento de um dos temas mais difundidos pela doutrina como fonte inspiradora do instituto da pessoa e personalidade jurídica: *persona*, cujo alcance se dava às máscaras que compunham a imagem da representação teatral, por onde ressoavam a voz dos atores. Esse termo foi bastante difundido, pois é metafórico para demonstrar o papel exercido por cada indivíduo, como sujeito, em uma relação jurídica. Segundo a doutrina, esse vocábulo foi utilizado por Gaio para se referir ao homem, embora, à época, as palavras mais adequadas para esse fim fossem *caput* e *status*, razão pela qual ele não prosseguiu com a aplicação do termo para esse sentido[7].

Na língua portuguesa, o primeiro registro do termo "pessoa" consta no século XVIII[8]. Atualmente, é uma palavra plúrima, que remete aos significados greco-latinos anteriormente expostos: ser humano (homem ou mulher), individualidade, personagem[9].

Apesar do incontestável prestígio da origem analisada, não se pode olvidar de mencionar o aspecto germânico da palavra, que foi relevante para o desenvolvimento semântico do termo, conforme preceitua a doutrina brasileira[10]. Segundo os autores, o cerne da questão encontra-se na diferença entre os termos *Leib* e *Körper*, não obstante ambos possam ser traduzidos como "corpo". *Körper* realmente se encaixa no sentido de corpo material, com extensão e forma; para o ser humano, seria mais apropriado chamar de natureza psicossomática. *Leib*, por sua vez, é uma palavra mais complexa, cuja raiz deriva de diversos vocábulos: *Leibeigner*, *Leibhaft*, *leiblich* e *leiben*[11]. O último é o que interessa para o tema, pois tem natureza de

---

7. NERY, Rosa Maria de Andrade; NERY JUNIOR, Nelson. **Instituições de direito civil**: parte geral do Código Civil e direitos da personalidade. v. I. São Paulo: Ed. RT, 2019, p. 29.
8. NERY, Rosa Maria de Andrade; NERY JUNIOR, Nelson. **Instituições de direito civil**: parte geral do Código Civil e direitos da personalidade. v. I. São Paulo: Ed. RT, 2019, p. 29.
9. "Pessoa s. f. (SxIII) 1. Indivíduo considerado por si mesmo; ser humano, criatura 2. Indivíduo notável, eminente; personagem 3. Caráter particular ou original que distingue alguém; individualidade [...] 5. FIL cada ser humano considerado como individualidade física e espiritual, e dotado de atributos como racionalidade, autoconsciência, linguagem, moralidade e capacidade para agir. [...] ETIM lat. Persōna,ae 'máscara de teatro' [...]". HOUAISS, Antônio; VILLAR, Mauro de Salles. **Dicionário da língua portuguesa**. Instituto Antônio Houaiss de Lexicografia e Banco de dados da Língua Portuguesa S/C Ltda. Rio de Janeiro: Objetiva, 2009, p. 1.483.
10. NERY, Rosa Maria de Andrade; NERY JUNIOR, Nelson. **Instituições de direito civil**: parte geral do Código Civil e direitos da personalidade. v. I. São Paulo: Ed. RT, 2019, pp. 30-31.
11. "A palavra Leib guarda segredos em sua origem. Leib provém do alemão antigo da mesma raiz do velho alto alemão (Séc. VIII a XI), l~ib; do médio alto alemão (Séc. VIII a XV), l~ip; do holandês, lijf; do inglês life; do sueco liv. A raiz l~ib – libân é a que permanece; é a mesma raiz que gerou a primeira parte do termo Leibeigner (servo, vassalo), expressão do médio alto-alemão (Séc. XV) que significava pessoa cuja vida pertencia a outrem, o proprietário da terra; é a mesma palavra que gerou a ideia de *Leibhaft* (próprio) ou *leiblich*

verbo cujo significado remonta à maneira como alguém existe e se expressa no mundo, o modo peculiar de viver a individualidade, ou seja, a forma própria de alguém ser[12].

Leiben denota não apenas a personagem pontual em cada relação jurídica, mas a completude do ser humano, em seu aspecto corporal e espiritual, englobando a humanidade total. Ou seja, esse termo compõe suas questões físicas ou psicossomáticas, sua forma de ser e sua razão, equivalendo à sua individualidade dentro da humanidade.

O direito emprestou o termo da linguagem comum, o que deveria resultar na busca de um sentido técnico e preciso. Contudo, diante da riqueza semântica, pessoa e personalidade continuam sendo palavras polissêmicas até mesmo na seara jurídica. Devido a esse fenômeno, há produção acadêmica focando tão somente no alcance semântico desses institutos jurídicos.

Luiz Roldão Freitas Gomes estuda o tema, sistematizando os principais significados postos pela doutrina. O autor apresenta o conceito de Clóvis Beviláqua, para quem "pessoa" seria o ser a quem se atribuem direitos e obrigações e, consequentemente, a personalidade seria o reconhecimento dessa aptidão pela ordem jurídica. De modo mais analítico, aborda o conceito de Serpa Lopes, segundo o qual "pessoa" pode ser vista sob duas perspectivas: formal e material[13]. A primeira delas centra-se no ordenamento jurídico, que confere à pessoa a imputação de fatos ou atos hábeis à aquisição de direitos e obrigações; trata-se do conceito predominante. No aspecto material, pessoa é o ser humano, sendo sua personalidade e seus direitos ínsitos a ele.

Paralelamente, vale mencionar Rosa Nery e Nelson Nery Junior[14], na medida em que também trazem uma dualidade conceitual ao afirmarem que há mais de um conceito de personalidade, o qual varia de acordo com a ótica analisada. Quando a

---

(corporal, carnal, pessoal)". NERY, Rosa Maria de Andrade; NERY JUNIOR, Nelson. **Instituições de direito civil**: parte geral do Código Civil e direitos da personalidade. v. I. São Paulo: Ed. RT, 2019, p. 30.

12. NERY, Rosa Maria de Andrade; NERY JUNIOR, Nelson. **Instituições de direito civil**: parte geral do Código Civil e direitos da personalidade. v. I. São Paulo: Ed. RT, 2019, p. 30.

13. O autor traz de modo comparativo as definições doutrinárias, enriquecendo a análise à luz de seu texto: "o conceito de pessoa ostenta duas posições, uma formal, que se reduz a centro a que o ordenamento jurídico confere a imputação de atos ou fatos hábeis à aquisição de direitos ou a assunção de obrigações; outra material, caracterizada, como o nome sugere, pela materialidade, ínsita ao homem e, por extensão, à pessoa por nascer". GOMES, Luiz Roldão de Freitas. Noção de pessoa no direito brasileiro. Revista de Direito Civil, RDCiv 61/15, jul.-set. 1992. *In*: MENDES, Gilmar Ferreira; STOCO, Rui (org.). **Edições Especiais Revista dos Tribunais 100 anos**. Coleção doutrinas essenciais: direito civil, parte geral. v. 3 (pessoas e domicílio). São Paulo: Ed. RT, 2011, p. 56.

14. NERY, Rosa Maria de Andrade; NERY JUNIOR, Nelson. **Instituições de direito civil**: parte geral do Código Civil e direitos da personalidade. v. I. São Paulo: Ed. RT, 2019, pp. 32-33.

personalidade for analisada à luz da teoria geral do direito privado, deve ser entendida a partir do conceito de pessoa como sujeito de direitos, ou seja, personalidade é a qualidade daquele que realiza ou sofre atos, um dos tripés fundamentais da estrutura do fenômeno jurídico[15], como também o objeto e a situação jurídica ou relação jurídica. De outro modo, a acepção é distinta ao se analisar a personalidade sob a ótica da teoria geral dos direitos da personalidade. Na segunda, personalidade refere-se aos elementos que compõem a humanidade do ser, como a vida, a liberdade, a saúde e a honra.

Nota-se que o conceito de capacidade de direito, exposto no início deste capítulo, coincide com a definição tradicional[16] de personalidade, já que ambos se referem à aptidão, reconhecida pela ordem jurídica a alguém, para exercer direitos e contrair obrigações[17]. Tal similitude levou Pontes de Miranda a afirmar que ambos os institutos seriam sinônimos, distinguindo-se apenas a capacidade de ação, que é a capacidade de realizar negócios jurídicos.

---

15. O *corpus iuris civilis* tomou como referência a regra de Gaio, que estruturou o fenômeno jurídico no seguinte tripé: *cives, res* e *causae*. O primeiro são os civis, ou seja, os sujeitos, que são aqueles aptos a compor os polos da relação jurídica. O segundo é a coisa, isto é, o objeto sobre o qual recai essa relação. Por último, temos a causa da relação jurídica, a qual corresponde as ações (atos e negócios) e os fatos das *Institutas* do Jurisconsulto Gaio à famosa assertiva "todo o direito que usamos se refere às pessoas, às coisas ou às ações". GAIO. **Institutas**. apud CARVALHO, Felipe Quintella Machado de. **Teixeira de Freitas e a história da teoria das capacidades no direito civil brasileiro**. Dissertação (Mestrado em Direito). Universidade Federal de Minas Gerais, Minas Gerais, 21 nov. 2013. Disponível em: http://www.bibliotecadigital.ufmg.br. Acesso em: 31 jan. 2019.
16. O conceito formal de personalidade civil é o mais repetido pela doutrina nacional, diante da influência e tradição de Clóvis Beviláqua, autor do Código Civil de 1916, legislação que durou quase um século, e de Pontes de Miranda. Ambos definiam personalidade como a possibilidade de ser sujeito de direito: "1. Conceito de personalidade – rigorosamente, só se devia tratar das pessoas, depois de se tratar dos sujeitos de direito; porque ser pessoa é apenas ter a possibilidade de ser sujeito de direito". MIRANDA, Francisco Cavalcanti Pontes de. 1892-1979. **Tratado de Direito Privado**. Introdução: pessoas físicas e jurídicas. Coleção tratado de direito privado: parte geral 1. Atualizado por Judith Martins-Costa [*et al.*]. t. I. São Paulo: Ed. RT, 2012, p. 243. Nessa toada, a doutrina contemporânea é uníssona ao ditar esse conceito como o sentido tradicional para capacidade. Assim, o faz Maria Helena Diniz: "Para a doutrina tradicional, 'pessoa' é o ente físico ou coletivo suscetível de direitos e obrigações, sendo sinônimo de sujeito de direitos". DINIZ, Maria Helena. **Curso de direito civil brasileiro**: teoria geral do direito civil. v. 1. 32. ed. São Paulo: Saraiva, 2015, p. 114.
17. "Pessoa é o ser a quem se atribuem direitos e obrigações. Personalidade é aptidão reconhecida pela ordem jurídica a alguém para exercer direitos e obrigações" "[...] diversa da capacidade de direito, que seria a aptidão para adquirir direitos e exercê-los por si ou por outrem". BEVILÁQUA, Clóvis. **Teoria geral do direito civil**. Campinas, SP: Servanda, 2007, pp. 91-94, respectivamente.

§ 48. PESSOA E CAPACIDADE

1. SER PESSOA. – Pessoa é o titular do direito, o sujeito do direito.

Personalidade é a capacidade de ser titular de direitos, pretensões, ações e exceções e também de ser sujeito (passivo) de deveres, obrigações, ações e exceções. Capacidade e personalidade são o mesmo. Diferente é a capacidade de ação, de ato que se refere a negócios jurídicos (capacidade negocial) ou a negócios jurídicos e atos jurídicos *stricto sensu*; ou a atos ilícitos (capacidade delitual)[18].

Em que pese a opinião do doutrinador, essa identidade não se sustenta mais. Na época, prevalecia que todo ser suscetível de se inserir no suporte fático das normas jurídicas seria pessoa, ou seja, todo ser com capacidade era pessoa. Todavia, hoje a personalidade não é investida a todo ente. Há uma singela e importante diferença: personalidade é o fundamento da capacidade, sendo antecedente a ela. A capacidade, por sua vez, constitui somente um dos atributos da personalidade.

3.2.1. Capacidade de direito: atributo da personalidade civil

Há consagradas comparações superficiais entre os termos, que pouco explicam a diferença entre os dois institutos e sequer indicam com exatidão sobre qual espécie de capacidade civil se estão cotejando as distinções. Consagrou-se, por exemplo, a diferença enunciada por Clóvis Beviláqua: "Cumpre distinguir a personalidade da capacidade, que é a extensão dada aos poderes de ação contidos na personalidade, ou, como Teixeira de Freitas, 'o modo geral das pessoas'"[19].

Com a finalidade de evitar essa confusão conceitual e demonstrar a diferença sutil entre os termos[20], o direito civil contemporâneo considera mais adequado tratar a personalidade como todo aquele conjunto de direitos e deveres que faz com que se reconheça alguém como pessoa. Conforme expõe Rosa Nery[21], personalidade é o *quid* que torna alguém pessoa, consubstanciando-se, assim, no fenômeno da investidura experimentada por tais sujeitos. Enquanto isso, a capacidade é um dos atributos da personalidade, o qual permite que a pessoa tenha potencialidade em titularizar direitos e deveres na ordem civil.

---

18. MIRANDA, Francisco Cavalcanti Pontes de. 1892-1979. **Tratado de Direito Privado**. Introdução: pessoas físicas e jurídicas. Coleção tratado de direito privado: parte geral 1. Atualizado por Judith Martins-Costa [*et al.*]. t. I. São Paulo: Ed. RT, 2012, p. 245.
19. BEVILÁQUA, Clóvis. **Teoria geral do direito civil**. Campinas, SP: Servanda, 2007, p. 93.
20. "Há uma sutil diferença entre 'personalidade' e 'capacidade', ainda que se tenha de reconhecer que ambos os fenômenos – da investidura do ser como sujeito (personalidade) e da atribuição natural que dessa investidura decorre para o sujeito titularizar direitos e obrigações (capacidade) – tenham lugar contemporaneamente". NERY, Rosa Maria de Andrade; NERY JUNIOR, Nelson. **Instituições de direito civil**: parte geral do Código Civil e direitos da personalidade. v. I. São Paulo: Ed. RT, 2019, p. 39.
21. NERY, Rosa Maria de Andrade; NERY JUNIOR, Nelson. **Instituições de direito civil**: parte geral do Código Civil e direitos da personalidade. v. I. São Paulo: Ed. RT, 2019, p. 38.

Observa-se, assim, que personalidade é um conceito mais amplo, se comparado com a capacidade. Ademais, ela precede à capacidade civil, ou seja, a investidura da personalidade é pressuposto para que exista o seu atributo da capacidade. Somente há capacidade civil quando houver uma pessoa que lhe titulariza. Nessa toada, a capacidade é a eficácia atributiva da investidura experimentada pelos sujeitos dotados de personalidade jurídica.

Indubitavelmente, a capacidade civil é o principal atributo da personalidade, na medida em que qualquer aquisição de obrigações ou deveres pressupõe esse instituto. Tanto é assim que privar um indivíduo de sua capacidade de direito significaria frustrá-lo de sua personalidade[22], reduzindo-o à coisa. Diante da negação da capacidade, alterar-se-ia a posição ocupada na estrutura do fenômeno jurídico, pois se passaria de sujeito da relação jurídica para mero objeto sobre o qual recaem os efeitos dessa relação. Isso seria prejudicial, especialmente ao ser humano, que receberia o tratamento de um escravo, como se admitia no período romano.

Em sentido oposto, é razoável afirmar que aqueles que não são contemplados com a capacidade de direito, que corresponde ao principal atributo da personalidade, são desprovidos de personalidade jurídica, como, por exemplo, o nascituro. Isso porque se trata de um atributo elementar para a pessoa[23]. Salienta-se, novamente, que se trata de raciocínio inverso, de constatação, mas a personalidade continua a ser prévia à aquisição da capacidade.

Sem embargo, reduzir a personalidade à capacidade não seria técnico para a ciência jurídica, pois se olvidaria mencionar outros atributos da personalidade que trazem consequências jurídicas, como o estado ou *status*, a fama, o nome e o domicílio. Em suma, a personalidade é o ponto de partida para diversos atributos inerentes à pessoa, entre os quais se destaca a capacidade civil.

Atualmente, não mais se sustenta tratar os termos como sinônimos. A personalidade é um conceito mais amplo, que antecede a aquisição do atributo da capacidade civil, o qual é apenas um de seus elementos.

Nessa ocasião, cabe tratar de dois temas que também podem gerar incertezas. Orientando-se por essa teoria mais recente, não há óbice na temática de pessoas jurídicas e da capacidade de entes despersonalizados.

---

22. O autor é enfático: "A privação total de capacidade implicaria a frustração da personalidade: se ao ser humano, como sujeito de direito, fosse negada a capacidade genérica para adquiri-lo, a consequência seria o seu aniquilamento no mundo jurídico". PEREIRA, Caio Mário Silva; MORAES, Maria Celina de. **Instituições de direito civil**. v. I. 31. ed. Rio de Janeiro: Forense, 2018, p. 210.

23. Nas palavras de Caio Mário da Silva Pereira: "Onde falta essa capacidade (nascituro, pessoa jurídica ilegalmente constituída), é porque não há personalidade". PEREIRA, Caio Mário Silva; MORAES, Maria Celina de. **Instituições de direito civil**. v. I. 31. ed. Rio de Janeiro: Forense, 2018, p. 210.

Vale recordar que o termo "pessoa" abrange não apenas as pessoas naturais, físicas (ou de existência visível[24]), mas também os entes não humanos, chamados de pessoas jurídicas, cujo princípio da existência é o registro. Em momento algum se determinou a investidura da personalidade somente ao ser humano, apenas se preceituou que personalidade é a investidura daquilo que torna pessoa. Por isso, personalidade não se restringe aos seres humanos, admitindo a investidura de personalidade às pessoas jurídicas, as quais possuem atributos próprios da personalidade civil, como a capacidade, o nome, o domicílio ou sede e a imagem. Por exemplo, uma fundação, uma sociedade e uma associação são sujeitos de direitos e deveres, isto é, são capazes, possuem nome, têm uma imagem a zelar e devem ser registradas em suas sedes.

A regra é que apenas possam ser sujeitos aqueles que disponham de personalidade e, consequentemente, de capacidade. Contudo, a realidade apresenta situações que extrapolam a teoria. É o caso dos entes despersonalizados, os quais o legislador não lhes atribuiu personalidade, cujos principais exemplos são o condomínio, o espólio e a pessoa jurídica ilegalmente constituída[25]. Não obstante sejam desprovidos de personalidade, eles se configuram como sujeito de direitos e deveres em certas relações jurídicas. Trata-se de uma exceção à regra, cujo direito pátrio resolve pela capacidade judiciária. Por não serem pessoas, a lei lhes reconhece essa capacidade em determinados casos, a fim de atuar diante de uma situação jurídica de fato. A doutrina nomeia esse fenômeno de imputação gerada pelo fato[26]. Ou seja, os entes despersonalizados não têm capacidade de titularizar todas as relações que pretendam, mas tão somente aquelas formadas em decorrência de determinados fatos.

3.3. Evolução histórica da concepção de personalidade e de capacidade

Apesar de hoje o reconhecimento da personalidade civil e da respectiva capacidade de direito serem considerados inerentes ao ser humano, nem sempre foi assim. Durante a maior parte da história ocidental, a capacidade civil, tal como é atualmente designada, apenas se aplicava a certa parcela da sociedade. O direito

---

24. Teixeira de Freitas propunha o uso do termo "pessoa de existência visível", pois considerava que pessoa física era insuficiente para denominar o ser humano, que também é composto pelo espírito, e que pessoa natural desqualificaria o ideário de pessoas jurídicas, pois as ideias são espírito, logo, são naturais. Clóvis Beviláqua sintetiza de forma assertiva as críticas de Teixeira de Freitas, concluindo que se trata de preciosismo, de forma a considerar expressiva a utilização de pessoa natural. BEVILÁQUA, Clóvis. **Teoria geral do direito civil**. Campinas, SP: Servanda, 2007, p. 96.
25. Somente se adquire personalidade após o registro civil, conforme dispõe o artigo 985 do Código Civil.
26. NERY, Rosa Maria de Andrade; NERY JUNIOR, Nelson. **Instituições de direito civil**: parte geral do Código Civil e direitos da personalidade. v. I. São Paulo: Ed. RT, 2019, p. 86.

romano, berço do direito ocidental, sempre é utilizado para ilustrar tal seletividade. Essa civilização não concedia a todos os homens a aptidão de serem titulares de direitos e obrigações. Não se falava exatamente de falta de personalidade, pois o direito romano não adotava o atual conceito formal de personalidade, porém, à luz do conceito agora vigente, a falta de capacidade demonstrava que certos seres humanos sequer eram considerados sujeitos de direitos, tais como os escravos[27].

Para eles, não havia correspondência entre a natureza humana e a possibilidade de ser sujeito de direitos e deveres, pois a investidura da capacidade pressupunha a qualidade de homem livre. Na época, a personalidade civil e, consequentemente, a capacidade civil eram condicionadas ao *status libertatis*[28]. Os escravos, por não serem considerados homens livres, não tinham reconhecida a sua qualidade jurídica de pessoa como sujeito de direitos. Diante dessa situação, eram tratados como coisas (*res moventes*), sob o ponto de vista atual, o que legitimava a venda de seres humanos que viviam sob essa condição. Em outras palavras, os escravos eram passíveis de apropriação, ou seja, figuravam como objeto da relação jurídica.

Como somente os homens livres desfrutavam da potencialidade de serem sujeitos de direitos e obrigações, os escravos eram privados da possibilidade de titularizarem qualquer relação jurídica, portanto, em termos atuais, afirma-se que, por não serem pessoas, eram desprovidos da capacidade civil. Como exemplo, segundo a doutrina sobre o direito romano, os escravos não se casavam conforme as leis, não poderiam agir em juízo, tampouco possuíam patrimônio, destarte, não herdavam; no máximo, poderia se falar que tinham a "capacidade de labor", o direito de serem libertados conforme as leis romanas ou que possuíam mera situação de fato[29]. Em outras palavras, serviam como objetos de direitos subjetivos de

---

27. Teixeira de Freitas explica em sua consolidação: "Também o Direito Romano fazia distincção entre o *homem* e a *pessôa*, não só porque além da pessoa individual existe a collectiva, senão também porque a pessoa é a entidade considerada em seus direitos, podendo portanto representar differentes papeis (209); e finalmente porque o homem podia sêr absolutamente privado da *capacidade jurídica,* ou no caso da escravidão, ou no caso da *capitis diminutio máxima* (210)". FREITAS, Augusto Teixeira de. **Consolidação das leis civis**. Responsabilidade. Prefácio de Ruy Rosado de Aguiar. Coleção história do direito brasileiro. Direito civil; Ed. fac-sim. Brasília: Senado Federal, Conselho Editorial, v. 1, 2003. Disponível em: http://www2.senado.leg.br/bdsf/handle/id/496206. Acesso em: 18 mai. 2021, pp. 144-145. [grifos do autor]
28. Também se reconheciam outros estados como *status civitatis*, *status familae* etc., embora o direito romano não distinguisse com exatidão personalidade de capacidade, para fins de aquisição da personalidade jurídica bastava o *status libertatis*, porém, os demais estados condicionavam a aquisição e o exercício de outros direitos, tais como a realização de certos atos (casamento, sucessão, nacionalidade, voto) à participação política.
29. MEDEIROS, Andréia Sabóia. Personalidade jurídica: no direito romano e no direito atual. **Revista Jurídica da Faculdade 7 de setembro**, v. 2, 30 abr. 2005. Disponível em: https://www.uni7.edu.br. Acesso em: 08 fev. 2019, p. 16.

outrem. Parece algo distante, mas a escravidão perdurou oficialmente, no Brasil, até 1888, sendo definitivamente extinta formalmente com a Lei Imperial n. 3.353, mais conhecida como Lei Áurea[30].

Embora os antigos não se preocupassem em distinguir esses conceitos, ao abordar o tema, José Carlos Moreira Alves[31] o fez: a personalidade jurídica é um conceito absoluto, enquanto a capacidade jurídica, a qual se refere à capacidade civil de gozo, é um conceito relativo. Segundo ele, a personalidade jurídica é absoluta, pois apenas existe ou é ausente essa potencialidade de adquirir direitos e obrigações, ao passo que a capacidade é relativa, pois ela pode ter maior ou menor alcance, de modo que sua existência se explica na limitação da personalidade. Como exemplo, cita o *status* romano de "heréticos". Pelas normas de Justiniano, concediam-lhes a personalidade jurídica, contudo, sua capacidade civil sofria restrições, pois estavam impedidos de receber herança ou legado. Realmente, os heréticos eram pessoas de acordo com o conceito formal, porém, sua capacidade sofria restrição no tocante à participação como sujeito do direito sucessório. Em que pese a importância dessa distinção para aquele tempo, atualmente ela não é a mais adequada, pois foram desenvolvidas teorias sobre a universalidade da personalidade e da capacidade de gozo. A aptidão absoluta de contrair direitos e obrigações é genérica, mas casuisticamente essa aptidão não é cabível em razão da legitimação, e não da capacidade de direito, que é absoluta.

---

30. Antes dessa norma, houve outras tentativas de eliminar ou amenizar a escravidão no País. Porém, oficialmente, o término da escravidão se deu com a entrada em vigor dessa norma. Em termos sociais, não se nega que o problema permaneceu.

31. "80. Conceito de personalidade e capacidade jurídicas – A ordem jurídica romana não reconhecia a todo e qualquer homem a qualidade de sujeito de direitos. Assim, o escravo não a possuía, uma vez que era considerado coisa (*res*), isto é, objeto de direitos. Para que o homem fosse titular de direitos (pessoa física ou natural), era necessário que se lhe atribuísse personalidade jurídica. Personalidade jurídica é a aptidão de adquirir direitos e de contrair obrigações. Em geral, os autores consideram sinônimas as expressões personalidade jurídica e capacidade jurídica. Parece-nos, entretanto, que é mister distingui-las. Com efeito, enquanto personalidade jurídica é conceito absoluto (ela existe, ou não existe), capacidade jurídica é conceito relativo (pode ter-se mais capacidade jurídica, ou menos). A personalidade jurídica é a potencialidade de adquirir direitos ou de contrair obrigações; a capacidade jurídica é o limite dessa potencialidade. No direito romano, há exemplos esclarecedores dessa distinção. Basta citar um: no tempo de Justiniano, os heréticos (que eram pessoas físicas; logo, possuíam personalidade jurídica) não podiam receber herança ou legado (por conseguinte, sua capacidade jurídica era menor do que a de alguém que não fosse herético). 81. Capacidade de fato – A personalidade jurídica (aptidão de adquirir direitos e de contrair obrigações) e a capacidade jurídica (o limite dessa aptidão) não se confundem com a capacidade de fato, que é a aptidão para praticar, por si só, atos que produzam efeitos jurídicos". ALVES, José Carlos Moreira. **Direito romano**. 18. ed. Rio de Janeiro: Forense, 2018, p. 132.

Em contraposição, existe a matriz ideológica universalista dos direitos humanos. Apesar de oficialmente ter sido permitida a negação da personalidade civil a certos setores sociais, os antigos já trabalhavam com a teoria de que certos direitos pertenciam a todos os seres humanos. O jusnaturalismo da Antiguidade foi exposto na literatura grega de Homero. Em certa passagem, a personagem Antígona mostra indignação pelo desrespeito de um direito que seria inerente a qualquer ser humano[32]. Isso demonstra que até as culturas que admitiam a divisão social e a escravidão eram permeadas com a noção de que determinados direitos são universais.

O cristianismo prega a igualdade entre os homens, tornando mais forte a noção sobre a existência de certos direitos universais. Porém, o marco ocidental dessa universalização estampou-se nos ideais da Revolução Francesa: igualdade, liberdade e fraternidade[33], os dois primeiros correspondendo aos direitos de primeira dimensão, presentes no artigo 1º da Declaração de Direitos do Homem e do Cidadão, de 1789[34]. Se todos os homens são iguais, todos devem ter a liberdade de serem sujeitos de direito e obrigações, estendendo-se a personalidade e a capacidade em plano global. Não obstante o movimento francês não tenha conseguido trazer expressamente a universalidade da personalidade e da capacidade civil em seu Código Civil de 1804, ele provocou reflexos em outras codificações, que positivaram tais normas. Assim o fez o Código Civil Português de 1857, nos artigos 1º, 4º, 5º e 6º, ao ditar que os direitos e obrigações são intrínsecos à natureza humana[35], de forma que a capacidade civil se iniciava com o nascimento com vida[36].

---

32. Nessa passagem, Antígona se revolta com o édito de Creonte, que proibiu o sepultamento do corpo de seu irmão, o qual deveria restar à mercê da degradação natural. Para ela, esse édito não deve ser respeitado, porque ele fere as leis divinas, que impõe respeito a um sepultamento digno.
33. Apesar de a Revolução Francesa também citar a fraternidade, os constitucionalistas ensinam que pouco dele foi aplicado, sendo um ideal que passou a ter maior força posteriormente, no chamado direito de terceira geração.
34. "Artigo 1º. Os homens nascem e são livres e iguais em direitos. As distinções sociais só podem fundamentar-se na utilidade comum." FRANÇA. Declaração dos Direitos do Homem e Cidadão de 1789. In: Textos básicos sobre derechos humanos. Madrid: Universidad Complutense, 1973. Traduzido do espanhol por Marcus Cláudio Acqua Viva apud FERREIRA FILHO, Manoel Gonçalves et al. **Liberdades Públicas São Paulo**. São Paulo: Saraiva, 1978. Disponível em: http://www.direitoshumanos.usp.br/. Acesso em: 08 fev. 2019.
35. Projeto do Código Civil português de 1857: "Artigo 4º. O homem tem direitos e obrigações, que resultam imediatamente de sua própria natureza [...]".
36. Projeto do Código Civil português de 1857: "Artigo 6º. A capacidade jurídica adquire-se pelo nascimento: mas logo que o indivíduo é proreado fica debaixo da lei, e adquire nascendo com vida, os direitos que houverem recaídos durante a gestação, nos termos declarados no presente Código".

Considerando a grande influência dos ideais da revolução liberal, especialmente sobre o mundo ocidental, quase todas as legislações ocidentais começaram a adotar esse entendimento sobre universalidade da personalidade e capacidade civil, ainda que não tenham escrito *ipisis litteris* em suas leis. Raras são as exceções de entendimento diverso. Washington de Barros[37] encontrou o exemplo da ex-União Soviética, em que a capacidade de direito pertencia ao Estado, e não à pessoa, de modo que se consubstanciava em mera concessão estatal a título precário. Não obstante, é uma particularidade do regime vigente à época, que traz poucas repercussões práticas e teóricas ao estudo desses institutos no modelo atual, servindo a título de curiosidade e comparação. Por isso, não merece aprofundamento o caso específico.

O Brasil não fugiu à regra. O Código de Beviláqua determina que a personalidade se inicia a partir do nascimento com vida, resguardados os direitos do nascituro e que "todo homem é capaz em direitos e obrigações na ordem civil"[38]. O Diploma Civil, de 2002, manteve o caráter universal da personalidade e da capacidade enunciando que "toda pessoa é capaz de direitos e deveres na ordem civil"[39] e que a personalidade civil da pessoa natural se inicia com o nascimento com vida. De acordo com essa premissa, é intrínseco a todos os homens a capacidade de direito, consagrando a igualdade entre eles. Eis a observação de Arnoldo Wald[40] ao escrever que, no direito moderno, toda pessoa é capaz de contrair direitos e obrigações, o que culmina na capacidade de direito ou personalidade. Em suma, consagrou-se que a capacidade de gozo é reconhecida abstratamente a todas as pessoas[41], vez que é "conatural ao homem"[42], não existindo óbices à sua aquisição pelo ser humano.

---

37. "Observe-se, por fim, a título de curiosidade, a concepção soviética da capacidade civil na URSS, esta era simples concessão, a título precário, do estado onipotente." MONTEIRO, Washington de Barros; MONTEIRO, Ana Cristina de Barros. **Curso de direito civil** – parte geral. v. 1. 45. ed. São Paulo: Saraiva, 2016, p. 84.
38. Respectivamente constam nos artigos 4º e 2º, do Código Civil de 1916.
39. BRASIL. Código Civil (2002), Artigo 1º.
40. "No direito moderno, toda pessoa é capaz de ter direito e contrair obrigações, tendo assim a chamada capacidade de direito ou personalidade". Ressalta-se que esse comentário foi realizado sob a égide do Código Civil de 1916. WALD, Arnoldo. **Curso de direito civil brasileiro**: introdução e parte geral. v. 1. 6. ed. Colaboração de Álvaro Villaça Azevedo. São Paulo: Ed. RT, 1989, p. 105.
41. FREITAS, Augusto Teixeira de. **Nova apostila à censura do Senhor Alberto de Moraes Carvalho sobre o projecto do Código Civil portuguez**. Rio de Janeiro: Thypografia Universal de Laemmert, 1859. Disponível em: https://www.fd.unl.pt/Anexos/Investigacao/1598.pdf. Acesso em: 08 abr. 2019, p. 118.
42. LOPES, Miguel Maria de Serpa. **Curso de direito civil**. v. 1. 8. ed. Rio de Janeiro: Freitas Bastos, 1996, p. 306.

3.4. Capacidade de direito e legitimação

Nota-se que houve uma elementar mudança teórica. Enquanto, no passado, o estado ou *status* (*libertae*) configurava uma premissa da personalidade e, consequentemente, da capacidade civil[43], hoje a personalidade civil se tornou o requisito para atribuição do estado. O raciocínio inverso pauta-se no fato de que o estado é um dos atributos decorrentes da investidura na personalidade.

Mais especificamente, o estado é uma situação jurídica[44] que qualifica a pessoa a partir de seu modo particular de existência[45], trazendo elementos de individualização da personalidade. Diante disso, qualifica-se a pessoa na sociedade, permitindo a diferenciação[46].

A lei pode dar relevância a tais qualidades, impondo-lhe consequências jurídicas, de modo a influenciar eventuais relações jurídicas[47]. Como exemplo, pode-se citar o estado familiar de casado: quem o possui, está defeso de contrair novo matrimônio enquanto perdurar seu casamento; também desse estado de pessoa se presume a paternidade do filho gestado por sua esposa durante a constância de seu casamento.

Na ordem jurídica atual, o estado da pessoa continua em vigor, mas com limitações[48]. Devido ao princípio da isonomia, por exemplo, o patrimônio, a religião

---

43. Observação 209: "Em um caso a pessoa é considerada com todos os seus direitos, em outro caso com certos e determinados direitos, que lhe provém de um estado, de uma qualidade. Neste último caso a palavra *persona* alude á máscara, com que se cobrirão os antigos actôres das peças dramáticas". FREITAS, Augusto Teixeira de. **Consolidação das leis civis**. Responsabilidade. Prefácio de Ruy Rosado de Aguiar. Coleção história do direito brasileiro. Direito civil; Ed. fac-sim. Brasília: Senado Federal, Conselho Editorial, v. 1, 2003. Disponível em: http://www2.senado.leg.br/bdsf/handle/id/496206. Acesso em: 29 jan. 2019 (grifos nossos).
44. "II – ainda que o estado não seja mais do que uma situação jurídica tem-se admitido que seja susceptível de posse". BEVILÁQUA, Clóvis. **Teoria geral do direito civil**. Campinas, SP: Servanda, 2007, p. 106.
45. "I – Estado das pessoas é o seu modo particular de existir. É uma situação jurídica resultante de certas qualidades inerentes à pessoa". BEVILÁQUA, Clóvis. **Teoria geral do direito civil**. Campinas, SP: Servanda, 2007, p. 104.
46. VENOSA, Silvio Salvo. **Direito civil**: parte geral. v. 1. 19. ed. São Paulo: Atlas, 2019, p. 162.
47. "O estado da pessoa é um atributo da personalidade. Sua importância reside no fato de ser ele pressuposto ou fonte de direitos e deveres, assim como fator fundamental para a capacidade e legitimidade da pessoa para a prática de determinados atos. Há atos, por exemplo, que a pessoa casada somente pode praticar com a autorização do cônjuge; cargos que somente podem ser exercidos por indivíduos considerados brasileiros natos, dentre tantas outras situações." VENOSA, Silvio Salvo. **Direito civil**: parte geral. v. 1. 19. ed. São Paulo: Atlas, 2019, p. 163.
48. "O *estado civil* influi no exercício de direitos na ordem civil. Ao direito civil interessa grandemente fixar o estado da pessoa nas suas relações familiares (*status familiae*), o qual

e a profissão[49] não podem ser empecilhos para aquisição de direitos civis, salvo se pertinente e de acordo com parâmetros legais. Nesse caso, a doutrina cita a qualificação profissional como um *status* ostentado para habilitar uma pessoa à determinada atividade, tanto na vida pública, quanto na privada.

A doutrina tradicional dividia o estado em três ordens[50]: político (nacional ou estrangeiro), familiar (casado ou solteiro e parentesco) e físico. Esse último se qualificaria primordialmente pela idade (maiores, menores) e, atualmente, a condição de idoso, que também constitui um estado que propicia a aquisição de determinados direitos[51]. Ademais, é inadmissível que se vede a personalidade em razão do estado da pessoa, porém, admite-se que o estado traga reflexos na capacidade de fato e na legitimação. Atualmente, seria mais apropriado trazer três espectros: individual, familiar e político.

Ressalta-se que o estado pode reverberar apenas a capacidade de fato, pois a capacidade de direito é universal. O principal exemplo é a emancipação, a qual gera capacidade plena a um adolescente de 16 ou 17 anos, que seria relativamente incapaz caso não ostentasse tal estado. No passado, o estado civil de casado trazia a redução da capacidade civil da mulher, o que atualmente não mais acontece. Porém, o estado civil decorrente do casamento ainda pode trazer implicações

---

pode originar-se de um fato natural, como o nascimento, ou de um fato jurídico, como a adoção, como ainda estabelece a condição individual (*status personalis*), a qual pode ser modificada pela intercorrência de um fator genérico como o tempo (maioridade ou menoridade), de um ato jurídico (emancipação) ou, com menos relevância na ordem jurídica atual, de uma insuficiência somática (enfermidade ou deficiência mental). [...] Segundo os vários aspectos, sob os quais se pode considerar a condição individual da pessoa, apresentam-se os estados diferentemente. Assim se diz que as relações de ordem política geram o estado de nacional ou estrangeiro, de brasileiro nato ou naturalizado (*status civitatis*); na ordem familiar as relações criam o estado de casado, solteiro, viúvo, separado ou divorciado, de filho (*status familiae*); da situação física da pessoa originam-se as suas condições individuais de maior, menor, emancipado, curatelado. Por uma natural evocação mental em correspondência com a situação jurídica do indivíduo, todo estado supõe um estado contrário, qualquer que seja a ordem de relações considerada: ao estado de nacional opõe-se o de estrangeiro; ao de solteiro o de casado; ao de sadio o de enfermo". PEREIRA, Caio Mário Silva. **Instituições de direito civil**. v. I. 31. ed. Rio de Janeiro: Forense, 2018, p.212.

49. Clóvis Beviláqua cita Planiol em sua nota de rodapé n. 28: "Planiol, Traité, I, n. 401, define estado 'certas qualidades da pessoa, que a lei toma em consideração para lihar-lhe efeitos jurídicos.'. Acrescenta que essas qualidades devem ser inerentes às pessoas, mas não dependentes de sua profissão [...]". BEVILÁQUA, Clóvis. **Teoria Geral do direito civil**. Campinas, SP: Servanda, 2007, pp. 104-105.
50. BEVILÁQUA, Clóvis. **Teoria geral do direito civil**. Campinas, SP: Servanda, 2007, pp. 105-106.
51. Sobre eles, há um microssistema com legislação própria: Lei n. 10.741, de 1º de outubro de 2003 (Estatuto do Idoso).

indiretas à capacidade civil de fato. Basta imaginar uma pessoa com 17 anos que contraia matrimônio, o casamento implicará sua emancipação e, consequentemente, a antecipação da aquisição de sua capacidade civil plena.

Na realidade, o principal uso desse atributo da personalidade atualmente aplica-se à legitimação, uma proibição legal, perante situações concretas, em razão da posição do sujeito. Nesse sentido, o estado de herdeiro necessário veda que o testador disponha de mais de metade de seus bens, o estado de casado exige autorização para a disposição de bens, imóveis etc. Observa-se que os sujeitos acima têm capacidade para praticar os atos, mas há uma vedação quando se envolve certo *status*.

É recorrente a confusão entre os dois institutos em tela. Isso se deve à considerável semelhança entre eles. Tanto é assim que parte da doutrina denomina a legitimação de capacidade específica[52]. Por isso, é importante traçar a distinção entre os institutos.

A capacidade de fato é um pressuposto para a prática de atos da vida civil. O incapaz é vedado de exercê-los pessoalmente. Na legitimação, a pessoa é capaz para a prática do ato, porém, quando a relação jurídica decorrente dessa atuação puder causar implicações a certas pessoas, a atuação será vedada ou haverá necessidade de autorização. Há pertinência subjetiva relativa à determinada situação. Assim, a capacidade envolve a qualidade da pessoa, ou seja, o modo de ser de uma pessoa, enquanto a legitimação depende da posição dessa pessoa, quer dizer, sua relação com os demais[53].

No Código Civil, o clássico exemplo da falta de legitimação condiz à situação do concubino no âmbito sucessório (artigo 1.801, III) e na doação (artigo 550). Esse indivíduo possui capacidade para receber herança em geral, porém, na condição de concubino, torna-se ilegítimo para receber bens de herança ou doação da pessoa casada com quem manteve relação extraconjugal. Trata-se de disposição legal, que visa proteger a integridade psíquica e moral da família.

Nesse sentido, Miguel Maria Serpa Lopes[54] cita a capacidade como um pressuposto subjetivo do negócio, tendo em vista que depende apenas da qualidade do sujeito; já a legitimação, é considerada um pressuposto subjetivo-objetivo, pois examina a ligação entre o sujeito e o negócio jurídico que se pretende realizar.

---

52. CASSETTARI, Christiano. **Elementos de direito civil**. 6. ed. São Paulo: Saraiva Educação, 2018, p. 52.
53. "Carnelutti traça, então, a diferença entre a noção de capacidade (de gozo) e de legitimação. A primeira – a capacidade – depende da qualidade, quer dizer, de um modo de ser do sujeito em si, enquanto a legitimação resulta de uma posição sua, isto é, de um modo de ser seu em relação com os demais". LOPES, Miguel Maria de Serpa. **Curso de direito civil**. v. 1. 8. ed. Rio de Janeiro: Freitas Bastos, 1996, p. 307.
54. O autor expõe as ideias de Emilio Betti. LOPES, Miguel Maria de Serpa. **Curso de direito civil**. v. 1. 8. ed. Rio de Janeiro: Freitas Bastos, 1996, p. 307.

Salienta-se que aquele que tem legitimidade, tem capacidade[55], tendo em vista que a legitimidade é mais restrita.

Portanto, apenas o segundo envolve a posição do sujeito em relação aos demais, enquanto a capacidade basta na qualidade do sujeito, por configurar uma situação unissubjetiva. Em razão disso, a legitimação visa garantir o cumprimento de certos princípios e preceitos nas relações que possam afetar terceiros, conforme disposto no artigo 1.801, I a IV, do Código Civil. A seu turno, a capacidade assenta-se na qualidade de sujeito da relação jurídica.

---

55. MAIA JÚNIOR, Mairan Gonçalves. **Sucessão legítima**: as regras da sucessão legítima e as estruturas familiares contemporâneas e a vontade. São Paulo: Ed. RT, 2018, p. 137.

4
CAPACIDADE DE FATO OU DE EXERCÍCIO

4.1. Conceituação e aspectos gerais

San Tiago Dantas afirmava que ao nascer com vida a personalidade das pessoas estava completa, todavia, não era íntegra sua capacidade jurídica[1]. O jurista se referia à capacidade de fato[2]. Essa espécie de capacidade pode ser definida como aptidão de exercer os direitos e deveres por si mesmo, isto é, independentemente de representação ou assistência. Observa-se que a capacidade de fato se refere especificamente ao modo de exercício, dos direitos e deveres pelo titular. Por isso, ela também é chamada de capacidade de exercício ou capacidade de agir.

A capacidade de gozo é o pressuposto para capacidade de fato, mas esta não impede aquela, apenas se impõe a necessidade de intervenção, no tocante à concretização de certas relações jurídicas. Enquanto a capacidade de direito não pode ser recusada, pois é inerente à personalidade, a capacidade de fato pode sofrer limitações, na medida em que se trata da forma de atuação na ordem civil, o que não impede a aquisição de direitos e deveres, os quais podem ser titularizados por intermédio de alguém em seu auxílio. Diante disso, percebe-se que na capacidade de fato se concentra a questão relativa à capacidade civil das pessoas com deficiência, em especial à deficiência intelectual e mental.

Sobre o tema, não se pode deixar de mencionar o precursor destas ideias no Brasil. Augusto Teixeira de Freitas introduziu o reconhecimento de três maneiras de se praticar os atos civis: de forma independente, quando houver a capacidade plena ou condicionada ao auxílio de terceiros, por meio da assistência, no caso de incapacidade relativa, ou por representação, a incapacidade absoluta.

Segundo o doutrinador, os atos diretamente proibidos, ou seja, aqueles os quais o ordenamento proíbe totalmente a execução, consistiriam na incapacidade de direito; ao passo que os atos indiretamente vedados, em que se admite sua prática por meio de terceiros, consubstanciam-se na incapacidade de fato.

---

1. DANTAS, San Tiago. **Programa de direito civil**. Rio de Janeiro: Editora Rio, 1977, p. 172.
2. KONDER, Cíntia Muniz de Souza. A celebração de negócios jurídicos por pessoas consideradas absolutamente capazes pela Lei n. 13.146 de 2015, mas que não possuem o necessário discernimento para os atos civis por doenças da mente: promoção da igualdade perante a lei ou ausência de proteção? In: BARBOSA, Heloísa Helena; MENDONÇA, Bruna Lima de; ALMEIDA, Vitor. **O Código Civil e o Estatuto da Pessoa com Deficiência**. 2. ed. Rio de Janeiro: Processo, 2020, p. 169.

> Quando os atos são diretamente proibidos, as pessoas são *incapazes de direito*; quando não são diretamente proibidos, mas há impedimento de praticá-los, as pessoas são *incapazes de fato*. Os pais não podem dispor em testamento além da sua terça; eis uma incapacidade de direito, havendo capacidade de fato. Os menores não podem comprar bens, mas por eles os pode comprar o tutor, autorizado pelo juiz: eis uma incapacidade de fato, havendo capacidade de direito[3]. [grifos do autor]

Contrariando o jurista do Império, o direito atual desenvolveu-se no sentido de que não cabe definir capacidade de fato como proibição, mas mera limitação quanto à forma de exercitar direitos e deveres. Tampouco é possível mencionar a incapacidade de direito, tendo em vista que todos os homens são capazes e esse conceito é genérico. Na realidade, estas proibições, como a restrição do *quantum* patrimonial sobre o qual se pode testar, consubstanciam uma limitação genérica da autonomia privada, próprias da legitimação. É vedado dispor dessa parcela de bens a qualquer tempo, enquanto houver herdeiros necessários. Se os herdeiros necessários falecerem antes do testador, tal disposição será válida e eficaz.

Esse instituto envolve um conceito relacional das pessoas interessadas quanto ao *status* do titular do direito, conforme outrora abordado. A capacidade para testar é diferente, ela pressupõe o discernimento do testador no momento da confecção de sua disposição. Caso recobre o juízo, o testamento seguirá inválido, pois o ato volitivo foi maculado pela incapacidade quando foi redigido.

Não obstante, com as devidas proporções, esse raciocínio ainda merece destaque, pois traz o primórdio da diferenciação dessas espécies de incapacidades ao graduá-las na esfera de proibição direta e indireta. A primeira seria direta, uma vez que a lei proíbe a toda pessoa nestas condições a prática de determinado ato. A segunda seria indireta, pois a vedação concerne apenas ao modo de exercício. Na conjuntura vigente, é possível adaptar essas noções no sentido de que a capacidade de direito é genérica, o que poderia se falar em absoluta, já a capacidade de fato é relativa, pois há uma restrição indireta ao exercício do direito, de acordo com as limitações pessoais para a prática do ato. Ou seja, na capacidade de exercício, a proibição é quanto à pessoalidade, logo indireta.

4.2. Fundamentos da capacidade de fato

Se a capacidade de direito toma como base a personalidade jurídica, a capacidade de exercício se pauta na aptidão de cada pessoa agir independentemente, em relação à prática de atos civis. A essa independência, o direito espanhol chama de *autogobierno*, ou seja, a possibilidade de administrar e dirigir-se por si mesmo.

---

3. FREITAS, Teixeira de. Esboço, p. 25 *apud* CARVALHO, Felipe Quintella Machado de. **Teixeira de Freitas e a história da teoria das capacidades no direito civil brasileiro.** Dissertação (Mestrado em Direito). Universidade Federal de Minas Gerais, 21 nov. 2013. Disponível em: http://www.bibliotecadigital.ufmg.br. Acesso em: 31 jan. 2019, p. 138.

Assim, a lei ibérica exclui da capacidade civil aqueles que não consigam *autogobernarse*[4]. Tratamento semelhante é dado pelo Código Civil argentino, que entende existir capacidade de fato quando houver aptidão de dirigir sua própria vida e administrar os bens[5].

A norma brasileira também toma como fundamento a habilidade de a pessoa administrar sua própria vida civil desacompanhada. No entanto, especifica que considera essa autonomia basicamente em discernimento e possibilidade de manifestação da vontade, ou seja, nos requisitos indispensáveis para existir um poder de decisão.

Assim, o Código trouxe o critério do "discernimento" e a possibilidade da manifestação da vontade como indispensáveis ao exercício da capacidade. É uma forma perspicaz de concretizar a incapacidade somente àqueles que necessitam; não é suficiente o déficit intelectual ou a deficiência mental por si só.

Em suma, todas as legislações citadas pretendem fundamentar a capacidade de fato na independência decisória, que seria esse poder de autorregulação das próprias vidas. Mas as primeiras omitem os critérios do que consideram uma decisão qualificada, no sentido do que seja uma decisão inteligente e adequadamente manifestada. Enquanto isso, o direito brasileiro especificou o critério da manifestação da vontade. A partir disso, é fácil perceber que os fundamentos da capacidade civil consistem no sistema que concede às pessoas o poder decisório e, especialmente, nas habilidades individuais para a manifestação da vontade livre e consciente, de forma autônoma.

4.2.1. Autonomia da vontade e autonomia privada

Santi Romano defendia a pluralidade de fontes normativas[6]. Além da lei, isto é, as normas criadas pelo poder estatal, existem as regras criadas por particulares, que são admitidas pelo Estado, na medida em que ele reconhece a impossibilidade de se normatizar todas as condutas humanas.

A esse poder, concedido pelo Estado, de produção de um ordenamento jurídico privado, baseado na autodeterminação de um indivíduo ou grupo, dá-se o nome de autonomia privada. Essa atividade resulta no autorregramento[7], conforme detalhadamente conceitua a doutrina italiana:

---

4. Código Civil espanhol: "Artículo 200. Son causas de incapacitación las enfermedades o deficiencias persistentes de carácter físico o psíquico que impidan a la persona gobernarse por sí misma".
5. Código Civil argentino: "Artículo 141. Se declaran incapaces por demencia las personas que por causa de enfermedades mentales no tengan aptitud para dirigir su persona o administrar sus bienes".
6. RAMOS, Felipe de Farias. **O institucionalismo de Santi Romano**: por um diálogo entre posições críticas à modernidade jurídica. Dissertação (Mestrado em Direito). Universidade Federal de Santa Catarina (UFSC), Florianópolis/SC, 2011, p. 45.
7. "As próprias expressões autonomia da vontade e autorregramento da vontade, apesar de aparentemente sinônimas, dão o sentido de ambas as concepções: a primeira, ligada ao

[...] "autonomia privada" em geral, o poder, reconhecido ou concedido pelo ordenamento estatal a um indivíduo ou a um grupo, de determinar "vicissitudes jurídicas", como consequência de comportamentos – em qualquer medida – livremente adotados. Como fundamento desta concepção encontra-se frequentemente de maneira somente tendencial, a liberdade de regular por si as próprias ações ou, mais precisamente, de permitir a todos os indivíduos envolvidos em um comportamento comum de determinar as regras mediante um pacto consensual[8].

É por meio dela que se justifica a liberdade de contratar e a liberdade contratual. A primeira refere-se à possibilidade de realizar negócios com qualquer pessoa, pouco importando o *status* das partes. A segunda diz respeito ao poder de se decidir quanto ao conteúdo ou objeto sobre o qual se pretende contratar. Esta liberdade contratual se opõe à formalidade contratual romana, que apenas admitia os contratos típicos, regra que se perdeu após as invasões bárbaras, as quais tiveram um papel importante ao introduzir o consensualismo em detrimento da solenidade. Assim, o consenso seria o fator preponderante na formação do vínculo.

A liberdade é mais ampla no direito privado, tendo em vista que é regida pela legalidade negativa, ou seja, as pessoas são livres para fazer ou deixar de fazer tudo o que não está vedado em lei; diversamente da liberdade do direito público, que se pauta no direito positivo, de forma que os entes públicos apenas têm permissão ou dever para fazer aquilo que está descrito em lei[9]. Considerando a existência dessa liberdade, o princípio da autonomia privada constitui um dos dogmas do direito privado[10], que pode ser estudado a partir de duas vertentes: a teoria da vontade e a teoria normativa.

Embora mais adiante se reforce a ideia, cumpre distinguir autonomia da vontade de autonomia privada. Estes termos são tratados de modo equivalentes, porém, tal atecnia causa equívocos comunicacionais no plano jurídico. A autonomia

---

momento inicial, à liberdade ('autonomia') para praticar o ato, e a segunda, ao momento final, aos efeitos ('regras') que do ato resultam."
AZEVEDO, Antônio Junqueira de. **Negócio jurídico**: existência, validade e eficácia. 4. ed. De acordo com o novo Código Civil (Lei n. 10.406, de 10-1-2002). São Paulo: Saraiva, 2002, p. 2.

8. PERLINGIERI, Pietro. **O direito civil na legalidade constitucional.** Tradução de Maria Cristina De Cicco. Rio de Janeiro: Renovar, 2008, p. 335.
9. A doutrina de direito público utiliza esses conceitos para demonstrar uma das diversas diferenças entre o regime de direito público e direito privado. COELHO, Ricardo Corrêa **O público e o privado na gestão pública.** 3. ed. Florianópolis: Departamento de Ciências da Administração, UFSC; [Brasília]: CAPES: UAB, 2014.
10. PERLINGIERI, Pietro. **O direito civil na legalidade constitucional.** Tradução de Maria Cristina De Cicco. Rio de Janeiro: Renovar, 2008, p. 339.

privada, conforme explicado, é a autorregulamentação dos interesses privados[11]. É, portanto, "fundamento da ação jurídica privada"[12] e "fonte de poder normativo"[13]. De outro modo, a autonomia da vontade abrange todo o querer humano, o que não necessariamente implica a realização de normas entre particulares[14].

4.2.1.1. Teoria da vontade ou teoria clássica da autonomia privada

Para a teoria clássica, a autonomia privada[15] equivaleria à vontade como poder absoluto, visto que ela seria principal elemento do negócio jurídico, a qual determinaria os efeitos e justificaria a força normativa do avençado.

É a teoria que se pautou na origem da autonomia privada, que coincide com o berço do capitalismo, o mercantilismo. Durante a expansão marítima, o mundo europeu viu crescer a movimentação econômica, exigindo aumento na participação de indivíduos na atividade mercantil. Porém, nessa época predominavam monarquias absolutistas que restringiam as atividades econômicas a quem não fosse autorizado pelo monopólio real, além de excluir nações que não conseguissem firmar os acordos que lhes permitissem realizar as atividades. Quem não era privilegiado nessa situação defendeu a igualdade nas oportunidades de contratar.

Nesse cenário, destaca-se a obra *Mare liberum* (Liberdade nos mares), escrita por Hugo Grotius, que criticava o monopólio dos mares pela Espanha, Portugal e Inglaterra, prejudicando Estados com elevado potencial marítimo, como a Holanda, seu país de origem, que já possuía um dos portos mais importantes para a Europa[16]. Ele defendia a liberdade de contratar, que deriva da autonomia privada. Trata-se da possibilidade de fazer negócios com qualquer pessoa, pouco importando seu *status* ou licença prévia.

O antropocentrismo, assim como o iluminismo, foram movimentos que promoveram o reconhecimento da autonomia do homem. Por se tratar de um ser racional, deveria ser reconhecida sua vontade. O ser humano não era instrumento, mas um fim em si mesmo, composto de dignidade, que tem em uma de suas facetas justamente a sua autonomia, isto é, a sua liberdade. Portanto, além da igualdade

---

11. MARTINS-COSTA, Judith. **A boa-fé no direito privado**: critérios para a sua aplicação. 2. ed. São Paulo: Saraiva Educação, 2018, pp. 248-249.
12. MARTINS-COSTA, Judith. **A boa-fé no direito privado**: critérios para a sua aplicação. 2. ed. São Paulo: Saraiva Educação, 2018, p. 248.
13. MARTINS-COSTA, Judith. **A boa-fé no direito privado**: critérios para a sua aplicação. 2. ed. São Paulo: Saraiva Educação, 2018, p. 249.
14. Idem.
15. NERY, Rosa Maria de Andrade; NERY JUNIOR, Nelson. **Instituições de direito civil**: direito das obrigações. v. I. t. I. São Paulo: Ed. RT, 2014, p. 494.
16. O porto de Roterdã foi considerado o maior do mundo até o ano de 2004. Disponível em: https://www.logisticadescomplicada.com/porto-de-roterda. Acesso em: 15 jun. 2019.

para poder contratar, foi reconhecida a liberdade contratual, ou seja, de se decidir quanto ao conteúdo ou objeto sobre o qual se pretende contratar. Esse movimento se contrapôs ao formalismo romano que tolhia a liberdade de criar figuras e ao Poder de interferência do Estado nas relações privadas, as quais dependiam em grande escala da força militar de cada povo e de suas alianças bélicas.

A ascensão da burguesia consolidou os pensamentos liberais em seu favor. Assim, os movimentos revolucionários, cujo marco é a Revolução Francesa, pregavam justamente os princípios da igualdade e da liberdade, que se encaixavam com os fins econômicos buscados por esse grupo.

Essa época correspondeu ao ápice do liberalismo e, consequentemente, da autonomia privada. Na visão desse tempo, entendia-se que as partes estavam em plena igualdade e eram livres para contratar. Isso justificaria o poder de barganha, que garantia prestações justas, recíprocas ou, pelo menos, equilibradas. Como as pessoas eram livres para contratar, caso elas escolhessem fazê-lo, criariam uma regra privada, vinculando as partes, que se comprometeriam a cumprir o avençado, o chamado *pacta sunt servanda*, que gera a segurança jurídica ao tráfego negocial.

De fato, a força vinculatória dos contratos é um dos pilares da autonomia privada. Contudo, o erro dessa geração foi reduzir a igualdade a sua faceta formal. Nem todos os homens se encontram em igualdade de condições para contratar. E aquele mais necessitado acaba se submetendo a condições prejudiciais, enquanto a parte mais forte possui maior poder de barganha. Nesse momento, a autonomia privada torna-se cruel. É necessário justificar-se não apenas na vontade, mas em uma teoria mais completa, que prestigie a igualdade material.

4.2.1.2. Teoria normativista da autonomia privada

A teoria normativista surge no século XIX, diante dos abusos cometidos pela liberdade de contratar. De acordo com essa vertente, a autonomia privada está inserida no ordenamento, devendo obedecer às leis, que podem delimitar o âmbito da vontade. Nisso reside a inteligência da teoria, que submete a vontade das partes às restrições estatais, temperando o âmbito da autonomia privada.

Observando a plena vigência da autonomia privada, é notório que injustiças foram cometidas. A noção de igualdade absoluta e liberdade eram falácias. Em várias contratações as partes se encontravam em patamares de verdadeira desigualdade, como nas relações de emprego[17], de consumo, na contratação em massa pós-revolução industrial. Na prática, os acordos eram feitos de forma assimétrica, na qual um dos polos se encontrava em situação de subsistência, tolhendo sua liberdade de escolha.

---

17. Antes da legislação trabalhista, as relações de emprego eram apreciadas no campo do direito civil.

Nesse momento, o direito se estabeleceu como um instrumento para amenizar e regular tal situação, ao buscar a igualdade material, isto é, trazer regras que protejam a parte vulnerável, a fim de reequilibrar a relação que tende a ser assimétrica. Trata-se do dirigismo contratual, em que o Estado interfere com regras que visam proteger o interesse público, o bem-estar social, a moral e os bons costumes. É a figura do Estado como intermediário na busca da justiça nas relações civis, com a proteção do mais fraco em face de abusos, por meio de leis. Esta situação foi consagrada e popularizada na famosa frase do dominicano Lacordaire: "Entre os fortes e fracos, entre ricos e pobres, entre senhor e servo é a liberdade que oprime e a lei que liberta"[18].

Academicamente, é relevante traçar a distinção entre autonomia privada e autonomia da vontade, que também é postulado central do direito privado, a fim de evitar o uso equivocado dos termos e imprecisão no entendimento[19]. Enquanto a primeira corresponde ao poder de autorregulação, a autonomia da vontade refere-se à livre e consciente manifestação da vontade, dentro dos limites estabelecidos em lei. Ou seja, a autonomia da vontade não se trata apenas da possibilidade de criar regras jurídicas entre particulares, mas se prescrevem os limites ao qualificar a manifestação dessa vontade, a qual deve ser isenta de vícios[20], bem como a restringi-la de acordo com os parâmetros legais. Assim, a autonomia da vontade se coaduna com a teoria normativista, por entender que a vontade deve ser qualificada de acordo com os parâmetros legais.

A autonomia da vontade correlaciona-se com a capacidade civil[21], uma vez que a capacidade de fato é instrumento legal para verificar a independência individual, aferir e sanar as limitações daqueles que não conseguem exercer sua autonomia privada plenamente. Assim, a autonomia da vontade, por meio da capacidade de fato, impõe parâmetros e regras para restringir e ajudar na formação da vontade livre e consciente daqueles que não conseguem fazê-la de forma qualificada.

---

18. "Entre le fort et le faible, entre le riche et le pauvre, entre le maître et le serviteur, c'est la liberté qui opprime et la loi qui affranchit."
19. Não obstante pareça simples a tarefa de conceituar esses termos, percebe-se o uso impreciso e divergências doutrinárias. "Definir a autonomia privada não é uma operação simples". PERLINGIERI, Pietro. **O direito civil na legalidade constitucional**. Tradução de Maria Cristina De Cicco. Rio de Janeiro: Renovar, 2008, p. 334.
20. Os vícios do consentimento são um claro exemplo de defeito do negócio jurídico, expressos no Código Civil, conforme os artigos 138 e seguintes.
21. Sabe-se que o instituto de restrição de capacidade de pessoas que não são consideradas aptas a decidir é antigo (inclusive por questões psíquicas e intelectuais), com referenciais no direito romano *mentecapti* ou "dementes", como explica José Carlos Moreira Alves no item 94, letra "c" (ALVES, José Carlos Moreira. **Direito romano**. 18. ed. Rio de Janeiro: Forense, 2018). O que se pretende afirmar, neste caso, é a existência de relação entre o instituto da capacidade de fato e a autonomia da vontade.

Por exemplo, ao se exigir a presença do representante ou assistente, que atue na realização do contrato pela parte considerada inapta para se autorregular. Enfim, observa-se que ambos os postulados[22] estão pautados pelo princípio da liberdade.

4.2.1.3. *Princípio da liberdade*

Ronald Dworkin e Robert Alexy são reconhecidos pelo estudo das normas, ao encabeçarem a distinção entre regras e princípios. De modo sintético, os autores compreendem que as regras são normas disjuntivas, que impõem algum dos modais deônticos no plano abstrato, passíveis apenas de um exame binário[23] de validade ou invalidade. Ou seja, é *tudo ou nada* ou *all or nothing*. Por isso, para solucionar conflitos, basta um mero exame pelos critérios hierárquico, cronológico ou da especialidade.

Os princípios, por sua vez, são normas que não admitem anulação por completo como as regras, uma vez que possuem um núcleo essencial intocável. Eles são amplos, sua aplicação pode ser feita em diferentes graus, e devem ser analisados para o caso concreto. Por isso, Robert Alexy os define como "mandamentos de otimização"[24].

No campo jurídico, a liberdade se insere na categoria de princípio. Nesse sentido, é de se esperar que a palavra liberdade comporte diversos significados e facetas, além de ser passível de aplicação em escalas diferenciadas para cada situação.

---

22. Humberto Ávila classifica as normas em: princípios, postulados e regras. Seria mais pertinente encaixar a autonomia da vontade e autonomia privada como postulados. Isso porque eles não são um fim em si mesmo, mas são parâmetros para todo o sistema civil. E o princípio norteador desses postulados seria a liberdade. Desses postulados, o sistema prevê diversas regras, por exemplo, aquelas que limitam a autonomia privada e as que determinam o que se considera uma vontade livre, conforme citadas nesse item. ÁVILA, Humberto. Teoria dos princípios: da definição à aplicação dos princípios jurídicos. 19. ed. São Paulo: Malheiros, 2019.

23. Ronald Dworkin nomeia essa polaridade de "tese da ambivalência": "Certos conceitos jurídicos, como os de contrato válido, responsabilidade civil e crime, têm a seguinte característica: se o conceito é válido em determinada situação, os juízes têm o dever, pelo menos *prima facie*, de decidir certos pleitos num certo sentido, mas se não é válido, os juízes devem *prima facie*, decidir os mesmos pleitos no sentido oposto. Chamarei tais conceitos de 'dispositivos'. Da mesma maneira como falam e argumentam, os juristas parecem admitir, a respeito dos conceitos dispositivos, o que poderíamos chamar de '**tese da bivalência**', isto é, que em todos os casos, ou a asserção positiva, de que o caso se enquadra num conceito positivo, ou a asserção oposta, de que não se enquadra, deve ser verdadeira mesmo quando é controvertido qual delas é verdadeira". DWORKIN, Ronald. **Uma questão de princípios**. Tradução de Luís Carlos Borges. São Paulo: Martins Fontes, 2000, p. 177 (grifos nossos).

24. ALEXY, Robert. **Teoria dos direitos fundamentais**. Tradução de Virgílio Afonso da Silva. São Paulo: Malheiros, 2008, p. 90.

Devido ao marco histórico da Revolução Francesa, esse princípio é amplamente associado ao abstencionismo estatal. Também se opõe diretamente à situação de estar preso para o direito penal. Conceituar pela negação não é a forma mais adequada, mas é bastante visual para entender o alcance desse termo.

Em sentido genérico[25], a liberdade é uma palavra plurívoca. Entre suas acepções, salienta-se aquela associada ao exercício das faculdades de um sujeito, sua autodeterminação, a ausência de situações que condicione sua ação e a sua existência. Para o tema, interessa aprofundar-se nessa liberdade como autonomia, que é o poder de o sujeito atuar com eficácia jurídica, conforme sua vontade[26]. Esse entendimento encontra relevante desenvolvimento por meio da filosofia cristã, antagônica ao pensamento antigo.

4.2.1.3.1. Liberdade: o livre-arbítrio

Na antiguidade predominou a visão determinista. Os gregos acreditavam na história cíclica, classificando os tempos em era do ouro, era da prata, era do bronze e era do cobre. Na obra de Homero, nota-se o determinismo na consulta aos oráculos que previam um futuro irremediável. As pessoas tentavam fugir de seu destino, mas não logravam êxito. O máximo que conseguiriam seria postergá-lo. O exemplo da mitologia grega é a trágica sina de Édipo em matar seu pai, Laio, e se casar com sua mãe, Jocasta. Laio tentou evitar que se cumprisse a previsão do oráculo de Delfos e deu seu filho à adoção. Maior, Édipo consultou novamente o seu destino que lhe profetizou a mesma maldição. Diante disso, o jovem resolveu fugir de casa, sem saber sua origem biológica. Durante o caminho encontrou e matou seu pai, depois se casou com a esposa dele, sua mãe biológica.

Enquanto os antigos viam o destino como acontecimentos irrefutáveis, os cristãos acreditavam na ideia de liberdade e de responsabilidade, a qual se concretizou no livre-arbítrio. Segundo eles, os homens eram livres para fazer suas escolhas, arcando com as respectivas consequências. É evidente que esse novo paradigma influenciou todo o mundo ocidental. Isso é perceptível no campo da responsabilidade civil.

Nos tempos primitivos dispensava-se a culpa para a responsabilização, pois seria direito da vítima reagir contra eventual dano[27]. Com pouca afeição à culpa,

---

25. HOUAISS, Antônio; VILLAR, Mauro de Salles. **Dicionário da língua portuguesa**. Instituto Antônio Houaiss de Lexicografia e Banco de dados da Língua Portuguesa S/C Ltda. Rio de Janeiro: Objetiva, 2009, pp. 1177-1178.
26. AMARAL, Francisco. **Direito civil**: introdução. 10. ed. São Paulo: Saraiva Educação, 2018, p. 464.
27. "Porém, é certo que, dissertando acêrca da evolução da teoria da culpa para fundamentar a responsabilidade; e a exigência dêsse requisito foi uma conquista galvanizada na lei aquiliana. [...] No antigo Direito Romano – observa êle –, a responsabilidade era objetiva;

os romanos lograram rigor teórico sobre a responsabilidade objetiva, que voltou a receber destaque nas últimas décadas. A responsabilidade pelo dano *effusis* e *dejectis* são exemplos de responsabilidade civil objetiva oriunda do direito romano.

Durante o período clássico[28], houve o marco legal romano com a *Lex Aquilia*, a qual passou a prever a culpa como elemento da responsabilidade. Porém, a maior atenção a esse requisito ocorreu sob a ótica cristã do livre-arbítrio, devido à noção da responsabilidade decorrente da liberdade de escolha. Isso refletiu na exploração da responsabilidade subjetiva, com enfoque na culpa. Há também repercussões no âmbito da capacidade de exercício, pois, se a reponsabilidade pressupõe a culpa decorrente do livre-arbítrio, deve-se identificar quando ele está presente.

Uma das principais obras sobre o tema pertence a Santo Agostinho. O autor parte da premissa de que há diferenças entre o ser humano e os demais animais. Em regra, os animais chamados de irracionais não têm poder de escolha, pois agem presos pelo instinto, logo, não são livres para planejar seu caminho. O homem é considerado racional e essa habilidade lhe permite optar, controlando os instintos, a sensibilidade "paixão", com o fim de direcionar sua vontade à melhor escolha. Nesse poder de decisão reside sua liberdade, o chamado livre-arbítrio, que consiste na autodeterminação.

A noção de domínio do destino permite a busca de acordo com as finalidades desejadas e isso justifica a escolha ética do ser humano[29]. Por isso, fala-se que o mundo da natureza é guiado pelas leis da física, ação e reação, que condicionam suas ações, cujas consequências são inexoráveis[30]. Enquanto isso, o mundo do ser

---

não dependia de culpa, antes se apresentava como uma reação da vítima contra a causa aparente do dano". ALVIM, Agostinho. **Da inexecução das obrigações e suas conseqüências.** 4. ed. São Paulo: Saraiva, 1972, p. 243.

28. ALVES, José Carlos Moreira. **Direito romano.** 18. ed. Rio de Janeiro: Forense, 2018, pp. 27-28.
29. "I – O que caracteriza então a pessoa? Em primeiro lugar, a possibilidade de se contrapor ao mundo, tendo dele consciência e dominando-a. Em vez de se esgotar num conjunto de ações/reações com a realidade exterior, como acontece com os animais, o homem impõe os seus fins próprios, fora dos instintos, e determina-se com liberdade. Integra-se o mundo, mas não se reduz a este. Em segundo lugar, a pessoa é o único ser capaz de se autopossuir. O animal ouve e vê, sem saber que vê e houve. Mas a pessoa tem consciência e domínio das suas próprias funções vitais e psíquicas. Até a consciência da morte; o animal só tem consciência do perigo e da dor. Sobretudo, o homem tem os seus fins, e a capacidade de prosseguir fins, que ultrapassam o condicionamento biológico. II – este último aspecto, abre-nos a um campo fundamental, onde encontramos a caracterização da pessoa como entidade ética, mais que biológica". ASCENSÃO, José de Oliveira. **Direito civil** – teoria geral. v. 1. Introdução. As pessoas. Os bens. 3. ed. São Paulo: Saraiva, 2010, pp. 38-39.
30. "ESTRUTURA DAS NORMAS ÉTICAS. Toda norma ética expressa um juízo de valor, ao qual se liga uma sanção [...]. A necessidade de ser prevista uma sanção, para assegurar o adimplemento do fim visado, já basta para revelar-nos que a norma enuncia algo que *deve*

humano se baseia na ética, isto é, na relação de imputação, a responsabilidade do ato em relação ao "dever-ser"[31]. Como o homem pode controlar suas ações, pode ser responsabilizado pelas suas escolhas.

Sendo a liberdade uma característica inerente ao ser humano, diversos filósofos, entre os quais se destaca Immanuel Kant[32], associaram a liberdade à dignidade da pessoa humana, princípio norteador do sistema jurídico brasileiro[33].

A questão é saber em que se consubstanciaria essa inteligência humana para fins de decisão e entender se todos a possuem, uma vez que isso refletirá na capacidade de exercício de cada indivíduo. A doutrina tradicional e a redação original do Código Civil de 2002 pautam essa inteligência em autodeterminação na aptidão da percepção, na possibilidade de manifestar sua vontade e, principalmente, no discernimento. Por isso, a incapacidade estava conjugada com a insuficiência do discernimento ou inviabilidade de exprimir a vontade.

4.2.1.3.2. Liberdade e discernimento

A decisão humana é um ato complexo, no sentido de ser formada por diversos fatores. Entre eles, o instinto, as emoções, a intuição[34] e o discernimento. Tendo em vista o disposto supra, o discernimento é a pedra de toque do exercício da capacidade, na medida em que esse atributo direciona a vontade de forma livre e consciente, distinguindo-se da mera exteriorização de uma deliberação.

---

ser, e não algo que inexoravelmente *tenha de ser*". REALE, Miguel. **Lições preliminares de direito**. 27. ed. São Paulo: Saraiva, 2002, p. 35. [grifos do autor]

31. "Conceito essencialmente ligado com o conceito de dever jurídico, mas que dele deve ser distinguido, é o conceito de responsabilidade [...]. O indivíduo contra quem é dirigida a consequência do ilícito responde pelo ilício, é juridicamente responsável por ele". KELSEN, Hans. **Teoria pura do direito**. Tradução de João Baptista Machado. 6. ed. Coimbra: Arménio Amado, 1984, p. 177.
32. QUEIROZ, Victor Santos. A dignidade da pessoa humana no pensamento de Kant: da fundamentação da metafísica dos costumes à doutrina do direito. Uma reflexão crítica para os dias atuais. **Revista Jus Navigandi**, Teresina, anos 10, n. 757, 31 jul. 2005. Disponível em: https://jus.com.br/artigos/7069. Acesso em: 7 jun. 2019.
33. BRASIL. Constituição Federal (1988). Artigo 1º, III.
34. Intuição é um conhecimento imediato, espontâneo, sobre o qual não há reflexão aprofundada. Ou seja, se distingue do discernimento que exige esse uso do raciocínio. "Intuição \u-i\ s. f. 1. Faculdade ou ato de perceber, discernir ou pressentir coisas, independentemente de raciocínio ou de análise *sua i. lhe dizia que era melhor partir*. 2. FIL forma de conhecimento direta, clara e imediata, capaz de investigar objetos pertencentes ao âmbito intelectual, a uma dimensão metafísica ou à realidade concreta [...]. SIN/VAR apercepção, bacorejo, faro, instinto, palpite perspicácia, pressentimento, suspeita, tino". HOUAISS, Antônio; VILLAR, Mauro de Salles. **Dicionário da língua portuguesa**. Instituto Antônio Houaiss de Lexicografia e Banco de dados da Língua Portuguesa S/C Ltda. Rio de Janeiro: Objetiva, 2009, p. 1103. [grifos do autor]

De acordo com o dicionário da língua portuguesa vernacular e com o dicionário jurídico português técnico, é possível sintetizar o discernimento como a qualidade de compreensão clara das situações somada à inteligência em identificar, distinguir, ponderar e julgar as decisões possíveis e suas consequências (vantagens e desvantagens), concluindo com a deliberação razoável, diante das circunstâncias, dos valores em jogo. Em suma, é aptidão que envolve conhecimento, poder de avaliação, raciocínio e razoabilidade, ao se estabelecer uma escolha[35].

Primeiramente, salienta-se que antes do uso propriamente dito da inteligência, é pressuposto que a pessoa tome conhecimento da situação. Para isso, é indispensável possuir a habilidade de perceber a realidade. Uma vez ausentes os sentidos para isso, não há substrato para o posterior uso da razão. Por exemplo, uma pessoa com deficiência visual não poderia apreciar se um contrato bancário escrito é vantajoso para sua situação financeira. Diante dos avanços tecnológicos e sociais, atualmente, a maioria das questões sensoriais possuem soluções. No caso dos cegos, o contrato bancário deve ser disponível em braile, conforme o entendimento dos Tribunais Superiores[36], além da acessibilidade por tecnologias assistidas. Isso evidentemente contribui para a autonomia dessas pessoas que não

---

[35]. "Discernimento s.m. (1770): ato ou efeito de discernir. 1. Capacidade de compreender situações, de separar o certo do errado <por falta de d., meteram-se em apuros> 2. Capacidade de avaliar as coisas com bom senso e clareza; juízo, tino <apesar de jovem, tem d. para gerir os negócios> 3. Conhecimento, entendimento <avaliou a casa com d. e deu um preço justo> [...]. SIN/VAR ver sinonímia de inteligência e perspicácia – ANT indiscernimento; ver tb. sinonímia de inépcia.

Discernir v. (sXV) 1 t.d.bit. perceber claramente (algo, diferenças etc.); distinguir, diferenciar, discriminar <d. a ação correta> <d. o bem do mal> 2 t.d. compreender (conceito, situação etc.); perceber, entender <d. as consequências de uma ação> 3 t.d. formar juízo, apreciar, julgar e avaliar <até agora ela não discerniu se a proposta é boa> <sob forte emoção não discernimos bem> 4 t.d. identificar (algo) com conhecimento de causa <ele pode d. se é uma obra de arte autêntica> [...] ETIM lat. *Discerno, is crevi, cretum, ere* 'separar, distinguir'. – SIN/VAR desmarcar, diferenciar, discriminar, distinguir, estremar, separar – ANT confundir". HOUAISS, Antônio; VILLAR, Mauro de Salles. **Dicionário da língua portuguesa**. Instituto Antônio Houaiss de Lexicografia e Banco de dados da Língua Portuguesa S/C Ltda. Rio de Janeiro: Objetiva, 2009, p. 692.

"DISCERNIMENTO. 1. Psicologia forense. a) Percepção de uma nova relação no discurso da experiência, distinguindo-a; b) faculdade de entender de modo sensato e claro. 2. Direito civil. prudência: capacidade de avaliar fatos ou atos de modo sensato, tendo, por isso, aptidão para praticar atos da vida civil. 3. Direito penal. Qualidade para distinguir o lícito do ilícito, o bem praticado, que acarreta para o agente a responsabilidade penal. DISCERNIR. 1. Avaliar. 2. Distinguir. 3. Apreciar com prudência 4. Entender". DINIZ, Maria Helena. **Dicionário jurídico**. v. 2. 2. ed. São Paulo: Saraiva, 2005, p. 219.

[36]. STJ, REsp 1.349.188/RJ, Rel. Min. Luis Felipe Salomão, Quarta Turma, j. 10-05-2016, DJe 22-06-2016.

dependem constantemente de alguém de confiança para participar de suas contratações de caráter pessoal, mantendo a discrição de seus atos privados.

Porém, o cerne do discernimento diz respeito à noção de inteligência, perspicácia e capacidade de avaliação, que seria a razão humana que intervém no livre-arbítrio agostiniano. É nessa segunda etapa que se nota como o discernimento é instrumental à liberdade, pois é por meio dele que uma pessoa consegue antever as consequências de cada opção em agir, conferindo-lhe poder de escolha da melhor decisão de acordo com os próprios interesses, isto é, a mais adequada, a mais justa, ética. Em outras palavras, é o discernimento e a racionalidade que qualificam a vontade em consciente, permitindo a liberdade de escolha. Dessa forma, é fácil comparar a decisão refletida e consciente daquela reflexa e instintiva: levantar a mão para adquirir um bem em leilão é a livre manifestação da vontade, mas o mesmo movimento decorrente de um susto é mera atitude reflexa e instintiva.

Nesse momento, relevante breve paralelo com a doutrina penal, trazendo os ensinamentos de Eugênio Raúl Zaffaroni e José Henrique Pierangeli. Para os autores, a vontade seria apenas a existência do querer, enquanto a vontade livre envolve a análise conforme os aspectos da culpabilidade. Isso reforça a noção de que o discernimento incide diretamente na vontade livre[37]. Desse modo, se uma criança de 5 anos conseguisse comprar um cavalo de alto valor, seria coerente dizer que ela teve vontade de ter esse animal, mas não teve vontade livre, pois não é consciente sobre todos os aspectos de seu ato, não teria refletido o quanto essa compra impactaria seu patrimônio.

Ressalta-se, outrossim, as ideias de Santo Agostinho. O religioso indagava se livre-arbítrio seria uma virtude, pois há pessoas que fazem escolhas indevidas. Ele considerava o livre-arbítrio algo divino, mas reconhecia que era passível de ser usado para o mal, assim como as mãos podem ser usadas para ferir alguém[38]. Considerando que a felicidade só existe quando há uma decisão voltada para o bem e para a verdade, o religioso concluiu que o sábio uso do livre-arbítrio somente

---

37. "197. Vontade e vontade 'livre'. É necessário precisar que a circunstância de que uma ação seja voluntária não implica, de modo algum, que seja 'livre': o 'querido' nem sempre é 'livremente querido'. O 'louco' pode querer matar alguém; sua ação será voluntária, mas não se pode dizer que seja livre, precisamente por sua incapacidade psíquica. Em seguida, veremos o que é a vontade 'livre', mas este é um problema de culpabilidade, isto é, um caráter específico do delito e não do caráter genérico. Para que haja conduta basta que haja vontade. [...]". ZAFFARONI, Eugênio Raúl; PIERANGELI, José Henrique. **Manual de direito penal brasileiro**: parte geral. 11. ed. São Paulo: Ed. RT, 2015, p. 375.

38. "Com efeito, vês que grande privação é para o corpo não ter as mãos, contudo, acontece que há quem use mal das próprias mãos. Realizam com elas ações cruéis ou vergonhosas". AGOSTINHO, Santo. **O livre-arbítrio**. Tradução de Nair de Assis Oliveira; rev. Honório Dalbosco. São Paulo: Paulus, 1995, p. 136.

existiria quando sua vontade estivesse voltada para algo bom[39]. E o mau uso do livre-arbítrio seria sanável, pela punição que traria justiça.

Esse questionamento filosófico-religioso pode ser visto sob a ótica civilista. Livre-arbítrio para Santo Agostinho equivaleria à vontade humana iluminada pela razão, ou seja, pelo discernimento. Consubstancia-se, assim, na vontade livre e consciente. Ocorre que, muitas vezes, por motivos egoísticos, as pessoas preferem eleger uma opção que sabidamente é incorreta, para obter vantagens. Ou seja, elas têm discernimento, mas optam por algo que traz prejuízos a terceiros, pois são livres para decidir. Como exemplo, cita-se o uso da má-fé, caso em que deveria haver responsabilização para desestimular o uso indevido.

Por outro lado, há casos em que sequer há livre-arbítrio, pois o indivíduo envolvido tem redução do uso esperado da razão. Nestas situações, não é possível trazer à tona questões que geram tantas controvérsias no âmbito negocial, como a boa-fé objetiva. Ora, se a pessoa não logra entender o parâmetro de conduta esperado pela sociedade, não há como esperar que sua conduta atenda ao comportamento desejado, caso em que não há liberdade para atuar de forma correta ou incorreta.

Portanto, evidente que o discernimento é a pedra de toque da capacidade de fato, pois ele está diretamente relacionado à sensatez da escolha. Consequentemente, somente aqueles que possuem discernimento têm a habilidade de antever as consequências de suas escolhas, tornando-se responsável por seus atos. Por isso, o direito confere a essas pessoas a possibilidade de exercitar seus direitos pessoalmente. Aqueles que não têm discernimento são privados da liberdade para escolher, sendo tolhidos da capacidade de decidir por si mesmos. No entanto, isso não impede que titularizem seus direitos e obrigações, pois o sistema jurídico permite que o façam por intermédio de terceiros.

4.2.1.4. Manifestação da vontade

A consciência da vontade é relevante, mas o elemento interno por si só não entra no mundo jurídico; é indispensável sua exteriorização para que eventuais envolvidos por essa vontade tomem conhecimento para ciência de sua observância. Desse modo, não se pode olvidar o doutrinador Antônio Junqueira, para quem o elemento da vontade de se manifestar ou vontade negocial se consubstancia

---

39. "Consequentemente, quando a vontade – esse bem médio – adere ao Bem imutável, o qual pertence a todos em comum, e não é privativo de ninguém, do mesmo modo aquela Verdade da qual temos dito tantas coisas, sem nada termos podido falar dignamente – quando a vontade adere ao Sumo Bem, então o homem possui a vida feliz. Ora, essa vida feliz mesma é o que o espírito sente quando adere ao Bem imutável. Este torna-se para o homem como um bem privativo, o principal de todos. Ele possui então, além do mais, todas as virtudes, das quais não é possível usar mal". AGOSTINHO, Santo. **O livre-arbítrio**. Tradução de Nair de Assis Oliveira; rev. Honório Dalbosco. São Paulo: Paulus, 1995, p. 136.

não apenas na consciência da juridicidade *erklärungsbewusstsein*, mas também na vontade de conduta externa ou vontade de declarar *handlungswille*[40].

Desse binômio entre vontade consciente (e livre) e a respectiva declaração, surgiram teorias, em especial, no que concerne aos negócios jurídicos, pois nele a vontade emanada se destina a produzir efeitos. A corrente voluntarista é a tradicional e predominante. Ela identifica na vontade o principal elemento do negócio jurídico, uma vez que se trata de uma manifestação da vontade com escopo de produzir efeitos jurídicos. A corrente preceptiva, cujos principais representantes são Bullow, Henle, Larentz[41] e Betti, enxerga o negócio jurídico como um comando concreto ao qual o ordenamento jurídico reconhece eficácia vinculativa[42]. Por fim, a teoria eclética observa a estrutura do negócio jurídico e identifica a existência dos dois elementos: a manifestação de vontade dentro das circunstâncias negociais, para a qual o ordenamento reconhece atribuição de efeitos, ou seja, trata-se de uma manifestação de vontade qualificada.

Interessa para esse item a teoria voluntarista. Isso porque ela se ramifica em teoria da vontade (*Willenstheorie*) e teoria da declaração (*Erklarungstheorie*)[43]. A primeira possui viés individualista-francês, apesar dos seus importantes defensores alemães, como Savigny e Windscheid. Por isso, impõe a vontade interna como determinante ao negócio. Windscheid considera que a vontade interna é una, não se admitindo descompasso[44]. Esse raciocínio seduz. Parece que o Código Civil

---

40. O autor secciona a formação da declaração em duas vontades: a vontade de conteúdo e a vontade de declarar. A primeira também recebe o nome de "vontade negocial" e "Geschäftswille". A vontade de declaração ou vontade de manifestação é dita no direito internacional por "Erklärungswille". Esta última se subdivide em vontade de conduta externa ou de ação, "handlungswille", e consciência da juridicidade da declaração, "erklärungsbewusstesein". AZEVEDO, Antônio Junqueira de. **Negócio jurídico e declaração negocial**: noções gerais e formação de declaração negocial. 1986. Universidade de São Paulo, São Paulo, 1986, pp. 161-162.
41. "El Código civil conceptúa como 'negócio jurídico' um acto – o uma pluralidade de actos entre sírelacionados, y sean de uma o varias personas – cuyo fin es producir um efecto jurídico em el ámbito del Derecho privado, esto es, uma modificación em las relaciones jurídicas entre particulares [...]". LARENZ, Karl. **Derecho civil**: parte general. Tradução de Miguel Izquierdo e Macías-Picavea. Madrid: Revista de Derecho Privado, 1978, p. 421.
42. AZEVEDO, Antônio Junqueira de. **Negócio jurídico**: existência, validade e eficácia. 4. ed. De acordo com o novo Código Civil (Lei n. 10.406, de 10-1-2002). São Paulo: Saraiva, 2002, pp. 11-12.
43. "Posteriormente, o ataque às concepções tradicionais agravou-se com o debate entre a teoria da vontade (*Willenstheorie*) e a teoria da declaração (*Erklarungstheorie*) [...]". AZEVEDO, Antônio Junqueira de. **Negócio jurídico**: existência, validade e eficácia. 4. ed. De acordo com o novo Código Civil (Lei n. 10.406, de 10-1-2002). São Paulo: Saraiva, 2002, p. 10.
44. "Para além dos códigos, passando a examinar o que acontece com o direito francês e o direito alemão, do ponto de vista da doutrina na e da jurisprudência, deve-se lembrar, antes de mais nada, que também muitos juristas alemães foram, ou são, partidários da teoria

de 2002 foi partidário dessa teoria ao determinar, em seu artigo 112, como regra geral dos negócios jurídicos, que, nas declarações de vontade, se atenderá mais às intenções nela consubstanciadas que ao sentido da linguagem literal. Entretanto, essa teoria traz insegurança, pois é difícil prever a vontade interna das pessoas.

Visando à segurança jurídica, os alemães traçam a teoria da declaração, que propõe a vontade declarada como a responsável pelo negócio, pois somente o que se exterioriza é levado a conhecimento. Ao observar o Código Civil pátrio com mais atenção, percebe que ele adota a segunda posição. O artigo 112, antes de buscar a vontade interna, determina que se trata de declarações de vontade. Ademais, em alguns dispositivos, é expressa a prevalência da vontade manifestada, como no caso de reserva mental (artigo 111). Neste caso, somente se dará ênfase à vontade interna na hipótese excepcional em que o destinatário tivesse conhecimento do real desejo individual da parte que fez a reserva. Outra exceção em que prevalece a vontade interna ocorre quando houver simulação em relação ao que foi dissimulado, desde que este seja válido em substância e forma (artigo 167). São questões incidentais as quais demonstram que, na prática, em regra, exige-se a declaração.

Antônio Junqueira de Azevedo[45] é enfático ao dispor que na ausência de declaração não há sequer o negócio jurídico, uma vez que o seu elemento não corresponde à mera volição, mas na sua exteriorização.

---

da vontade. Savigny, seu principal formulador na Alemanha, já foi citado. Windscheid, por sua vez, diz: 'Quem afirma uma cisão entre a vontade e a declaração deve prová-lo; uma vez acertada tal cisão, a declaração não produz o efeito jurídico indicado como querido. Esse é o princípio'. Vê-se, pois, que também ele pode ser considerado partidário da teoria de vontade; seu pensamento foi mais desenvolvido no programa acadêmico 'Wille und Willensklarung', considerado por Ferrara 'a mais denotada e poderosa defesa da teoria volitiva'. Também Puchta, Zitelmann, o próprio Thibaut, são outros autores alemães partidários da teoria da vontade". AZEVEDO, Antônio Junqueira de. **Negócio jurídico**: existência, validade e eficácia. 4. ed. De acordo com o novo Código Civil (Lei n. 10.406, de 10-1-2002). São Paulo: Saraiva, 2002, pp. 78-79.

45. "A nosso ver, a vontade não é elemento do negócio jurídico; o negócio é somente a declaração de vontade. Cronologicamente, ele surge, nasce, por ocasião da declaração; sua existência começa nesse momento; todo o processo volitivo anterior não faz parte dele; o negócio todo consiste na declaração. Certamente, a declaração é o resultado do processo volitivo interno, mas, ao ser proferida, ela o incorpora, absorve-o, de forma que se pode afirmar que esse processo volitivo não é elemento do negócio. A vontade poderá, depois, influenciar a validade do negócio e, às vezes também, a eficácia, mas, tomada como iter do querer, ela não faz parte, existencialmente, do negócio jurídico; ela fica inteiramente absorvida pela declaração, que é o seu resultado. O fato de ela poder vir a influenciar a validade ou a eficácia do negócio não a transforma em parte dele, como, aliás, também ocorre com diversos outros requisitos e fatores de eficácia. Em resumo, analisado o negócio jurídico no plano da existência, vê-se logo que a vontade não faz parte dele; o que ocorre é que a declaração deve resultar de um processo volitivo, sob pena de não valer ou de não produzir efeitos (planos da validade e da eficácia). Com esta visão, o problema muda completamente de figura. Será, apenas, uma questão de grau saber até que ponto

Didaticamente, a doutrina recente decompõe a declaração da vontade em três elementos: a declaração no sentido de enunciação; a vontade de declarar (*Erklärungswille*), que é a intenção de comunicar a sua vontade ao destinatário e a vontade de concluir o negócio (*Geschäftswille*), que significa a real intenção de se vincular na relação jurídica[46].

Tudo isso demonstra a importância da manifestação da vontade. Se não há exteriorização, a vontade não aparece no mundo jurídico, não é levada a conhecimento. E o direito, seja no âmbito público, seja no privado, é formado por normas que descrevem e prescrevem condutas, por meio de enunciados formados por diferentes signos: escrita (códigos), fala (uma decisão oral, advertências) ou imagens (placas de trânsito), entre outros. Para isso, a linguagem é imprescindível. Tamanha a importância comunicacional que a doutrina se debruça sobre a questão, reduzindo o direito à linguagem[47]. Isso porque a normatização pública e o estabelecimento consensual de normas pressupõem comunicação.

Destarte, se o agente não conseguir expressar sua vontade, nem receber o teor volitivo alheio, estará impedido de participar desse universo. Com isso, não terá capacidade de exercer diretamente seus direitos e deveres, portanto, é indispensável alguém que lhe auxilie na comunicação. Nesses termos, a aptidão comunicacional constitui fundamento essencial para a capacidade de exercício, pois, sem a possibilidade de exprimir sua vontade, não há comunicação e conhecimento das pretensões da outra parte.

É possível que a pessoa tenha discernimento, mas não possa manifestar a vontade a fim de se fazer entender pelos destinatários da mensagem[48]. O clássico

---

o direito positivo admite ou até que ponto deve ele de *lege ferenda* admitir as influências da vontade sobre declaração". AZEVEDO, Antônio Junqueira de. **Negócio jurídico**: existência, validade e eficácia. 4. ed. De acordo com o novo Código Civil (Lei n. 10.406, de 10-1-2002). São Paulo: Saraiva, 2002, pp. 82-83.

46. NERY, Rosa Maria de Andrade; NERY JUNIOR, Nelson. **Instituições de direito civil**: direito das obrigações. v. I. t. I. São Paulo: RT, 2014, p. 493.

47. Priscila de Souza aborda o tema: "Trazendo o conceito ao mundo da linguagem do direito, tomamos a expressão atos de fala como enunciação. Isso porque, como visto, o direito nada mais é do que a conjugação de inúmeros processos comunicativos, tendo início com a elaboração de normas gerais e abstratas, pelo legislador, que, submetendo-se às regras do sistema para criação de normas, inicia o processo com um ato de fala, produzindo enunciação. Corroboram nossa afirmação os ensinamentos de Fabiana Del Padre Tomé, segundo os quais 'ato decisório, sendo criador de norma jurídica, apresenta-se como um ato de fala, de expressão comunicativa produtora de enunciados, ou seja, enunciação'". CARVALHO, Paulo de Barros (coord.); CARVALHO, Aurora Tomazini de (org.). **Construtivismo lógico-semântico**. São Paulo: Noeses, 2018, pp. 133-134.

48. Também há o caso daqueles que não possuem discernimento e não possuem a capacidade comunicacional por falta de aprendizado. A título ilustrativo pode-se citar um bebê que se expressa de forma limitada, pois ainda não aprendeu a se comunicar de forma completa. Embora emita sons, chore para demonstrar descontentamento e incômodos diante de uma

exemplo, previsto pelo Código Civil de 1916, são as pessoas com deficiência auditiva ou deficiência para vocalizar. Também é possível citar a pessoa com deficiência visual, que pode não captar certas informações exteriores. Em todos os casos há déficit na comunicação, por não conseguirem estas pessoas interagir adequadamente com determinados sentidos, conforme a linguagem ordinariamente utilizada na sociedade para declarar vontade: verbal e escrita. Isso pode gerar a exclusão de pessoas com limitações de ordem oral, auditiva e visual, afetando sua capacidade.

Considerando que no passado não havia tanto desenvolvimento, nem interesse na popularização dos meios de comunicação para a inserção de pessoas com deficiência[49], obstava-se, realmente, a capacidade de exercício delas, uma vez que não conseguiam exteriorizar suas volições. Eis o motivo de os "surdos-mudos" estarem presentes no rol de incapacidade absoluta do Código de Beviláqua, em seu artigo 5º, III[50], quando não pudessem exprimir sua vontade. Porém, atualmente, grande parte desse grupo consegue se comunicar, muito embora essa participação ainda seja restrita, tendo em vista que nem todos os estabelecimentos e indivíduos estão preparados para ele.

Por fim, vale salientar que as pessoas com deficiência intelectual podem ter afetada sua capacidade de comunicação, ainda que consigam vocalizar, escutar e ver; a organização linguística não é suficiente para se fazer compreender por terceiros que não convivam com estas pessoas. Assim, indiretamente, a manifestação de vontade pode esbarrar nestas espécies de deficiência.

4.2.1.5. Princípio da confiança

Não se pode deixar de mencionar a autonomia privada sem tratar de seu consectário axiológico, o princípio da confiança. Esta se consubstancia na proteção de expectativas legítimas, justificando os vínculos das relações jurídicas[51].

---

enfermidade ou sorria em caso de satisfação ao afeto de seus familiares, não se faz compreender o suficiente para fins de um negócio jurídico, como assinar a matrícula da creche.

49. Cumpre salientar que o desenvolvimento de comunicações para "cegos" e "surdos-mudos" já existia desde o período imperial. Nesse ponto merece destaque Dom Pedro II ao trazer, desenvolver e adaptar sistema de linguagem ao Brasil, país pioneiro no tema na América Latina. Trata-se dos seguintes institutos: o Imperial Instituto dos Meninos Cegos (atual Instituto Benjamin Constant – IBC), criado em 1854, e o Imperial Instituto dos Surdos-Mudos (hoje Instituto Nacional de Educação de Surdos – INES), criado em 1856. O lento desenvolvimento dos sistemas de linguagem especializados a essas pessoas demonstra que, entre as barreiras impostas às pessoas com deficiências, a barreira atitudinal é uma das mais fortes a obstar seus direitos.

50. "Artigo 5º. São **absolutamente incapazes** de exercer pessoalmente os atos da vida civil: [...] III. Os surdos-mudos, que não puderem exprimir a sua vontade" (grifos nossos).

51. BARBOSA, Elisandra Cristina. **A boa-fé na relação contratual e o princípio da confiança**. Dissertação (Mestrado em Direito). São Paulo, Pontifícia Universidade Católica de São Paulo, São Paulo, 2008, p. 110.

Judith Martins Costa explana que a aptidão de os indivíduos criarem regras numa ordem jurídica impõe a interdependência escalonada de certos princípios. Além do âmago da autonomia privada, conjugam-se a boa-fé, a autorresponsabilidade e a confiança[52].

Sinteticamente, ao exercer a autonomia privada, o direito considera que as pessoas assumem responsabilidade na medida da ordem jurídica sobre suas condutas. A autorresponsabilidade significa que as pessoas se comprometem legalmente à determinada conduta, respondendo por ela. O sistema jurídico supõe que as pessoas agem de boa-fé, para que se possa acreditar nos demais com quem negociar. Importante é o papel do princípio da confiança para viabilizar os negócios jurídicos. Com base nele, o direito protege as expectativas legitimamente suscitadas no outro, por ato de autonomia privada.

Por sua vez, o direito anglo saxão fala que as partes voluntariamente se comprometem em uma ação futura, algo que vai além da confiança, mas trata da própria intenção do agente[53]. Apesar da ligeira diferença, é possível notar o caráter da confiança nos dois modos de analisar as promessas negociais.

O negócio jurídico é reconhecido como principal instrumento de formação obrigacional. Ele se forma pela exteriorização da vontade tácita ou expressamente. Para esse negócio funcionar, deve existir a confiança no que foi avençado. Sempre que a declaração emanar de pessoa responsável, haverá o fato gerador de confiança ao destinatário da mensagem[54]. Em razão dessa confiança, a parte credora pode criar expectativas válidas, a fim de planejar suas atividades. Por exemplo, sabendo que há compromisso de compra e venda de imóvel para sua moradia, o promissário adquirente avisará à locadora da falta de interesse em renovar o contrato de aluguel do local onde reside.

Nesse sentido, o ato de autonomia gera expectativas legítimas e, consequentemente, constitui autorresponsabilidade inafastável. Essa se caracteriza como a contrapartida da autonomia[55]. Sustenta-se, assim, que a conjugação da autonomia à confiança promove a união dinâmica de forças mutuamente implicadas, potencializando a respectiva eficácia jurídica[56]. O princípio da confiança é o elemento central da segurança jurídica.

---

52. MARTINS-COSTA, Judith. **A boa-fé no direito privado**: critérios para a sua aplicação. 2. ed. São Paulo: Saraiva Educação, 2018, p. 249.
53. HARRIS, Donald. Contract as promise – a review article based on contract as promise: a theory of contractual obligation, by Charles Fried (Harvard University Press: 1981). International Review of Law and Economics, 1983, p. 69-77.
54. MARTINS-COSTA, Judith. **A boa-fé no direito privado**: critérios para a sua aplicação. 2. ed. São Paulo: Saraiva Educação, 2018, p. 250.
55. MARTINS-COSTA, Judith. **A boa-fé no direito privado**: critérios para a sua aplicação. 2. ed. São Paulo: Saraiva Educação, 2018, p. 251.
56. MARTINS-COSTA, Judith. **A boa-fé no direito privado**: critérios para a sua aplicação. 2. ed. São Paulo: Saraiva Educação, 2018, p. 252.

Como se observa, todos os conceitos se comunicam. Caso a pessoa seja incapaz de fato, sua autonomia será restringida, logo, sua responsabilidade também o será. Tal situação esfacela a expectativa de legitimidade, retirando a confiança da parte com quem se negocia. Diante dessa insegurança jurídica, ninguém tem interesse objetivo de contratar com algum incapaz, pois restará a sombra do descumprimento.

O direito solucionou essa situação por meio da interferência de uma pessoa interposta, plenamente capaz, que valide o negócio declarando vontade em substituição ou auxiliando o incapaz. Assim, é possível conviver a confiança do "alter" e a capacidade de direito do sujeito incapaz em participar das relações jurídicas.

Por fim, vale lembrar que as expectativas de direito geradas pelo negócio assumem maior dimensão nos contratos que não são de execução imediata, que envolvem maior risco[57]. Por isso, a confiança, princípio tão caro ao direito empresarial, que trabalha com a segurança das informações, com planejamento e negociações em longo prazo. Muitas vezes, as partes visam propor unicamente um ajuste prévio[58]. Nessa toada, é de se esperar que os envolvidos sejam plenamente capazes para lidar com a responsabilidade e a validade de seus atos.

Justamente com base nesse funcionamento do mercado, impede-se que os incapazes sejam empresários individuais ou administradores de sociedades, nos termos legais. Ora, como se poderia fazer provisões em uma relação com uma pessoa incapaz, se o direito não considera legítimas tais expectativas? Isso demonstra que tal comando legal não se trata de mera exclusão, mas da tutela da confiança, isto é, o interesse coletivo da segurança.

Portanto, é evidente a relação entre a confiança e a autonomia privada. Estes axiomas influenciam na normatização da capacidade de agir, sopesando a proteção do incapaz à tutela das expectativas das relações jurídicas firmadas.

4.2.1.6. Capacidade de obrar e independência financeira

Os fundamentos do discernimento e da possibilidade de exteriorização da vontade são justificativas tratadas com naturalidade, no mundo contemporâneo, em que o direito civil está adequado para questões extrapatrimoniais, em especial os direitos da personalidade. Porém, há pouco mais de um século, a capacidade de fato era uniformizada como a capacidade de obrar[59], o que remete ao direito

---

57. NANNI, Giovanni Ettore. **Direito civil e arbitragem**. São Paulo: Atlas, 2014, p. 91.
58. NANNI, Giovanni Ettore. **Direito civil e arbitragem**. São Paulo: Atlas, 2014, p. 92.
59. "O ultimo estudo da *capacidade civil,* cujo resultado é o que appareceu nos Arts. 16 e seguintes do *Esboço do Código Civil.* convenceu-me de que ella não se-reduz á capacidade de obrar. A capacidade civil é de direito, ou de facto; e esta ultima vem â sêr a capacidade de obrar, consiste na aptidão, ou no gráo de aptidão, das pessoas para exercerem por si os actos da vida civil. Fiquem portanto rectificadas as idéas aqui expostas com as do texto do *Esboço,*

civil francês[60] que se preocupava apenas com o caráter patrimonial das relações jurídicas, pouco se atentando aos direitos da personalidade, que possuem um viés eminentemente existencial, conforme será abordado mais adiante.

Dessa maneira, a aptidão de obter seu próprio sustento, em especial pelo trabalho, trouxe a ideia de autonomia e, portanto, de capacidade, o que reflete os princípios da sociedade burguesa de um estado abstencionista, cuja única função seria proteger a propriedade. Em parte, há razão nessa tese, devido ao fato de, em uma sociedade monetarizada e capitalista[61], é indispensável gerar riquezas para manter os direitos mais elementares ao ser humano: alimentação, vestimentas, saúde e higiene, por exemplo. A capacidade de sustento dignifica o homem, o qual consegue viver adequadamente, sem precisar se submeter a situações degradantes para sobreviver. Além disso, sedimentou-se a noção popular de que sucesso financeiro corresponderia ao êxito na vida, logo, necessariamente tratar-se-ia de uma pessoa inteligente e capaz.

Sem embargo, este não deve ser o cerne da questão, pois a inteligência e a possibilidade de manifestar vontade são os reais elementos primordiais na capacidade decisória, enquanto o poder econômico individual tem função instrumental. A quantidade de patrimônio não mede inteligência, tampouco é o elemento primordial na capacidade de escolha, tanto é assim que os menores de idade que herdam valores vultosos de herança continuam a serem tratados como incapazes.

Apesar de o direito civil apenas ter se apropriado da expressão "capacidade de obrar", sem relacioná-la exatamente ao trabalho, a sua ideologia semântica influenciou indiretamente a lei. Na sociedade ocidental dos séculos XVIII e XIX, as mulheres não tinham vida profissional. Considerando este raciocínio e o poder marital[62], era culturalmente admissível que elas fossem consideradas relativamente incapazes quando casadas. Mais uma vez, parece uma realidade distante. Malgrado, esse conteúdo normativo perdurou, no Brasil, até 1962, quando, em observância à Convenção Interamericana de Bogotá, de 1948, a qual previa a

---

    e seus commentarios". FREITAS, Augusto Teixeira de. **Consolidação das leis civis**. Responsabilidade. Augusto Teixeira de Freitas; prefácio de Ruy Rosado de Aguiar (Coleção história do direito brasileiro. Direito civil; ed. fac-sim. Brasília: Senado Federal, Conselho Editorial, v. 1, 2003. Disponível em: http://www2.senado.leg.br. Acesso em: 29 jan. 2019, p. CXXIV –146 do pdf). [grifos do autor]

60. Neste caso, tomou-se como parâmetro o direito civil francês (referente ao Código de Napoleão de 1804), que resultou das revoluções liberais burguesas, portanto, protegia os interesses patrimoniais, em especial a propriedade.
61. Considerando que praticamente todo planeta adota esse modo de organização social.
62. FREITAS, Augusto Teixeira de. **Consolidação das leis civis**. Responsabilidade. Prefácio de Ruy Rosado de Aguiar. Coleção história do direito brasileiro. Direito civil; Ed. fac-sim. Brasília: Senado Federal, Conselho Editorial, v. 1, 2003. Disponível em: http://www2.senado.leg.br/bdsf/handle/id/496206. Acesso em: 29 jan. 2019, pp. 146-148.

igualdade de direitos civis entre homens e mulheres, foi publicada a Lei n. 4.121, mais conhecida como Estatuto da Mulher Casada, que revogou o inciso II, do artigo 6º, do primeiro Código Civil do país. Neste caso, a participação da mulher no mercado de trabalho foi um dos motivos para a sua emancipação legislativa.

Atualmente, ainda há resquícios desse entendimento. O direito espanhol adota a expressão *capacidad de obrar*[63] para capacidade de fato, entretanto, o fundamento é a aptidão de autogovernar-se. No ordenamento brasileiro, essa terminologia foi abolida, todavia, basta ler o artigo 5º, do Código Civil de 2002, que aborda a emancipação do menor entre 16 e 17 anos de idade, para encontrar a base desse raciocínio. Entre as hipóteses para o menor se tornar capaz estão o casamento, a colação de grau em curso de ensino superior, o exercício de emprego público efetivo e o estabelecimento comercial ou relação de emprego que permita autonomia econômica. Os dois últimos evidentemente justificam a antecipação dos efeitos da maioridade na possibilidade de autossuficiência econômica, relacionada à "capacidade de obrar". De modo reflexo, também seria possível afirmar que o casamento e a colação de grau remetem à possibilidade de se obter meios de subsistência própria, embora sejam outros os argumentos[64]. À época da edição do Código, supunha-se que os graduados em curso superior estavam prontos para exercer sua carreira profissional; assim como o fato de que o matrimônio pressupunha recursos financeiros para o sustento de uma nova família, independente da família anterior.

Ademais, o próprio sistema jurídico possui diferenças normativas quanto ao tratamento dispensado aos menores emancipados. Nem sempre aqueles que possuem uma relação de emprego (menor aprendiz) ou economia própria têm discernimento suficiente para realizar atos civis pessoalmente. Não são raros os

---

63. "Cuando más atrás me he referido a como el Ordenamiento atribuye o reconoce la personalidad jurídica, es decir la aptitud exigida para ser titular o sujeto de derechos y obligaciones derivadas de relaciones jurídicas, estaba describiendo la capacidad jurídica, que también se denomina personalidade y que constituye um atributo essencial de la persona humana. La capacidad de obrar, em cambio, supone aptitud para ejercitar de manera eficaz actos jurídicos, lo que se traduce em la adquisición o actuación de derechos y en la asunción de obligaciones". CALERO, Francisco Javier Sanchéz (coord.) *et al*. **Derecho civil I**: parte general y derecho de la persona. 7. ed. Valência: Tirant lo blanch, 2017, p. 85.
64. A colação de grau remete a uma pessoa intelectualmente capaz, o que faz supor que é alguém com discernimento para compreender os atos de sua vida civil. Ademais, até metade do século XX, concluir um curso universitário era algo pouco acessível. Já o casamento constitui uma nova família, cujas decisões pertencem ao casal, inclusive nas famílias tradicionais do século XVIII e XIX, em que, apesar do poder marital e da redução de capacidade da mulher casada, as esposas tinham capacidade para tomar as decisões cotidianas e domésticas, como a compra de insumos para a casa. Dessa forma, após casados, não há necessidade de os pais decidirem pelos seus filhos, que já estão aptos para tomar decisões; a mulher passava a ser, àquela época, representada por seu marido.

casos de menores de idade entre 16 e 17 anos que conquistam dinheiro e fama, sustentando a própria família, mas continuam a atuar de maneira desequilibrada. Por isso, até mesmo em casos de emancipação, o Estatuto da Criança e do Adolescente, que utiliza o critério etário puro, continua a ser aplicado, conferindo tratamento de tutela a esses menores.

A razão é a seguinte. A independência econômica na sociedade atual não deixa de ser um dos pilares da independência, que implica a ideia de capacidade. Sem embargo, a pedra de toque para a autodeterminação é o discernimento e a potencialidade de interação. Nesse caso, embora o direito civil reconheça o discernimento para a prática dos atos civis, o Estatuto da Criança e do Adolescente estabelece limites para temperar essa regra jurídica.

Estender-se-ia a situação na hipótese de uma pessoa acometida por grave deficiência intelectual que herdasse uma fortuna bilionária. Sem dúvidas, teria capacidade de se sustentar economicamente, mas não teria êxito para agir pessoalmente na relação jurídica, uma vez que lhe falta o discernimento. Até mesmo pessoas que já possuíram esse discernimento podem ser limitadas, por enfermidade futura que lhe afete a razão, como doenças degenerativas ou pelo uso habitual de drogas. Em tais casos, há o risco de dilapidar o patrimônio gastos desmoderados ou, até mesmo, que causem danos a si mesmo, como no uso de drogas.

Enfim, todos esses fundamentos constituem a base que permite o exercício sensato e esperado da capacidade civil. Constituem pilares a serem observados pelo legislador, que pondera um padrão médio do que será considerado como aptidão ou falta de aptidão para agir sozinho no plano civil. Portanto, a partir deles será possível examinar a capacidade de agir da pessoa com deficiência, contemporaneamente, verificando se as alterações ocorridas em 2015 constituíram um progresso ou não no regime das capacidades civis.

5
TEORIA DAS INCAPACIDADES OU TEORIA DAS CAPACIDADES

5.1. Aspectos gerais

O principal marco na regulação da capacidade de fato reside na teoria das incapacidades. Geralmente, devido ao fato de as maiores controvérsias serem computadas às hipóteses de incapacidade, a teoria é mais conhecida como "teoria das incapacidades". No entanto, nada impede de nomeá-la como teoria das capacidades, pois versa sobre todos os diferentes regimes jurídicos relativos ao exercício da capacidade civil.

No âmbito brasileiro, essa teoria foi inserida por Teixeira de Freitas, no Esboço do Código Civil, o qual não entrou formalmente em vigor, mas trouxe muitas contribuições para os juristas da época, suprindo e sistematizando o direito advindo das ordenações, ainda vigentes, além de servir de base para a legislação futura. A grande inovação consistiu na gradação da capacidade civil de fato.

A plenitude da capacidade civil constitui a situação ideal no sistema civil. Não obstante, em certos casos, a atuação pessoal está prejudicada, tornando a pessoa incapaz de exercer *per si* os atos da vida civil.

A partir dessa teoria, o direito busca solucionar essas hipóteses de incapacidades, por meio de um tratamento jurídico diferenciado na proporção em que se afeta a capacidade. Assim, divide-se o estudo da capacidade civil de exercício a partir de três enfoques: capacidade plena, incapacidade absoluta e incapacidade relativa.

Essa habilidade de prática de atos jurídicos é aferida de acordo com o potencial individual de atuação independente, isto é, o discernimento e a manifestação da vontade, uma vez que são fundamentos da capacidade de fato. Quando presentes tais aptidões, a pessoa é considerada plenamente capaz; quando ausentes, será incapaz de forma absoluta ou relativa, a depender do grau de inaptidão para a prática de atos.

Convém destacar que, nos primeiros contatos com essa teoria, a doutrina brasileira se equivocou ao fazer o caminho inverso: usava a quantidade de atos para os quais a pessoa estava inabilitada como parâmetro de aferição da capacidade. Ou seja, inicialmente, a teoria utilizava a consequência como critério da gradação da capacidade[1]. Todavia, o correto é identificar a qualidade pessoal, quer dizer, a limitação nas habilidades que interferem na aptidão decisória e, posteriormente, avaliar quais atos sofrem restrições para serem praticados com autonomia, a chamada gradação qualitativa. A diferença é sutil, mas é relevante não fundamentar o instituto por sua consequência, pois isso permitiria uma atuação arbitrária e dispensaria o requisito legal da perícia multidisciplinar, indispensável para avaliar as habilidades individuais.

Ressalta-se, outrossim, que o grau de aptidão concernente à capacidade de fato não afeta a capacidade de direito que continua a ser plena. Esta capacidade não pode ser restringida. Qualquer óbice à capacidade de gozo implicaria a impossibilidade de adquirir direitos e deveres, atingindo o núcleo intangível da personalidade. Porém, a capacidade de exercício não interfere na aquisição, apenas condiciona a forma de exercer os direitos e deveres ao auxílio de um terceiro, quando não for recomendado fazê-lo de forma independente. Por isso, a capacidade de agir pode ser mensurada à medida que os sujeitos são qualificados para a prática de atos jurídicos *lato sensu*.

Assim, uma criança[2] não pode ser privada de titularizar direitos e deveres como ser locador de um dos imóveis que lhe foram herdados. Contudo, não pode exercitá-los pessoalmente, por ser absolutamente incapaz de fato. Sua capacidade de gozo será mantida, o menor será titular dessa relação jurídica, todavia, a atuação dependerá de uma pessoa capaz que lhe supra a vontade.

5.2. Objetivos da teoria

A necessidade de uma teoria ou regime jurídico consiste na sua finalidade prática. O direito tem como fim regular as condutas humanas, preocupando-se

---

1. Essa conclusão adveio do estudo sobre a teoria das capacidades em Teixeira de Freitas: "Conforme asseverado, outro ponto inovador da *teoria das capacidades* de Freitas consiste em sua gradação da *capacidade de fato*, concebendo a *capacidade plena*, a *incapacidade relativa* e a *incapacidade absoluta*. Muito embora esta gradação tenha sobrevivido no Direito Civil brasileiro, impende destacar que as noções de *incapacidade relativa* e de *incapacidade absoluta* no *Esboço* não são as mesmas que aparecem no Direito posterior. Em Freitas, a gradação se estabelece quanto à *abrangência* da *incapacidade*, ou seja, quanto ao número de atos abrangidos, e não quanto à *intensidade*, ou seja, quanto ao discernimento maior ou menor do incapaz. Em se tratando de *incapacidade absoluta*, não há ato algum da vida civil que o incapaz possa praticar pessoalmente". CARVALHO, Felipe Quintella Machado de. **Teixeira de Freitas e a história da teoria das capacidades no direito civil brasileiro**. Dissertação (Mestrado em Direito). Universidade Federal de Minas Geais, Minas Gerais, 21 nov. 2013. Disponível em: http://www.bibliotecadigital.ufmg.br. Acesso em: 31 jan. 2019, p. 139.

2. Conforme o artigo 2º, do Estatuto da Criança e do Adolescente, considera-se criança a pessoa até os 12 anos de idade.

com a realidade, evitando e resolvendo conflitos. Miguel Reale[3] elaborou a teoria tridimensional do direito[4], cujo elemento propulsor para a criação jurídica consiste no "fato". Ora, se não há fato no mundo físico ou a potencialidade de ocorrência de um fato, não surge a preocupação em regrá-lo. Atualmente, são indispensáveis leis que regulem a extração de petróleo, até mesmo em nível mundial, porém, qual seria o sentido disso antes da Revolução Industrial, se não havia interesse nessa matéria-prima?

No que concerne à capacidade civil, é irrefutável a necessidade de um regime diferenciado de capacidade em razão de aptidão para praticar atos jurídicos. Apesar do uso pejorativo do termo "incapacidade", especialmente por leigos da área jurídica, é inegável o aspecto moral elevado desse instituto[5], cujo escopo primordial consiste em proteger aquelas pessoas que não conseguem agir por si só. Isso se faz por meio do exercício vigiado de direitos e deveres dos quais são titulares. Ele tem a serventia de permitir que todos participem da vida civil de forma justa, evitando prejuízos decorrentes das limitações decisórias.

Permitir que pessoas inaptas praticassem atos sem qualquer auxílio significaria deixá-las a mercê de negócios desvantajosos, pois a outra parte poderia se aproveitar da falha no discernimento ou comunicação negocial. Há o típico exemplo de um adulto ao enganar uma criança, que possui discernimento negocial insuficiente ante sua inexperiência e desenvolvimento psíquico-mental ainda incompleto: convencer um menino de 4 anos a trocar sua nota de 20 reais por 100 moedinhas de 1 centavo. Eis a famosa expressão "é tão simples como tirar o doce de uma criança". Por isso, muitas legislações e doutrinas comparavam as pessoas com deficiência intelectual às crianças, a fim de lhes impor tutela, como fazia o Código de Seabra (artigos 321 e seguintes)[6].

---

3. REALE, Miguel. **Lições preliminares de direito**. 27. ed. São Paulo: Saraiva, 2002, p. 65.
4. Segundo essa teoria, o direito seria o resultado da valoração dada aos fatos dentro de determinada cultura.
5. O instituto das *incapacidades* foi imaginado e construído sobre uma razão moralmente elevada, que era a *proteção* dos que são portadores de uma deficiência juridicamente apreciável. Essa era a ideia fundamental que o inspirava, e acentuá-lo ainda é de suma importância para a sua projeção na vida civil. A lei jamais instituiu o regime das incapacidades com o propósito de prejudicar aquelas pessoas que delas padecem, mas, ao contrário, com o intuito de lhes oferecer proteção, atendendo a que uma falta de discernimento, de que sejam portadores, aconselha tratamento especial, por cujo intermédio o ordenamento jurídico procura restabelecer um equilíbrio psíquico, rompido em consequência das condições peculiares dos mentalmente deficitários. PEREIRA, Caio Mário Silva. **Instituições de direito civil**. v. I. 31. ed. Rio de Janeiro: Forense, 2018, p. 216.
6. Código Civil português de 1857: "Título V – Da incapacidade por demência Artigo 314. Serão interdictos de exercício de seus direitos os mentecaptos, e todos aquelles que, pelo estado anormal de duas faculdades mentaes se mostrarem incapazes de governar suas pessoas e seus bens. [...] Artigo 32. O interdicto é equipado ao menor, e são-lhe aplicáveis

Isso também pode ocorrer com maiores de idade. Muitas vezes, uma limitação intelectual retira o discernimento da pessoa, que não compreende as circunstâncias negociais, sendo incapaz de refletir sobre o negócio jurídico a ser realizado. Por exemplo, uma pessoa com desenvolvimento mental incompleto que não consegue fazer operações matemáticas seria facilmente ludibriada ao receber o troco pela sua compra; é imprescindível alguém para lhe auxiliar nessa atuação.

Observa-se que a intervenção de um terceiro em prol daquele desprovido dessas habilidades resguarda-lhe a faculdade de ser sujeito de direitos e deveres e o protege em face de terceiros de má-fé. Em outras palavras, a figura dessa pessoa é importante na medida em que ela supre a carência de aptidões essenciais, tal como o discernimento, atestando que o ato não foi praticado em desfavor de alguém.

Esse viés protetivo não é algo recente. Restringir a prática de atos civis por pessoas com deficiência intelectual e mental tem uso histórico. Em Roma, a tábua quinta, número 8, da Lei das XII Tábuas prescrevia que a herança pertencente ao "louco" e ao pródigo ficaria sob os cuidados dos agnados, seus parentes consanguíneos[7]. Posteriormente, o direito romano passou a tutelar também os atos relativos à saúde e ao corpo do *furius*, conforme texto do Digesto[8].

Essa teoria não se esgota na tutela do incapaz, pois também visa garantir a segurança jurídica da coletividade. O mero viés protetivo dos incapazes seria um empecilho contratual, tendo em vista a insegurança jurídica em contratar com pessoas com as quais os negócios poderiam ser desfeitos a qualquer momento. Sem uma questão afetiva, seria raro vislumbrar algum entusiasta em praticar um negócio jurídico com um incapaz, sem a devida representação ou assistência, pois se formaria algo temerário, com risco de não ser passível de responsabilização ou até mesmo ser anulado, ainda que se tratasse de um negócio sinalagmático em sua essência e feito de boa-fé.

Nesse quesito, a figura do terceiro interposto exclusivamente para cuidar da atuação do incapaz é de salutar inteligência para o funcionamento dessa teoria. A sua participação constitui a garantia de que o negócio é válido e de que eventual inadimplência ou mora será passível de responsabilização. Assim, a outra parte se sentiria respaldada pelo ordenamento jurídico para realizar tais negócios.

Buscando essa confiança social, vale ressaltar que o direito pátrio, desde 1916, revogou o benefício da restituição, também chamado *restitutio in integrum*, em seu artigo 8°: "Na proteção que o Código Civil confere aos incapazes não se

---

as regras que regulam a incapacidade por menoridade, salvas as disposições dos artigos subsequentes".

7. SOUZA, Iara Antunes de. **Estatuto da pessoa com deficiência**: curatela e saúde mental – conforme a Lei n. 13.146/2015 – Estatuto da Pessoa com Deficiência – Novo Código de Processo Civil. Belo Horizonte: D'Plácido, 2018, p. 157.

8. SOUZA, Iara Antunes de. **Estatuto da pessoa com deficiência**: curatela e saúde mental – conforme a Lei n. 13.146/2015 – Estatuto da Pessoa com Deficiência – Novo Código de Processo Civil. Belo Horizonte: D'Plácido, 2018, p. 159.

compreende o benefício de restituição"[9]. De origem romana, esse instituto permitia que se anulassem quaisquer atos praticados com menores ou equiparados, como pessoas com deficiência intelectual ou mental, ainda que fossem cumpridos todos os requisitos legais, caso lhe resultassem prejuízos, salvo se esses derivassem de caso fortuito. A intervenção de um tutor ou de um juiz não justificaria a validade do ato, pois o que se considerava era a lesão causada ao incapaz, conforme a ord. 3, 41, § 2º. Ademais, o prazo para se reclamar esse direito era de 4 anos do termo da incapacidade, transmitindo-se o lapso temporal restante por sucessão[10].

O benefício da restituição levava a finalidade protetiva às últimas consequências. Isso se justificava em razão de o instituto ter sido pensado numa época em que não se aplicava representação aos incapazes[11]. A formalidade romana impunha exclusivamente os contratos pessoais. Assim, quando um negócio era celebrado para privilegiar os interesses de um incapaz, ele seria tratado como um terceiro nessa relação jurídica. Para isso, o mediador deveria assumir o domínio de seus bens, agindo em nome próprio e, posteriormente, devolver-lhe-ia a propriedade do que foi negociado. Nota-se, o próprio interessado ficava na dependência do estado de solvência daquele que atuava com seus bens, à luz do que explica Caio Mário da Silva Pereira[12]. Em outras palavras, era um ato realizado em nome do mediador,

---

9. BRASIL. Código Civil (1916).
10. BEVILÁQUA, Clóvis. **Teoria geral do direito civil**. Campinas, SP: Servanda, 2007, pp. 133-137.
11. A doutrina ensina que, devido ao rigor formal dos contratos, pela pessoalidade, não existia a figura da representação, nos moldes atuais. Até se permitia algo similar a representação, por meio do contrato de mandato. Porém, pelo fato de o mandatário estar desprovido de representação, ele poderia ser demandado pela *actio mandati directa*. MAIA JÚNIOR, Mairan Gonçalves. **A representação no negócio jurídico**. São Paulo: Ed. RT, 2001, pp. 23-24.
12. "[...] ato negocial, assentado no pressuposto fático da declaração de vontade, exige que o agente faça emissão volitiva, o que sugere, de pronto, a sua participação direta e pessoal. No direito romano assim era com exclusividade a princípio, já que o caráter personalíssimo e solene dos atos não se compadecia com a ideia de alguém proceder e agir em nome de outrem. Quando um ato era exercido por uma pessoa em lugar de outra, os efeitos respectivos pertenciam a quem o realizava, e não atingiam o interessado, que era terceiro, e, como tal, estranho ao negócio. Nos casos, entretanto, em que se tornava necessária a mediação (tutela, gerência de negócios, mandato etc.), atingia-se o resultado almejado, imaginando-se que o participante do ato adquiria o direito, tornando-se ele mesmo proprietário ou credor, e, depois, por uma segunda operação, transferia ao *dominus* o bem jurídico, e assim fechava-se o ciclo. Além de complicado, o sistema era arriscado, porque o pupilo ou o mandante (*e.g.*) ficava na dependência do estado de solvência do tutor ou do mandatário. Por outro lado, eram estas pessoas, que no ato intervinham, titulares das verdadeiras ações contra o terceiro, ou vice-versa; ao interessado não se reconhecia senão uma *actio utilis*. Percebendo todos esses inconvenientes, o romano veio a subentender aquela segunda operação, sustentando que, independentemente dela, o ato realizado por intermédio de outrem era suficiente a abrir-lhe uma ação direta. A evolução não se

por conta alheia, isto é, envolvendo os bens do pupilo ou mandante. Diante de maior risco ao incapaz, maior zelo deveria ser dispensado a ele.

Entretanto, com a evolução do instituto da representação, após o cristianismo, o excesso de garantia unilateral provocava insegurança jurídica à outra parte, tornando o negócio arriscado. Ademais, com a construção do instituto da representação, o mediador que passa a ser um terceiro, apenas faz o intermédio da relação dentro dos interesses do representado. Assim, esse benefício foi rechaçado das legislações civis brasileiras, que buscam um equilíbrio entre o objetivo precípuo de proteção e a segurança jurídica do outro polo que se relaciona com o incapaz.

5.3. Regime das incapacidades

O regime das incapacidades é o que põe em funcionamento a teoria das incapacidades, pois é o instrumento que concretiza os princípios que pautam tanto a capacidade, quanto a incapacidade de exercício. Baseando-se em diferentes regimes para cada grau de capacidade ou de incapacidade de fato, é possível promover a proteção daqueles que não conseguem atuar pessoalmente concomitantemente à preservação da potencialidade para adquirir direitos e deveres.

Ou seja, todas as regras variam, a fim de permitir o equilíbrio entre a liberdade de decidir conscientemente por si mesmo e a esfera garantista daqueles que não têm a virtude de obter a melhor decisão sozinhos. Trata-se de uma ponderação legislativa entre os princípios da autonomia e a liberdade com o princípio da proteção.

Considerando as aptidões volitivas existentes na sociedade e tomando como parâmetro o "ser humano médio", é possível visualizar aqueles que conseguem agir sozinhos para todos os atos de sua vida, denominados plenamente capazes; outros que não conseguem atuar, por si só, para nenhum ato civil, os absolutamente incapazes e, na zona intermediária, aqueles que apenas têm aptidão para praticar determinados atos ou que precisam de um auxílio no modo de exercício, os chamados relativamente incapazes.

Nessa gradação, deve-se citar como marco, no direito pátrio, Augusto Teixeira de Freitas, que incorporou à sua Consolidação a distinção de dois níveis de incapacidade: absoluta e relativa. Até então, apenas se reconhecia a capacidade e a incapacidade de agir, sem uma classificação pormenorizada, conforme percebeu Felipe Carvalho em seu estudo sobre a teoria das incapacidades, à luz dos ensinamentos do acadêmico Augusto Teixeira de Freitas[13]. A França, ainda hoje, traz o

---

completou senão mais tarde, quando ficou assentado que o efeito do ato realizado por conta de outrem passa por sobre a cabeça do intermediário, para atingir a pessoa do verdadeiro interessado". PEREIRA, Caio Mário Silva. **Instituições de direito civil**. v. I. 31. ed. Rio de Janeiro: Forense, 2018, p. 106.

13. CARVALHO, Felipe Quintella Machado de. **Teixeira de Freitas e a história da teoria das capacidades no direito civil brasileiro**. Dissertação (Mestrado em Direito). Universidade

rol genérico de incapacidades, inclusive em razão da idade, cuja aferição poderá ser relativizada se o magistrado perceber que no caso concreto havia consciência do maior de 16 anos pelo ato praticado, nos termos do seu ainda vigente Código Civil de 1804, artigos 442, 470 e 488. Já no plano interno, a doutrina e os legisladores passaram a aceitar tais nuances de incapacidades de maneira pacífica tanto para questões etárias, quanto para maiores com empecilhos no tocante ao discernimento ou à possibilidade de externalização do *animus* pessoal, ressalvadas as últimas alterações do ordenamento promovidas pela Lei de Inclusão. De fato, esse temperamento encontra maior equilíbrio entre necessidade de proteção e autonomia do incapaz.

Visto tal teoria, realizar-se-á o exame descritivo de como ela está prevista na legislação vigente. Isso é importante, pois o fato de as regras sobre o exercício da capacidade civil serem dispersas, no sentido de não se encontrarem aglutinadas em um único "livro", "título" ou "capítulo" do Código Civil, torna indispensável sistematizar e organizar o estudo normativo do tema. Após conhecer o panorama legal vigente, será possível realizar juízo crítico do sistema pátrio antes e depois das alterações promovidas pelo Estatuto da Pessoa com Deficiência.

5.3.1. Capacidade plena

A capacidade plena constitui a possibilidade de se realizar todos os atos civis sozinhos. Como a pessoa tem íntegra aptidão decisória, dispensa-se a intervenção de terceiros para sua proteção. Trata-se da situação ideal do sistema jurídico, sem causar grandes controvérsias.

Essa sempre foi a regra do direito civil, admitindo-se a incapacidade como medida extraordinária, somente cabível quando necessária, prevista legalmente e na proporção do que lhe é afetada. A justificativa pauta-se em postulado da teoria geral do direito, qual seja, as limitações de direito devem ser aplicadas e interpretadas de maneira restritiva. Portanto, a incapacidade, por ser medida restritiva de direitos, somente pode ser aplicada de forma excepcional e nos termos da lei.

5.3.2. Incapacidades

Apesar de serem exceções, as hipóteses de incapacidades são o motivo da existência da presente teoria, que surgiu para cuidar desses casos especiais. Salienta-se que "incapacidade", para o direito civil, é um termo técnico, que designa uma das espécies de restrição da capacidade. Trata-se da intervenção legislativa protetiva, a fim de proibir o abuso contra pessoas que não têm condições mínimas suficientes para atuarem sozinhas.

Federal de Minas Gerais, Minas Gerais, 21 nov. 2013. Disponível em: http://www.bibliotecadigital.ufmg.br. Acesso em: 31 jan. 2019.

O traço marcante do regime das incapacidades consiste nas medidas restritivas à atuação para a prática de atos civis. A sua existência não impede a aquisição do direito ou dever, mas condiciona a forma de exercê-lo, ao exigir uma terceira pessoa atuando conjuntamente. A escolha dessa pessoa pode decorrer automaticamente nos termos da lei, como os pais em relação aos menores de idade, ou por nomeação da autoridade judiciária.

Vale realizar digressão quanto ao uso de pessoa interposta no auxílio do incapaz. Francisco Pereira Bulhões de Carvalho faz um estudo histórico e comparado da capacidade civil, de acordo com o Código de 1916. O autor expõe o cenário romano da capacidade de agir das pessoas que vivam sob o pátrio poder. Estes sistemas demonstram a origem desse instrumento de validação de vontade do incapaz. Para esse fim, os sujeitos eram divididos em impúberes e púberes.

O termo impúberes referia-se aos menores de 14 anos[14]. A eles era imposto regime especial de prática de atos civis, pois não tinham plena habilidade comunicacional ou não se valiam de conhecimento suficiente. Os impúberes eram classificados pela idade, escalonando seu tolhimento de participação civil às respectivas inaptidões. Os *infantes* eram os impúberes menores de 7 anos. Devido à tenra idade, sequer estava desenvolvida a habilidade de articular palavras. Em razão dessa limitação, o direito romano apenas admitia que eles recebessem doações ou adquirissem posse. Entre os 7 e 14 anos, considerava-se impúberes "saídos da infância". Como eles já se comunicavam, tinham a capacidade de praticar qualquer ato *qui fari potest*, desde que lhes beneficiasse[15].

A lei romana já concebia capacidade plena a partir dos 14 anos de idade[16]. Todavia, os púberes tornavam-se alvo de frequentes abusos negociais devido a sua inexperiência. Tal vulnerabilidade culminou em três fases distintas de proteção aos púberes. A fase inicial surgiu com a Lei Plaetoria de 192 a. C. Esta norma estipulava pena criminal a quem abusasse fraudulentamente da inocência negocial do menor de 25 anos, o que inibia terceiros de contratarem com esses menores. Para evitar a responsabilização penal e viabilizar os negócios, a lei permitia que o menor requeresse curador especial para a prática do ato. Além disso, o menor poderia requerer a repetição do valor pago ou repelir a cobrança do credor fraudulento por meio de exceção[17].

---

14. Segundo o autor, impúberes eram os menores de 12 anos, se mulheres, e menores de 14 anos, se homens. Ele explica que, posteriormente, Justiniano igualou à idade de 14 anos. CARVALHO, Francisco Pereira de Bulhões. **Incapacidade civil e restrições de direito**. t.1. Rio de Janeiro: Borsoi, 1957, p. 41.
15. CARVALHO, Francisco Pereira de Bulhões. **Incapacidade civil e restrições de direito**. t.1. Rio de Janeiro: Borsoi, 1957, p. 74.
16. CARVALHO, Francisco Pereira de Bulhões. **Incapacidade civil e restrições de direito**. t.1. Rio de Janeiro: Borsoi, 1957, p. 84.
17. Idem.

A segunda fase decorreu de construção pretoriana. Independentemente de fraude, esse menor poderia se valer da restituição por inteiro, pois se presumia sua inexperiência. Por sua vez, o devedor tinha o direito de recusar a pagar sem a presença do curador para o ato[18]. Demasiada proteção inibia negócios com menores. Então, a terceira fase traz o estado análogo ao de pupilo sob tutela. Tais pupilos eram equiparados aos pródigos e era vedado que contraíssem obrigações que lhes piorasse a situação econômica. Caso o fizessem, o ato seria nulo. Observa-se que esta é a fase que serviu de modelo ao direito atual.

Ressalta-se, outrossim, a presença do Ministério Público nas causas que envolvam interesses de incapazes (artigo 178, II, do Código de Processo Civil). Nesse caso, o *parquet* tem o dever constitucional (artigo 127) de atuar como *custus legis*, pois se trata da defesa da ordem jurídica e dos interesses indisponíveis, o que reafirma o zelo em relação aos incapazes.

Em certos casos, o mero envolvimento de incapazes, ainda que não sejam parte do negócio a ser realizado, impede atos de disposição. Trata-se de medida legal protecionista dos direitos dos incapazes, que são considerados vulneráveis para exercer o consenso. Neste caso, é possível citar a vedação de divórcio, separação ou extinção de união estável consensual, quando houver filho incapaz (artigo 733 do Código de Processo Civil). O mesmo raciocínio se aplica à obrigatoriedade de inventário judicial, sempre que houver testamento com interessado incapaz, sendo defeso o inventário extrajudicial (artigo 610, § 1º, do Código de Processo Civil). De modo semelhante, a Lei n. 9.099/1995, em seu artigo 8º, proíbe que pessoas incapazes sejam partes em processos que tramitem no juízo especial. Devido a sua celeridade, oralidade, informalidade e incentivo à transação e conciliação, a parte incapaz estaria suscetível a sofrer prejuízos por falta de discernimento e menor participação estatal em cada ato processual.

Vale recordar que os incapazes respondem por eventuais danos causados. Contudo, por causa de seu despreparo na atuação civil, há flexibilização de suas responsabilidades.

Por força do artigo 928 do Código Civil, a responsabilidade do incapaz será subsidiária, na medida em que só responderá quando seus representantes ou assistentes não forem obrigados ou não dispuserem de meios suficientes para isso. Seus responsáveis não são obrigados, por exemplo, se o prejuízo decorrer de medida socioeducativa, do Estatuto da Criança e do Adolescente. Ademais, a responsabilidade do incapaz é condicionada a não privação de sua pessoa ou de quem dele dependa (parágrafo único do mesmo dispositivo).

Como a responsabilidade civil do incapaz é flexibilizada em prol de sua tutela, o artigo 826 do Código Civil considerou conveniente que o credor tenha

---

18. CARVALHO, Francisco Pereira de Bulhões. **Incapacidade civil e restrições de direito**. t.1. Rio de Janeiro: Borsoi, 1957, pp. 85-87.

a prerrogativa de exigir a substituição de fiador em razão de incapacidade superveniente. Diversamente dos dispositivos mencionados, a norma em tela visou proteger os interesses do credor e não do incapaz. Como a fiança é uma caução de ordem pessoal, a incapacidade superveniente do fiador implicaria a diminuição da garantia, uma vez que a responsabilidade do incapaz é diminuída e a indenização de eventual responsabilidade é necessariamente equitativa.

Dado esse panorama geral das incapacidades, convém reforçar a noção de que o estado de incapacidade interfere em grande parte na ordem jurídica privada, ou seja, os seus reflexos vão além da necessidade de representação ou assistência. Salienta-se, outrossim, que, no tocante às incapacidades, há dois regimes distintos, os quais demandam uma análise aprofundada para o presente trabalho, pois sofreram alterações pela Lei de Inclusão, conforme será visto em breve.

5.3.2.1. Incapacidade absoluta

A doutrina enfatiza que a incapacidade absoluta consubstancia "proibição total" do exercício do direito pelos absolutamente incapazes[19]. Portanto, estão totalmente apartados de exercer a capacidade civil.

Esse antagonismo entre capacidade plena e incapacidade absoluta é pejorativamente chamado pela doutrina de "regra do tudo ou nada"[20]. A expressão é didática e demonstra a insatisfação de parcela dos autores com o sistema da capacidade. Segundo eles, o regramento seria insuficiente para apreciar as potencialidades de cada ser humano. Isso se agrava nos casos envolvendo pessoas com deficiência mental e intelectual, em razão do estigma sobre sua limitação: ou a pessoa é considerada plenamente capaz, podendo praticar todos os atos desacompanhada, ou acaba sofrendo interdição por incapacidade absoluta, não se avaliando a respectiva aptidão para agir sozinha em questões nas quais demonstra habilidade. Geralmente, por dificuldades administrativas e apego protetivo dos parentes, é ordinária a realização de uma avaliação supérflua das potencialidades individuais, retirando-lhes completamente a possibilidade de autonomia. Pouco frequente é adequar as limitações na medida da potencialidade do indivíduo.

---

19. "A incapacidade absoluta acarreta a proibição total, pelo incapaz, do exercício do direito. Fica ele inibido de praticar qualquer ato jurídico ou de participar de qualquer negócio jurídico. Estes serão praticados ou celebrados pelo representante legal do absolutamente incapaz, sob pena de nulidade (Código Civil, artigo 166, I)". GONÇALVES, Carlos Roberto. **Direito civil esquematizado**, v. 1: parte geral, obrigações e contratos. 8. ed. São Paulo: Saraiva Educação, 2018, p. 134.
20. ARAUJO, Luiz Alberto David; RUZYK, Carlos Eduardo Pianovski. A perícia multidisciplinar no processo de curatela e o aparente conflito entre o Estatuto da Pessoa com Deficiência e o Código de Processo Civil: reflexões metodológicas à luz da teoria geral do direito. **R. Dir. Gar. Fund.**, Vitória, v. 18, n. 1, jan.-abr. 2017, pp. 227-256.

Para solucionar essa absoluta impossibilidade de ação, é necessário que alguém faça pelo incapaz aquilo que poderia fazer por si mesmo[21], ou seja, deve existir a declaração de vontade de uma pessoa em nome de outra, o que se perfaz pelo instituto da representação. Supre-se completamente a vontade do incapaz, uma vez que os representantes falam e agem em nome do representado, recaindo sobre esse as consequências jurídicas do negócio[22]. Assim, se o representante agir dentro dos limites legais, o ato é válido e haverá efeitos de seu ato perante o representado (artigo 116 do Código Civil). Sua regulação consta no capítulo II, artigos 115 e seguintes, do mesmo diploma.

Diversamente do contrato de mandato, essa forma de representação é imposta por lei, classificando-se como legal ou involuntária[23]. A nomeação do representante também pode decorrer automaticamente por designação legal, como em relações de parentesco, conforme artigo 1.728 do Código Civil, ou pode ser feita por decisão da autoridade judiciária. A figura desse representante é denominada tutor, pessoa autorizada para agir em nome dos menores de idade (artigo 1.747, I, do Código Civil). Ressalta-se que havia também o curador como representante dos maiores de idade. Contudo, não é mais apropriado mencioná-los, uma vez que a partir dos 16 anos não subsiste qualquer hipótese de incapacidade absoluta na lei.

Por se tratar de uma completa substituição da vontade, a representação impede a prática de atos personalíssimos, como confecção de testamento, decisão sobre o próprio corpo ou casamento, por exemplo. Diante disso, essa forma de suprimento da vontade passou a ser severamente censurada para certos casos. Essa foi uma das razões para retirar os maiores de idade do rol de incapacidade absoluta, alterando o artigo 3º do Código Civil de 2002, mantendo-se apenas os menores de 16 anos.

Trata-se de uma alteração substancial, pautada sob um novo paradigma, qual seja, a promoção da autonomia em detrimento da proteção. Como qualquer

---

21. "Deve-se ao direito canônico o principal impulso no desenvolvimento do instituto. Nesta fase, dando sequência à evolução iniciada no direito romano, consagraram-se os princípios: *Qui facit per alium facit per si* (pode-se fazer por outrem aquilo que se pode fazer para si) – *postest quis per alium quod potest facere per ipsum* (pode-se querer por outrem o que se pode fazer por si mesmo), e *qui facit per alium est perinde ac si facit per ipsum* (quem faz por outrem é como se fizesse por si mesmo)". MAIA JÚNIOR, Mairan Gonçalves. **A representação no negócio jurídico**. São Paulo: Ed. RT, 2001, p. 24.
22. "Caracteriza-se a representação pela declaração de vontade de uma pessoa, *alieno nomine*, em nome de outra, o *dominus negotti*, fazendo recair as consequências jurídicas e econômicas do negócio jurídico concretizado diretamente na esfera jurídico-econômica do representado [...]". MAIA JÚNIOR, Mairan Gonçalves. **A representação no negócio jurídico**. São Paulo: Ed. RT, 2001, p. 27.
23. MAIA JÚNIOR, Mairan Gonçalves. **A representação no negócio jurídico**. São Paulo: Ed. RT, 2001, p. 85.

alteração radical, é inevitável críticas em ambos os sentidos. Cabe averiguar se tal revogação seria necessária e se há adequação com a teoria do regime das capacidades, que ainda é considerado vigente.

Em que pese a substituição da vontade, não se pode olvidar que há situações excepcionais em que sua vontade é considerada juridicamente relevante ou, até mesmo, admite-se a atuação dos absolutamente incapazes. Essa deliberação assume maior importância em atos existenciais, ou seja, aqueles de natureza íntima, cuja percepção e justificativas depende em maior amplitude de fatores extrarracionais, prevalecendo os casos da seara familiar. Assim, ainda que a escolha final não pertença a eles, escutar sua vontade é indispensável antes da consecução do ato civil. Diante disso, a III Jornada de Direito Civil, ocorrida em novembro de 2004, no Superior Tribunal de Justiça, aprovou o Enunciado 138, assim proposto: "A vontade dos absolutamente incapazes, na hipótese do inc. I do artigo 3º é juridicamente relevante na concretização de situações existenciais a eles concernentes, desde que demonstrem discernimento bastante para tanto"[24].

Convém mencionar o Estatuto da Criança e do Adolescente (Lei n. 8.069/1990). Antes de 2009, a Lei n. 8.069, em seu artigo 28, § 1º, adotava a mesma perspectiva nos casos de colocação em família substituta, prevendo a faculdade de se escutar, "sempre que possível", a opinião tanto da criança quanto do adolescente que nela seria inserida.

Curioso registrar a influência da doutrina civilista sobre o Estatuto da Criança e do Adolescente. Cinco anos após o Enunciado citado, a Lei n. 12.010/2009 o modificou reforçando a orientação supra de duas formas. A mais notável foi acrescentar o § 2º ao artigo 28, tornando indispensável o consentimento do adolescente, o maior de 12 anos. A outra maneira foi incluir ao § 1º dessa norma a exigência de recursos (equipe interprofissional) e critérios para se aferir o desígnio da criança (estágio de desenvolvimento e grau de compreensão), que continuará a ser ouvida "sempre que possível".

Registro válido é perceber que o Estatuto da Criança e do Adolescente, para este fim, não se coadunou integralmente com o grau de capacidade de agir estabelecido no Código Civil. Observa-se que os absolutamente incapazes são os menores de 16 anos e que os adolescentes são aqueles que já completaram 12 anos de idade[25]. Embora os adolescentes entre 12 e 15[26] anos sejam absolutamente incapazes, perante o diploma civil, seu ato volitivo será tratado de modo diverso ao das crianças (absolutamente incapazes) e de forma semelhante ao dos relativamente capazes entre 16 e 17 anos. Isso se justifica pelo fato de o Estatuto da Criança e

---

24. Disponível em: http://www.cjf.jus.br/enunciados/enunciado/215. Acesso em: 10 abr. 2019.
25. Estatuto da Criança e do Adolescente, artigo 2º.
26. Com 12 anos completos e menores de 16 anos de idade.

do Adolescente ser norma específica, adotando o critério etário entre crianças e adolescentes, para promover os direitos destes interessados. Enquanto isso, o Código Civil, como norma geral, adota outro parâmetro etário, ao tratar do tema do exercício da capacidade civil. Tal especialidade se reforça pelo fato de ser um tema específico, a adoção.

Conforme salientado, a incapacidade absoluta encontra-se no extremo da limitação de atuação pessoal. De fato, ela foi criada para abarcar os casos de maior vicissitude na livre ação volitiva, tornando estas pessoas dignas de proteção. Em razão dessa gravidade, a incapacidade absoluta é considerada assunto de ordem pública. Desse modo, a ausência de representação em atos celebrados diretamente por incapazes implica a nulidade do negócio (artigo 166, I, do Código Civil). Logo, tal mácula jurídica persiste indefinitivamente, isto é, não convalesce pelo decurso do tempo, nem é passível de confirmação (artigo 169 do Código Civil). Além disso, a nulidade de negócio praticado por absolutamente incapaz pode ser alegada por qualquer interessado ou pelo Ministério Público. É dever do magistrado pronunciá-la de ofício (artigo 168 do Código Civil).

Indubitavelmente, a disciplina da nulidade constitui maior proteção, pela possibilidade de se anular o ato a qualquer tempo e por qualquer pessoa, desde que seja feito no interesse do incapaz. Ainda é possível encontrar proteções específicas ao incapaz, por exemplo, a dispensa de aceitação da doação pura e simples (artigo 543 do Código Civil).

Cumpre-se, com o propósito da teoria, assegurar amparo àquelas pessoas cujo exercício das faculdades civis é limitado. Por esse motivo, a retirada das pessoas com deficiência intelectual e mental do rol da incapacidade absoluta é uma medida que diminui a tutela de quem provavelmente mereça maior proteção. Nesse aspecto, parece que não se alcança o fim precípuo do Estatuto, qual seja, a defesa destas pessoas.

Há pouco mais de um século o ordenamento vigente não admite mais o benefício da restituição por priorizar a segurança jurídica ante a proteção exacerbada do incapaz. Desta forma, além das hipóteses genéricas de invalidade previstas em lei, somente é possível anular o ato praticado por incapaz na hipótese de ausência de representação, quando for absoluta a incapacidade, ou na falta de assistência, quando esta for relativa. Ademais, a normativa específica da representação (artigos 115 a 120 do Código Civil) resulta em maior proteção aos absolutamente incapazes. Isso porque o artigo 119 estabelece a anulabilidade do ato praticado por representante em conflito de interesse com o incapaz, no caso em que a outra parte devesse conhecer ou soubesse de tal desavença. Com isso, se reforça a defesa dos seus interesses.

Destaca-se que não corre prescrição nem decadência contra o absolutamente incapaz (artigo 198, I, combinado ao 208 do Código Civil). Ambos os institutos instrumentalizam o princípio da paz social. O direito busca justiça, mas é inviável uma sociedade que viva em eterna expectativa de conflito ou que puna tardiamente alguém que já se encontre em uma outra fase da vida. Por isso, aqueles que foram ofendidos em seu direito devem reclamá-los dentro de certo prazo. Após esse período, prevalece a segurança jurídica. Eis a máxima de que o "direito não socorre aos que dormem". Todavia, considerando que os absolutamente incapazes não têm condições de agir por si mesmos, não seria lógico que corresse prescrição contra eles, pois não teriam como litigar por seus direitos, enquanto perdurar sua incapacidade absoluta.

5.3.2.2. Incapacidade relativa

A incapacidade relativa encontra-se em uma zona equidistante entre a total incapacidade e a plenitude da capacidade. O sistema jurídico reconhece que algumas pessoas não estão preparadas para atuar no mundo civil em sua completude, malgrado, admite que elas conseguem realizar certos atos de forma livre e consciente. Diante dessa potencialidade incompleta, aplica-se apenas uma incapacidade parcial, ou seja, relativa somente a certos atos ou ao modo de praticar.

Em defesa dessa vulnerabilidade parcial, o sistema exige que os atos por eles praticados se perfaçam com a assistência, uma forma mais branda de intermediação de um terceiro. Diferentemente da representação, a assistência não se consubstancia na completa substituição da vontade, mas em uma atuação conjunta entre o incapaz e o assistente. Ou seja, é somente um instrumento de auxílio, que não se impõe ao desejo da pessoa assistida, a qual estará presente para firmar sua atuação.

Como na incapacidade relativa à pessoa possui certo grau de independência, menor será a gravidade das consequências impostas pelo descumprimento de suas regras, se comparado com o regime da incapacidade absoluta. Dessa maneira, a assistência é considerada matéria de interesse particular. Logo, a inobservância dessa condicionante implica tão somente a anulabilidade (artigo 171, I, do Código Civil).

A opção legislativa pela anulabilidade impõe efeitos mais brandos aos negócios realizados sem a devida assistência. Primeiramente, a anulação do ato apenas poderá ocorrer quando suscitado pelas partes interessadas; além disso, os efeitos da anulação serão exclusivos àqueles que a alegaram, salvo solidariedade ou indivisibilidade da obrigação. Ainda que o magistrado repare na existência do vício, não poderá declará-lo de ofício. Ademais, a anulabilidade sujeita-se ao prazo decadencial de 4 anos, após cessar a incapacidade (artigo 178, III, do Código Civil).

Nos termos do Código Civil (artigo 172), negócio anulável é sanável. Significa que pode ser confirmado pelas partes, salvo direitos de terceiros que deverão conceder a autorização para validar o ato. Tratando-se de incapacidade, o assistente poderá ratificar o ato firmado diretamente pelo incapaz (artigo 176). Caso não seja alegada a falta de assistência, o ato convalida-se. Destarte, o ato celebrado pelo relativamente incapaz desacompanhado existe, é válido e terá eficácia, porém, sua validade e seus efeitos são pendentes desta ratificação. Invocada a falta de assistência no prazo legal, o juiz poderá declarar a nulidade, e a sentença terá efeitos *ex nunc* (artigo 177 do Código Civil).

O reconhecimento dessa "quase aptidão" diminui a defesa dos interesses do relativamente capaz e intensifica o princípio da segurança jurídica. Inclusive, há perda da proteção na ausência de assistência. Isso está expresso em diversos dispositivos do diploma civil. O artigo 180 ilustra bem o caso. Segundo ele, se o menor entre 16 e 18 anos dolosamente ocultar sua idade ou se declarar maior com o escopo de constituir uma relação jurídica, não poderá alegar a incapacidade relativa para se eximir da obrigação. Ora, se o incapaz tem a inteligência de agir maliciosamente em seu favor, despicienda será a sua tutela. É evidente que prevalece a segurança jurídica, em detrimento da proteção de um incapaz que agiu conscientemente.

Tampouco se pode deixar de mencionar o artigo 105 do Código Civil, que ameniza o caráter protetivo do relativamente incapaz. O artigo 104 deste diploma traz os requisitos de validade de todo negócio jurídico, entre os quais se destaca a capacidade do agente (inciso I). Sem embargo, o artigo seguinte faz uma ressalva no tocante à invalidade em razão de incapacidade relativa, a qual não poderá ser invocada pela outra parte em benefício próprio, nem se aproveita aos demais interessados capazes, exceto se indivisível o objeto do direito ou da obrigação comum. Ou seja, na capacidade relativa, as hipóteses de alegação de anulabilidade são temperadas.

Mais uma vez, prevalece a segurança jurídica, embora os motivos sejam diversos do artigo 180, visto supra. Enquanto neste a proteção do incapaz é afastada, devido a sua conduta maliciosa, no artigo 105, o intuito é evitar que a alegação da incapacidade relativa sirva de exceção pessoal daquele que contrata com o relativamente incapaz. Como a teoria das incapacidades existe em prol do incapaz, a mácula da falta de assistência deve ser revertida em favor dele, de forma que não cabe à outra parte se aproveitar desse instituto em seu benefício.

A leitura das hipóteses listadas no artigo 4º do Código Civil, demonstra que são situações nas quais coexistem habilidades para a prática de alguns atos, mas falta aptidão para outros. Atualmente, esse rol é composto pelos maiores de 16 e menores de 18 anos de idade, ébrios habituais e viciados em tóxico, aqueles que por causa permanente não conseguem exprimir sua vontade e os pródigos. O parágrafo único desse artigo menciona que a capacidade civil dos indígenas será cuidada em lei especial.

Praticamente todas as hipóteses supra demonstram certo potencial do sujeito para decidir por si só. Os maiores de 16 anos já sabem ler, realizar cálculos matemáticos, conseguem se comunicar verbalmente e compreender a maioria das situações nas quais estão inseridos. Por isso, socialmente, é plausível conceder maior liberdade a esses jovens, que já têm capacidade para se localizar, realizar pequenas tarefas, buscar os irmãos mais novos na escola, adquirir algum suprimento para a família no supermercado etc. O sistema jurídico também lhes considera mais independentes e aptos a exercer atividades, de maneira que a Constituição lhes permite o direito ao trabalho a partir dos 16 anos, salvo trabalho perigoso, noturno ou insalubre[27]. O próprio Código Civil prevê hipóteses de antecipação da capacidade a esses menores de idade, a chamada emancipação (artigo 5º). Em situações específicas, esse diploma lhes concede a faculdade de atuar sozinhos, entre as quais: ser testemunha, redigir testamento ou realizar mandato. Porém, devido à inexperiência e ao desenvolvimento incompleto, o ordenamento jurídico pondera essa liberdade com várias normas asseguradoras, como a capacidade civil relativa e o conteúdo protetivo previsto no Estatuto da Criança e do Adolescente.

Nota-se que o legislador adota o critério etário por pressupor que ao longo do tempo a pessoa adquire o desenvolvimento biológico-cerebral, conhecimento e experiência, logo, melhor discernimento para decidir. Nesse quesito, Carlos Roberto Gonçalves[28] observa a inovação do Código de Bevilágua, ao igualar a idade entre os gêneros referente à capacidade relativa. Antes de 1916, a avaliação da incapacidade dos menores de idade tomava como pressuposto a capacidade reprodutiva, denominada "aptidão para procriar". Em razão disso, as ordenações do Reino de Portugal reconheciam à mulher a capacidade aos 12 anos de idade e, aos homens, apenas aos 14 anos de idade. O legislador do Código de 1916 superou um parâmetro que não se justifica para aferir o grau de aptidão na tomada de decisões, inserindo, por consequência, igualdade no momento de aquisição da incapacidade relativa.

Ademais, a escolha etária segue padrões culturais muito fortes, pois varia de acordo com a educação e a independência de cada lugar onde o indivíduo se desenvolve. A título comparativo, no direito alemão a capacidade relativa por questões etárias inicia-se aos 7 anos[29] e termina aos 18[30]. De acordo com as leis argentinas[31], há incapacidade até os 18 anos de idade, cabendo representação, salvo

---

27. O artigo 7º, da Constituição Federal de 1988, permite também o trabalho a partir dos 14 anos de idade; porém, antes de completar 16 anos, esse direito refere-se apenas à situação de aprendiz.
28. GONÇALVES, Carlos Roberto. **Direito civil esquematizado**, v. 1: parte geral, obrigações e contratos. 8. ed. São Paulo: Saraiva Educação, 2018, p. 114.
29. Bürgerliches Gesetzbuch (BGB), "§ 104 Geschäftsunfähigkeit – Geschäftsunfähig ist: wer nicht das siebente Lebensjahr vollendet hat, (...)". Tradução livre: "Código Civil (BGB) – Seção 104 Incapacidade – Está incapacitado: 1. quem não atingiu a idade de sete".
30. BGB: "§ 2 Eintritt der Volljährigkeit – Die Volljährigkeit tritt mit der Vollendung des 18. Lebensjahres ein". Tradução livre: Código Civil: "§ 2 maioridade – A maioridade ocorre com a realização dos 18 anos de vida".
31. ARGENTINA. Código Civil: "Artículo 26. Ejercicio de los derechos por la persona menor de edad. La persona menor de edad ejerce sus derechos a través de sus representantes legales. No obstante, la que cuenta con edad y grado de madurez suficiente puede ejercer por sí los actos que le son permitidos por el ordenamiento jurídico. En situaciones de conflicto

para atos que o ordenamento jurídico literalmente permita a prática por menores, como decisões sobre o próprio corpo ou intervenções médicas que dependem da volição do menor de idade.

Os pródigos também se encontram nesse rol. Eles são considerados sensatos para a prática de diversos atos, exceto a disposição de seus bens que não é proporcional ao patrimônio próprio, o qual é dilapidado, impactando no futuro do pródigo e de sua família. Por isso, deve incidir o instituto da assistência apenas no tocante aos atos que envolvam interesses patrimoniais.

Os ébrios habituais e toxicômanos são aqueles que consomem habitualmente e descontroladamente drogas legais ou ilegais. O abuso dessas substâncias e o vício no consumo podem afetar o discernimento do usuário, que pode adotar comportamentos desarrazoados. O direito atua reduzindo a capacidade de agir dos usuários, a fim de protegê-los. Assim, eles se encontram na lei como relativamente incapazes.

Antes do advento do Estatuto da Pessoa com Deficiência, o inciso que tratava dos ébrios habituais e viciados em tóxico também previa a relativa incapacidade das pessoas com deficiência mental, na hipótese de diminuição do discernimento. Contudo, a deficiência mental foi retirada desse rol.

A última hipótese listada no rol em comento é daqueles que não puderem exprimir sua vontade em decorrência de causa definitiva ou transitória. Em primeiro lugar, observa-se a alteração do inciso III, promovida pelo Estatuto da Pessoa com Deficiência. Antes se dispunha sobre "os excepcionais, sem o desenvolvimento mental completo". Agora não há referência à deficiência, somente à limitação na exteriorização da vontade. Em que pese a boa intenção do legislador, a frase tornou-se imprecisa. É incerta a abrangência dessa impossibilidade de manifestação da vontade. Uma interpretação literal deduziria que apenas aqueles que não logram a comunicação se enquadrariam nesse item, por exemplo, o mudo e a pessoa em estado de coma. Do ponto de vista histórico e sistemático, a letra do inciso alcançaria as pessoas com deficiência intelectual ou mental que não se comunicassem adequadamente.

---

de intereses con sus representantes legales, puede intervenir con asistencia letrada. La persona menor de edad tiene derecho a ser oída en todo proceso judicial que le concierne sí como a participar en las decisiones sobre su persona. Se presume que el adolescente entre trece y dieciséis años tiene aptitud para decidir por sí respecto de aquellos tratamientos que no resultan invasivos, ni comprometen su estado de salud o provocan un riesgo grave en su vida o integridad física. Si se trata de tratamientos invasivos que comprometen su estado de salud o está en riesgo la integridad o la vida, el adolescente debe prestar su consentimiento con la asistencia de sus progenitores; el conflicto entre ambos se resuelve teniendo en cuenta su interés superior, sobre la base de la opinión médica respecto a las consecuencias de la realización o no del acto médico.

A partir de los dieciséis años el adolescente es considerado como un adulto para las decisiones atinentes al cuidado de su propio cuerpo".

5.4. Amplitude da teoria

Outra questão relevante é determinar o alcance da teoria das capacidades dentro do direito civil. Isso será feito pelo estudo taxonômico dos suportes fáticos voltados a esse ramo jurídico, conjugado à razão de ser da capacidade civil. Significa utilizar a estratificação dos fatos jurídicos como premissa, para verificar se existe necessidade de aferir a capacidade de fato em cada uma de suas espécies. Por esse motivo, relevante demonstrar essa classificação dos fatos.

No mundo do "ser" ocorrem diversos fatos. Nem todos recebem atenção deôntica. Basicamente, interessa ao direito os chamados fatos jurídicos. Eles conceituam-se exatamente por essa característica, qual seja, serem suportes fáticos previstos em alguma norma, logo, têm aptidão de produzir efeitos jurídicos[32]. Portanto, fatos jurídicos em sentido amplo são quaisquer acontecimentos que possam criar, modificar, conservar ou extinguir direitos e deveres na ordem jurídica[33].

A doutrina organizou os fatos jurídicos de várias maneiras. Para o presente fim, acolher-se-á a classificação de Marcos Bernardes de Mello, entre outros motivos, porque o autor discorreu especificamente sobre o tema com posteriores revisões, de modo que sua organização de fatos jurídicos se coaduna com as regras do diploma civil atual. Além disso, ele não deixou de contemplar a doutrina tradicional de Francisco Cavalcanti Pontes de Miranda, que demonstra utilidade, embora a lei não preveja uma das categorias por ele desenvolvida. Não é por outra razão que sua classificação de fatos jurídicos serve de referência para civilistas contemporâneos como Pablo Stolze Gagliano e Rodolfo Pamplona Filho[34].

---

32. "Deve-se, porém, a Pontes de Miranda, a melhor conceituação do fato jurídico, porque, analisando os seus elementos estruturais essenciais, fixou-lhe o contorno de modo preciso e definitivo. Estas suas palavras resumem muito bem o seu pensamento: "[...] o fato jurídico é o que fica do suporte fáctico suficiente, quando a regra jurídica incide e porque incide. Tal precisão é indispensável ao conceito de fato jurídico [...], no suporte fáctico se contém, por vezes, fato jurídico, ou ainda se contêm fatos jurídicos. Fato jurídico é, pois, o fato ou complexo de fatos sobre o qual incidiu a regra jurídica; portanto, o fato de que dimana, agora, ou mais tarde, talvez condicionalmente, ou talvez não dimane, eficácia jurídica. Não importa se é singular, ou complexo, desde que, conceptualmente, tenha unidade". MELLO, Marcos Bernardes de. **Teoria do fato jurídico**: plano da existência. 22. ed. São Paulo: Saraiva Educação, 2019, p. 175.
33. "[...] assim, fato jurídico, em sentido amplo, seria todo acontecimento natural ou humano capaz de criar, modificar, conservar ou extinguir relações jurídicas". GAGLIANO, Pablo Stolze; PAMPLONA FILHO, Rodolfo. **Novo curso de direito civil**: direito de família. v. 6. 9. ed. São Paulo: Saraiva Educação, 2019, p. 386.
34. Os autores adotam classificação similar no tocante ao ato lícito. Embora não seja exatamente igual, é inegável a inspiração, conforme a menção: "O CC/2002 omitiu-se da figura do ato-fato jurídico, tão bem trabalhada na doutrina nacional pelos gênios de Pontes de Miranda e Marcos Bernardes de Mello, mas, como um dever dogmático, não podemos nos furtar a incluí-la em qualquer classificação dos fatos jurídicos em sentido lato".

Marcos Bernardes de Mello[35] decompõe o fato jurídico *lato sensu* em lícitos e ilícitos. Primariamente, avaliaremos os lícitos. De acordo com o critério da existência e do grau de interferência da vontade humana, eles subdividem-se em fato jurídico em sentido estrito ou *stricto sensu*, ato-fato jurídico e ato jurídico *lato sensu*.

Os fatos jurídicos em sentido estrito são aqueles que, em sua essência, independem de ato humano. Para tal fim, consideram-se apenas os fatos da natureza, como aluvião, avulsão ou o decorrer do tempo. Nada impede que o ser humano tenha contribuído, inclusive intencionalmente, para a ocorrência do evento da natureza. Por exemplo, o nascimento, a morte e a produção de frutos continuam a ser eventos naturais, ainda que impulsionados pelo homem. O ato de "matar" é um ato humano, mas o resultado "morte" é evento da natureza[36].

A teoria das incapacidades não alcança os fatos jurídicos *stricto sensu*. Não se nega que certos eventos da natureza tangenciam essa teoria. O aspecto temporal pode trazer consequências jurídicas. O implemento de idade, por exemplo, é fator para categorizar a capacidade de fato. O lapso temporal também pode receber regras distintas, a depender da capacidade do envolvido, como a inoperância da prescrição e decadência contra absolutamente incapazes.

Contudo, são consequências indiretas e pontuais, ditadas por lei. O fato jurídico em sentido estrito não se relaciona diretamente com o cerne da teoria das capacidades, qual seja, proteger a exteriorização da volição consciente daquele que não tem habilidade de fazê-lo sozinho. O motivo é simples. Nessa espécie de fato jurídico não se analisa a consciência, sequer, a exteriorização da vontade.

GAGLIANO, Pablo Stolze; PAMPLONA FILHO, Rodolfo. **Novo curso de direito civil**: direito de família. v. 6. 9. ed. São Paulo: Saraiva Educação, 2019, p. 386.

35. MELLO, Marcos Bernardes de. **Teoria do fato jurídico**: plano da existência. 22. ed. São Paulo: Saraiva Educação, 2019, p. 187.

36. "Todo fato jurídico em que, na composição do seu suporte fáctico, entram apenas fatos da natureza, independentes de ato humano como dado essencial, denomina-se fato jurídico *stricto sensu*. O nascimento, a morte, o implemento de idade, a confusão, a produção de frutos, a aluvião, a avulsão, são exemplos de fatos jurídicos *stricto sensu*. Pode acontecer que algumas vezes o evento suporte fáctico do fato jurídico *stricto sensu* esteja ligado a um ato humano, como ocorre com o nascimento do ser humano que tem sua origem na concepção. Outras vezes, até o fato pode resultar de ato humano intencional, como na morte por assassínio ou por suicídio, ou como na confusão quando feita pelo homem. Isso, entretanto, não altera a natureza do fato jurídico, uma vez que a circunstância de haver um ato humano em sua origem não muda o caráter do evento que constitui seu suporte fáctico. A morte não deixa de ser evento da natureza se provocada por ato humano; do mesmo modo o nascimento não perde a sua característica de fato natural porque houve um ato que lhe deu origem. Sim, porque esse ato humano não constitui um dado essencial à existência do fato, mas dele participa indireta ou acidentalmente". MELLO, Marcos Bernardes de. **Teoria do fato jurídico**: plano da existência. 22. ed. São Paulo: Saraiva Educação, 2019, p. 195.

O caráter humano é irrelevante para essa categoria de fato jurídico, logo ele não atinge a teoria das incapacidades.

Antes de adentrar ao chamado ato-fato jurídico, importante observar que, diversamente das outras duas espécies, o ato-fato jurídico decorre exclusivamente da construção doutrinária, cujo mentor foi o brasileiro Francisco Cavalcanti Pontes de Miranda. Como o diploma civil não adotou essa espécie em sua classificação, destina-se o mesmo tratamento legal conferido aos atos jurídicos em sentido estrito. Essa espécie não pode deixar de ser apontada. Além de ser consagrada, perceber-se-á que o ato-fato merece tratamento distinto no que tange à amplitude de inserção da teoria das incapacidades.

Ato-fato jurídico é conceituado como uma situação de fato que somente se materializa por meio da conduta ou em razão da omissão humana sobre a qual o ordenamento jurídico despreza eventual vontade do agente[37]. Ou seja, são acontecimentos que decorrem da ação do homem, mas a norma jurídica sempre os tratará como "avolitiva"[38], pois não importa a existência ou ausência de vontade do agente, como consta nas palavras de Pontes de Miranda: "quando o ato não foi querido, ou se abstrai de ter sido, mas a regra jurídica incide, fazendo-o jurídico e, pois, producente de eficácia jurídica, não produz negócios jurídicos, nem ato jurídico *stricto sensu*, mas sim atos-fatos jurídicos"[39].

A espécie doutrinária é subdividida em atos-fatos: reais (ou materiais), indenizativos e caducificantes. A doutrina define atos-fatos reais como aqueles que resultam em circunstâncias materiais geralmente irremovíveis[40]. Alguns exemplos

---

37. "Há outras espécies cujo suporte fáctico prevê uma situação de fato, a qual, no entanto, somente pode materializar-se como resultante de uma conduta humana. Exemplos: a caça, a pesca, a especificação, a descoberta do tesouro, a semeadura, a ocupação, o abandono de bem móvel, a tomada de posse, a tradição da posse, o abandono da posse. Existem outros em que a conduta humana involuntária (sem culpa) causa danos a terceiros que precisam ser indenizados. Finalmente, há situações em que a inação das pessoas em exercer certos direitos durante determinado tempo, intencionalmente ou não, acarreta a sua perda ou o seu encobrimento, de que são exemplos a prescrição, a decadência (= caducidade) e a preclusão". MELLO, Marcos Bernardes de. **Teoria do fato jurídico**: plano da existência. 22. ed. São Paulo: Saraiva Educação, 2019, p. 198.
38. "Como a conduta que está à base da ocorrência do fato é da substância do fato jurídico, a norma jurídica a recebe como avolitiva, abstraindo dele qualquer elemento volitivo que, porventura, possa existir em sua origem; não importa, assim, se houve, ou não, vontade em praticá-la". MELLO, Marcos Bernardes de. **Teoria do fato jurídico**: plano da existência. 22. ed. São Paulo: Saraiva Educação, 2019, p. 198.
39. MIRANDA, Francisco Cavalcanti Pontes de. 1892-1979. Tratado de Direito Privado. Introdução: pessoas físicas e jurídicas. Coleção tratado de direito privado: parte geral 1. Atualizado por Judith Martins-Costa [et al.]. t. I. São Paulo: Ed. RT, 2012, p. 154.
40. "Os atos reais (*Realakten*), também denominados atos materiais (*Ta-thandlungen*), consistem em atos humanos de que resultam circunstâncias fácticas, geralmente, irremovíveis.

são a especificação, a descoberta de tesouro e a pesca. Imagine um curatelado que, durante surto psicótico, atira tinta em telas; ele realizará uma especificação, ao transformar esses materiais em obra de arte, do qual se torna proprietário. É irrelevante a intenção de criar as pinturas[41]. Da mesma forma, o incapaz para atos patrimoniais, que encontre tesouro dentro de sua propriedade ou que pesque, tornar-se-á proprietário destes bens. O ordenamento jurídico desconsidera sua vontade, bastando a prática de atos que tragam estes resultados materiais.

Conforme a nomenclatura, os atos-fatos indenizativos são condutas humanas lícitas causadoras de danos. Além de outros[42], é possível ilustrá-lo com a pessoa que rompe patrimônio de terceiro para salvar pessoas dentro do edifício. Em regra, a conduta de deteriorar o bem alheio é contrária ao direito. Sem embargo, aqui a ação se conforma com a excludente de antijuridicidade denominada estado de necessidade (artigos 23, I, e 24 do Código Penal). Em que pese essa licitude, subsiste o dever de reparar os danos, sem adentrar no elemento volitivo.

Por fim, o ato-fato caducificante, que se materializa em situações jurídicas que implicam a extinção do direito, como a decadência[43]. Neste caso, haverá interferência do regime das capacidades, no sentido de não se contar o prazo decadencial, nem prescricional em face dos absolutamente incapazes. Porém, não se trata de mero consectário lógico da qualidade da vontade, mas também importa arbítrio do legislador, em prol desses vulneráveis.

MELLO, Marcos Bernardes de. **Teoria do fato jurídico**: plano da existência. 22. ed. São Paulo: Saraiva Educação, 2019, p. 199.

41. "O louco que pinta um quadro adquire a sua propriedade e não importa ao menos se ele sabia, ou não, o que estava realizando". MELLO, Marcos Bernardes de. **Teoria do fato jurídico**: plano da existência. 22. ed. São Paulo: Saraiva Educação, 2019, p. 199.
42. "A vontade na prática do ato danoso é, absolutamente, irrelevante para a incidência da norma jurídica e, portanto, para a constituição do fato jurídico. Entram nessa categoria, por exemplo, quando causadores de danos indenizáveis, os atos: (a) de desforço pessoal imediato para manutenção ou reintegração de posse, praticados dentro dos limites indispensáveis à defesa possessória, se lhes sobrevém sentença desfavorável; (b) de indústria perigosa, desde que regularmente permitida, incluídas as estradas de ferro, nesse caso, somente se os danos forem causados a terceiros que não sejam passageiros ou remetentes de carga; (c) de caça e pesca permitidos; (d) a produção de bens de consumo e a prestação de serviço a consumidor". MELLO, Marcos Bernardes de. **Teoria do fato jurídico**: plano da existência. 22. ed. São Paulo: Saraiva Educação, 2019, p. 201.
43. "Os atos-fatos jurídicos caducificantes (casos de caducidade sem ilicitude) concretizam-se naquelas situações que constituem fatos jurídicos, cujo efeito consiste na extinção de determinado direito e, por consequência, da pretensão, da ação e da exceção dele decorrentes, como ocorre na decadência e na preclusão, ou no encobrimento somente da pretensão, da ação ou da exceção, conforme acontece na prescrição, independentemente de ato ilícito de seu titular". MELLO, Marcos Bernardes de. **Teoria do fato jurídico**: plano da existência. 22. ed. São Paulo: Saraiva Educação, 2019, pp. 202-203.

Na prática, a teoria das incapacidades é tangenciada de forma inversa, no ato-fato, isto é, serve para descartar a sua aplicação. O raciocínio desta teoria é averiguar situação de inaptidão de exercício civil. Se isso acontecer, haverá proteção pela anulação de seus atos ou pelo intermédio de terceiro. Neste caso, a ideia é oposta. Caso o ato-fato se origine de atuação de incapaz, ele continuará válido, pois o elemento volitivo é desprezado. Considerando que os atos-fato dos incapazes são válidos e produzem efeitos jurídicos, dispensa-se a representação e a assistência. Portanto, é impertinente relacionar o alcance da teoria das capacidades com essa categoria de fato jurídico.

O panorama altera-se com o ato jurídico *lato sensu*. É todo fato jurídico o qual se centraliza na manifestação[44] consciente da vontade[45]. Seus elementos são ato humano volitivo, consciência quanto à exteriorização da vontade e que esse ato se dirija à produção de um resultado permitido ou protegido pelo direito[46].

Salienta-se que a consciência da manifestação é determinante em todas as modalidades de ato jurídico *lato sensu*. Isso significa que será relevante considerar o conteúdo volitivo e a consciência de se manifestar. A doutrina ilustra com o ato de levantar a mão em um leilão. Se alguém involuntariamente exprimir esse gesto em leilão, não representará o lance, pois não havia consciência quanto à vontade de exteriorizar. O ato será inexistente[47]. Assim, será considerado inexistente o lance do incapaz que levante a mão inconscientemente em um leilão.

Considerando esse substrato, essa categoria de fato jurídico torna-se gradualmente relevante para a teoria das incapacidades conforme suas espécies: ato jurídico *stricto sensu* e negócio jurídico.

O ato jurídico *stricto sensu* é a categoria de ato jurídico a qual se origina de ato voluntário, cujos efeitos jurídicos são invariáveis[48]. Ou seja, não cabe ao agente

---

44. A manifestação pode ser feita de forma compatível com o ordenamento jurídico. Se em determinada hipótese basta um gesto ou até mesmo o silêncio, isso servirá como exteriorização da vontade.
45. "Denomina-se ato jurídico o fato jurídico cujo suporte fáctico prevê como seu cerne uma exteriorização consciente de vontade, que tenha por objeto obter um resultado juridicamente protegido ou não proibido e possível". MELLO, Marcos Bernardes de. **Teoria do fato jurídico**: plano da existência. 22. ed. São Paulo: Saraiva Educação, 2019, p. 208.
46. MELLO, Marcos Bernardes de. **Teoria do fato jurídico**: plano da existência. 22. ed. São Paulo: Saraiva Educação, 2019, p. 208.
47. MELLO, Marcos Bernardes de. **Teoria do fato jurídico**: plano da existência. 22. ed. São Paulo: Saraiva Educação, 2019. p. 211.
48. "A partir dessas observações, podemos formular um conceito de ato jurídico *stricto sensu*, como sendo o fato jurídico que tem por elemento nuclear do suporte fáctico manifestação ou declaração unilateral de vontade cujos efeitos jurídicos são prefixados pelas normas jurídicas e invariáveis, não cabendo às pessoas qualquer poder de escolha da categoria jurídica ou de estruturação do conteúdo das relações jurídicas respectivas". MELLO, Marcos

determinar os efeitos, somente podendo optar pela prática do ato. Como exemplo, a representação legal, o reconhecimento de paternidade ou maternidade e a confissão[49]. A pessoa que reconhece filiação não pode decidir quais são os efeitos da paternidade ou maternidade, os quais estão preestabelecidos em lei.

Observa-se que nos atos jurídicos *stricto sensu*, o elemento vontade é relevante para determinar a realização do ato e, por conseguinte, os efeitos jurídicos previstos primordialmente em lei. Nesses casos, é imprescindível que a pessoa tenha consciência de que a prática do ato significa que ela adere aos possíveis efeitos jurídicos dele decorrentes. Para existir essa consciência, a pessoa deve ter compreensão e discernimento sobre o exercício de seus atos civis. Caso a pessoa esteja desprovida dessa habilidade decisória, ela necessita proteção para decidir. Portanto, é evidente a incidência da teoria das incapacidades para os atos jurídicos *stricto sensu*.

Com isso, percebe-se a inteligência da doutrina em diferenciar os atos-fatos jurídicos dos atos jurídicos em sentido estrito. Após o exposto, demonstra-se que há diferença progressiva no elemento volitivo e suas consequências para fins jurídicos. Em razão disso, nos primeiros não se aplica o intermédio de terceiro, pelo contrário, o incapaz exerce validamente os atos-fatos, independentemente de representação ou assistência. Por outro lado, nos atos jurídicos em sentido estrito é indispensável a consciência para discernir se é favorável ou desfavorável à prática de determinado ato. Dessa maneira, é requisito de validade a presença do representante ou do assistente, pois é imprescindível o suprimento ou o auxílio na formação da vontade consciente.

A diferença marcante do negócio jurídico em relação à espécie anterior consiste na amplitude da vontade humana. Enquanto no ato jurídico *stricto sensu* bastava consciência volitiva em agir, sem qualquer controle dos efeitos, no negócio jurídico a vontade exerce maior alcance. O elemento volitivo está presente tanto na formação do negócio jurídico, quanto na regulação de prováveis efeitos jurídicos.

Portanto, o negócio jurídico caracteriza-se pela faculdade de o sujeito decidir quase na integralidade do objeto, isto é, sobre o conteúdo, as partes envolvidas, o momento etc. Nesse sentido, a doutrina afirma que existe a possibilidade de se realizarem normas jurídicas de caráter individuais, o autorregramento, que concretiza o princípio da autonomia privada.

Bernardes de. **Teoria do fato jurídico**: plano da existência. 22. ed. São Paulo: Saraiva Educação, 2019, p. 230.

49. "(c) atos jurídicos *stricto sensu* enunciativos, que consistem em exteriorizações (comunicações) de conhecimento (de representação) ou de sentimento, como o reconhecimento de paternidade e de maternidade fora do casamento, a confissão, o perdão, a quitação [...]". MELLO, Marcos Bernardes de. **Teoria do fato jurídico**: plano da existência. 22. ed. São Paulo: Saraiva Educação, 2019, p. 231.

Devido a esse traço acentuado, firmou-se majoritariamente a concepção voluntarista do negócio jurídico[50]. Contudo, essa corrente mostrou-se insuficiente para explicar essa espécie, em virtude do dirigismo contratual dos Estados contemporâneos. Diante da interferência estatal na vida privada, surgiu a teoria preceptiva. Esta corrente conferiu conceito objetivo ao negócio jurídico, ao entendê-lo como normatização de caráter privado, reconhecido pelo ordenamento jurídico[51].

De modo equilibrado, a teoria eclética combina as duas visões. Essa teoria ressalta o papel do ordenamento jurídico em permitir que os sujeitos se utilizem do negócio jurídico como instrumento de produção de efeitos jurídicos, conforme suas volições e parâmetros legais. Parece ter sido essa a posição de Marcos Bernardes de Mello, que formulou conceituação completa de negócio jurídico, considerando-o a espécie de ato jurídico cujo núcleo advém da manifestação consciente da vontade, em que o sistema jurídico permite às pessoas, de acordo com os limites legais, estabelecer o conteúdo de eficácia das relações jurídicas[52].

Considerando o aspecto basilar da vontade e da ciência dos efeitos jurídicos aos quais se deseja vincular, no negócio jurídico é indispensável o discernimento e a prudência na tomada de decisões. Por isso, os sujeitos devem ser capazes de fato para negociarem adequadamente. Quando faltar essa habilidade, o ordenamento jurídico protege a pessoa por meio da interposição de um terceiro para representá-lo ou assisti-lo. A lei respeitou a lógica e impôs essa capacidade como requisito de validade do negócio (artigo 104 do Código Civil).

---

50. "As definições do negócio jurídico, como ato de vontade, são as mais antigas na ordem histórica e talvez se possa dizer que, até hoje, mesmo na doutrina estrangeira, são elas ainda as mais comuns. Fala-se, então, para conceituar o negócio jurídico, em manifestação de vontade destinada a produzir efeitos jurídicos, ou em ato de vontade dirigido a fins práticos tutelados pelo ordenamento jurídico, ou, ainda, em declaração de vontade (adotada, porém, esta última expressão em sentido pouco preciso, através do qual não se a distingue de manifestação de vontade)". AZEVEDO, Antônio Junqueira de. **Negócio jurídico**: existência, validade e eficácia. 4. ed. São Paulo: Saraiva, 2002, p. 4.

51. "Concepção, porém, realmente oposta à referida no § 1º é a que Scognamiglio denomina 'teoria preceptiva'; enumera o mesmo autor, entre os seguidores dessa teoria, Bullow, Henle e Larenz, na Alemanha, e, na Itália, Betti. Para os partidários dessa teoria, o negócio jurídico constitui um comando concreto ao qual o ordenamento jurídico reconhece eficácia vinculante. Kelsen". AZEVEDO, Antônio Junqueira de. **Negócio jurídico**: existência, validade e eficácia. 4. ed. São Paulo: Saraiva, 2002, p. 12.

52. "Considerados os fundamentos expostos, podemos concluir que negócio jurídico é o fato jurídico cujo elemento nuclear do suporte fáctico consiste em manifestação ou declaração consciente de vontade, em relação à qual o sistema jurídico faculta às pessoas, dentro de limites predeterminados e de amplitude vária, o poder de escolha de categoria jurídica e de estruturação do conteúdo eficacial das relações jurídicas respectivas, quanto ao seu surgimento, permanência e intensidade no mundo jurídico". MELLO, Marcos Bernardes de. **Teoria do fato jurídico**: plano da existência. 22. ed. São Paulo: Saraiva Educação, 2019, p. 256.

Portanto, na medida em que foram sendo listadas as espécies de fatos jurídicos lícitos, percebe-se que a teoria das capacidades assumiu relevância paulatina. Nos fatos jurídicos em sentido estrito pouco importa a capacidade individual, pois não interessa o elemento humano. A situação começa a tomar outro rumo nos atos-fatos, devido ao aparecimento do elemento humano. Contudo, a vontade é irrelevante, dispensando a aplicação dessa teoria nessas hipóteses. Nos atos jurídicos em sentido estrito, a vontade toma relevância, implicando a importância da teoria das vontades. Já nos negócios jurídicos, é indispensável aferir a capacidade de fato, pois a vontade será dirigida em formular os pormenores dos efeitos jurídicos que se pretende produzir.

Classifica-se, outrossim, os atos jurídicos ilícitos. Em que pese a sabedoria dessa classificação, considera-se que, para o tema da incapacidade civil, tais atos têm menor relevância.

Os atos ilícitos são aqueles contrários ao direito. No âmbito civil, a ilicitude gera consequências legais ou previstas em contrato, como a multa decorrente de cláusula penal. Diferentemente do ato lícito, o ato ilícito não exige que o agente seja capaz de fato para praticá-lo. Inclusive, a própria condição de incapacidade sem a representação ou assistência é uma contrariedade ao sistema jurídico, logo, um ato ilícito.

Entre as principais sanções civis destacam-se as nulidades e as multas. Geralmente, atos ilícitos provocam danos. Nesse caso, também caberá indenização. Recorda-se que a indenização não é sanção, mas o viés de reparação da responsabilidade, que pode ter origem até mesmo de atos lícitos que lesionem alguém.

O ato praticado por incapaz sem respaldo de seu representante ou assistente pode gerar nulidade ou anulabilidade. Assim, se o incapaz descumpre contrato que ele firmou sozinho, tal negócio pode ser anulado e, consequentemente, não se aplicam as sanções.

Quando se tratar de responsabilidade objetiva, não importa aferir a condição do sujeito, mas apenas o dano e o nexo causal. Aqui o elemento subjetivo não assume qualquer relevância.

Na responsabilidade subjetiva, além dos outros dois elementos, afere-se a culpa. A culpa distingue-se da capacidade. O direito verifica se o sujeito agiu intencionalmente ou com falta do dever de cuidado. Eventualmente, a pessoa incapaz pode ter atuado culposa ou dolosamente. Por exemplo, há crianças que quebram a janela do vizinho. A incapacidade absoluta não retira o caráter culposo dela e de seus responsáveis, cabendo indenização. Trata-se de uma verificação retroativa, já que a teoria das incapacidades impõe limites a fim de trazer segurança aos atos futuros.

A peculiaridade é forma especial de responsabilidade do incapaz. Nos termos do artigo 928 do Código Civil, sua responsabilidade é subsidiária e condicionada. Em regra, o tutor e o curador têm responsabilidade objetiva pelos fatos de seus pupilos ou curatelados, uma vez que lhes compete dever de zelo, conforme artigo 932, II, do Código Civil. Se estes responsáveis não tiverem obrigação ou não dispuserem de condições de fazê-lo, caberá ao próprio incapaz responder pelos prejuízos, subsidiariamente. Essa responsabilidade é limitada, pois está condicionada a não privação do mínimo necessário ao incapaz ou aos seus dependentes.

Observa-se que, no caso de atos ilícitos provocarem danos, o tema será a responsabilidade e não a teoria das incapacidades. Portanto, a teoria das incapacidades não alcança diretamente os atos ilícitos.

6
RELAÇÃO ENTRE CAPACIDADE DE FATO E IMPUTABILIDADE PENAL

É comum a confusão e impropriedade ao estender as regras de capacidade civil no âmbito criminal ou o inverso. Por isso, imperioso um pequeno comparativo entre a capacidade de fato do direito civil e a imputabilidade penal.

O direito é uno. Porém, é possível dividi-lo em ramos de acordo com suas especificidades, para fins didáticos e de aplicação de normas. O direito penal e o direito civil se inserem na antiga dualidade entre as esferas pública e privada. Possuem regimes e princípios próprios que muitas vezes se contrapõem, como a estrita legalidade do direito penal e a atipicidade dos contratos no direito civil. Outras vezes, há intersecção, que exige a comunicação das duas áreas, como ocorre nos crimes envolvendo institutos civis[1], bem como na responsabilidade civil e penal. Isso acontece quando o ilícito atinge os dois campos de reparação. Nesse sentido, é possível enriquecer o tratamento da capacidade de exercício quando cotejada ao respectivo instituto penal. Para lograr tal feito, é indispensável compreender as semelhanças e as diferenças, vislumbrando as oportunidades de complementaridade entre eles.

Inicialmente, ressalta-se o viés repressivo do direito penal. Quando se trata de punição, deve-se analisar a conduta passada, faz-se uma diagnose[2] ao momento do fato, pois se punem condutas. Caso contrário, estaria se punindo a personalidade do agente ou a forma de ser do agente, a chamada "culpabilidade do autor" ou "culpabilidade do caráter", que se insere na doutrina do direito penal do inimigo. Nélson Hungria faz uma ilustrativa digressão sobre o tema, ao comparar a repressão criminal com a frase de São Tomé de que "somente se crê, depois de se ver"[3].

---

1. É bem ilustrativo o exemplo do crime de bigamia, que gera uma prejudicial heterogenia no processo penal. É indispensável que o juízo cível decida se houve validade dos matrimônios que perduraram conjuntamente, para posteriormente verificar o crime.
2. "A capacidade de delinquir, referido ao momento do crime, é uma diagnose, relacionado a um fato certo (o crime realmente é praticado); [...]". HUNGRIA, Nelson; FRAGOSO, Cláudio Heleno. **Comentários ao Código Penal**. v. I. t. II: arts. 11 ao 27. 5. ed. Rio de Janeiro: Forense, 1978, p. 483.
3. "A repressão penal é como São Tomé: somente se crê depois que se vê. Só há culpabilidade e, portanto, punibilidade pelo que o indivíduo realmente fez, pelo fato penalmente típico

Isso reflete na aferição do discernimento, já que somente se analisa o discernimento após o acontecimento do crime. Ainda que seja uma hipótese automática de menoridade, isso somente será aferido após a prática do ato.

Temporalmente, o direito civil destoa do direito penal. A aferição de eventual incapacidade geralmente é feita *a priori*, trazendo consequências para o futuro. Primeiramente, considera-se a pessoa incapaz de fato, pelo processo de interdição. Uma vez demonstrada tal situação, os atos porvir serão considerados nulos ou anuláveis, se não realizados com o devido amparo. Na maioria dos casos, não importará se a pessoa no momento do ato estava lúcida e consciente, basta ser considerada incapaz e não ter sido assistida ou representada para que seus atos possam ser invalidados. Diversamente do âmbito criminal, a finalidade é proteger e trazer segurança jurídica às eventuais relações jurídicas a serem firmadas.

Basicamente, o direito civil fundamentou o poder decisório no discernimento e na possibilidade de manifestar a vontade. O direito penal restringe-se ao discernimento, na medida em que não lhe importa a manifestação da vontade. Para realizar um negócio jurídico, é imprescindível transmitir com exatidão sua vontade. A área civil concentra-se nos atos posteriores, pois se preocupa com o fato de que a pessoa precisará de ajuda, na ausência desse dom. Por outro lado, o direito penal analisa o passado. Se o crime já foi praticado, não interessa saber se a pessoa consegue externalizar a vontade, basta saber se ela tinha compreensão sobre a prática ilícita cometida, no caso concreto. A aptidão comunicativa serve no máximo como prova ou evidência da realização do crime.

Após essas considerações, é importante alocar esse tema em cada uma das áreas. Como já visto, o discernimento é tratado no direito civil no âmbito da capacidade de fato. No direito penal brasileiro, esse discernimento é tratado dentro da culpabilidade, ou seja, dentro da teoria do crime.

Atualmente prevalece o finalismo tripartite, na doutrina e no Código Penal[4]. Analiticamente, essa teoria tripartite decompõe o crime em três extratos: fato típico, antijurídico e culpável.

No que tange à culpabilidade, os finalistas adotam a teoria normativa da culpabilidade[5]. Isso significa que, para eles, a culpabilidade deve ser entendida como juízo de reprovação sobre um fato típico e antijurídico. Para o direito penal,

---

    que praticou, e não pelo que ele possa vir a fazer ou praticar". HUNGRIA, Nelson; FRAGOSO, Cláudio Heleno. **Comentários ao Código Penal.** v. I. t. II: arts. 11 ao 27. 5. ed. Rio de Janeiro: Forense, 1978, p. 476.

4. Essa posição será utilizada como base, para esse tópico, devido à impossibilidade de trazer um estudo mais aprofundado da teoria do crime, que é algo muito complexo.

5. O causalismo naturalista e o neokantista inseriam o dolo e a culpa na culpabilidade (teoria psicológica da culpabilidade). Os finalistas, por um olhar valorativo, moveram o dolo e a culpa para o fato típico, uma vez que a conduta é um movimento corpóreo humano, positivo ou negativo, consciente e voluntário dirigido a uma finalidade. Essa finalidade da conduta já incluía o dolo e a culpa no fato típico.

considera-se reprovável aquele que compreende a ilicitude e assim mesmo pratica o ato. Esse entendimento denomina-se tecnicamente de "consciência da ilicitude ou da antijuridicidade"[6].

Matar alguém é um fato típico, nos termos do artigo 121, do Código Penal. Se essa conduta derivar de uma psicose delirante, a ação se mantém injustificável e, portanto, ilícita, ou seja, continua a ser uma ação proibida[7]. Malgrado, o fato de o agente tê-la praticado sob o estado de delírio, em que não compreendia a antijuridicidade e sequer poderia controlar seus atos, retira a reprovabilidade, pois ele não poderia agir de modo distinto naquelas circunstâncias[8]. Nestes casos, a conduta não é digna de reprovação, logo é "inculpável"[9].

De acordo com a teoria normativa pura da culpa, os elementos que compõem a culpabilidade são imputabilidade, potencial consciência da ilicitude e exigibilidade de conduta adversa[10]. Afastado um dos elementos, haverá a exclusão da culpabilidade. Conforme será visto, os dois primeiros se aproximam do conceito de capacidade de fato da esfera cível.

A imputabilidade ou "capacidade da culpa"[11] é o principal desdobramento da culpabilidade. É também o que mais se assemelha à capacidade de fato. Ela compreende a condição pessoal de maturidade ou a sanidade mental, que são determinantes para que o agente possa compreender o caráter ilícito e se determinar de acordo com esse entendimento.

Eugênio Raúl Zaffaroni e José Henrique Pierangeli definem imputabilidade em sentido amplo como imputação física e psíquica. Entretanto, os autores consideram mais apropriado tratá-la no sentido estrito da capacidade psíquica da culpabilidade. Em suma, trata-se do conjunto de condições que interferem

---

6. ZAFFARONI, Eugênio Raúl; PIERANGELI, José Henrique. **Manual de direito penal brasileiro**: parte geral. 11. ed. São Paulo: Ed. RT, 2015, p. 552.
7. Uma das diferenças das excludentes de antijuridicidade (artigo 23, do Código Penal), para a excludente de culpabilidade, previstas no artigo 24, do mesmo diploma, concerne ao fato de que a primeira constitui uma permissão do sistema, retirando a responsabilidade penal, ao passo que a segunda se mantém criminosa, cabendo a punição ou a consequência jurídica de tratamento, diante da periculosidade do agente, a chamada medida de segurança.
8. "Este conceito de culpabilidade é um conceito de caráter normativo, que se funda em que o sujeito podia fazer algo distinto do que fez, e que, nas circunstâncias, lhe era exigível que o fizesse". ZAFFARONI, Eugênio Raúl; PIERANGELI, José Henrique. **Manual de direito penal brasileiro**: parte geral. 11. ed. São Paulo: RT, 2015, p. 540.
9. ZAFFARONI, Eugênio Raúl; PIERANGELI, José Henrique. **Manual de direito penal brasileiro**: parte geral. 11. ed. São Paulo: Ed. RT, 2015, p. 540.
10. ESTEFAM, André. **Direito penal**: parte geral. v. 1. (arts. 1º a 120). 8. ed. São Paulo: Saraiva Educação, 2019, p. 307.
11. Nos manuais atuais é raro encontrar essa expressão empregada por Nelson Hungria: "[...] imputabilidade e a capacidade de culpa". HUNGRIA, Nelson; FRAGOSO, Cláudio Heleno. **Comentários ao Código Penal**. v. I. t. II: arts. 11 ao 27. 5. ed. Rio de Janeiro: Forense, 1978, p. 603.

na capacidade mental de compreender o caráter antijurídico do fato e de se autodeterminar. Na ausência dessas condições psíquicas, a pessoa será inimputável, excluindo-lhe a culpabilidade.

Ressalta-se que imputabilidade difere de responsabilidade penal. Nas palavras de Nelson Hungria, "responsabilidade penal é o dever jurídico de responder pela ação delituosa, que recai sobre o agente imputável"[12]. Considera-se mais adequado conceituar a responsabilidade jurídico-penal como "a obrigação de o agente sujeitar-se às consequências da infração penal cometida"[13]. Com essa acepção "lata", é possível perceber que o inimputável por doença mental responde, mas de forma particular, por meio da medida de segurança, que é uma sanção penal de caráter preventivo.

Segundo André Estefam, os casos de inimputabilidade previstos no ordenamento brasileiro são:

> a) doença mental ou desenvolvimento mental incompleto ou retardado (Código Penal, artigo 26); b) embriaguez completa e involuntária, decorrente de caso fortuito ou força maior (Código Penal, artigo 28); c) dependência ou intoxicação involuntária decorrente do consumo de drogas ilícitas (Lei n. 11.343/2006, artigo 45, *caput*); e d) menoridade (Código Penal, artigo 27, e Constituição Federal, artigo 228)[14].

Nota-se que as hipóteses se assemelham às da incapacidade de fato, pois em todas elas se supõe a redução da autodeterminação, impedindo que a pessoa adote uma escolha racional sobre suas condutas.

Os penalistas aplicam o critério biopsicológico para aferir a imputabilidade[15]. Ressalva-se a hipótese da menoridade cujo critério (etário) é unicamente biológico, isto é, basta a idade inferior a 18 anos para se considerar inimputável[16].

---

12. HUNGRIA, Nelson; FRAGOSO, Heleno Cláudio. **Comentários ao Código Penal**. v.I. t. II: arts. 11 ao 27. 5. ed. Rio de Janeiro: Forense, 1978, p. 603.
13. ESTEFAM, André. **Direito penal**: parte geral. v. 1. (arts. 1º a 120). 8. ed. São Paulo: Saraiva Educação, 2019, p. 309.
14. Idem.
15. "As três primeiras fundam-se no sistema (ou critério) biopsicológico. A última, no biológico. O sistema biopsicológico é aquele que se baseia, para o fim de constatação da inimputabilidade, em dois requisitos: um de natureza biológica, ligado à causa ou elemento provocador, e outro relacionado com o efeito, ou a consequência psíquica provocada pela causa. Assim, por exemplo, um doente mental somente será considerado inimputável se, além de sua enfermidade (causa), constatar-se que, no momento da conduta (ação ou omissão), encontrava-se desprovido de sua capacidade de entender a natureza ilícita do ato ou de se determinar conforme essa compreensão (efeito)". HUNGRIA, Nelson; FRAGOSO, Cláudio Heleno. **Comentários ao Código Penal**. v. I. t. II: arts. 11 ao 27. 5. ed. Rio de Janeiro: Forense, 1978, p. 309.
16. "O sistema biológico (etiológico ou sistema francês) consiste naquele em que a lei fundamenta a inimputabilidade exclusivamente na causa geradora. Esse sistema foi adotado com respeito à menoridade, uma vez que os menores de 18 anos são penalmente inimputáveis

Chama-se biopsicológico, pois conjuga o fator natural da deficiência, que o direito penal nomeia como "doenças" ou "enfermidades"[17], com a consequência psíquica de incapacidade de compreensão da antijuridicidade ou autodeterminação[18]. Portanto, assim como no direito civil, a deficiência mental ou intelectual, por si só, não é fator para a imputabilidade. A diferença consiste no fato de que no direito penal o exame da perda do discernimento ou da autodeterminação é feito posteriormente e no caso concreto, enquanto no direito civil macular-se-ão todos os atos feitos nessa condição, sem a devida assistência.

Na incapacidade de compreensão cita-se a situação da pessoa que age em estado de psicose delirante. Ao ver o vizinho pulverizar inseticidas em seu jardim, ela imagina que o vizinho está lhe envenenado. Já na incapacidade de inibição da conduta, o sujeito compreende a situação, mas não tem autodeterminação. Por exemplo, o agente tem fobia de baratas e ao ver o inseto não controla sua conduta, empurrando idosas que estejam em seu caminho[19].

A potencial consciência da ilicitude diz respeito à possibilidade de uma pessoa imputável, ou seja, maior de idade e sem alterações mentais ou intelectuais, conhecer sobre a antijuridicidade da conduta. Não se trata do conhecimento da lei, mas de que a conduta, em determinada situação, seria proibida.

De modo diverso da imputabilidade, essa hipótese não está condicionada a fatores intelectuais ou psicológicos, mas ao aspecto cultural. Primeiramente, verifica-se a higidez mental ou intelectual, para posteriormente examinar a potencial consciência da ilicitude[20]. Quando se verificar que, no caso concreto, inexistia potencial consciência da ilicitude, será excluída a culpabilidade do agente.

---

pelo simples fato de não terem completado a idade mencionada. Não importa saber se a pouca idade influenciou na capacidade de entendimento ou de autodeterminação (que seria evidente numa criança de 2 anos de idade, mas discutível num adolescente com 17 anos). No caso dos menores de 18 anos, portanto, mostra-se totalmente irrelevante investigar se o sujeito sabia o que fazia (tinha noção de certo e errado) e podia controlar-se (capacidade de autodeterminação)". HUNGRIA, Nelson; FRAGOSO, Cláudio Heleno. **Comentários ao Código Penal**. v. I. t. II: arts. 11 ao 27. 5. ed. Rio de Janeiro: Forense, 1978, p. 309.

17. A doutrina e a Lei denominam "enfermidade". O mais adequado seria chamar de deficiência.
18. Nelson Hungria abordava o critério biopsicológico-normativo, pois considerava que o critério não se limitava somente ao estado biológico e psicológico, mas à capacidade de valoração das normas jurídicas. HUNGRIA, Nelson; FRAGOSO, Cláudio Heleno. **Comentários ao Código Penal**. v. I. t. II: arts. 11 ao 27. 5. ed. Rio de Janeiro: Forense, 1978, pp. 605-606.
19. Exemplos retirados da doutrina: ZAFFARONI, Eugênio Raúl; PIERANGELI, José Henrique. **Manual de direito penal brasileiro**: parte geral. 11. ed. São Paulo: Ed. RT, 2015, p. 539.
20. ESTEFAM, André. **Direito penal**: parte geral. v. 1. (arts. 1º a 120). 8. ed. São Paulo: Saraiva Educação, 2019, p. 317.

Imagine que um grupo de indígenas não integrados na cultura ocidental se perdesse com um barco. Como nunca tiveram contato com essa forma de civilização, não saberiam e nem teriam como saber quais comportamentos são proibidos ou permitidos. Provavelmente, se eles entrassem em uma fazenda, colheriam os frutos de uma árvore e matariam algum animal para comer, pois, na sua experiência de vida, a natureza estaria livre para a caça e para a colheita. Nessa hipótese, estariam acobertados pela excludente de culpabilidade e não responderiam por crime de furto.

Percebe-se que as hipóteses de exclusão da culpabilidade decorrentes da inimputabilidade penal e da falta de potencial consciência da ilicitude aproximam-se[21] do rol previsto para a capacidade de fato. Nelson Hungria utilizava a expressão "capacidade de direito penal"[22], reforçando a ideia de ligação entre os institutos. Essa semelhança se justifica porque em ambos os casos há condições etárias, intelectuais, mentais ou culturais que retiram a aptidão de compreender, discernir ou inibir comportamentos nocivos. Em outras palavras, em todos esses casos, a pessoa não consegue atuar da maneira apropriada, pois lhe faltam condições essenciais para se autodeterminar. Por isso, é viável que os juristas comuniquem os institutos, como forma preventiva e promocional dos direitos dessas pessoas. Nesse quesito, por exemplo, cresce o papel do Ministério Público, que atua tanto no interesse de incapaz, quanto no âmbito penal.

Em suma, há relação entre a imputabilidade penal e a capacidade de exercício do direito civil, pois ambos os ramos jurídicos trazem fundamentos semelhantes ao analisar o poder individual de decisão. Contudo, não é apropriado simplesmente estender ambas as situações, pois existem diferenças entre elas, destacando-se o modo de aplicar cada qual e a precisão da teoria penal em relação à amplitude da teoria civil[23]. Assim, um instituto pode se comunicar com o outro com parcimônia, desde que se atente às diferenças aqui impostas.

---

21. Referem-se às mesmas causas de exclusão, com exceção da manifestação da vontade.
22. "Certamente, a culpabilidade não se alheia radicalmente à personalidade psíquica do indivíduo-agente, pois está condicionada, necessariamente, à sua capacidade de direito penal: o indivíduo que, em razão de sua imaturidade ou profunda anormalidade psíquica, não possua o entendimento ético jurídico ou o poder de autoinibição, não pode ser culpado, por isso mesmo que não pode incidir no juízo da reprovação penal, que pressupõe a vontade consciente e livre".
23. Conforme mencionado, a variação depende do escopo de cada área. Criminalmente, a avaliação é concreta ao fato já ocorrido, para fins de culpabilidade. Enquanto isso, civilmente, os reflexos da incapacidade são amplos, visam ao modo de exercer futuras relações jurídicas e a sanção e são as causas de nulidade do ato.

7
PESSOAS COM DEFICIÊNCIA INTELECTUAL E MENTAL

Acesse o Visual Law

7.1. Internalização da Convenção da ONU sobre Pessoas com Deficiência

A matriz de todas as alterações em estudo encontra-se na Convenção de Nova York sobre pessoas com deficiência. No Brasil, esse tratado foi assinado em 2007 e ratificado em 31 de agosto de 2008. Além da importância material, essa norma destacou-se formalmente por ser a primeira norma internacional introduzida no sistema brasileiro com hierarquia de norma constitucional. Trata-se do máximo exemplo de transconstitucionalismo na experiência brasileira, demonstrando que o país está em compasso com as tendências de direito internacionais diplomáticas, em prol dos direitos fundamentais.[1]

O referido *status* deriva do cumprimento do artigo 5º, § 3º, da Carta Magna brasileira. A Convenção sobre Pessoas com Deficiência da ONU apresenta conteúdo de direitos humanos e seu referendo foi aprovado em dois turnos, por mais de três quintos do Congresso Nacional, conforme registro no Decreto Legislativo n. 186, de 9 de julho de 2008.[2] Considerando seu aspecto de norma com valor de

---

[1] "[...] em face dessa situação, introduzo o conceito de transconstitucionalismo. Não se trata, portanto, de constitucionalismo internacional, transnacional, supranacional, estatal ou local. O conceito aponta exatamente para o desenvolvimento de problemas jurídicos que perpassam os diversos tipos de ordens jurídicas [...] Aponta, antes, para a necessidade de construção de 'pontes de transição', da promoção de 'conversações constitucionais' entre diversas ordens jurídicas [...]"."O que caracteriza o transconstitucionalismo entre ordens jurídicas é, portanto, ser um constitucionalismo relativo a (soluções de) problemas jurídico-constitucionais que se apresentam simultaneamente a diversas ordens. Quando questões de direitos fundamentais ou de direitos humanos submetem-se ao tratamento jurídico concreto, perpassando ordens jurídicas diversas, a 'convenção' constitucional é indispensável". NEVES, Marcelo. **Transconstitucionalismo**. São Paulo: Martins Fontes, 2009, p. XXI-XXV; 129.

[2] "Decreto Legislativo n. 186, de 2008: Aprova o texto da Convenção sobre os Direitos das Pessoas com Deficiência e de seu Protocolo Facultativo, assinados em Nova Iorque, em 30 de março de 2007. O Congresso Nacional decreta: Artigo 1º Fica aprovado, nos termos do § 3º do artigo 5º da Constituição Federal, o texto da Convenção sobre os Direitos das Pessoas com Deficiência e de seu Protocolo Facultativo, assinados em Nova Iorque, em 30 de março de 2007".

emenda constitucional, é questionável se a promulgação interna seria dispensável, tendo em vista que a emenda constitucional prescinde dessa solenidade. Isso é uma discussão técnica-legislativa interessante para futuros tratados internacionais que sejam incluídos à ordem nacional, nos moldes do artigo 5º, § 3º, da Constituição. Já o presente Tratado não gera maiores dúvidas quanto à sua validade e equivalência à emenda constitucional, vez que, além de cumprir as solenidades exigidas, foi promulgado internamente pelo Decreto presidencial n. 6.949/2009.

Como norma suprema do direito interno, é inevitável que seu conteúdo reflita-se em todo o ordenamento jurídico. Por isso, há incidência do teor de suas disposições sobre as demais normas infraconstitucionais, provocando alterações em normas com elas incompatíveis. A partir disso, o Código Civil sofreu consequências diretas, em especial, no âmbito da capacidade civil e do regime da curatela. Ademais, esse instrumento global serve como vetor interpretativo de todo o sistema jurídico pátrio, possibilitando gerar novas interpretações das normas já existentes, inclusive com base no diálogo das fontes.[3]

Nessa toada, a Convenção reforçou a previsão e a aplicação dos parâmetros e dos princípios já existentes. Ela buscou impelir melhorias e reconhecimento de todas as pessoas com deficiência, conforme pleito de seus movimentos sociais. Assim, enuncia os propósitos em seu artigo 1º: "O propósito da presente Convenção é promover, proteger e assegurar o exercício pleno e equitativo de todos os direitos humanos e liberdades fundamentais por todas as pessoas com deficiência e promover o respeito pela sua dignidade inerente".

É irrefutável a constatação de que a deficiência pode trazer dificuldade à vida de uma pessoa. Até pouco tempo, isso era digno de pena e excesso de proteção. Atualmente, já há tanto a consciência quanto a possibilidade e a necessidade de lhes propiciar uma vida plena, por meio da adaptação do contexto à diversidade humana. Essa diversidade caracteriza-se essencialmente pelo reconhecimento simultâneo de igualdade formal, na medida em que todos são seres humanos, e da diferença de cada indivíduo em sua idiossincrasia.

Com isso, a Convenção pautou-se na otimização dos direitos da personalidade, com base nos princípios da dignidade humana, liberdade, autonomia, igualdade, que seriam obtidos por meio de todas as formas de inclusão. Esses

---

3. Cláudia Lima Marques estudou o "diálogo das fontes" no direito estrangeiro, trazendo o tema ao Brasil, com maestria. Segundo a autora: "diálogo das fontes, que, no direito brasileiro, significa a aplicação simultânea, coerente e coordenada das plúrimas fontes legislativas, leis especiais (como o Código de Defesa do Consumidor e a lei de planos de saúde) e leis gerais (como o Código Civil de 2002), de origem internacional (como a Convenção de Varsóvia e Montreal) e nacional (como o Código Aeronáutico e as mudanças do Código de Defesa do Consumidor), que, como afirma o mestre de Heidelberg, tem campos de aplicação convergentes, mas não mais totalmente coincidentes ou iguais". MARQUES, Cláudia Lima (Coord.). **Diálogo das fontes**: do conflito à coordenação de normas do direito brasileiro. São Paulo: RT, 2012, pp. 19-20.

eram objetivos já previstos na Constituição Federal brasileira, com o diferencial de que a Convenção de Nova York, seu protocolo facultativo e a consequente Lei brasileira foram capazes de colocar o assunto em pauta, conduzindo à unificação e à sistematização de um melhor tratamento às pessoas com deficiência no ordenamento jurídico.

Aqui também reside o cerne da superação de uma terminologia adotada na Constituição Federal de 1988, "portadores de deficiência". Em que pese a evolução terminológica no momento da edição da nova ordem nacional, a palavra "portador"[4] traz a noção de carregar algo externo consigo, no caso, a deficiência. Por sua vez, a expressão "pessoa com deficiência" aproxima-se da ideia de que a deficiência é apenas mais uma característica humana, assim como o gênero, a altura ou a cor da pele e dos olhos.[5] Logo, a deficiência é ínsita à humanidade, cada qual com sua peculiaridade.

Evidentemente, esse termo deve prosperar, razão pela qual foram e devem ser alteradas as nomenclaturas contrárias a essa que constitui o bloco de constitucionalidade. Parece perfunctório, todavia, a nomenclatura e, principalmente, a conceituação de pessoas com deficiência demonstram o paradigma inclusivo, que impulsiona o melhor tratamento legislativo, administrativo, judiciário e social dos envolvidos.

7.2. Microssistema da pessoa com deficiência

A Lei Federal n. 13.146/2015 recebeu diversas nomenclaturas: Lei Brasileira de Inclusão (LIB), Estatuto da Pessoa com Deficiência (EPD). Da palavra

---

4. Há mais ou menos meio século, a Carta Magna brasileira utilizava expressões que atualmente são inadequadas, pois possuem certa carga estigmatizante em seu significado, tais como: "excepcionais" (artigo 175, § 4º, da Emenda n. 1/69 à Constituição de 1967; "Artigo 175. A família é constituída pelo casamento e terá direito à proteção dos Podêres Públicos. [...] § 4º Lei especial disporá sôbre a assistência à maternidade, à infância e à adolescência e sôbre a educação de excepcionais"); invalidez (artigo 158, XVI, da Constituição de 1967: "Artigo 158. A Constituição assegura aos trabalhadores os seguintes direitos, além de outros que, nos termos da lei, visem à melhoria, de sua condição social: [...] XVI – previdência social, mediante contribuição da União, do empregador e do empregado, para seguro-desemprego, proteção da maternidade e, nos casos de doença, velhice, invalidez e morte;") e "deficientes" (artigo único da Emenda n. 12/78 da Constituição de 1967: "Artigo único. É assegurado aos deficientes a melhoria de sua condição social e econômica especialmente mediante: I – educação especial e gratuita; II – assistência, reabilitação e reinserção na vida econômica e social do país; III – proibição de discriminação, inclusive quanto à admissão ao trabalho ou ao serviço público e a salários; IV – possibilidade de acesso a edifícios e logradouros públicos").

5. LEITE, Flávia Piva Almeida; RIBEIRO, Lauro Luiz Gomes; COSTA FILHO, Waldir Macieira da. *et al.* (Coord.). **Comentários ao Estatuto da Pessoa com Deficiência**. 2. ed. São Paulo: Saraiva Educação, 2019, p. 68.

"estatuto", infere-se que se constitui uma coleção de normas especiais de caráter protetivo, dispostas de forma organizada sobre um tema. Eis o Estatuto da Criança e do Adolescente (ECA) e o Estatuto do Idoso, por exemplo. Assim, conceituar pessoa com deficiência é relevante para a seleção daqueles que se inserem nesse microssistema de normas protetivas, que pretendem viabilizar igualdade material a esses indivíduos. Tal concepção será examinada adiante.

Atualmente, é globalizada a perspectiva do direito como ciência.[6] Essa visão cientificista no campo jurídico teve especial importância na sua caracterização como um sistema.[7] O principal fundamento sobre a construção de um sistema advém[8] da teoria orgânica.[9] Parte-se da noção de organismo vivo, em que o conjunto se diferencia do todo e forma um sistema: a reunião de células forma um órgão, os órgãos em conjunto formam o sistema e a junção de todos os sistemas forma o corpo.

Paralelamente, o direito é um conjunto de normas jurídicas[10] organizadas, coesas e completas. Essa integralidade de normas é una e se diferencia de cada norma separadamente. Duas normas podem ter comandos opostos, porém, analisadas no todo, são harmônicas, por se aplicarem em regimes distintos. A esse conjunto lógico de normas concatenadas se atribui o nome de ordenamento, que nada mais é, senão, o sistema das normas jurídicas.

---

6. A doutrina retrata que os gregos antigos não viam o Direito como ciência, mas como sinônimo de justiça. Somente com os romanos passou a se associar o direito ao ordenamento, na medida em que se pautavam em regras gerais e jurisprudência. Acrescenta-se que o Império Romano do Ocidente contribuiu para o direito ocidental com a compilação das normas. Na história medieval, os glosadores passaram a transcrever as leis. Com o renascimento e o iluminismo, o viés cientificista impactou a seara jurídica. PENA, Ana Maria Moliterno. **Microssistema**: o problema do sistema no polissistema. Dissertação (Mestrado em Direito). Pontifícia Universidade Católica de São Paulo, São Paulo, 2007, p. 106.
7. A ciência clássica e iluminista tende a sistematizar os objetos de estudos para estudá-los detalhadamente e de forma organizada. Ana Maria Moliterno Pena traça o paralelo entre ciência e sistema, demonstrando a correlação da noção de sistema para a ciência. PENA, Ana Maria Moliterno. **Microssistema**: o problema do sistema no polissistema. Dissertação (Mestrado em Direito). Pontifícia Universidade Católica de São Paulo, São Paulo, 2007, pp. 95-103.
8. Há diversas teorias que explicam a formação do sistema jurídico. Aqui se adota a teoria organicista, por ser bastante ilustrativa e alcançar a finalidade de justificar a existência do microssistema da pessoa com deficiência. Devido à complexidade da matéria, que não é o foco desse trabalho, não é viável se aprofundar nas teorias que explicam o direito como sistema.
9. No âmbito jurídico, Kant é um dos expoentes dessa teoria. PENA, Ana Maria Moliterno. **Microssistema**: o problema do sistema no polissistema. Dissertação (Mestrado em Direito). Pontifícia Universidade Católica de São Paulo, São Paulo, 2007, p. 92.
10. Nesse contexto, a expressão "normas jurídicas" é empregada em sentido amplo, incluindo não apenas as normas escritas, mas também os princípios implícitos, os costumes com força jurídica, a jurisprudência e todas as espécies normativas aceitas pelo sistema.

Há unidade do sistema, mas dentro dele existem alguns microssistemas. No sistema predomina uma regra geral. Contudo, situações peculiares podem romper com a lógica da generalidade, excepcionando essa norma genérica. Ocorre a chamada "explosão"[11] da unidade do sistema.

Academicamente, demonstra-se esse raciocínio por fórmulas. A regra geral seria representada da seguinte maneira: "se A, então B". Já a norma especial possui um elemento peculiar, "a", que impõe uma nova lógica, trazendo efeitos variados: "se A + a, então B + b".[12]

Quando essa categoria diferenciadora irradia a edição de outras normas com fundamento no mesmo critério, percebe-se a formação de um conjunto de normas especiais, coesas, com lógica própria, ou seja, com um regime e princípios próprios, os quais se destacam da regra geral. Essas normas especiais formam um pequeno ordenamento diferenciado, chamado de microssistema.

Para que o microssistema seja legítimo, as normas especiais devem se pautar em um critério diferenciador que justifique a excepcionalidade. Em muitos casos, a *ratio* diferenciadora corresponde à existência de uma vulnerabilidade, a qual deve ser equilibrada por meio de uma tutela específica que promova a igualdade material.[13]

Do latim, *vulnerabilis* significa "aquele que pode ser ferido".[14] A doutrina observa que a vulnerabilidade é ontológica à espécie humana, pois todos são vítimas em potencial.[15] Definir esse termo para o direito não é tarefa fácil. A área consumerista distingue conceitos de vulnerabilidade, hipossuficiência e espécies

---

11. PENA, Ana Maria Moliterno. **Microssistema**: o problema do sistema no polissistema. Dissertação (Mestrado em Direito). Pontifícia Universidade Católica de São Paulo, São Paulo, 2007, p. 124.
12. PENA, Ana Maria Moliterno. **Microssistema**: o problema do sistema no polissistema. Dissertação (Mestrado em Direito). Pontifícia Universidade Católica de São Paulo, São Paulo, 2007, p. 121.
13. "Esclarecendo melhor: tem-se que investigar, de um lado, aquilo que é erigido em critério discriminatório e, de outro lado, se há justificativa racional para, à vista do traço desigualador adotado, atribuir o específico tratamento jurídico construído em função da desigualdade afirmada". MELLO, Celso Antônio Bandeira de. **O conteúdo jurídico do princípio da igualdade**. 3. ed. São Paulo: Malheiros, 2011, p. 38.
14. BARBOSA, Heloísa Helena; ALMEIDA, Vitor. A tutela das vulnerabilidades na legalidade constitucional. *In*: TEPEDINO, Gustavo; TEIXEIRA, Ana Carolina Brochado; ALMEIDA, Vitor (Coord.). Da dogmática à efetividade do direito civil. **Anais do Congresso Internacional de Direito Civil Constitucional – IV Congresso do IBDCIVIL**. Belo Horizonte: Fórum, 2017, p. 38.
15. BARBOSA, Heloísa Helena; ALMEIDA, Vitor. A tutela das vulnerabilidades na legalidade constitucional. *In*: TEPEDINO, Gustavo; TEIXEIRA, Ana Carolina Brochado; ALMEIDA, Vitor (Coord.). Da dogmática à efetividade do direito civil. **Anais do Congresso Internacional de Direito Civil Constitucional – IV Congresso do IBDCIVIL**. Belo Horizonte: Fórum, 2017, p. 40.

de hipossuficiência. No caso em tela, é suficiente ater-se à vulnerabilidade. Para abordar o microssistema de tutela especial, a vulnerabilidade deve ser entendida como uma situação em que determinadas pessoas, devido às suas qualidades, estão expostas a um risco maior que a média dos membros da sociedade.

Trata-se de um conceito relativo. Nele se identifica que certos grupos de indivíduos estão mais expostos, se comparados com a média da população. Tal desvantagem faz com que a tutela geral do sistema jurídico seja insuficiente para a respectiva proteção, exigindo-se um microssistema específico.

Nesse cenário se inserem as pessoas com deficiência. Isso se deduz da leitura de seu conceito, que as define por possuírem alguma limitação que dificulta a respectiva participação na sociedade e o alcance de seus direitos, na presença de barreiras. Diante dessa propensão à privação de suas faculdades, o legislador impôs normas visando respaldar esses indivíduos. O reconhecimento de amparo às pessoas com deficiência não é novo. Passagens bíblicas demonstram que já se observava essa necessidade protetiva.[16] Contudo, um microssistema inclusivo sobre o tema é algo recente.

Isso se desenvolveu aos poucos. Internacionalmente, o tema foi previsto em diversos tratados: Declaração dos Direitos da Pessoa Portadora de Deficiência (1975); as Normas Uniformes sobre a Igualdade de Oportunidades para Pessoas Portadoras de Deficiência da ONU (1993); Declaração de Salamanca e o Marco das Ações sobre Necessidades Educativas Especiais (1994); Convenção sobre todas as Formas de Discriminação contra as Pessoas com Deficiência (1999) e Convenção n. 159/OIT sobre a reabilitação profissional e emprego das pessoas com deficiência (1983).[17]

No plano interno, foram criadas normas específicas às pessoas com deficiência na Constituição Federal e nas legislações infraconstitucionais de forma esparsa. Em âmbito constitucional, os seguintes assuntos recebem tratamento

---

16. Na Bíblia, por exemplo, encontram-se passagens vedando amaldiçoar os surdos, que não poderiam se inteirar dessa hostilidade: "Não amaldiçoarás um surdo; não porás algo como tropeço diante do cego; mas temerás teu Deus. Eu sou o Senhor" (Levítico, 19: 14). "Ele deixou de novo as fronteiras de Tiro e foi por Sidônia ao mar da Galiléia, no meio do território da Decápole. Ora, apresentaram-lhe um surdo-mudo, rogando-lhe que lhe impusesse a mão. Jesus tomou-o à parte dentro do povo, pôs-lhe os dedos nos ouvidos e tocou-lhe a língua com saliva. E levantou os olhos ao céu, deu um suspiro e disse-lhe: 'Éfeta!', que quer dizer 'abre-te!'. No mesmo instante, os ouvidos se lhe abriram, a prisão da língua se lhe desfez e ele falava perfeitamente. Proibiu-lhes que o dissessem a alguém. Mas quanto mais lhes proibia, tanto mais o publicavam. E tanto mais se admiravam, dizendo: 'Ele fez bem todas as coisas. Fez ouvirem os surdos e falarem os mudos!'" (Marcos, 7: 31 a 37).

17. Além da Convenção de Nova Iorque de 2006, esses são os principais tratados internacionais sobre o tema, conforme cita Lauro Ribeiro. ANDRADE, Adriano [*et al.*]. **Interesses difusos e coletivos**. 2. ed. Rio de Janeiro: Forense; São Paulo: Método, 2019. v. 2. p. 493.

singular no tocante às pessoas com deficiência: laborais (ao vedar a discriminação de salário e de critério de admissão);[18] assistência social,[19] reserva de vagas e definição dos critérios de admissão para ingressar no serviço público,[20] garantia de atendimento educacional especializado,[21] acessibilidade urbanística[22] e atendimento especializado da criança e adolescente com deficiência.[23]

O panorama infraconstitucional também já trazia regras peculiares às pessoas com deficiência, previamente à Convenção da ONU e ao Estatuto da Pessoa com Deficiência. Em alguns diplomas encontram-se certas regras especiais em relação a esses indivíduos. O Código Civil, por exemplo, considera que uma das causas de deserdação do ascendente pelo descendente é o desamparo ao filho com deficiência.[24] Além disso, esse diploma veda convencionar a partilha amigavelmente quando houver incapazes, a fim de evitar que essa pessoa seja prejudicada pela falta de discernimento.[25] Vale mencionar, ainda, que embora a dívida de jogo ou de aposta não obriguem ao pagamento, excetuam-se o interdito e o menor, que podem recobrar a dívida paga voluntariamente.[26] No Código Penal, por sua vez, há crimes cuja gravidade aumenta quando praticados em face de vítima com deficiência.[27]

Em diversas leis havia dispositivos que tratavam de forma particular as pessoas com deficiência. Entre elas, a Lei n. 10.048/2000 (cujo conteúdo versa sobre prioridade no atendimento); a Lei n. 8.213/1991 (em seu artigo 93 trata de questões previdenciárias); Lei n. 8.742/1993 (LOAS) (prevê o benefício da prestação continuada); Lei n. 8.112/1990 (dispõe sobre o regime jurídico dos servidores públicos, além de regulamentar a reserva máxima de 20% de vagas em concursos públicos, institui a concessão de horário especial, desde que comprovada em atestado médico, às pessoas com deficiência),[28] Lei n. 14.257/2016 (em seu ar-

---

18. BRASIL. Constituição Federal. Artigo 7°, XXXI.
19. BRASIL. Constituição Federal. Artigo 203, IV e V.
20. BRASIL. Constituição Federal. Artigo 37, VIII.
21. BRASIL. Constituição Federal. Artigo 208, III.
22. BRASIL. Constituição Federal. Artigo 244 e 227, § 2°.
23. BRASIL. Constituição Federal. Artigo 227, II.
24. BRASIL. Código Civil (2002), Artigo 1.963, IV.
25. BRASIL. Código Civil (2002), Artigo 2.015.
26. BRASIL. Código Civil (2002), Artigo 814.
27. BRASIL. Código Penal (1940), Artigos 129, § 11 (lesão corporal decorrente de violência doméstica); 140, § 3° (injúria); 141, IV (causa de aumento de pena para crimes contra a honra); 149-A, § 1°, II (tráfico de pessoas); 203, § 2° (frustração de direito assegurado por lei trabalhista); 207, § 2° (aliciamento de trabalhadores de um local para outro do território nacional); 217-A, § 1° (estupro de vulnerável); 218-B (favorecimento da prostituição ou de outra forma de exploração sexual de criança ou adolescente ou de vulnerável).
28. Artigos 5°, § 2°, e 98, § 2°.

tigo 14, § 2º, trata das políticas públicas da primeira infância, cujo atendimento dos menores com deficiência é prioritário); Decreto n. 4.228/2002, sobre ações afirmativas.

Ademais, houve a edição de leis essencialmente sobre pessoas com deficiência. A primeira delas é a Lei n. 7.853/1989 (Lei de proteção à Pessoa com Deficiência) e seu decreto regulamentador (Decreto n. 3.298/1999).[29] Essa lei reuniu vários aspectos jurídicos pensados de forma exclusiva às pessoas com deficiência: políticas públicas, instituição de órgão exclusivo, tipificação de crimes cujo sujeito passivo seria a pessoa com deficiência e a introdução desses indivíduos no âmbito da tutela coletiva.

Nesse aspecto, destacam-se a Lei n. 10.098/2000 (promoção da acessibilidade para as pessoas com deficiência ou mobilidade reduzida), a Lei n. 10.216/2001 (proteção de pessoas com transtornos mentais) e a Lei n. 12.764/2012 (conhecida como Lei Benerice Piana, que instituiu a Política Nacional de Proteção dos Direitos da Pessoa com Transtorno do Espectro Autista).

Diante desse complexo conjunto normativo, já era possível antever um microssistema com fundamento na deficiência, previamente à internalização do Tratado Internacional e da formulação da Lei Brasileira de Inclusão.[30] Havia um raciocínio único de proteção às pessoas com deficiência capaz de excepcionar normas de diversas áreas, com uma configuração própria.

Malgrado, isso não retira a importância da Convenção sobre as pessoas com Deficiência e do Estatuto da Pessoa com Deficiência. Ambos instituíram a tutela da pessoa com deficiência de forma organizada, principiológica e pormenorizada. Com esse regime próprio e organizado, tornou-se majoritário o entendimento da existência de um microssistema para as pessoas com deficiência.[31] Isso impulsionou alterações em prol desse grupo em todo o ordenamento jurídico.

---

29. A Lei n. 7.853, 24 de outubro de 1989: "Dispõe sobre o apoio às pessoas portadoras de deficiência, sua integração social, sobre a Coordenadoria Nacional para Integração da Pessoa Portadora de Deficiência – Corde, institui a tutela jurisdicional de interesses coletivos ou difusos dessas pessoas, disciplina a atuação do Ministério Público, define crimes, e dá outras providências" (preâmbulo).

30. Há opinião divergente sobre o tema. O autor Leonardo Monteiro Xexéo considera que o microssistema da pessoa com deficiência se formou a partir do ano de 2009, com a promulgação da Convenção sobre Direitos da Pessoa com Deficiência e seu protocolo Facultativo (Decreto n. 6949). XEXÉO, Leonardo Monteiro. **Os impactos da lei brasileira de inclusão na capacidade negocial da pessoa com deficiência.** Dissertação (Mestrado em Direito). Pontifícia Universidade Católica de São Paulo, São Paulo, 2019, pp. 28-29.

31. Esse é o entendimento de: GURGEL, Fernanda Pessanha do Amaral. **A eficácia prática da tomada de decisão apoiada.** Tese (Doutorado em Direito). Pontifícia Universidade Católica de São Paulo, São Paulo, 2019, p. 11; XEXÉO, Leonardo Monteiro. **Os impactos da lei brasileira de inclusão na capacidade negocial da pessoa com deficiência.**

Por fim, compete tecer algumas considerações que demonstram a qualidade de um microssistema das pessoas com deficiência, à luz das características de sistema enunciadas pela teoria dos sistemas sociais.

Não se pode deixar de acrescentar à teoria clássica as ideias de Niklas Luhmann. O sociólogo construiu a teoria de sistemas sociais, considerando a importância da comunicação, capaz de explicar as interferências do meio e as inovações dentro de um conjunto organizado e fechado. Sem abandonar as teorias já existentes sobre o sistema, o autor incrementou noções importantes sobre o assunto. Nota-se, assim, uma relação de complementaridade entre as duas inteligências científicas, e não de contrariedade.

Devido à abrangência da teoria de Niklas Luhmann, serão expostas apenas as suas principais contribuições sobre o assunto. Ele parte do binômio de que há o sistema e o meio.[32] Seu objeto de estudo é o sistema, e tudo o que está fora do sistema é denominado meio. Por isso, o acadêmico define sistema a partir do duplo contraste entre esses dois elementos: "sistema é a diferença resultante da diferença entre sistema e meio. O conceito de sistema aparece, na definição, duplicado no conceito de diferença".[33] Ao definir o sistema, salientam-se as suas características: encerramento operativo,[34] *autopoiesis*,[35] e binômio entre sistema e meio. Elas coadunam-se com a normativa brasileira sobre pessoas com deficiência.

O encerramento operativo[36] assemelha-se à noção de unidade fechada da teoria clássica de sistemas. De acordo com essa qualidade, o sistema depende predominantemente de sua própria estrutura, que lhe permite a auto-organização,[37]

Dissertação (Mestrado em Direito). Pontifícia Universidade Católica de São Paulo, São Paulo, 2019, p. 32.

32. LUHMANN, Niklas. **Introdução à teoria dos sistemas**. 3. ed. Tradução de Ana Cristina Arantes Nasser. Petrópolis, RJ: Vozes, 2011, p. 73.
33. LUHMANN, Niklas. **Introdução à teoria dos sistemas**. 3. ed. Tradução de Ana Cristina Arantes Nasser. Petrópolis, RJ: Vozes, 2011, p. 81.
34. "[...] o encerramento operativo traz como consequência que o sistema dependa de sua própria organização. As estruturas podem ser construídas e transformadas, unicamente mediante operações que surgem dele mesmo [...]". LUHMANN, Niklas. **Introdução à teoria dos sistemas**. 3. ed. Tradução de Ana Cristina Arantes Nasser. Petrópolis, RJ: Vozes, 2011, p. 111.
35. "*Autopoiesis* significa que um sistema só pode produzir operações na rede de suas próprias operações; [...] A categorização *da autopoiesis* assume como ponto de partida a questão radical da autonomia, já que define o sistema a partir de seus próprios elementos". LUHMANN, Niklas. **Introdução à teoria dos sistemas**. 3. ed. Tradução de Ana Cristina Arantes Nasser. Petrópolis, RJ: Vozes, 2011, pp. 119-120.
36. LUHMANN, Niklas. **Introdução à teoria dos sistemas**. 3. ed. Tradução de Ana Cristina Arantes Nasser. Petrópolis, RJ: Vozes, 2011, pp. 106-111.
37. LUHMANN, Niklas. **Introdução à teoria dos sistemas**. 3. ed. Tradução de Ana Cristina Arantes Nasser. Petrópolis, RJ: Vozes, 2011, p. 112.

pressuposto da *autopoiesis*. A auto-organização traduz a autorreferência do sistema, que recorre às suas estruturas. De origem grega, a *autopoiesis* é aplicada especialmente na biologia celular[38] e denota que os seres vivos são capazes de criar a si próprios. Na sociologia, Niklas Luhmann aplicou a palavra para o potencial do sistema de autocriação. Portanto, o sistema tem estrutura própria que lhe confere a possibilidade de se organizar e se operar de modo autônomo.[39]

Partindo do pressuposto de que o microssistema é um sistema inserido em outro sistema, essa característica está presente no microssistema da pessoa com deficiência. Ele tem estrutura própria, princípios norteadores que se diferenciam de outros sistemas, o que faz com que se desenvolva de forma diferenciada em relação aos demais ramos do direito. Assim, a partir da Convenção, reestruturaram-se normas de forma organizada, que resultaram no Estatuto. Ele dispôs de tratamentos específicos sobre diversos temas, dentre os quais, a capacidade civil.

Até então, seria unicamente uma maneira distinta de explicar o que já havia sido cientificamente elaborado. O avanço do autor do século XX consistiu em perceber que não se tratava de enclausuramento absoluto. O sistema isola-se apenas parcialmente, pois admite intervenção do meio.

Porém, não se trata de qualquer ingerência. A inteligência do sistema encontra-se na possibilidade de selecionar os fatores externos capazes de lhe transformar. Certos acontecimentos do meio perturbam[40] o sistema. Por meio de padrões seletivos,[41] o sistema consegue selecionar quais incômodos devem servir de informação para a sua reestruturação ou reorganização. É o fenômeno do acoplamento estrutural,[42] cujo principal elemento é essa resiliência denominada *order from noise*.[43] Trata-se de adaptação que concomitantemente impulsiona o desenvolvimento e a conservação do sistema porque, se ele se mantivesse intacto, não acompanharia a realidade, culminando em seu fim.

Há críticas de que não haveria um microssistema de pessoas com deficiência, mas mero conglomerado de normas específicas relativas a institutos já existentes.

---

38. Humberto Maturama e Francisco Varela se apropriaram da palavra grega para fins técnicos da biologia. LUHMANN, Niklas. **Introdução à teoria dos sistemas**. 3. ed. Tradução de Ana Cristina Arantes Nasser. Petrópolis, RJ: Vozes, 2011, p. 121.
39. LUHMANN, Niklas. **Introdução à teoria dos sistemas**. 3. ed. Tradução de Ana Cristina Arantes Nasser. Petrópolis, RJ: Vozes, 2011, p. 119.
40. LUHMANN, Niklas. **Introdução à teoria dos sistemas**. 3. ed. Tradução de Ana Cristina Arantes Nasser. Petrópolis, RJ: Vozes, 2011, p. 138.
41. LUHMANN, Niklas. **Introdução à teoria dos sistemas**. 3. ed. Tradução de Ana Cristina Arantes Nasser. Petrópolis, RJ: Vozes, 2011, p. 132.
42. LUHMANN, Niklas. **Introdução à teoria dos sistemas**. 3. ed. Tradução de Ana Cristina Arantes Nasser. Petrópolis, RJ: Vozes, 2011, p. 131.
43. LUHMANN, Niklas. **Introdução à teoria dos sistemas**. 3. ed. Tradução de Ana Cristina Arantes Nasser. Petrópolis, RJ: Vozes, 2011, p. 128.

Conforme já esclarecido, no microssistema, as normas passam por uma especificação. Caso esse argumento não seja suficiente, é possível recorrer a Niklas Luhman. Não se nega a existência da interação do sistema com o meio. No caso, o microssistema da pessoa com deficiência comunica-se com o meio que engloba o sistema geral do direito. Esse microssistema recebe informações de toda a ordem jurídica e do meio social, filtrando aquelas que devem lhe causar transformações. A partir disso, ele adapta tais normas às estruturas de seu microssistema. Ou seja, ocorre uma releitura normativa à luz da axiologia particular das pessoas com deficiência.

Isso se sucedeu com a capacidade civil. O instituto recebeu tratamento específico, pois, ao adentrar ao microssistema das pessoas com deficiência, houve o acoplamento estrutural, nos moldes de sua principiologia. Ou, nas palavras da doutrina tradicional, houve a especificação da norma geral no microssistema.

Em suma, a partir das teorias clássica e social de Niklas Luhmann, é possível defender a existência do microssistema da pessoa com deficiência. Recapitulando as principais características de ambas as teorias, é fácil visualizar organização, unidade, coesão e fechamento do microssistema da pessoa com deficiência que dialoga com as normas gerais, adaptando-as ao alcance das finalidades protetivas desse grupo de vulneráveis.

7.3. Evolução histórica da concepção de pessoa com deficiência

Assim como a terminologia adequada, o conceito apropriado corresponde ao escopo mais humanitário no tratamento das pessoas com deficiência, refletindo o momento histórico e o desenvolvimento cultural vigente. Por isso, para analisar o tema, é imprescindível uma breve digressão histórica sobre a abordagem desse assunto.

De acordo com as lições da doutrina, são reconhecidas fases relativas ao relacionamento social da pessoa com deficiência. Herika Jannayna Bezerra Menezes[44] adota três momentos históricos sobre o tema, os chamados modelos da prescindência, médico ou reabilitador, e o modelo social. Segundo a autora, os dois primeiros trazem uma conotação negativa.

No modelo da prescindência, essas pessoas eram vistas como um mal social, seja em sentido religioso,[45] seja por serem consideradas improdutivas ou perigosas para a comunidade. Essa situação gerava sua repulsa ou até eliminação, como na sociedade espartana.[46] Ainda quando cercada de cuidados, geralmente pelos

---

44. MENEZES, Herika Jannayna Bezerra de. *et al.* Da expansão dos direitos humanos. **Revista de Direitos e Garantias Fundamentais**, FDV, Vitoria, v. 17, n. 2, jul. 2016. Semestral. Disponível em: http://sisbib.emnuvens.com.br/direitosgarantias/issue/view/27. Acesso em: 01 maio 2018, p. 554.
45. Na fase grega, certas deficiências intelectuais e mentais.
46. A principal característica da sociedade espartana era o culto à militarização e à formação de guerreiros. Nesse espaço, as pessoas com deficiência eram vistas como um peso, que não retribuiria em prol da coletividade.

membros religiosos, a deficiência era causa de isolamento, em razão da potencialidade de transmissão de doença, o que ocorria com aqueles que padeciam de hanseníase e de peste. Além disso, esses indivíduos estavam alheios à vida social, pois eram considerados inábeis para realizar atividades, o que lhes provocava a depreciação individual.

Quando se tratava de deficiências mentais, o quadro era ainda mais grave. Essa espécie de deficiência foi exaustivamente estigmatizada. Na antiguidade grega, a doença mental era associada à manifestação de vingança e ao capricho dos deuses.[47] Durante o período medieval, a "loucura" esteve associada à "possessão demoníaca", assim retratada por membros da Igreja Católica, os dominicanos James Sprenger e Heinrich Kramer, na obra *Malleus Maleficarum* (O martelo das feiticeiras).[48]

A partir do Renascimento, a Europa retoma o pensamento clássico. Leonardo da Vinci inicia seus estudos acerca do corpo humano. No Iluminismo, o racionalismo é exacerbado e a humanidade prioriza as ciências. Aos poucos, a medicina se desenvolve e, com ela, surge um olhar médico-reabilitador sobre as pessoas com deficiência.

Após as guerras mundiais, muitos homens inseridos socialmente foram acometidos por sequelas físicas e psíquicas que limitavam suas capacidades locomotoras, sensoriais, intelectuais e psíquicas. O acometimento de pessoas consideradas ativas gerou maior atenção sobre esse grupo. Esse aspecto social, somado ao cientificismo, implicou uma forte noção da deficiência como enfermidade a ser tratada, havendo tão somente preocupação médica na "cura" dessas pessoas.

Apesar de certa evolução, o modelo médico-reabilitador também é criticado por continuar com uma visão de invalidade e por manter um foco individualista, ou seja, centralizar-se na pessoa com deficiência, sem se preocupar com a sociedade que a cerca e que poderia agir em seu favor.

Somente com a adoção do movimento social esse grupo passou a ser tratado, no plano teórico, de modo adequado e justo. Nos anos 1970, o associativismo das pessoas com deficiência começou a ter maior visibilidade, impactando a fase social do tratamento das pessoas com deficiência.[49] A partir desse modelo, passou-se

---

47. SOUZA, Iara Antunes de. **Estatuto da pessoa com deficiência**: curatela e saúde mental – conforme a Lei n. 13.146/2015 – Estatuto da Pessoa com Deficiência – Novo Código de Processo Civil. Belo Horizonte: D'Plácido, 2018, p. 45.
48. SOUZA, Iara Antunes de. **Estatuto da pessoa com deficiência**: curatela e saúde mental – conforme a Lei n. 13.146/2015 – Estatuto da Pessoa com Deficiência – Novo Código de Processo Civil. Belo Horizonte: D'Plácido, 2018, pp. 48-49.
49. Segundo Carolina Valença Ferra e Glauber Salomão, "O modelo social veio para substituir o anacrônico e injusto modelo médico de deficiência. Do fim da primeira guerra mundial até meados dos anos 1970, era este o referencial teórico da matéria. Sob essa perspectiva, a deficiência era oriunda das limitações físicas e mentais apresentadas pelo indivíduo,

a enxergar as potencialidades humanas das pessoas com alguma limitação, ou seja, que elas podem ser empregadas em alguma atividade útil ao próprio indivíduo e à coletividade.[50]

Houve a preocupação em se utilizar da tecnologia, como meio de adaptação da pessoa com alguma limitação à convivência com os demais. Com alicerce nessa visão, é fácil perceber que a deficiência integra a diversidade humana, assim, a comunidade é corresponsável em facilitar a vida dessas pessoas. Diante do novo entendimento, o foco que era apenas sobre o indivíduo passou a ser também sobre a sociedade, que é responsável em integrar a todos, por meio da eliminação de barreiras daqueles que sozinhos não são capazes de fazê-lo.

Igualmente, Flávia Piovesan[51] expõe quatro momentos relevantes no relacionamento com essas pessoas: a intolerância, em razão do pensamento de que essas pessoas concretizavam as impurezas e os castigos divinos; a invisibilidade; a ótica médico-assistencialista, que buscava a cura dessas "doenças" e, por fim, a ótica de direitos humanos, que é a orientação de relacionar um meio propício para inserir a pessoa com deficiência em igualdade de oportunidades que lhe garanta uma vida plena. Observa-se que a autora aborda uma fase a mais ao subdividir a chamada prescindência em intolerância e invisibilidade. Porém, a essência dessa classificação é semelhante, ou seja, ela pretende demonstrar o desenvolvimento do tratamento desse grupo do viés individualista e marginalizado e digno de pena ao parâmetro social e humano, no sentido de inclusão, igualdade e alcance da potencialidade de cada indivíduo na comunidade.

7.4. Conceito jurídico de pessoa com deficiência

Essa transformação ideológica sobre as pessoas com deficiência refletiu no seu conceito jurídico, que passou de um plano médico para um plano biopsicossocial.

Inicialmente, convém dizer que a Constituição Federal de 1988, em seu texto primitivo,[52] não conceituou o tema. Tampouco o fez a Lei n. 7.853/1989, que dispunha sobre o apoio às pessoas com deficiência. Provavelmente, isso se deva

---

caracterizando-se como um problema de saúde". LEITE, Flávia Piva Almeida; RIBEIRO, Lauro Luiz Gomes; COSTA FILHO, Waldir Macieira da. *et al.* (Coord.). **Comentários ao Estatuto da Pessoa com Deficiência**. 2. ed. São Paulo: Saraiva Educação, 2019, p. 67.

50. CCR. **Inclusão profissional traz motivação e desafios para pessoas com deficiência**. Disponível em: https://g1.globo.com/especial-publicitario/em-movimento/ccr/noticia/inclusao-profissional-traz-motivacao-e-desafios-para-pessoas-com-deficiencia.ghtml. Acesso em: 05 abr. 2019.
51. PIOVESAN, Flávia. **Direitos humanos e o direito constitucional internacional**. 18. ed. São Paulo: Saraiva, 2018, pp. 317-318.
52. É importante mencionar ser o texto primitivo da Constituição, pois a Convenção da ONU sobre pessoas com deficiência possui *status* constitucional.

à influência da noção biomédica. Por esse viés, não seria tarefa da lei determinar quem são as pessoas com deficiência, mas dos profissionais da saúde médica.

O Decreto n. 3.298/1999,[53] que regulamentou a Lei n. 7.853/1989, redigiu o conceito jurídico de pessoa com deficiência. Posteriormente, o artigo 70 do Decreto n. 5.296/2004 listou um rol de pessoas com deficiência. Apesar de essas normas terem tornado jurídico o conceito, estamparam a fase médica-reabilitadora das pessoas com deficiência, uma vez que suas definições eram pautadas exclusivamente na Classificação Internacional de Impedimentos, Deficiências e Incapacidades (CIDD).[54]

A perspectiva legal muda com a já mencionada Convenção da ONU. A letra "e" do preâmbulo[55] desse Tratado Internacional reconheceu a evolução do significado de deficiência relacionando-o com o meio, tendo em vista a perspectiva social da deficiência. Com o escopo de aclarar e concretizar esse progresso filológico, o artigo 1º da Convenção ditou um novo conceito de pessoa com deficiência.[56] A Lei Federal n. 13.146/2015 encampou esse conceito de forma similar[57] (artigo 2º).[58]

---

53. Redação original do conceito previsto no Decreto n. 3.298 de 1999 (revogados): "Artigo 4º. É considerada pessoa portadora de deficiência a que se enquadra nas seguintes categorias: I – deficiência física – alteração completa ou parcial de um ou mais segmentos do corpo humano, acarretando o comprometimento da função física, apresentando-se sob a forma de paraplegia, paraparesia, monoplegia, monoparesia, tetraplegia, tetraparesia, triplegia, triparesia, hemiplegia, hemiparesia, amputação ou ausência de membro, paralisia cerebral, membros com deformidade congênita ou adquirida, exceto as deformidades estéticas e as que não produzam dificuldades para o desempenho de funções; II – deficiência auditiva – perda parcial ou total das possibilidades auditivas sonoras, variando de graus e níveis na forma seguinte: a) de 25 a 40 decibéis (db) – surdez leve; b) de 41 a 55 db – surdez moderada; c) de 56 a 70 db – surdez acentuada; d) de 71 a 90 db – surdez severa; e) acima de 91 db – surdez profunda; e f) anacusia; III – deficiência visual – acuidade visual igual ou menor que 20/200 no melhor olho, após a melhor correção, ou campo visual inferior a 20º (tabela de Snellen), ou ocorrência simultânea de ambas as situações; [...]".
54. Lauro Ribeiro relata: "esses decretos adotaram a Classificação Internacional de Impedimentos, Deficiências e Incapacidades (CIDD), com base na perspectiva médica". ANDRADE, Adriano [*et al.*]. **Interesses difusos e coletivos**. 2. ed. Rio de Janeiro: Forense; São Paulo: Método, 2019. v. 2. p. 485.
55. "Preâmbulo [...] e) *Reconhecendo* que a deficiência é um conceito em evolução e que a deficiência resulta da interação entre pessoas com deficiência e as barreiras devidas às atitudes e ao ambiente que impedem a plena e efetiva participação dessas pessoas na sociedade em igualdade de oportunidades com as demais pessoas". [grifos do original]
56. Convenção internacional da ONU sobre pessoas com deficiência: "Pessoas com deficiência são aquelas que têm impedimentos de longo prazo de natureza física, mental, intelectual ou sensorial, os quais, em interação com diversas barreiras, podem obstruir sua participação plena e efetiva na sociedade em igualdades de condições com as demais pessoas".
57. O Estatuto da Pessoa com Deficiência foi mais detalhista ao prever "uma ou mais barreiras". Porém, a ideia central é a mesma.

Se antes o foco estava no indivíduo com deficiência, ou seja, nas limitações físicas, sensoriais, mentais ou psicológicas, agora o entrave pessoal é apenas um dos elementos da deficiência. O cerne da deficiência passou a ser exterior, isto é, nas barreiras que são todas as condições estranhas a essas pessoas, ou seja, que lhes obstam o acesso aos seus direitos. A Convenção cita os fatores ambientais e atitudinais como o gênero dos empecilhos externos ao alcance de direito por esse grupo humano. A Lei Brasileira de Inclusão enumera com mais detalhes esses óbices à plena integração das pessoas com deficiência. Entre elas, constam barreiras urbanísticas, arquitetônicas, nos transportes, nas comunicações e nas informações, atitudinais e tecnológicas. Observa-se que as atitudes humanas podem ser um forte empecilho a essas pessoas, por isso, houve um apelo tão forte para a mudança da visão a respeito da deficiência.

Esse cenário demonstra que a limitação da pessoa não é o único impedimento para a obtenção de seus direitos, mas a combinação da respectiva deficiência com as externalidades que obstam sua participação plena no meio onde vivem. Por isso, a doutrina[59] expõe matematicamente a deficiência como a proporcionalidade entre as barreiras, que são todos os fatores ambientais em sentido *lato*, em interação com a limitação ou limitações de cada pessoa.

Apesar de parecer tênue ao olhar de quem não teve contato mais aprofundado com a questão, essas alterações atingem de maneira relevante esses grupos de pessoas. Passou-se de uma perspectiva médica-assistencialista, centrada unicamente na deficiência individual, para uma corrente biopsicossocial,[60] na qual o problema reside no entorno que obsta o livre acesso às pessoas com alguma limitação.

---

58. Estatuto da Pessoa com Deficiência: "Considera-se pessoa com deficiência aquela que tem impedimento de longo prazo de natureza física, mental, intelectual ou sensorial, o qual, em interação com uma ou mais barreiras, pode obstruir sua participação plena e efetiva na sociedade em igualdade de condições com as demais pessoas".

59. Laís de Figueiredo aborda o assunto ao tratar do propósito da Convenção: "Deficiência = Limitação Funcional X Ambiente. Se for atribuído valor zero ao ambiente por ele não oferecer nenhum obstáculo ou barreira, e multiplicado por qualquer que seja o valor atribuído à limitação funcional do indivíduo, a deficiência terá como resultado zero. Por óbvio não quer esta teoria dizer que a deficiência desaparece, mas sim que deixa de ser uma questão problema, e a recoloca como uma questão resultante da diversidade humana. A fórmula traduz a ideia de que a limitação do indivíduo é agravada ou atenuada de acordo com o meio onde está inserido, sendo nula quando o entorno for totalmente acessível e não apresentar nenhuma barreira ou obstáculo, tal qual se pode perceber pela equação abaixo: 0 Deficiência = 1 Limitação Funcional X 0 Ambiente 0 Deficiência = 5 Limitação Funcional X 0 ambiente". BRASIL. Secretaria de Direitos Humanos da Presidência da República (SDH/PR)/Secretaria Nacional de Promoção dos Direitos da Pessoa com Deficiência (SNPD). **Novos Comentários à Convenção sobre os Direitos das Pessoas com Deficiência**. Laíssa da Costa Ferreira (Coord.). 3. ed. 2014, p. 28.

60. ARAUJO, Luiz Alberto David; COSTA FILHO, Waldir Macieira da. O Estatuto da Pessoa com Deficiência – EPCD (Lei n. 13.146, de 06-07-2015): algumas novidades. **Revista dos Tribunais**, v. 962, dez. 2015, pp. 65-80.

Por isso, para apreciar a existência de uma deficiência, não basta uma prova médica. Além disso, devem ser examinados fatores psicológicos e sociais. Trata-se da avaliação multiprofissional e interdisciplinar ou multidisciplinar (artigo 2º, § 1º, da Lei n. 13.146/2015).[61] Portanto, o critério estabelecido atualmente é o índice de funcionalidade (brasileiro),[62] que leva em consideração todos os fatores da vida do indivíduo.

Em suma, a solução principal está na sociedade, em agir para eliminar ou minimizar as barreiras a fim de "zerar"[63] ou atenuar a restrição social dessas pessoas, que poderão, então, desenvolver melhor o seu potencial. Portanto, a estigmatização não recai sobre as pessoas, mas sobre os responsáveis pela omissão em eliminar barreiras.

7.4.1. Doença e deficiência

De acordo com o novo conceito, já não cabe mais trazer um rol exaustivo de doenças permanentes do CIDD, mas verificar a inter-relação que causa limitações em longo prazo. Aliás, o conceito de deficiência abandonou a perspectiva pura da enfermidade ao mencionar a palavra "impedimento" como fator individual ao invés de "doença" ou "enfermidade".

É cotidiano fazer a relação entre deficiência e doença, devido à grande influência da fase médica-assistencialista. De fato, é comum que uma doença cause limitações em médio ou em longo prazo. Todavia, a deficiência não é sinônimo de doença, mas de qualidade humana, vez que concretiza o homem em sua

---

61. Estatuto da Pessoa com Deficiência: "[...] Artigo 2º. Considera-se pessoa com deficiência aquela que tem impedimento de longo prazo de natureza física, mental, intelectual ou sensorial, o qual, em interação com uma ou mais barreiras, pode obstruir sua participação plena e efetiva na sociedade em igualdade de condições com as demais pessoas. § 1º. A avaliação da deficiência, quando necessária, será biopsicossocial, realizada por equipe multiprofissional e interdisciplinar e considerará: I – os impedimentos nas funções e nas estruturas do corpo; II – os fatores socioambientais, psicológicos e pessoais; III – a limitação no desempenho de atividades; e IV – a restrição de participação".
62. "O índice de funcionalidade brasileiro está em aplicação, monitorado pela comunidade científica para que possa servir a todas as políticas. Essas experiências já podem ser consideradas como embrião psicossocial a qual a LBI se refere. Para organizar o processo e harmonizar a legislação, o Decreto n. 5.926/2004, ainda vigente e não revogado pela LBI, deverá ser revisto, com base na mudança do modelo médico para o modelo social de direitos humanos". LEITE, Flávia Piva Almeida; RIBEIRO, Lauro Luiz Gomes; COSTA FILHO, Waldir Macieira da. *et al.* (Coord.). **Comentários ao Estatuto da Pessoa com Deficiência**. 2. ed. São Paulo: Saraiva Educação, 2019, p. 54.
63. BRASIL. Secretaria de Direitos Humanos da Presidência da República (SDH/PR)/Secretaria Nacional de Promoção dos Direitos da Pessoa com Deficiência (SNPD). **Novos Comentários à Convenção sobre os Direitos das Pessoas com Deficiência**. Laíssa da Costa Ferreira (Coord.). 3. ed. 2014, p. 28.

diversidade. Além disso, há outras causas para os impedimentos físicos, sensoriais, intelectuais e psicológicos que não caracterizam doenças, entre as quais se destacam a genética e os acontecimentos da vida. Da mesma maneira como há doenças que não impedem o indivíduo de viver plenamente, por exemplo, diabetes controlado. Ou seja, a deficiência acontece por diversos motivos, é inerente à espécie humana.

O afastamento da necessária ligação entre pessoa com deficiência e doença revela consequências na aceitação do caráter pessoal da limitação. Em vez de procurar exclusivamente a cura de uma potencial doença, deve-se buscar a adaptação para o alcance dos direitos e deveres dessas pessoas.

7.4.2. Deficiência e incapacitação

Dessa visão também se extrai que a deficiência, por si só, nem sempre é incapacitante. A inclusão dessas pessoas dependerá do meio no qual se inserem. Por isso, é importante avaliar no caso concreto se a limitação pessoal relacionada ao meio retira a independência do indivíduo.

Embora anterior à Convenção das Pessoas com Deficiência e ao Estatuto da Pessoa com Deficiência, o Código Civil vislumbrou parte da questão. Por isso, a redação original do Código Civil de 2002, em seus artigos 3º e 4º (que foram derrogados), foi digna de elogios para a época. Enquanto o Código de Beviláqua determinava que a mera existência de certas deficiências (mental, intelectual, surdez e mudez) seria causa de incapacidade de fato,[64] o Código Civil de 2002 relacionou essas espécies de limitação como motivadoras de incapacidade apenas na hipótese de elas implicarem a perda de discernimento ou aptidão comunicacional que impedissem a livre manifestação da vontade.

A inteligência da norma de 2002 foi perceber que as limitações dessas ordens não necessariamente provocariam a redução significativa do discernimento ou da possibilidade de manifestar a vontade a ponto de impedir a tomada de decisões, deslocando o núcleo da incapacidade de fato da deficiência para os critérios do "discernimento" ou da "possibilidade de externalizar a vontade". É o caso das pessoas com deficiência intelectual, que somente sofreriam restrição da capacidade de fato se houvesse restrição ao seu discernimento.

Ademais, esse diploma excluiu o termo "surdo-mudo", ao elencar como incapaz todo aquele não puder exprimir sua vontade ainda que transitoriamente.

---

64. O Código de 1916 não trazia expressamente a previsão desses critérios ao arrolar as hipóteses de incapacidade, pois apenas listava pessoas que se julgavam inaptas para exercitar sozinhas seus direitos e deveres, entre os quais incluíam os "loucos" e os "surdos-mudos": "Artigo 5. São absolutamente incapazes de exercer pessoalmente os atos da vida civil: I. Os menores de dezesseis anos. II. Os loucos de todo o gênero. III. Os surdos-mudos, que não puderem exprimir a sua vontade. IV. Os ausentes, declarados tais por ato do juiz".

Uma leitura apressada faz parecer que a única evolução dessa lei foi conferir capacidade às pessoas com limitações na audição ou na fala, que podem se comunicar pela linguagem dos sinais ou escrita, quando alfabetizadas.

Partindo de reflexão mais aprofundada sobre o tema, nota-se que a eliminação dessa palavra ampliou o leque de hipóteses em que não se pode exprimir a vontade. Antes do Código de 2002, a lei se resumia ao prejuízo na fala ou audição. Todavia, não são essas as únicas questões que limitam a comunicação. Por exemplo, alguns casos de autismo interferem negativamente na habilidade comunicativa, conforme reconhecido por lei.[65] Uma pessoa em coma, além de inconsciente, não consegue se expressar.

Concomitantemente, ocorreram mudanças em outras legislações como resultado de um movimento internacional de empoderamento[66] desses indivíduos. No mesmo período, o Código Civil da Espanha sofreu alterações similares. Antes da reforma da Lei n. 1/200, as normas relativas à capacidade traziam a previsão da incapacidade civil aos que sofressem de uma doença de caráter físico ou psíquico sem qualquer condicionante, assim como fazia o Código Civil brasileiro de 1916.

Com a alteração promovida por essa lei, o artigo 200 do diploma espanhol vinculou a incapacidade não somente à existência de alguma enfermidade, mas também ao fato de ela impedir a pessoa de "governar a si mesma". Embora não se fale exatamente em discernimento, a *mens legis* ibérica foi similar, no sentido de concretizar o entendimento de que a doença sozinha não é limitadora da capacidade civil. Para se reduzir a capacidade civil, é imprescindível que a enfermidade limite a capacidade de "se autogovernar".

---

65. Lei n. 12.764/2012, Artigo 1º, § 1º: Para os efeitos desta Lei, é considerada pessoa com transtorno do espectro autista aquela portadora de síndrome clínica caracterizada na forma dos seguintes incisos I ou II: I – deficiência persistente e clinicamente significativa da comunicação e da interação sociais, manifestada por deficiência marcada de comunicação verbal e não verbal usada para interação social; ausência de reciprocidade social; falência em desenvolver e manter relações apropriadas ao seu nível de desenvolvimento; II – padrões restritivos e repetitivos de comportamentos, interesses e atividades, manifestados por comportamentos motores ou verbais estereotipados ou por comportamentos sensoriais incomuns; excessiva aderência a rotinas e padrões de comportamento ritualizados; interesses restritos e fixos.

66. A palavra empoderamento foi empregada com o sentido técnico inclusivista de as pessoas com deficiência usarem de seu poder pessoal, dentro de suas condições, para assumir o controle de sua própria vida. Assim ensina Romeu Kazumi Sasaki: "*Empowerment* significa o processo pelo qual uma pessoa, ou um grupo de pessoas, usa o seu poder pessoal inerente à sua condição – por exemplo: deficiência, gênero, idade, cor – para fazer escolhas e tomar decisões, assumindo assim o controle de sua vida (Sassaki) [...] O uso da palavra *empowerment*, 'empoderar', 'empoderando' e 'empoderado' está se tornando comum na literatura mundial, iniciado dentro do movimento dos portadores de deficiência [...]". SASAKI, Romeu Kazumi. **Inclusão** – construindo uma sociedade para todos. Rio de Janeiro: WVA, 1997, p. 38.

Portanto, o novo conceito reflete-se no reconhecimento das potencialidades das pessoas com deficiência, logo, também traz implicações ao regime da capacidade de exercício. Isso gerou alterações no Código Civil que, devido às suas particularidades, serão vistas mais adiante.

7.5. Conceito de deficiência intelectual e mental

É evidente a busca de amparo legal ao grupo específico das pessoas com deficiência. Contudo, não se pode olvidar que esse universo abrange diversos tipos de limitações, entre elas, física, mental, intelectual e sensorial.[67] Cada uma delas gera dificuldades de convívio social de ordens distintas, exigindo diferentes formas de adaptação individuais e sociais.

Basicamente, quando se fala em acessibilidade da pessoa com deficiência, a média da população visualiza a imagem de um cadeirante. Desse modo, o senso comum tende a resumir a solução dos problemas de toda a classe de pessoas com deficiência nas construções urbanísticas e medidas especiais que permitam a locomoção daqueles que não possam andar. Ou seja, associa-se a inclusão exclusivamente às questões físicas, como a necessidade de rampas, elevadores e estacionamentos com vagas mais amplas etc.

Outras deficiências também ganharam relevo, atualmente. Não se nega que o povo em sua maioria tem empatia com o amparo de pessoas com deficiência visual, auditiva e na fala. Essa postura deve ser incentivada desde a infância. Convém mencionar que a inclusão dos surdos na educação foi tema do Exame Nacional do Ensino Médio, em 2017.[68]

Sem embargo, o cenário se altera quando a questão se refere às deficiências intelectuais e mentais. Além de não serem tão evidentes, essas limitações possuem estigma, por isso, suas denominações frequentemente recebem uso em tom pejorativo. Por exemplo, as palavras *cretino*, *idiota* e *imbecil*, as quais servem como ofensas, derivam de classificações sobre quociente de inteligência que constituem deficiências intelectuais.

---

67. Convenção da ONU sobre os Direitos das Pessoas com Deficiência: "Artigo 1: Propósito: O propósito da presente Convenção é promover, proteger e assegurar o exercício pleno e eqüitativo de todos os direitos humanos e liberdades fundamentais por todas as pessoas com deficiência e promover o respeito pela sua dignidade inerente. Pessoas com deficiência são aquelas que têm impedimentos de longo prazo de natureza física, mental, intelectual ou sensorial, os quais, em interação com diversas barreiras, podem obstruir sua participação plena e efetiva na sociedade em igualdades de condições com as demais pessoas".
68. "Os participantes do Exame Nacional do Ensino Médio (Enem) 2017 têm como tema de redação 'Desafios para a formação educacional de surdos no Brasil'". Domingo, 05 de novembro de 2017, 13h50m. Última atualização em: domingo, 05 de novembro de 2017, 18h04m.

Essa visão estigmatizada provocou dificuldade para se encontrar termos adequados que se refiram a essas inaptidões, especialmente, nos últimos 100 anos. Consideram-se vexatórias as terminologias "loucos de todo o gênero", "pinel" e "excepcionais".[69] Em razão da preocupação médica no tratamento dessas deficiências, esses termos foram substituídos pelo de "doenças" ou "enfermidades". Segundo o CID-6, deficiência mental seria aquela de causa biológica, enquanto doenças nervosas ou mentais referir-se-iam àquelas de origem moral.[70] Mais uma vez os termos foram considerados estigmatizados, pois não seriam enfermidades, mas características existentes na diversidade humana.[71] Assim, buscou-se a troca por "transtorno mental". Entendia-se que o termo "transtorno" seria uma referência mais branda ao problema, ademais, é uma palavra mais abrangente e inexata, capaz de se referir a um conjunto de sintomas reconhecíveis clinicamente que causem sofrimento ou interferências na vida pessoal.[72]

Atualmente, as nomenclaturas mais aceitas são "deficiência intelectual" e "deficiência mental" ou "transtorno mental". Ambas estão previstas na Convenção da ONU sobre pessoas com Deficiência (artigo 1º, segunda parte) e no Estatuto da Pessoa com Deficiência (artigo 2º, primeira parte).[73]

A expressão "deficiência intelectual" originou-se oficialmente no Simpósio sobre Deficiência Intelectual: programas de políticas e planejamento para o

---

69. É um termo que deriva do sobrenome Pinel. Philippe Pinel foi o médico considerado o criador da psiquiatria. SOUZA, Iara Antunes de. **Estatuto da pessoa com deficiência**: curatela e saúde mental – conforme a Lei n. 13.146/2015 – Estatuto da Pessoa com Deficiência – Novo Código de Processo Civil. Belo Horizonte: D'Plácido, 2018, p. 54.
70. SOUZA, Iara Antunes de. **Estatuto da pessoa com deficiência**: curatela e saúde mental – conforme a Lei n. 13.146/2015 – Estatuto da Pessoa com Deficiência – Novo Código de Processo Civil. Belo Horizonte: D'Plácido, 2018, p. 112.
71. "[...] 2. A deficiência intelectual, assim como outras características humanas, constitui parte integral da experiência e da diversidade humana. A deficiência intelectual é entendida de maneira diferenciada pelas diversas culturas o que faz com que a comunidade internacional deva reconhecer seus valores universais de dignidade, autodeterminação, igualdade e justiça para todos" (Declaração de Montreal sobre pessoas com deficiência intelectual – Canadá OPS/OMS, 06 de outubro de 2004). Disponível em: http:// http://www.educadores.diaadia.pr.gov.br/arquivos/File/pdf/declaracao_montreal.pdf. Acesso em: 18 mai. 2021.
72. SOUZA, Iara Antunes de. **Estatuto da pessoa com deficiência**: curatela e saúde mental – conforme a Lei n. 13.146/2015 – Estatuto da Pessoa com Deficiência – Novo Código de Processo Civil. Belo Horizonte: D'Plácido, 2018, p. 54-113.
73. Estatuto da Pessoa com Deficiência. Artigo 2º: "Considera-se pessoa com deficiência aquela que tem impedimento de longo prazo de natureza física, mental, intelectual ou sensorial, o qual, em interação com uma ou mais barreiras, pode obstruir sua participação plena e efetiva na sociedade em igualdade de condições com as demais pessoas [...]".

futuro, de Nova Iorque, em 1995.[74] Quase dez anos depois, o termo foi registrado na Convenção Internacional de Montreal sobre pessoas com deficiência intelectual, de 2004. Segundo a Associação de Pais Amigos dos Excepcionais de São Paulo (APAE-SP), a deficiência intelectual é aquela configurada pelo desempenho intelectual inferior à média das pessoas, gerando desenvolvimento atrasado e dificuldades para aprender, para se comunicar e realizar tarefas cotidianas. Há vários fatores que podem causar a deficiência intelectual, mas a maioria dos casos decorre de alterações cromossômicas ou gênicas, desordens do desenvolvimento embrionário e distúrbios estruturais e funcionais que diminuem a capacidade do cérebro. São exemplos: síndrome de down, síndrome do X-frágil e erros inatos de metabolismo, os quais são detectados com o "teste do pezinho", como a fenilcetonúria.[75]

Enquanto uma delas está relacionada ao *deficit* cognitivo, a outra se refere às alterações na mente da pessoa. Assim, a deficiência mental é um transtorno psiquiátrico, causado por circunstâncias que provocam a percepção equivocada da realidade e a instabilidade ou o desequilíbrio emocional. Isso afeta a vida social devido aos pensamentos compulsivos e descontrolados dos indivíduos, alterações de humor e de comportamentos. Entre as deficiências mentais é possível citar a esquizofrenia, a bipolaridade e a depressão.[76]

---

74. "A expressão deficiência intelectual foi oficialmente utilizada em 1995, no simpósio 'Deficiência Intelectual: Programas, Políticas e Planejamento', promovido pela Organização das Nações Unidas, em Nova York. Mas, somente em 2004, após a publicação da 'Declaração de Montreal sobre Deficiência Intelectual' pela Organização Pan-Americana de Saúde e a Organização Mundial de Saúde é que esta terminologia foi divulgada. Outra referência na substituição dos termos foi a modificação do nome da respeitada American Association of Mental Retardation (AAMR) para American Association on Intellectual and Developmental Disabilities (AAIDD), recomendando o uso da expressão deficiência intelectual". Disponível em: http:// http://www.educadores.diaadia.pr.gov.br/modules/conteudo/conteudo.php?conteudo=706. Acesso em: 18 mai. 2021.
75. A APAE de São Paulo é uma organização da sociedade civil, sem fins lucrativos, que realiza um trabalho específico de atenção às pessoas com deficiência intelectual. Devido a sua dedicação a esse grupo de pessoas e à visão não estigmatizada, cumpre mencionar o conceito de deficiência intelectual descrito por essa entidade: "Na Deficiência Intelectual a pessoa apresenta um atraso no seu desenvolvimento, dificuldades para aprender e realizar tarefas do dia a dia e interagir com o meio em que vive. Ou seja, existe um comprometimento cognitivo, que acontece antes dos 18 anos, e que prejudica suas habilidades adaptativas". APAE. O que é: deficiência intelectual. Disponível em: http://www.apaesp.org.br. Acesso em: 26 jun. 2019.
76. ORGANIZAÇÃO PAN-AMERICANA DE SAÚDE – OPAS. **Folha informativa** – transtornos mentais. Atualizada em abr. 2018. Disponível em: https:// https://www.paho.org/pt/topicos/transtornos-mentais . Acesso em: 05 mai. 2021.

Não obstante as diferenças, as normas sobre capacidade civil sempre trataram a deficiência intelectual e mental igualmente, além de adotarem palavras inadequadas. Essa impropriedade não é exclusividade do Código Civil. Até mesmo legislações específicas das pessoas com deficiência cometem a imprecisão sobre os termos. O artigo 5º, § 1º, II, "d", do Decreto Federal n. 5.296/2004,[77] que cuida da acessibilidade de pessoas com deficiência, conceitua deficiência mental pelo significado de deficiência intelectual.

Em que pese o desacerto legislativo, o direito civil pode justificar sua redação. A primeira e menos relevante razão seria a própria imprecisão dos profissionais das áreas de concentração biomédicas e psicossociais em estabelecerem uma nomenclatura precisa. A mais importante justificativa concerne ao fato de que o instituto da capacidade civil não tem como fim precípuo saber com precisão a espécie de limitação que acomete a pessoa. Na realidade, o que lhe interessa é reconhecer se há algum fator que restrinja a aptidão volitiva necessária para a prática de atos civis. Em outras palavras, a função da lei civil é enumerar hipóteses em que é prejudicado o discernimento ou a exteriorização da vontade.

Nos dois casos, o legislador entendia que a deficiência porventura poderia acometer a formação ou emissão da vontade. Basta verificar situações que envolvam tais indivíduos. Alguém com redução cognitiva mais acentuada poderia ter dificuldade em compreender e adotar critérios da melhor escolha. Pessoas com deficiência mental mais severa provavelmente falseariam a realidade, em determinada circunstância, sem compreender o objeto sobre o qual estão negociando. Além disso, há os eventuais problemas de comunicação decorrentes desses fatores: alguns tipos de autismo interferem na comunicação ou até mesmo uma deficiência intelectual pode afetar a expressão lógica e compreensível.

Dessa forma, pouco importava a origem da deficiência. O que o Código pretendia saber era se essa limitação interferia na sua livre manifestação da vontade, a ponto de ser imprescindível alguém que lhe auxiliasse. Nesse sentido, as palavras de Clóvis Beviláqua se mantêm vivas para explicar a desnecessidade de o direito definir com exatidão qual deficiência é fator incapacitante, mas buscar compreender se de fato há comprometimento da autonomia pessoal:

---

77. Decreto Federal n. 5.296/ 2004, artigo 5º, § 1º, II, "d": "Os órgãos da administração pública direta, indireta e fundacional, as empresas prestadoras de serviços públicos e as instituições financeiras deverão dispensar atendimento prioritário às pessoas portadoras de deficiência ou com mobilidade reduzida. § 1º. Considera-se, para os efeitos deste Decreto: [...] d) deficiência mental: funcionamento intelectual significativamente inferior à média, com manifestação antes dos dezoito anos e limitações associadas a duas ou mais áreas de habilidades adaptativas, tais como: 1. comunicação; 2. cuidado pessoal; 3. habilidades sociais; 4. utilização dos recursos da comunidade; 5. saúde e segurança; 6. habilidades acadêmicas; 7. lazer; e 8. trabalho; e) deficiência múltipla – associação de duas ou mais deficiências; [...]".

[...]
IV – não é necessário dar uma definição rigorosa de alienação mental em um livro jurídico. É suficiente que tenhamos desse estado mental uma noção aproximada, pois o que importa ao jurista é a aptidão do indivíduo para dirigir-se na vida e não a rigorosa determinação de uma entidade mórbida.[78]

Ressalta-se, outrossim, que o Código Civil de 2002 foi incisivo ao determinar que nem a deficiência intelectual, tampouco a mental, por si só, seriam causa de redução da capacidade de fato. Isso somente ocorreria se tal limitação causasse redução do discernimento, impedindo a atuação desacompanhada para os atos da vida civil. Portanto, deve-se analisar o caso concreto, considerando se a deficiência afeta de maneira grave ou sutil a independência.

Ademais, a preocupação nacional com o uso da nomenclatura correta é algo recente, que surtiu maior notoriedade apenas com a Convenção Internacional sobre Pessoas com Deficiência (artigo 1º) e a respectiva lei regulamentadora, o Estatuto da Pessoa com Deficiência (artigos 2º e 25).[79]

Em suma, o escopo do direito civil é saber se as pessoas com essas espécies de deficiência têm a capacidade civil afetada pela sua limitação, ainda que haja a eliminação de barreiras. Por isso, opta-se por excluir do cerne da questão saber se a causa dessa limitação advém de inferior funcionamento intelectual ou de transtorno psiquiátrico. Basta avaliar se algum dos fundamentos da capacidade civil é mitigado, a ponto de exigir intervenção.

7.6. Dignidade humana da pessoa com deficiência

Não há dúvidas de que a enaltecida e criticada dignidade humana seja um valor difícil de ser retratado. A simultaneidade de sua importância, abstração e centro do ordenamento jurídico implica incerteza sobre o alcance do seu significado e sua aplicação. Caso seja valor tratado de maneira aberta, causará a banalização desse caro princípio. De outro modo, se abordado timidamente, resultará não somente no desrespeito ao indivíduo, mas a toda a coletividade, isto é, à humanidade.

Certo é que se trata de um axioma que ocupa o âmago do ordenamento jurídico de vários Estados. O Brasil se insere nessa situação. O poder constituinte originário claramente adotou esse princípio como fonte norteadora do ordenamento (artigo 1º, III, da Constituição Federal de 1988). É a lei fundamental, pois, além de nortear todo o sistema, dirige-se ao ser humano, que é a razão de ser de

---

78. BEVILÁQUA, Clóvis. **Teoria geral do direito civil**. Campinas, SP: Servanda, 2007, p. 112.
79. Salienta-se que a origem da expressão "deficiência intelectual" em âmbito mundial estabeleceu-se com o Simpósio sobre Deficiência Intelectual: programas, políticas e planejamento para o futuro, de 1995, tornando-se consagrada quase dez anos depois, na Convenção Internacional de Montreal sobre pessoas com deficiência intelectual, de 2004.

toda a ordem jurídica. Em outras palavras, "valor fonte que anima e justifica a própria existência do ordenamento jurídico".[80] Com base na virtude aristotélica do equilíbrio[81] e na observância ao sistema jurídico pátrio, a dignidade humana será retratada à luz dos temas em exposição.

Segundo Bruno Weyne,[82] é ingenuidade a intenção de precisar o surgimento da noção de dignidade humana. Sabe-se que sua acepção variou de acordo com o momento histórico, conforme se infere da dimensão histórico-cultural desse princípio, de acordo com o que observa Ingo Wolfgang Sarlet.[83] O autor explica, por exemplo, que na antiguidade predominava seu sentido mérito político-social. Giovanni Pico della Mirandola é considerado um dos precursores da ideia de dignidade humana nos moldes atuais. Apesar de seus pensamentos serem profundamente permeados pela teologia, o autor construiu a noção de dignidade sob o viés antropocêntrico. Entendia o homem como ser inacabado e imperfeito, mas merecedor ou digno de construir seu destino, buscando seu aperfeiçoamento.[84] Era um passo no enaltecimento do ser humano e na preocupação em dignificá-lo. Contudo, o expoente que mais se aproximou da ideia presente foi Immanuel Kant, filósofo que se destacou por inovar a gnoseologia com o criticismo que uniu harmoniosamente o empirismo e o racionalismo.

Immanuel Kant partiu do pressuposto de que existiam conhecimentos inatos e apreendidos pelos sentidos, em particular, a noção de espaço e tempo, mas que certas situações poderiam ser postas à prova pela dúvida metódica cartesiana. Para o direito, são relevantes seus estudos a respeito da moralidade que, segundo ele, é dotada de dignidade. Diferentemente do preço, que é um valor exterior de mercado sobre interesses particulares, e é substituível, a dignidade representa o valor interior e de interesse geral e insubstituível.[85] Completa-se com a afirmação de que as coisas possuem preço, e as pessoas dignidade. Sob o aspecto de ideal, a

---

80. SARLET, Ingo Wolfgang. **Dignidade da pessoa humana e direitos fundamentais na Constituição de 1988**. 9. ed. Porto Alegre: Livraria do Advogado, 2012, p. 85.
81. É consagrada a máxima do autor grego de que a virtude se encontrava no meio termo.
82. WEYNE, Bruno Cunha. **O princípio da dignidade humana**: reflexões a partir da filosofia de Kant. São Paulo: Saraiva, 2013, p. 29.
83. SARLET, Ingo Wolfgang. Dignidade da pessoa humana e direitos fundamentais na Constituição Federal de 1988: uma análise na perspectiva da jurisprudência do Supremo Tribunal Federal. *In:* LEITE, George Salomão; SARLET, Ingo Wolfgang; CARBONELL, Miguel (Coord.). **Direitos, deveres e garantias fundamentais**. Salvador: Juspodivm, 2011, p. 570.
84. WEYNE, Bruno Cunha. **O princípio da dignidade humana**: reflexões a partir da filosofia de Kant. São Paulo: Saraiva, 2013, pp. 55-59.
85. MORAES, Maria Celina Bodin de. O conceito de dignidade humana: substrato axiológico e conteúdo normativo. *In:* SARLET, Ingo Wolfgang (Org.). **Constituição, direitos fundamentais e direito privado**. 3. ed. Porto Alegre: Livraria do Advogado, 2010, p. 117.

moralidade insere-se no "dever ser", imperativo categórico, um fim em si mesmo, que tem valor universal e incondicional.

Sintetiza-se o imperativo na seguinte sentença: "age de tal modo que a máxima de tua vontade possa sempre valer simultaneamente como um princípio para uma legislação geral". Disso decorrem três desdobramentos: agir de acordo com uma vontade erigida em lei universal ou da natureza; agir sempre tratando a humanidade na sua pessoa ou do outrem como fim e nunca como meio; e agir considerando que a lei universal ou natural se dirige aos seres racionais.[86]

Nota-se como o imperativo categórico está voltado ao ser humano, que possui valor superior a todas as coisas. Ele merece sempre ser tratado como fim, sendo vedada sua instrumentalização. A moralidade é destinada ao homem, pois ele é racional, logo, o único ser capaz de apreciar valores. Nesse sentido, o ser humano é revestido de dignidade, tem liberdade, autonomia e discernimento para decidir e não pode ser reduzido a mero instrumento. Aqui se traça a relação humanista de liberdade, racionalidade e autonomia, sob a égide da dignidade humana. Evidente que a dignidade humana fundamenta a capacidade civil.

As teorias desse filósofo ganharam força após as guerras mundiais. Em movimento pendular, contrapondo-se à instrumentalização do ser humano como moeda de disputas políticas e financeiras em âmbito global, ressurgiu o olhar à humanidade. A dignidade da pessoa humana foi positivada em diversas normas internacionais e nas Constituições de vários países. Seu conceito evoluiu da proteção à integridade psicofísica à solidariedade.

Maria Celina Bodin de Moraes organizou o substrato material da dignidade da pessoa humana em quatro postulados, facilitando o entendimento teórico e sua aplicação nos moldes contemporâneos:

> [...]
> i) o sujeito moral (ético) reconhece a existência dos outros como sujeitos iguais a ele, ii) merecedores do mesmo respeito à integridade psicofísica de que é titular; iii) é dotado de vontade livre, de autodeterminação; iv) é parte do grupo social, em relação ao qual tem garantia de não vir a ser marginalizado.[87]

Respectivamente, reconhecem-se os corolários da igualdade, da integridade física e moral, da liberdade e solidariedade, princípios presentes no objeto de estudo desse trabalho.

---

86. MORAES, Maria Celina Bodin de. O conceito de dignidade humana: substrato axiológico e conteúdo normativo. *In*: SARLET, Ingo Wolfgang (Org.). **Constituição, direitos fundamentais e direito privado**. 3. ed. Porto Alegre: Livraria do Advogado, 2010, p. 117.

87. MORAES, Maria Celina Bodin de. O conceito de dignidade humana: substrato axiológico e conteúdo normativo. *In*: SARLET, Ingo Wolfgang (Org.). **Constituição, direitos fundamentais e direito privado**. 3. ed. Porto Alegre: Livraria do Advogado, 2010, p. 120.

As pessoas são formalmente iguais no reconhecimento da capacidade de direito, mas substancialmente desiguais em seu exercício. A igualdade material é reconhecida à pessoa com deficiência em leis que visam proteger sua situação de vulnerabilidade. Tal igualdade substancial preexistia a esse tratado. Porém, o fato de constitucionalizar a questão de modo específico tornou-se um impulso a mais no respeito a esse ideal.

A integridade psíquica e física deve ser respeitada na massa humana e em cada indivíduo. Na fase da prescindência, as pessoas com deficiência tiveram a totalidade de sua integridade atacada. No modelo médico, foram impelidos a tratamentos brutos e contra a vontade do paciente. Atualmente, ventila-se também a busca da integridade psíquica. No lugar de um viés social, a visão médico-reabilitadora os alijava da participação social. Não se nega o cunho protecionista dessa medida, mas ela não mensurava as consequências emocionais desse *apartheid*. Um dos principais objetivos da Convenção foi concretizar a sua integridade psíquica por meio da inclusão e do reconhecimento de seus direitos.

Em regra, os seres humanos devem exercer sua liberdade e autodeterminação. Isso é o que determina a Convenção da ONU sobre os Direitos das Pessoas com Deficiência e o Estatuto da Pessoa com Deficiência. Contudo, essa autonomia pode ser restringida pela lei, excepcionalmente, a fim de evitar que o "inteligente egoísmo" servisse para propósitos danosos dos sujeitos vulneráveis.[88] Trata-se de salvaguardar seus interesses. No plano fático, muitas vezes a proteção era desproporcional, ignorando os desejos e as potencialidades daqueles que tinham condições de tomar alguma posição. Nesse caso, a dignidade sob esse viés é imprescindível na busca do equilíbrio entre a autodeterminação de cada sujeito e a necessidade de custódia de suas decisões.

Por fim, o corolário da solidariedade se insere no conceito de humanidade,[89] na visão conjunta da comunidade, a partir do interesse comum a todos. Subjacente está a ideia de reciprocidade e alteridade, em se reconhecer no outro e não lhe fazer o que não se deseja para si mesmo. Assim, ferir um ser humano significa avaltar toda a humanidade. Como todos são humanos, todos devem ser incluídos socialmente, conforme propõe o Estatuto da Pessoa com Deficiência. Para isso, todos os demais indivíduos devem ser solidários em se posicionar na situação alheia e agir de maneira solidária.

---

88. MORAES, Maria Celina Bodin de. O conceito de dignidade humana: substrato axiológico e conteúdo normativo. *In*: SARLET, Ingo Wolfgang (Org.). **Constituição, direitos fundamentais e direito privado**. 3. ed. Porto Alegre: Livraria do Advogado, 2010, p. 133.

89. MORAES, Maria Celina Bodin de. O conceito de dignidade humana: substrato axiológico e conteúdo normativo. *In*: SARLET, Ingo Wolfgang (Org.). **Constituição, direitos fundamentais e direito privado**. 3. ed. Porto Alegre: Livraria do Advogado, 2010, p. 135.

Trata-se, portanto, de princípio supremo que impõe o respeito ao ser humano e postulado que serve de ponderação e de interpretação de todos os demais princípios existentes no cenário jurídico. Uma vez que é o corolário máximo e fonte do ordenamento, todas as escolhas normativas a ele remontam. É com base no valor da solidariedade que devem ser interpretadas todas as normas, inclusive as que se referem às pessoas com deficiência mental e intelectual.

8
ALTERAÇÕES AO REGIME DAS INCAPACIDADES PROMOVIDAS PELAS NORMAS ESPECÍFICAS DAS PESSOAS COM DEFICIÊNCIA

8.1. A "capacidade legal" da Convenção da ONU

Antes de se adentrar no conteúdo sobre a capacidade dispensada pela Lei n. 13.146/2015, que alterou o Código Civil, importante entender o que pretendeu a Convenção da ONU, pois ela é norma suprema do ordenamento, logo, traça os parâmetros para as normas infraconstitucionais, além de servir como vetor interpretativo. Ou seja, inicialmente é relevante estabelecer o sentido, o alcance e o objetivo dessa norma de *status* constitucional, em especial sobre o assunto em estudo, para só então ser possível analisar a viabilidade do Estatuto da Pessoa com Deficiência e suas influências sobre o regime brasileiro das capacidades.

O tema é tratado no artigo 12 da Convenção Internacional sobre Pessoas com Deficiência, cujo título é o "reconhecimento de igual perante a lei". Portanto, seu escopo é reconhecer a capacidade sob o prisma da igualdade. Isso, por si só, pode resultar em diferentes entendimentos. Como bem se sabe, a igualdade possui duas principais facetas: formal e material, cuja escolha dependerá da finalidade da norma. A primeira refere-se à igualdade absoluta, ou seja, em dispensar exatamente o mesmo tratamento em qualquer situação, como o acesso à educação, que é direito de todos, independentemente de gênero ou deficiência. A segunda reconhece a relatividade da igualdade, consagrada na frase "tratar igualmente os iguais e desigualmente os desiguais, na medida da sua desigualdade".

A igualdade material toma como base a proporcionalidade geométrica dos gregos. Aristóteles reconhecia a justiça particular distributiva, segundo a qual cada um deveria receber a recompensa na medida de sua contribuição. Assim, o tratamento igualitário pode resultar de diferenças com base em critérios distintivos. Considera-se equânime, em muitos casos, conferir tratamentos especiais a quem necessite. Conforme ensina Celso Antônio Bandeira de Mello,[1] para que

---

1. MELLO, Celso Antônio Bandeira de. **O conteúdo jurídico do princípio da igualdade**. 3. ed. São Paulo: Malheiros, 2011, pp. 20-21.

esse tratamento seja proporcional e justo, é essencial que exista um fator de *descrimen*, um critério diferenciador, cuja razão se relaciona com a finalidade da norma. Por exemplo, a pessoa com deficiência merece um tratamento mais benéfico em diversas situações. O critério diferenciador é a deficiência. Ele é justo, pois essa limitação dificulta-lhe o acesso a certos direitos. Nesses casos, é equânime destinar-lhe situação especial, como gratuidade em transporte público, assento preferencial, vagas de carro mais próximas dos estabelecimentos e de fácil acesso, ou intérpretes em Libras, entre outros.

Observar que a "capacidade legal" está inserida no âmbito da igualdade é relevante, pois permite compreender o sentido dessa expressão para o Tratado. O item "1" do artigo 12 da Convenção enuncia o direito de os indivíduos com deficiência serem reconhecidos como pessoas. Partindo dessa premissa, o item "2" do dispositivo em voga enfatiza a isonomia dos indivíduos com deficiência quanto ao gozo da "capacidade legal". Ou seja, ambos os enunciados normativos afirmam o direito desses indivíduos de serem tratados de forma isonômica quanto ao direito à personalidade e à "capacidade legal".

Com fulcro nesse item, parte significativa da doutrina e dos legisladores brasileiros justifica promover o pleno exercício da capacidade civil para as pessoas com deficiência, a fim de promover a respectiva autonomia e liberdade, em especial, no que concerne à deficiência intelectual e mental. Esses pensadores entendem que a "capacidade legal" inclui a capacidade de fato. Por isso, se há igualdade da capacidade, a deficiência não poderia ser causa incapacitante da prática dos atos civis.

Também há relevante posição na doutrina no sentido de que a expressão "capacidade legal" compreende o entendimento da funcionalidade,[2] isto é, de que a capacidade da pessoa com deficiência deve ser enxergada à luz de suas potencialidades. Reflete, portanto, o modelo social que integra e valoriza as qualidades individuais de todos. O respaldo para esse pensamento é o Tratado

---

2. "Esse novo conceito conglobante de capacidade legal não é mais pautado em uma abstração conceitual, mas, sim, em um juízo concreto sobre as potencialidades da pessoa humana. A concreta capacidade para realizar atos quotidianos, que a ela sejam meios de inclusão e coexistência social passa a informar o substrato da capacidade, que não mais é centrada na seara de um conceitualismo abstrato. Toda a Convenção busca, portanto, as potencialidades. E a lei, que é a operacionalização da Convenção, traz na decisão apoiada (artigo 116 do Estatuto da Pessoa com Deficiência e artigo 1.783-A do Código Civil) uma forma de assegurar o exercício da liberdade positiva da deficiência, ouvindo algum apoiador, por ela escolhido e nomeado pelo juiz" ARAUJO, Luiz Alberto David; RUZYK, Carlos Eduardo Pianovski. A perícia multidisciplinar no processo de curatela e o aparente conflito entre o Estatuto da Pessoa com Deficiência e o Código de Processo Civil: reflexões metodológicas à luz da teoria geral do direito. **R. Dir. Gar. Fund.**, Vitória, v. 18, n. 1, jan.-abr. 2017, pp. 233-234.

Internacional. Porém, no campo do direito civil, essa noção é extremamente abrangente, tornando imprecisa a atuação do jurista, em particular, para interpretar a Convenção.

É inegável a existência da busca por autonomia e liberdade da pessoa com deficiência, que, muitas vezes, está presa às vontades alheias, com fulcro na necessidade de cuidado. A leitura minuciosa e sistemática da Convenção demonstra que o alcance da expressão "capacidade legal", prevista nesse documento internacional não se identifica com a capacidade de fato, conforme será demonstrado a seguir.

Primeiramente, o artigo 12 determinou igualdade formal na aquisição da personalidade. Parece manifesto esse dispositivo, pois a personalidade é inerente a todo ser humano, o que abrange a pessoa com deficiência. Porém, essa ideia foi reforçada devido à duradoura história de segregação, discriminação e desumanização em face desses indivíduos. A Convenção pretendeu humanizar as pessoas com deficiência, garantindo-lhes seus direitos.

Percebe-se que o núcleo dessa igualdade se refere à personalidade. Da personalidade decorre a capacidade jurídica. O inciso "2" prescreve isonomia nas condições para "gozar" da "capacidade legal". A dificuldade é saber qual a extensão da expressão "capacidade legal", em especial no tocante à esfera cível.

Por ser sequencial ao tratamento da personalidade, é natural que o jurista remeta "capacidade legal" à capacidade civil genericamente, que é um dos atributos da personalidade. No máximo, seria plausível tratar a expressão como capacidade de direito, que é um conceito mais amplo.

Não se deve desprezar a interpretação literal do inciso "2" do artigo 12. Na sua redação foi eleito o verbo "gozar" ("gozam de capacidade legal"). Essa escolha vocabular demonstra o intuito do enunciado normativo. Conforme se sabe, a capacidade de direito também recebe o nome de capacidade de gozo. Isso porque essa espécie de capacidade diz respeito à susceptibilidade de adquirir e gozar de direitos e deveres. Caso se pretendesse tratar da capacidade de fato, a Convenção teria se expressado pelas palavras "exercício" ou "ação".

Nos incisos seguintes, a Convenção faz exatamente isso. Nos itens "3" e "4", a expressão "capacidade legal" é articulada ao termo "exercício". Nesses incisos a Convenção está tratando da capacidade de fato, diversamente do inciso "2". Além disso, os itens n. "3" e n. "4" reconhecem que as pessoas com deficiência eventualmente precisarão de apoio, o qual deve ser promovido pelo Estado. A Convenção inclusive detalhou as medidas de salvaguardas, caracterizando-as: são excepcionais, proporcionais e devem durar o menor tempo possível. Trata-se de uma igualdade material, na qual se permite tratamento diferenciado conforme a necessidade de intervenção para preservar seus interesses. Esse dispositivo é incompatível com a aplicação invariável da absoluta capacidade de agir, defendida por parte da doutrina.

Assim, a Convenção utiliza a expressão "capacidade legal" no sentido de "capacidade civil" genérica, especificando seu sentido, por meio da escolha dos verbos que, ao demonstrar ação, indiretamente lhe conferem o sentido desejado.[3]

Nesse sentido, o Comitê sobre as pessoas com deficiência, na observação geral n. 1 de 2014, dispôs que a capacidade legal inclui tanto a titularidade de direito quanto a capacidade de atuar no exercício desses direitos.[4] Dessa orientação, é possível aplicar a teoria civil, segundo a qual a "capacidade legal", assim como a capacidade civil, é gênero que inclui tanto a capacidade de direito em titularizar direitos e deveres quanto a capacidade de fato em exercê-los. Assim, a depender da palavra que acompanha essa expressão, poderá se referir à capacidade de fato ou à capacidade de direito, conforme explicado supra.

O item "5" finaliza esse artigo garantindo que a pessoa com deficiência seja titular de direitos em situações específicas, como possuir e herdar bens, não sofrer destituição arbitrária, controlar as próprias finanças e desfrutar de igual acesso a empréstimos bancários, hipotecas e outras formas de crédito financeiro.

Após milênios de evolução da história humana, constitui pleonasmo jurídico dizer que pessoas com deficiência são seres humanos, logo, têm personalidade civil e respectiva capacidade de direito, portanto, podem ser sujeitos de direito de diversas relações jurídicas, diversamente de animais ou entidades místicas,[5]

---

3. "Função. O verbo funciona como um articulador entre os diferentes elementos que constituem uma frase. Assim, podemos entendê-lo como um núcleo que, uma vez combinado com estes outros elementos, assegura um sentido à frase [...]". CAMPOS, Lílian. Verbo – definição: o que é e para que serve. Página 3. **Pedagogia & Comunicação**, 15 de fev. 2008. Atualizado em: 20 jun. 2014. Disponível em: https://educacao.uol.com.br. Acesso em: 05 jul. 2019.

4. "12. Article 12, paragraph 2, recognizes that persons with disabilities enjoy legal capacity on an equal basis with others in all areas of life. Legal capacity includes the capacity **to be both** a **holder of rights and an actor under the law**. Legal capacity to be a holder of rights entitles a person to full protection of his or her rights by the legal system. (...) 14. Legal capacity is an inherent right accorded to all people, including persons with disabilities". Tradução livre: "12. Artigo 12, parágrafo 2, reconhece-se que pessoas com deficiência desfrutam da capacidade legal em igualdade com os outros em todas as áreas da vida. Capacidade legal **inclui ambas as capacidades**, **titularizar direitos e atuar conforme a lei** (...) 14. Capacidade legal é um direito inerente a todas as pessoas, incluindo as pessoas com deficiência". Disponível em: <https://documents-dds-ny.un.org/doc/UNDOC/GEN/G14/031/20/PDF/G1403120.pdf?OpenElement>. Acesso em: 05 nov. de 2020. [grifos nossos]

5. "Os animais não são considerados sujeitos de direitos, embora mereçam proteção. Por essa razão, não têm capacidade para adquirir direitos. Não podem, por exemplo, ser beneficiados em testamento, a não ser indiretamente, sob a forma de encargo, imposto a herdeiro testamentário, de cuidar deles. Do mesmo modo estão excluídas do conceito de sujeitos de direitos as entidades místicas, como almas e santos. Não podem, também, sob pena de nulidade do ato, ser nomeados herdeiros ou legatários". GONÇALVES, Carlos

que não podem receber bens em herança. Porém, essa observação é plausível na explicação desse último dispositivo do artigo 12. O inciso n. 5 tão somente reforça o reconhecimento da capacidade de direito da pessoa com deficiência ao lhe estabelecer a faculdade de ser sujeito de direitos em diversas relações patrimoniais.

Novamente, é uma previsão redundante ao jurista brasileiro. Porém, na prática, essa capacidade pode ser desrespeitada, em especial no que concerne à obtenção de empréstimos e abertura de contas bancárias. Ademais, é uma norma de âmbito internacional, que tem como fim atingir Estados que persistem no tratamento desumano dessa coletividade.

A partir de uma interpretação literal, sistemática e teleológica, infere-se que a expressão da Convenção da ONU "capacidade legal" equivale à capacidade civil genérica. No inciso "2" impõe-se a igualdade formal na capacidade de direito. Já os incisos n. "3" e "4" discorrem sobre a capacidade de fato, que pode ser relativizada quando necessário o apoio de um terceiro.

A ordem de expor as normas aparenta ter sido proposital. Em primeiro lugar, o Tratado aborda os temas de caráter universal (a personalidade e a capacidade de gozo) pautados pela igualdade formal. Depois, passa a dispor sobre o tema específico do exercício da capacidade, que admite a limitação. Por fim, reforça a observação da capacidade de direito em alguns casos específicos. Trata-se de uma sequência acadêmica de temas. A doutrina majoritária ensina os institutos nessa ordem: personalidade, capacidade de direito e capacidade de exercício. Considerando todas as premissas apresentadas, a interpretação ideal da expressão "capacidade legal" equivale ao da capacidade civil genérica, cujo significado é cotejado com as expressões "gozar" e "exercício", referindo-se, assim, respectivamente, à capacidade de direito ou de gozo e à capacidade de fato ou de exercício.

8.1.1. "Capacidade legal": relação entre o artigo 12 da Convenção da ONU sobre Pessoas com Deficiência e o artigo 84, caput, da Lei de Inclusão

Um exame conjunto entre o artigo 12, n. 2, da Convenção[6] e o artigo 84, caput,[7] do Estatuto evidenciam a intenção do legislador brasileiro em cumprir o

---

Roberto. **Direito civil esquematizado**. v. 1: parte geral, obrigações e contratos. 8. ed. São Paulo: Saraiva Educação, 2018, p. 110.
6. Convenção da ONU sobre os Direitos das Pessoas com Deficiência. Artigo 12.2: "Os Estados Partes reconhecerão que as pessoas com deficiência **gozam** de capacidade legal em igualdade de condições com as demais pessoas em todos os aspectos da vida" (grifos nossos).
7. Estatuto da Pessoa com Deficiência. Artigo 84, caput: "A pessoa com deficiência tem assegurado o direito ao **exercício** de sua capacidade legal em igualdade de condições com as demais pessoas" (grifos nossos).

disposto na Convenção da ONU. Tanto é assim que a redação mencionada possui bastante semelhança com a disposta no artigo 12, n. 2. Em relação aos termos "Estados Partes", "em todos os aspectos da vida" e "exercício" parece ter havido uma cópia literal da norma internacional.

Em que pese a finalidade altruística do legislador, a letra do Estatuto foi precária em alguns aspectos. Para o instituto da capacidade civil, a incógnita entre os dois dispositivos consiste na eleição da palavra "exercício" na lei nacional, em detrimento da palavra "gozo" utilizada em âmbito internacional.

O instrumento global preferiu o uso do termo "gozam". Isso traduz a vontade de promover a capacidade de gozo ou de direito igualmente entre as pessoas, entre as quais se inserem aquelas com deficiência. Trata-se da consagrada afirmativa de que a capacidade de direito é um direito universal, que deve ser garantido no parâmetro da igualdade absoluta, vez que constitui o principal atributo da personalidade inerente ao ser humano. Destarte, não há como se opor à correta dicção desse preceito normativo internacional.

Sem embargo, a Lei n. 13.145/2015 aplicou quase a mesma redação, cambiando o verbo "gozar" pelo termo "exercício". A escolha de outra palavra resultou em alteração do enfoque da capacidade de direito para a capacidade de fato. Com isso, restou enunciado que a norma interna versa sobre a igualdade da capacidade de fato ou de exercício. Ou seja, a Lei Brasileira de Inclusão estendeu erroneamente a igualdade de condições para o exercício da capacidade civil, em um sentido diverso ao estabelecido pela Convenção.

Inicialmente, no Brasil, esse preceito interno eliminaria todas as formas de restrição à capacidade de agir. Consequentemente, há confronto com a teoria das incapacidades, desacordo suficiente para gerar insegurança sobre o assunto no campo jurídico brasileiro.

Ao ler o texto de ambos os artigos, percebe-se que não é esse o propósito da norma. Tanto a Convenção quanto o Estatuto admitem conter a capacidade de exercício, quando imprescindível à defesa dos interesses das pessoas com deficiência. Em ambos os casos, isso será feito por instrumentos próprios: a tomada de decisão apoiada e a curatela.

Partindo dessa premissa, a Lei n. 13.145/2015 se revela contraditória, pois enuncia a plena capacidade de agir, em igualdade de condições com as outras pessoas; mas, posteriormente, em seu artigo 84, prevê medidas para sua restrição.

Respeitando-se posições diversas, o entendimento mais adequado seria no sentido de que houve um pequeno desajuste do legislador brasileiro que optou pela palavra exercício sem dimensionar seu alcance. Esse desacerto pode ser contornado por meio da interpretação harmônica de todo o sistema jurídico. Desse modo, é possível afirmar que a norma pretende ressaltar o fato de que a deficiência, especialmente a de ordem mental ou intelectual, por si só, não é causa de supressão da capacidade de fato. A questão é averiguar se houve comprometimento no discernimento e na possibilidade de manifestar a vontade, algo que pode ter como origem diversos motivos, entre os quais, a deficiência combinada com fatores externos.

8.2. Estatuto da Pessoa com Deficiência: principais alterações no regime da capacidade civil

Apesar de ser uma norma equivalente à emenda constitucional, a promulgação do Decreto n. 6.949/2009, por si só, não trouxe grandes modificações na ordem pátria sobre capacidade civil, nem na atuação do Poder Judiciário. Em parte, isso se deve à natureza abrangente das normas de tratados internacionais, que servem como diretrizes e programas a serem concretizados, nas legislações internas de cada Estado Parte, de acordo com as respectivas características nacionais.

Observando o disposto, o Poder Judiciário brasileiro não notou contradições entre a Convenção e as normas internas sobre capacidade civil. Isso chamou atenção da doutrina[8] e do Poder Legislativo, fomentando a atividade legiferante, que se empenhou em atender a diversas reivindicações dessa classe ao publicar a Lei n. 13.146/2015.

Essa Lei foi redigida com o escopo de regulamentar as diretrizes propostas no instrumento global. Inspirada na busca da autonomia das pessoas com deficiência, mudou o paradigma da capacidade civil desses indivíduos. O artigo 123 da Lei de Inclusão realizou diversas revogações expressas ao diploma civil, as quais receberam nova redação pelo artigo seguinte. Além disso, o Estatuto da Pessoa com Deficiência estabeleceu normas específicas sobre o tema da capacidade civil, tanto de direito material quanto formal, entre as quais se destacam os artigos 6º, 11, 12 e 84 a 87. Nos itens a seguir, essas mudanças, esparsas na legislação, serão apontadas de forma descritiva, a fim de melhor organizá-las e de compreendê-las.

8.2.1. Revogação da incapacidade absoluta

A primeira revogação impactante diz respeito à incapacidade absoluta. O artigo 123, II, da Lei de Inclusão estabeleceu a revogação de todos os incisos do artigo 3º do Código Civil. Esse dispositivo foi reescrito, de forma a se eliminar todas as hipóteses nas quais houvesse ou pudesse haver referência às pessoas com

---

8. "A ideia central do trabalho é procurar demonstrar que, apesar de vigente e aplicável, a Convenção da ONU sobre os Direitos das Pessoas com Deficiência apresenta ainda um baixo índice de efetividade nas decisões do Poder Judiciário brasileiro. Para tanto, a partir de dois julgados, vamos tentar demonstrar que ainda há resistência para a aplicação dos novos ditames trazidos pelo importante instrumento internacional". ARAUJO, Luiz Alberto David; MAIA, Maurício. O novo conceito de pessoa com deficiência e a aplicação da convenção da ONU sobre os direitos da pessoa com deficiência pelo Poder Judiciário no Brasil. **Revista Inclusiones**, v. 2, n. 3, jul.-set. 2015, p. 11.

deficiência. Agora, a única causa de incapacidade absoluta é de ordem etária – os menores de 16 anos –, a qual consta no *caput* do artigo 3º.

Diante disso, não cabe mais a aplicação do regime da incapacidade absoluta às pessoas maiores de idade com deficiências de ordem mental e intelectual. Significa que não cabe o regime da representação e, consequentemente, seus atos não são mais considerados nulos. Tampouco deveria fluir o prazo de prescrição e decadência contra eles, de acordo com o rigor da teoria civil e da lei.

Nesse último caso, surge uma divergência. Parte da doutrina faz uma leitura literal da lei. Se as pessoas com deficiência deixaram de ser absolutamente incapazes, passa a correr prescrição e decadência contra elas. O fato de ser relativamente capaz demonstra que esses indivíduos têm maior compreensão, não cabendo tamanho benefício a seu favor.

Os adeptos de uma postura protetiva consideram um despautério negar a absoluta incapacidade, por retirar a discriminação positiva de não contagem da prescrição ou decadência de eventuais pessoas com deficiência e incapacidade. Seria até mesmo ilógico fluir tais prazos, se tais pessoas não estão em condições de agir adequadamente. Nesse sentido, é possível encontrar decisão do Tribunal Regional Federal da 4ª Região, que se posicionou a favor da manutenção da vedação à contagem da prescrição e da decadência, quando isso ocorrer em prol dessas pessoas, "sob pena de inconstitucionalidade" da lei.[9]

---

9. "EMENTA: PREVIDENCIÁRIO. RESTABELECIMENTO DE PENSÃO POR MORTE DE GENITOR. FILHO INVÁLIDO. TITULARIDADE DOS HONORÁRIOS SUCUMBENCIAIS. ARTIGOS 22 E 23 DA LEI N. 8.906/1994. 1. Embora a redação do artigo 3º do Código Civil tenha sido alterada pela Lei 13.146/2015 ('Estatuto da Pessoa com Deficiência'), para definir como absolutamente incapazes de exercer pessoalmente os atos da vida civil apenas os menores de 16 anos, e o inciso I do artigo 198 do Código Civil disponha que a prescrição não corre contra os incapazes de que trata o artigo 3º, **a vulnerabilidade do indivíduo portador de deficiência psíquica ou intelectual não pode jamais ser desconsiderada pelo ordenamento jurídico**, ou seja, o Direito não pode fechar os olhos à falta de determinação de alguns indivíduos e tratá-los como se tivessem plena capacidade de interagir em sociedade em condições de igualdade. Assim, uma interpretação constitucional do texto do Estatuto deve colocar a salvo de qualquer prejudicialidade o portador de deficiência psíquica ou intelectual que, de fato, não disponha de discernimento, sob pena de ferir de morte o pressuposto de igualdade nele previsto, dando o mesmo tratamento para os desiguais. 2. **Sob pena de inconstitucionalidade, o 'Estatuto da Pessoa com Deficiência'** deve ser lido sistemicamente enquanto norma protetiva. As pessoas com deficiência que têm discernimento para a prática de atos da vida civil não devem mais ser tratados como incapazes, estando, inclusive, aptos para ingressar no mercado de trabalho, casar, etc. Os portadores de enfermidade ou doença mental que não têm o necessário discernimento para a prática dos atos da vida civil persistem sendo considerados incapazes, sobretudo no que concerne à manutenção e indisponibilidade (imprescritibilidade) dos seus direitos. 3. *In casu*, tendo restado comprovado que a parte autora não possui discernimento para a prática dos atos da vida civil, deve ser rigorosamente protegida pelo ordenamento jurídico, **não podendo ser prejudicada pela fluência de prazo prescricional ou decadencial** [...]".

Por fim, importante frisar que a revogação da incapacidade absoluta ainda gera dúvidas quanto à sua aplicação. A lei foi clara ao revogar as hipóteses de incapacidade absoluta geradas por algumas espécies de deficiência em combinação com outros fatores. Essa é a visão que prepondera na doutrina de direitos humanos.

Todavia, parcela da doutrina e das decisões judiciais segue em direção contrária. Grande parte dos civilistas e alguns autores especializados no microssistema das pessoas com deficiência[10] admitem que ainda é inviável o exercício da capacidade relativa para pessoas com certos graus de deficiência. No cenário atual, ainda não é factível adaptar o ambiente para permitir a vida plena em casos graves de limitação. Por exemplo, uma pessoa em coma não consegue interagir com o meio, visto que há impedimento em todos os seus sentidos. De forma semelhante, pessoas com algum transtorno mental gravíssimo, que não conseguem captar as sensações ao seu redor, alienando-se em delírios próprios. Se esses indivíduos não compreendem a realidade, não lograrão refletir sobre os acontecimentos para decidirem no plano fático.

8.2.2. Incapacidade relativa

Apesar de o artigo 84 do Estatuto da Pessoa com Deficiência propor o exercício da capacidade civil em igualdade de condições, na legislação nacional, esses indivíduos ainda podem sofrer restrição ao exercício da capacidade civil, quando necessário, nos termos do § 1º e seguintes desse dispositivo.

O artigo 123 da Lei Brasileira de Inclusão revogou exclusivamente a incapacidade absoluta das pessoas com deficiência, mantendo eventual inserção desses sujeitos na incapacidade relativa. Como o escopo legal foi demonstrar que a deficiência, sozinha, não é limitadora da capacidade, a Lei Federal n. 13.146/2015 mudou o teor das hipóteses de incapacidade relativa com a exclusão dos termos que relacionem diretamente a deficiência à incapacidade. Nesse sentido, a nova redação do artigo 4º do Código Civil abandonou as expressões que remetem à deficiência mental ou intelectual: "deficiência mental", "excepcionais", "sem desenvolvimento mental completo".

Isso resultou em um novo texto do artigo 4º, que deixou de contemplar a deficiência mental (que constava no inciso II) e a deficiência intelectual (inciso III), condensando um motivo genérico, qual seja, "causa transitória ou permanente" a qual impeça a expressão da vontade. Evidencia-se que houve mudança de

---

(BRASIL. Tribunal Regional Federal 4ª Região. RF4 5017423-95.2013.4.04.7108, Quinta Turma, Rel. Paulo Afonso Brum Vaz, juntado aos autos em 29-03-2017) (grifos nossos).

10. Waldir Macieira da Costa Filho defende a incapacidade absoluta em casos excepcionalíssimos, comprovados por impedimentos em todos os seus sentidos e em todos os atos de exercício de cidadania. LEITE, Flávia Piva Almeida; RIBEIRO, Lauro Luiz Gomes; COSTA FILHO, Waldir Macieira da. et al. (Coord.). **Comentários ao Estatuto da Pessoa com Deficiência**. 2. ed. São Paulo: Saraiva Educação, 2019, p. 426.

paradigma. Historicamente, a incapacidade se concentrava na deficiência da fala, da audição e principalmente mental e intelectual. Agora, o cerne dessa relativização centraliza-se no juízo da possibilidade de exteriorizar a vontade.

Em que pese a boa intenção do legislador, salienta-se a dúvida quanto ao alcance da nova redação do artigo 4º, III, do Código Civil. Preceitua-se apenas o critério da exteriorização da vontade. Por um lado, isso tangenciaria somente a aptidão de manifestar-se pelos sentidos, isto é, por meio da escrita, de maneira verbal ou por linguagem de sinais. Por outro, poderia haver uma interpretação ampliativa e englobar a livre manifestação da vontade, isto é, a aptidão em se exteriorizar o desejo real, cuja formação é ausente de vícios.

Pelo postulado de que a capacidade é regra e a incapacidade é exceção, a primeira situação aparentaria mais adequada, pois são vedadas interpretações ampliativas para incapacitar alguém. A interpretação literal de "exteriorização da vontade" condiz, então, com o envio da mensagem ao seu receptor.

Não obstante, esse trabalho considera propícia a segunda interpretação. Conforme explicado nos capítulos iniciais, um dos fundamentos da capacidade é o discernimento, cuja menção foi mitigada pela nova redação. A partir de uma leitura abrangente, é possível contemplar o discernimento como critério. Isso não configuraria restrição de direitos, pois a incapacidade por ausência de discernimento tem viés protetivo e não restritivo de direitos. Na realidade, o alcance maior vai ao encontro do plano fático.

Como curiosidade, acrescenta-se que a Lei n. 13.146 alterou o termo "índios" por "indígenas". Embora esse grupo de seres humanos não seja o tema que inspirou a sua edição normativa, ela vai ao encontro da finalidade inclusiva da lei. Em ambos os casos, a lei imprimiu o uso de palavras sem viés pejorativo.

8.2.2.1. Curatela

O instrumento para a relativização da capacidade do maior de idade continua a ser chamado de curatela (artigo 84, § 1º, do Estatuto da Pessoa com Deficiência). A curatela foi elevada a patamar constitucional, sendo definida no artigo 12, n. 3, da Convenção da ONU sobre os Direitos das Pessoas com Deficiência. Segundo esse dispositivo, a curatela é uma das formas de apoio ou salvaguarda ao exercício da capacidade legal da pessoa com deficiência. De forma detalhada, pode-se dizer que ela consiste em um encargo público ou "múnus público", definido por lei, no qual se determina a uma pessoa a administração da vida civil de outra, maior de idade, nos limites da lei e da sentença.[11] Considerando que após as mudanças promovidas pela Lei n. 13.146/2015 somente existe incapacidade relativa dos maiores de idade, a curatela restringe-se a essa espécie de incapacidade.

---

11. BEVILÁQUA, Clóvis. **Código Civil dos Estados Unidos do Brasil, comentado por Clóvis Beviláqua**. v.1. 7. ed. Rio de Janeiro: Rio Estácio de Sá, 1934, p. 924.

Por se tratar de medida restritiva da capacidade, a curatela apresenta-se como medida extraordinária, proporcional às necessidades do curatelado, cuja duração deve ser a mais breve possível. Em virtude disso, a autoridade judiciária tem o dever de expor as razões e motivações para aplicar esse instituto de caráter excepcional. Soma-se o fato de que, devido à finalidade protetiva do instituto, ele sempre deve visar preservar os interesses do curatelado. Essas regras já existiam na teoria das capacidades, porém, devido à falta de observância na prática, o artigo 12, n. 4, da Convenção da ONU sobre Pessoas com Deficiência e a Lei brasileira de Inclusão (artigo 84, § 3º) frisaram a previsão dessas diretrizes.

O Estatuto das Pessoas com Deficiência alterou parcialmente as causas de incapacidade dos maiores de idade. Por conseguinte, houve a mudança do rol de sujeitos passíveis de curatela, que segundo o artigo 4º do Código Civil abrange aqueles que não puderem exprimir sua vontade, os ébrios habituais e viciados em tóxicos e os pródigos. A fim de não gerar dúvidas, o artigo 123, VI, desse Estatuto revogou expressamente os incisos II e IV do artigo 1.767 do Código Civil, o qual lista quem está sujeito à curatela. O dispositivo 1.767 continua vigente, mas com novo teor, equalizando-se com a sistemática introduzida pelo Estatuto. Portanto, segundo o artigo 4º do Código Civil, agora somente poderão se submeter à curatela os que não puderem se exprimir por causa permanente ou transitória (inciso III); os ébrios habituais e viciados em tóxico (inciso II) e os pródigos (inciso IV).

A maior mudança objetiva no tocante à curatela refere-se ao fato de que agora ela versará tão somente sobre questões patrimoniais e negociais. O enunciado do artigo 85 da Lei de Inclusão é claro: "A curatela afetará tão somente os atos relacionados aos direitos de natureza patrimonial e negocial". Essa leitura é intensificada pelo § 1º do referido dispositivo, que considera defeso que a curatela abranja o direito ao próprio corpo, à sexualidade, ao matrimônio, à privacidade, à educação, à saúde, ao trabalho e ao voto. O raciocínio completa-se com o artigo 6º dessa Lei Federal, o qual estatui que a deficiência não interfere na plena capacidade civil para a prática de atos de natureza extrapatrimoniais, como direitos que envolvam relações afetivas, familiares e comunitárias e direitos reprodutivos, além do exercício de guarda, tutela e curatela.

Seguindo a lógica das alterações acima, os incisos IV do artigo 123 da Lei de Inclusão determinaram outras revogações no diploma civil. Como a Lei n. 13.146/2015 partiu da premissa de que sempre existe capacidade plena para o casamento do maior de idade, considerou incongruente a nulidade do casamento contraído por pessoa com transtorno mental. Ora, se a lei a considera capaz para esse ato, ele será válido.

Isso vale inclusive para as hipóteses de curatelados, pois esse instituto não alcançará atos de natureza extrapatrimonial, na medida em que todos os maiores de idade têm plena capacidade para exercer atos dessa natureza. Na mesma toada, o artigo 1.548, I, o qual tratava da nulidade do casamento contraído por "enfermo mental", que não dispusesse de discernimento para praticar atos da vida civil, foi revogado. Conforme mencionado, legalmente, eles sempre terão discernimento. A questão será vista com mais detalhes adiante.

Ademais, o artigo 123, inciso III do Diploma em tela, revogou os incisos II e III do artigo 228, os quais inadmitiam como testemunhas pessoas com deficiência mental e intelectual, além de cegos e surdos, quando comprovadamente isso lhes afetasse a habilidade de testemunhar. Ao considerar o testemunho um ato de natureza não patrimonial, a Lei de Inclusão entendeu coerente conceder a plena capacidade para admiti-los como testemunhas. Em que pese a intenção do legislador, desrespeitou-se a realidade, em especial no que tange aos cegos e aos surdos. Não é factível que se ateste sobre questões que exijam o sentido faltante ao espectador. Nesse ponto, a redação anterior não era exclusiva, apenas se adequava com o mundo do ser.

Uma vez que a incapacidade é exceção, a incapacitação dos maiores de idade exige rigor, que se manifesta pela verificação de sua existência perante o Poder Judiciário. O processo para se instituir a curatela é denominado ação de interdição. Contudo, devido à carga negativa incidente sobre a palavra interdição, parte da doutrina prefere a expressão "ação curatela". Independentemente da nomenclatura, essa ação é indispensável para se avaliar a necessidade e a abrangência da curatela. Para fins técnicos, serão aproveitadas as duas expressões tendo em vista o emprego legal da palavra "interdição" no Código de Processo Civil, em seus artigos 747 e seguintes. Ademais, a carga da palavra não recai diretamente sobre o ser humano, como ocorre com a expressão pessoa com deficiência; mas apenas sobre a nomenclatura processual.

O novo paradigma do Estatuto da Pessoa com Deficiência influenciou a ação de curatela. Porém, esse tema padece de antinomia jurídica, tendo em vista que duas leis dispuseram sobre o tema de maneira não uniforme. Por isso, antes de se abordar as mudanças promovidas pela Lei de Inclusão, relevante breve menção sobre esse conflito de normas a fim de esclarecer adequadamente as alterações.

Embora a ação de interdição seja matéria de direito adjetivo, o tema também estava previsto no Código Civil, cujo conteúdo foi alterado com a Lei Brasileira de Inclusão. Expressamente, o artigo 123, VII, do Estatuto da Pessoa com Deficiência revogou os artigos 1.776 e 1.780 do Código Civil, além de modificar o texto de alguns dos seus dispositivos. No mesmo ano, entrou em vigor o Código de Processo Civil, que abordou tema idêntico e, coincidentemente, realizou revogações à Lei Civil (que já havia sido alterada pelo Estatuto) no que tange à curatela, além de discorrer detalhadamente sobre a ação de interdição na seção IX "da interdição" (artigos 747 a 758).[12]

---

12. BRASIL. Código de Processo Civil (2015): "Artigo 1.072. Revogam-se: [...] II – os arts. 227, *caput*, 229, 230, 456, 1.482, 1.483 e **1.768 a 1.773** da Lei n. 10.406, de 10 de janeiro de 2002 (Código Civil); [...]" (grifos nossos).

Coincidentemente, a lei adjetiva e o Estatuto foram publicados e entraram em vigor em datas próximas, provocando dubiedade. Primeiramente, foi publicado o Código de Processo Civil, em 17 de março de 2015. Quatro meses depois, foi publicado o Diploma de inclusão das pessoas com deficiência (07 de julho de 2015). A sequência se inverteu no que tange à entrada em vigor. O Estatuto só teve 180 dias de *vacatio legis* (artigo 127); enquanto a *vacatio legis* do diploma processual de 2015 foi de um ano (artigo 1.045 do Código de Processo Civil). Entraram em vigor, respectivamente, em 03 de janeiro de 2016 e 18 de março de 2016. Portanto, embora o Código de Processo Civil tenha sido publicado primeiro, entrou em vigor depois.

Por uma análise meramente temporal, afirma-se que deve prevalecer o Código de Processo Civil, já que entrou em vigor em caráter póstumo, alterando o regime de interdição previsto no Código Civil, segundo o paradigma do Estatuto da Pessoa com Deficiência. De outra forma, diante do critério da especialidade, defende-se a prevalência do teor do diploma civil à luz do Estatuto. Isso se justifica pelo fato desse se tratar de norma especial, tendo em vista que cumpre as determinações do microssistema de proteção à pessoa com deficiência, prescritas nos ditames da ordem constitucional, a Convenção Internacional da ONU sobre Pessoas com Deficiência.

Há posicionamentos nos dois sentidos, de maneira que serão apresentadas ambas as mudanças legislativas. Sem embargo, este trabalho é adepto da segunda corrente, por entender que deve prevalecer a lógica do microssistema, em detrimento de mero conflito formal. Ademais, a questão temporal, no caso em tela, não conjuga uma mudança cultural sobre o tema. São normas subsequentes, cuja anterioridade ou posterioridade decorre somente por motivo de *vacatio legis*, que provavelmente foi maior no Código de Processo Civil por abarcar maior número de dispositivos e de temas, em comparação ao microssistema das pessoas com deficiência.

Em respeito às novas feições de autonomia, o Estatuto da Pessoa com Deficiência alterou o artigo 1.768 do Código Civil e acrescentou, no inciso IV, a "própria pessoa" como sujeito ativo no processo de interdição. Entretanto, essa hipótese foi revogada expressamente pelo artigo 1.072, II, do Código de Processo Civil de 2015, que reescreveu sobre o tema, no seu artigo 747, sem enunciar a "própria pessoa" no rol de legitimados ativos para ação de interdição. Além disso, o dispositivo processual incluiu o "representante da entidade em que se encontra abrigado o interditando" como legitimado a propor tal ação.

No tocante à legitimidade ativa do Ministério Público para promover a ação de curatela ou interdição, o Estatuto modificou o artigo 1.769 do Código Civil. Primeiramente, reformulou o inciso I. Em vez de designar somente a "doença mental grave", a lei ampliou sua atuação no caso de deficiência intelectual ou mental. Excluiu os incisos II e III, que legitimavam o *Parquet*, na ausência, inércia ou incapacidade dos demais legitimados. Novamente, há entendimento de que tal dispositivo foi revogado pelo artigo 748 do Código de Processo Civil de 2015. Segundo o Diploma processual, haverá legitimidade ministerial somente na hipótese de deficiência mental grave combinada com a inexistência, incapacidade ou inércia das pessoas com capacidade ativa para peticionar o processo de curatela. Conforme salientado, o Código de Processo Civil retrocedeu em relação às normas do Estatuto.

Uma das alterações mais comentadas foi a introdução da indispensabilidade de perícia multidisciplinar, a qual "deverá" assistir ao juiz.[13] Foi uma medida que visou concretizar o atual conceito social de pessoa com deficiência. Não se trata apenas de uma perícia médica, mas também de uma avaliação em todos os campos psicossociais para averiguar o grau de comprometimento na tomada de decisão de cada indivíduo. Não obstante, de acordo com o Código de Processo Civil,[14] essa perícia multidisciplinar deixou de ser imprescindível, pois de acordo com a literalidade da lei, o juiz "pode" realizar a perícia multidisciplinar. A multidisciplinaridade foi substituída por um modal deôntico meramente permissivo. Novamente, a regra adjetiva demonstra falta de avanço com os ideais da Lei específica de proteção às pessoas com deficiência.

A limitação da curatela e a nomeação do curador passaram a considerar as potencialidades da pessoa, suas vontades e preferências, a proporcionalidade, além da ausência de conflitos de interesses e de influência indevida. Essa alteração desenvolvida pela Lei de Inclusão foi eliminada pela Lei n. 13.146, que elaborou seu próprio dispositivo em sentido similar. Em síntese, o conteúdo do artigo 1.772 do Código Civil não foi tão afetado.

Por fim, importante mencionar outras mudanças no processo de curatela em razão do Estatuto. Essa Lei acrescentou o artigo 1.775-A ao diploma civil, o qual introduziu a opção da curatela compartilhada. Menciona-se, outrossim, que as novas regras dão preferência à convivência familiar e comunitária do interdito. Trata-se de previsão incompatível com o revogado artigo 1.776 do Código Civil. Tampouco é compatível com o novo microssistema das pessoas com deficiência que o curador seja nomeado, *prima facie*, para cuidar de todos os seus negócios ou bens, visto que a curatela é medida proporcional. Nesses termos, também foi retirado da ordem jurídica o artigo 1.780 do Código Civil.

8.2.3. Tomada de decisão apoiada

Com a edição do Estatuto da Pessoa com Deficiência, surgiu a tomada de decisão apoiada, inserida no artigo 1.783-A do Código Civil. Trata-se de uma nova

---

13. BRASIL. Código Civil (2002). Artigo 1.771.
14. BRASIL. Código de Processo Civil (2015). Artigo 753. § 1º: A perícia **pode** ser realizada por equipe composta por expertos com formação multidisciplinar (grifos nossos).

figura de medida de apoio às pessoas com deficiência. Seu diferencial em relação às outras formas de salvaguarda já existentes é o fato de que a necessidade do auxílio será uma prerrogativa da pessoa com deficiência. Ademais, o próprio apoiado escolherá o âmbito da ajuda e seus apoiadores.[15] Nesse sentido, Daniel de Pádua Andrade expressa o fenômeno pela seguinte expressão: "fruto genérico da autonomia da vontade". Ou, conforme pontua Fernanda Pessanha do Amaral Gurgel, a tomada de decisão apoiada resulta no instrumento de concretização da autonomia privada da pessoa com deficiência em situação de vulnerabilidade.[16] Portanto, o novo instituto prioriza a vontade daquele que recebe a tutela jurídica.

A tomada de decisão apoiada pode ser conceituada a partir do artigo 1.783-A do Código Civil. É um instituto de direito civil, voltado à pessoa com deficiência, pelo qual ela tem a faculdade de eleger no mínimo duas pessoas idôneas, de sua confiança e com quem tenha vínculos, para lhe auxiliar a tomar decisões sobre determinados atos da vida civil, fornecendo os elementos e dados suficientes ao exercício da respectiva capacidade. Para sua concretização, deve ser emitido um instrumento escrito público ou particular, que dependerá de um processo com a participação do Ministério Público e de uma equipe multidisciplinar, a qual auxiliará o magistrado em sua decisão. Eis o disposto no artigo 1.783-A, § 3º, do Código Civil.

Por ser uma prerrogativa da pessoa, o procedimento para instaurar a tomada de decisão apoiada é de jurisdição voluntária. Segundo Fernanda Pessanha do Amaral Gurgel, a competência para essa matéria deve ser a mesma aplicada à ação de curatela, pois ambas são instrumentos de apoio, inseridas no Título IV do Código Civil.[17] Como procedimento em matéria processual é assunto de competência legislativa concorrente (artigo 24, XI, da Constituição Federal de 1988), o seu tratamento varia conforme o estado. Em São Paulo, essa competência pertence à vara da família (artigo 37, II, "c", do Decreto-Lei complementar n. 3, de 27 de agosto de 1969).[18]

Relevante ressaltar a chancela do Poder Judiciário. Trata-se de uma formalidade que permite verificar a idoneidade das pessoas escolhidas dos eventuais apoiadores, além de analisar se a vontade daquele que pretende ser apoiado é

---

15. BRASIL. Código Civil (2002). Artigo 1.783-A, §§ 1º e 2º.
16. GURGEL, Fernanda Pessanha do Amaral. **A eficácia prática da tomada de decisão apoiada.** Tese (Doutorado em Direito). Pontifícia Universidade Católica de São Paulo, São Paulo, 2019, p. 68.
17. GURGEL, Fernanda Pessanha do Amaral. **A eficácia prática da tomada de decisão apoiada.** Tese (Doutorado em Direito). Pontifícia Universidade Católica de São Paulo, São Paulo, 2019, p. 104.
18. Decreto-Lei complementar n. 3, de 27 de agosto de 1969, artigo 37, II, "c": "Aos Juízes das Varas da Família e Sucessões compete: [...] II – conhecer e decidir as questões relativas a: a) capacidade, pátrio poder, tutela e curatela, inclusive prestação de contas; [...]".

livre e isenta de vícios. É uma solenidade que reequilibra a autonomia privada da pessoa com deficiência em se valer da tomada de decisão apoiada em termos próprios. Destarte, o consenso do magistrado reafirma o grau de confiabilidade desse acordo.

Qualquer decisão tomada nos limites desse instituto terá validade e efeitos também perante terceiros, conforme dispõe o artigo 1.783-A, § 4º, do Código Civil. Por outro lado, os terceiros têm o direito de exigir que os apoiadores contra-assinem o contrato e especifiquem sua função por escrito. Dessa forma, a decisão apoiada funciona como um reforço à segurança jurídica de terceiros, porque eventual alegação de anulabilidade por incapacidade raramente vingará quando o negócio for efetuado nesses termos.

A duração, a nomeação dos apoiadores e o limite de atuação ficam a critério da pessoa com deficiência, que realiza o pedido para a tomada de decisão apoiada, nos termos do artigo 1.783-A, §§ 1º e 2º, do Código Civil. Se houver divergência entre o apoiado e um dos apoiadores em negócios envolvendo risco ou prejuízo relevante, o juiz, após ouvir o Ministério Público, deliberará sobre a questão.[19]

Esse acordo pode ser finalizado a qualquer tempo pela pessoa apoiada, independentemente da vontade do apoiador. Trata-se de decisão unilateral, pois essa espécie de tutela é direito subjetivo e não imposição protetiva. Já o apoiador deve pleitear ao juiz a exclusão de sua participação (artigo 1.783-A, § 9º e 10, do Código Civil). A lei não explicitou quais critérios justificariam a exclusão da participação do apoiador no processo, nem exigiu a concordância do apoiado. Dessa forma, infere-se que as razões para a exclusão ficarão sob crivo judicial e poderá ser concretizada contra a vontade do apoiado. Salienta-se que tampouco seria benéfico manter um apoiador contra a sua vontade, considerando o dever de lealdade que lhe cabe.

Em caso de negligência, inadimplemento das obrigações ou pressão indevida, o apoiador poderá ser destituído, se procedente a denúncia a qual pode ser apresentada pelo apoiado ou por qualquer pessoa ao Ministério Público ou ao juiz (artigo 1.783-A, §§ 7º e 8º, do Código Civil).

Observa-se que o apoio se perfaz apenas pela cooperação, com fornecimento de informações[20] e conselhos. A decisão final pertence à pessoa com deficiência, que mantém sua capacidade. O apoiador não decide por ele, como ocorre na representação. Tampouco prevalece a opinião do apoiador, como na assistência. Isso evidencia que não se deve confundir sua aplicação com a representação, nem com a assistência.

---

19. BRASIL. Código Civil. (2002). Artigo 1.783-A, § 6º.
20. Prevalece na doutrina que a pessoa com deficiência segue capaz. REQUIÃO, Maurício. As mudanças na capacidade e a inclusão da tomada de decisão apoiada a partir do Estatuto da Pessoa com Deficiência. **Revista de Direito Civil Contemporâneo**. v. 6, jan.-mar. 2016, pp. 37-54.

Não se pode olvidar a crítica sobre a frivolidade dessa forma de auxílio. Afinal, de que serviriam as consultas aos apoiadores, se elas não vinculam a decisão final? Em princípio, a ausência de força impositiva retira a confiabilidade dos institutos em geral, na medida em que se perde a segurança. Isso não acontece com a tomada de decisão apoiada. Sua finalidade é ajudar e não sobrepor vontade alheia, pois o sujeito que a utiliza é capaz no assunto aventado. Conforme mencionado, busca-se reforçar a validade da decisão, evitando futuras alegações de vício da vontade. Ao assumir a obrigação apenas após consultar pessoas idôneas, reduz-se a suscetibilidade a riscos.

Grosseiramente, equivaleria ao advogado que, para comprar um carro, pede conselhos ao seu amigo engenheiro mecânico. A pessoa não é obrigada a seguir o parecer que lhe foi conferido, mas agirá com maior segurança sobre suas decisões. A diferença consiste na formalização. Além do respaldo jurídico, a idoneidade do conteúdo e dos envolvidos passa pelo crivo das autoridades judiciária e ministerial.

Além disso, a lei acautelou-se com negócios jurídicos passíveis de provocar risco ou prejuízo elevado. Nessa hipótese, a norma determina rigor ao instituto, de forma que a divergência entre os apoiadores será dirimida pelo magistrado, após oitiva do *parquet*. Trata-se de uma exceção à faculdade decisória. Os contornos dos conceitos jurídicos indeterminados dessa norma "risco ou prejuízo relevante" serão pouco a pouco solucionados pela jurisprudência.

Em razão do diminuto tempo em vigor, a aplicação do instituto ainda gera dúvidas. Uma delas diz respeito à capacidade civil do sujeito que se quer valer da tomada de decisão apoiada. Nota-se que a formação do instrumento da tomada de decisão apoiada deriva de um acordo de vontades, podendo afirmar-se que sua natureza é de negócio jurídico.

Em princípio, somente seria cabível para pessoas capazes, pois envolve ato decisório, exigindo discernimento e aptidão de exteriorização da vontade, que é requisito de todo negócio jurídico (artigo 104, Código Civil). Assim, é evidente que uma pessoa com deficiência visual plenamente capaz possa requerer a tomada de decisão apoiada em assuntos envolvendo contratos escritos não disponíveis em braile. Para pessoas com discernimento, mas com limitações de natureza sensorial, esse instituto funciona perfeitamente. Seria a maneira de suprir a inaptidão de conhecer informações que seu corpo não alcança.

Por outro lado, é incerto o uso desse instituto para pessoas com incapacidade relativa sobre assuntos abrangidos por sua curatela.[21] Apesar de doutrinas que prevejam tal possibilidade,[22] em regra, seu uso nesses casos é algo ilógico.

---

21. Diz-se relativa, pois legalmente não cabe mais o instituto da incapacidade absoluta para maiores de idade.
22. FIUZA, César. Tomada de decisão apoiada. *In*: PEREIRA, Fábio Queiroz; MORAIS, Luísa Cristina de Carvalho; LARA, Mariana Alves (Org.). **A teoria das incapacidades e o Estatuto da Pessoa com Deficiência**. 2. ed. Belo Horizonte: D'Plácido, 2018, p. 130.

Primeiramente, considera-se alguém incapaz, devido a sua inabilidade em deliberar. Se a tomada de decisão é um instituto cujo elemento central é o pleito do próprio apoiado, seria paradoxal que se admitisse seu uso para aqueles que não possuem essa faculdade decisória.

Ademais, já existe instituto próprio para proteger esses maiores de idade, a curatela, que se perfaz pela assistência. A curatela é a medida de apoio extraordinária, nos casos em que se cobra maior proteção. Se há um assistente cuja participação é elemento essencial da prática do ato jurídico, sob pena de anulabilidade, não há razão de se utilizar de outro instituto de salvaguarda. A concomitância dos dois institutos para a mesma pessoa poderia gerar conflitos jurídicos, pois cada uma parte de pressupostos distintos e de regras também distintas.

No máximo, seria cabível admitir a tomada de decisão apoiada para o relativamente incapaz, ou seja, de forma simultânea com a curatela na seguinte condição: se a tomada de decisão apoiada versar unicamente sobre questões não abrangidas pela curatela. Por exemplo, uma pessoa com deficiência intelectual, cuja curatela se imponha sobre atos de disposição patrimonial, poderia pleitear a tomada de decisão apoiada para decidir sobre tratamentos de saúde.

8.2.3.1. Tomada de decisão apoiada e curatela

Tanto a tomada de decisão apoiada quanto a curatela são instrumentos de apoio. Por isso, ambas são tratadas no Título IV do Código Civil, "Da tutela, da curatela e da tomada de decisão apoiada". Os dois casos exigem a formação de processo de jurisdição voluntária, ou seja, não há lide, mas o fim último de proteger aquele considerado vulnerável em um ou mais assuntos.

No tocante à prestação de contas, ambas adotam o mesmo regime. O artigo 1.783-A, § 11, do diploma civil remete esse assunto, na tomada de decisão apoiada, às regras da curatela. Apesar das semelhanças, o estudo comparado demonstra grande distinção entre os institutos. A começar pelo caráter extraordinário da curatela, que é medida mais invasiva, em comparação a tomada de decisão apoiada.

A tomada de decisão apoiada visivelmente preserva a autonomia da pessoa com deficiência. Tanto é assim que a sua utilização é facultativa, sendo requerida exclusivamente pelo próprio interessado no apoio, a pessoa com deficiência. A curatela, entretanto, é medida compulsória para o curatelado e pode ser peticionada pelo cônjuge ou companheiro; parentes ou tutores; pelo representante da entidade em que se encontra abrigado o interditando e subsidiariamente pelo Ministério Público.[23] O Estatuto previa que a própria pessoa com deficiência pudesse pleitear a curatela, porém, ainda não há consenso se essa norma foi revogada pelo Código de Processo Civil de 2015.

---

23. BRASIL. Código de Processo Civil (2015), Artigo 747.

Vale notar que o sujeito beneficiário da tomada de decisão apoiada é unicamente a pessoa com deficiência (artigo 1.783 do Código Civil), que deve ou pode ser capaz. Já a curatela não se restringe às pessoas com deficiência, mas se aplica a todos os relativamente incapazes maiores de idade com ou sem deficiência, o pródigo e os toxicômanos.

Há doutrina[24] que defende a extensão da tomada de decisão apoiada a outros vulneráveis, porém, é necessário ter cautela com essa ideia. Os autores citam os idosos, devido à degeneração de algumas funções de seu corpo, que acometem a sua funcionalidade. Esse argumento não deve prosperar, pois a limitação já constituirá deficiência, ou seja, o idoso poderá se utilizar desse recurso em razão da deficiência, mas não da idade. Envelhecimento[25] não é sinônimo de deficiência, mas se resultar em barreiras, o será. Também se poderia defender a tomada de decisão apoiada a outros vulneráveis na exteriorização da vontade, como analfabetos e sujeitos não adaptados com as novas tecnologias. Sem embargo a proposta contraria preceito legal, a qual se restringe às pessoas com deficiência, portanto, não cabe sua aplicação no atual estágio jurídico.

Além do exercício da autonomia ao pedir a tomada de decisão apoiada, há liberdade em estipular os seus termos: duração, objeto e a nomeação de quem pretende eleger para fins de apoio – a lei exige, no mínimo, duas pessoas. Consequentemente, a própria pessoa com deficiência tem a faculdade de encerrar esse acordo a qualquer momento. Em caráter oposto, a curatela se submete a um regime especificado por lei, sem a liberdade de escolha daquele que será curatelado. Nesse caso, o magistrado atribui a curatela simples ou compartilhada, para quem melhor atender aos interesses do curatelado e, se houver incapaz sob a responsabilidade do interdito, também se exigirá que o curador atenda ao melhor interesse desse incapaz (artigo 755, § 1º, do Código de Processo Civil).

Também é dever do magistrado estabelecer os limites da curatela, conforme o estado, o desenvolvimento e as possibilidades do interdito, cujo conteúdo poderá

---

24. GURGEL, Fernanda Pessanha do Amaral. **A eficácia prática da tomada de decisão apoiada**. Tese (Doutorado em Direito). Pontifícia Universidade Católica de São Paulo, São Paulo, 2019, p. 97/98.
25. O envelhecimento gera algumas modificações no ser humano, porém, nem sempre é limitante a ponto de ser considerado deficiência. Nesse aspecto, importante diferenciar os conceitos de senescência e senilidade. Senescência são as alterações que ocorrem nos seres humanos em razão do tempo sem configurar doenças. Já a senilidade é um complemento da senescência cujo envelhecimento pode gerar doenças passíveis de comprometer a qualidade de vida do idoso e, em casos graves, incapacitá-lo. Somente nesse caso, quando houver incapacitação, pode-se falar em deficiência. Os conceitos de senilidade e senescência baseiam-se em: SOCIEDADE BRASILEIRA DE GERIATRIA E GERONTOLOGIA: senilidade e senescência – qual a diferença. Disponível em: <http://www.sbgg-sp.com.br/senescencia-e-senilidade-qual-a-diferenca/>.

versar exclusivamente sobre questões negociais e patrimoniais. A tomada de decisão apoiada, por sua vez, tem objeto mais amplo e inclui atos extrapatrimoniais. Isso se justifica pelo fato de que naquela preponderará a negativa do assistente, enquanto nesta os apoiadores unicamente subsidiam a decisão do apoiado com informações.

Por ser medida restritiva de direitos, a curatela adquire caráter excepcional. Assim, somente pode ser pleiteada quando houver cerceamento da capacidade, demostrada pelo autor na petição exordial por fatos reveladores de incapacidade e por laudo médico (artigo 749 do Código de Processo Civil). Se faltar o laudo médico, o requerente deverá informar a impossibilidade de fazê-lo (artigo 750 do mesmo diploma). Não há um prazo definido, pois depende da causa que gera a incapacidade. Uma vez cessada a causa, levantar-se-á a curatela, por meio de ordem judicial, que verificará o fato. Por isso, será mantida a curatela enquanto persistir a causa da incapacidade, independentemente de requerimento do curatelado. Enquanto isso, o curador não pode se abster do múnus público ao qual foi destinado na ausência de escusas legais (artigo 756 do Código de Processo Civil).

Ao contrário, a tomada de decisão apoiada é instituto de apoio mais brando, decorrente da própria vontade da pessoa com deficiência. Como não se pauta na incapacidade, mas na autonomia privada, a pessoa com deficiência pode solicitar o término do acordo firmado a qualquer tempo. O apoiador pode requerer a sua exclusão, porém, o efetivo desligamento dependerá de concordância judicial. Embora a lei não disponha sobre a possibilidade de recusa do apoiador, é possível entender plausível, vez que decorre da vontade de pessoas capazes e não de imposição por autoridade.

Por derradeiro, os dois institutos distinguem-se quanto à necessidade de registro. Na curatela, há regra mandamental quanto à inscrição da sentença de interdição no registro de pessoas naturais (artigo 755, § 3º, Código Processual Civil). A publicidade é essencial para que terceiros estejam cientes da imprescindibilidade de assistência a determinados atos do curatelado, sob pena de anulabilidade. De outra monta, não há prescrição dessa exigência para a tomada de decisão apoiada. Em princípio, a tomada de decisão apoiada serve como reforço de validade para terceiros. A pessoa com deficiência tem a opção de desfrutar das informações dos apoiadores. Apesar disso, seria recomendável o registro desse acordo visando promover a segurança jurídica a terceiros de boa-fé e evitar conflitos desnecessários.

8.2.3.2. Tomada de decisão apoiada e diretivas antecipadas da vontade

Ao retratar a tomada de decisão apoiada, é enriquecedor abordar as diretivas antecipadas da vontade. Assim como aquela, esta é instrumento emitido pelo próprio beneficiário do auxílio. Ambos os institutos são medidas que salvaguardam o interesse de alguém na tomada de decisões, relacionando-se, portanto, com o exercício da capacidade. Contudo, essas espécies não se confundem, mas podem coexistir.

Além da doutrina,[26] a Resolução n. 1.995/2012 do Conselho Federal de Medicina[27] também conceitua as diretivas antecipadas da vontade. A partir delas, é possível afirmar que são declarações emitidas por pacientes capazes com objetivo de estabelecer tratamentos de saúde que pretendem ou rejeitam receber, além de nomear um procurador de cuidados para saúde, na hipótese de incapacidade superveniente. Ou seja, a pessoa declara previamente instruções sobre cuidados médicos para si mesma, pois antevê eventual perda da manifestação consciente de sua vontade.

Eis a primeira grande diferença. O objeto da diretiva antecipada da vontade é adstrito ao campo da bioética. É um instrumento que supera a visão do paternalismo médico, passando a respeitar a autonomia da vontade do paciente. A tomada de decisão apoiada, por seu turno, tem uma dimensão ampla, não se restringe ao campo sanitário.

Devido à hierarquia constitucional da Convenção da ONU sobre Pessoas com Deficiência, de 2006, e aos movimentos sociais, o Poder Legislativo dispôs a respeito da tomada de decisão apoiada. Quanto à diretiva antecipada de vontade, não há lei em sentido formal discorrendo especificamente sobre o tema, como fizeram outros países, em especial na Europa,[28] devido à observância da Convenção de Oviedo, de 1997,[29] tratado internacional que versa sobre a dignidade humana

---

26. "Daí o surgimento das diretivas antecipadas da vontade (DAV), conceituadas por Helena Pereira de Melo como 'as instruções que uma pessoa dá antecipadamente, relativas a tratamentos que deseja ou (mais frequentemente) que recusa receber no fim da vida, para o caso de se tornar incapaz de exprimir suas vontades ou de tomar decisões por e para si própria, materializadas e, um testamento vital (VT) ou mediante o auxílio de um procurador de cuidados de saúde (PCS)'". JANOTI, Cesar Luiz de Oliveira. Lei portuguesa sobre diretivas antecipadas de vontade em matéria de cuidados de saúde: reflexões críticas e inspiração ao ordenamento jurídico brasileiro. **Revista de Direito e Medicina**, v. 1, jan.-mar. 2019, p. 03.
27. Resolução n. 1995/2012 do Conselho Federal de Medicina: Artigo 1º. Definir diretivas antecipadas de vontade como o conjunto de desejos, prévia e expressamente manifestados pelo paciente, sobre cuidados e tratamentos que quer, ou não, receber no momento em que estiver incapacitado de expressar, livre e autonomamente, sua vontade.
28. A título exemplificativo, pode-se indicar a Lei portuguesa de n. 25 de 2012, que trata do exercício do direito de formular as diretivas antecipadas de vontade no âmbito da prestação de cuidados de saúde, e a Lei francesa de n. 1803-03/14, que fez acréscimos ao artigo 477 do Código Civil francês, regulamentando o "mandato de proteção futura".
29. "Artigo 9.º Vontade anteriormente manifestada: A vontade anteriormente manifestada no tocante a uma intervenção médica por um paciente que, no momento da intervenção, não se encontre em condições de expressar a sua vontade, será tomada em conta" (CONVENÇÃO DE OVIEDO para a Protecção dos Direitos do Homem e da Dignidade do Ser Humano face às Aplicações da Biologia e da Medicina de 04 de abril de 1997).

em tratamentos biomédicos e às Recomendações do Conselho Europeu n. 99/4[30] e n. 2009/11.[31] Em razão dessa omissão do legislador[32] brasileiro e da incontestável utilidade na área da saúde, esse instrumento foi regulado apenas de forma administrativa. O Conselho Federal de Medicina emitiu a Resolução n. 1995/2012, detalhando o tema e inovando o sistema jurídico, muito embora seja mera norma administrativa.

Na diretiva antecipada da vontade, a pessoa declara unilateralmente como decidirá em situação futura. É um negócio jurídico unilateral no campo da bioética. O paciente também pode eleger alguém que lhe represente em matéria de saúde. Nesse caso, prevalece que a natureza jurídica da disposição será de contrato de mandato, pois a transferência de poderes para agir em seu nome deriva de declaração de vontade pautada na confiança, em vez de um processo de interdição. Em razão dessas peculiaridades, os autores da área trazem nomenclaturas específicas: chamam o futuro representante de "procurador dos cuidados de saúde",[33] denominam esse negócio de "curatela mandato"[34] e o instrumento do mandato recebe o nome de "mandato duradouro".[35]

Já a tomada de decisão apoiada não se perfaz por representação, mas por conselhos e informações. Como o apoiado mantém sua capacidade, os apoiadores somente podem auxiliar com explicações e elucidações. A decisão final cabe ao apoiado.

Ressalta-se, outrossim, que os sujeitos de cada instituto não coincidem. Na diretiva antecipada da vontade, o declarante é qualquer paciente que poderá padecer da perda de sua capacidade, em decorrência de sua enfermidade, por exemplo, o início de um tratamento de mal de Alzheimer. Se essa declaração tiver como

---

30. Conselho de Europa – Recomendação n. 99/4: "On principles concerning the legal protection of incapable adults" (Recomendação sobre princípios relativos à proteção legal dos adultos incapazes – tradução livre). Disponível em: www.coe.int. Acesso em: 10 jul. 2019.
31. Conselho de Europa – Recomendação n. 2009/11. "On principles concerning continuing powers of attorney and advance directives for incapacity" (Recomendação sobre princípios relativos à procuração contínua e às diretivas antecipadas – da vontade – por incapacidade superveniente – tradução livre). Disponível em: https://search.coe.int/. Acesso em: 10 jul. 2019.
32. "CONSIDERANDO a necessidade, bem como a inexistência de regulamentação sobre diretivas antecipadas de vontade do paciente no contexto da ética médica brasileira". BRASIL. Resolução n. 1995, de 9 de agosto de 2012. Conselho Federal de Medicina: Dispõe sobre as diretivas antecipadas de vontade dos pacientes.
33. TEODORO, Viviane Rosolia. Testamento vital, direitos dos pacientes e cuidados paliativos. **Revista de Direito Privado**, v. 82, out. 2017, p. 08.
34. TEODORO, Viviane Rosolia. Testamento vital, direitos dos pacientes e cuidados paliativos. **Revista de Direito Privado**, v. 82, out. 2017, p. 09.
35. TEODORO, Viviane Rosolia. Testamento vital, direitos dos pacientes e cuidados paliativos. **Revista de Direito Privado**, v. 82, out. 2017, p. 08.

objetivo a escolha de um procurador de cuidados de saúde, não há limite mínimo de pessoas para exercer essa função. Por sua vez, o sujeito da tomada de decisão apoiada é exclusivamente a pessoa com deficiência. Ela deve obedecer ao piso legal de dois apoiadores.

Por fim, reitera-se, são institutos próximos, mas distintos, que podem conviver. Imagine uma pessoa com deficiência auditiva, saudável, que utilize a tomada de decisão apoiada. Em determinado momento de sua vida, ela é diagnosticada com doença degenerativa capaz de tolher sua capacidade. Então, auxiliada por seus apoiadores, decide realizar um testamento vital, estabelecendo quais espécies de tratamentos deseja se sujeitar e nomear um representante. É um exemplo simples da concomitância das diferentes formas de auxílio no exercício da capacidade.

8.2.3.3. Tomada de decisão apoiada e institutos semelhantes no direito internacional

Existe uma tendência mundial de reformular o sistema clássico de incapacidade civil,[36] no sentido de promover a autonomia das pessoas com deficiência em detrimento do excesso de zelo que classicamente lhes é dispensado. A resposta para isso foi a criação de institutos mais brandos, os quais conservassem certa autonomia das pessoas acometidas em seu poder decisório, no lugar da completa substituição da vontade.

Em âmbito internacional, é possível indicar diversos institutos que seguiram essa diretriz. Da experiência germana, surgiu o *Sachwalterschaft*, na Áustria, e o *Betreuung*, na Alemanha. A França e a Bélgica também adotaram instrumentos de apoio menos rígidos, respectivamente, a *sauvegarde de justice* e o "administrador" belga. Os italianos surgiram com a figura da *amministrazione di sostegno*. O Brasil e a Argentina, em período semelhante, passaram a admitir a tomada de decisão apoiada e o *sistema de apoyo al ejercicio de la capacidad*.[37] Alguns deles convivem

---

36. CARVALHO, Daniel de Pádua. Capacidade, apoio, autonomia da pessoa com deficiência: apontamentos sobre a tomada de decisão apoiada. In: PEREIRA, Fábio Queiroz; MORAIS, Luísa Cristina de Carvalho; LARA, Mariana Alves (Org.). **A teoria das incapacidades e o estatuto da pessoa com deficiência**. 2. ed. Belo Horizonte: D'Plácido, 2018, p. 140.

37. ARGENTINA. Código Civil (2015): "Sistemas de apoyo al ejercicio de la capacidad. Articulo 43 – Concepto. Función. Designación. Se entiende por apoyo cualquier medida de carácter judicial o extrajudicial que facilite a la persona que lo necesite la toma de decisiones para dirigir su persona, administrar sus bienes y celebrar actos jurídicos en general. Las medidas de apoyo tienen como función la de promover la autonomía y facilitar la comunicación, la comprensión y la manifestación de voluntad de la persona para el ejercicio de sus derechos. El interesado puede proponer al juez la designación de una o más personas de su confianza para que le presten apoyo. El juez debe evaluar los alcances de la designación y procurar la protección de la persona respecto de eventuales conflictos de intereses o influencia indebida. La resolución debe establecer la condición y la calidad

com medidas de apoio mais severas, como a curatela, outros vieram para substituir esses sistemas.[38]

Apesar de enriquecedor, não é viável abordar todos os institutos sobre o tema. Assim, esse capítulo fará uma breve comparação entre o sistema brasileiro e os modelos alemão, francês e italiano, devido às peculiaridades e a duração dessas leis. Todos buscam um apoio com prevalência da vontade da pessoa apoiada, porém, as regras são bem variáveis.

Entre os sistemas recém-apontados no parágrafo, o alemão e o francês estão em vigor há mais tempo. Aquele teve origem na Lei de Apoio Jurídico, de 1992, que alterou o § 1896 do Código Civil alemão (BGB – *Bürgerliches Gesetzbuch*). O duradouro Código Civil francês também foi alterado, nos artigos 423 e seguintes, para incluir a *sauvegard de justice*.[39] O instrumento italiano da administração de apoio[40] derivou da Lei n. 06/2004, que modificou os artigos 404 a 406 do seu diploma civil. É considerado uma inspiração às novas medidas de apoio brasileira e argentina.

Todos esses institutos indicam como beneficiários, direta ou indiretamente, as pessoas com alguma deficiência que dificulte o exercício da capacidade decisória e volitiva. Contudo, a tomada de decisão apoiada é a única em que o sujeito ativo é exclusivamente a pessoa a ser apoiada. Devido à influência do modelo social de deficiência, apenas a tomada de decisão apoiada abandonou o uso de terminologias que remetem ao campo médico, como "enfermidades",[41] "doença"[42] e "alteração médica".[43]

---

de las medidas de apoyo y, de ser necesario, ser inscripta en el Registro de Estado Civil y Capacidad de las Personas".

38. REQUIÃO, Maurício. Direito civil atual: conheça a tomada de decisão apoiada, novo regime alternativo à curatela. **Consultor Jurídico** – Conjur. 14 set. 2015. Disponível em: https://www.conjur.com.br/2015-set-14/direito-civil-atual-conheca-tomada-decisao--apoiada-regime-alternativo-curatela. Acesso em: 18 mai. 2021.
39. Loi n. 68-5 du 3 janvier 1968 portant réforme du droit des incapables majeurs.
40. Tradução comumente dada pela doutrina brasileira para "amministratore di sostegno". FIUZA, César. Tomada de decisão apoiada. *In*: PEREIRA, Fábio Queiroz; MORAIS, Luísa Cristina de Carvalho; LARA, Mariana Alves (Org.). **A teoria das incapacidades e o Estatuto da Pessoa com Deficiência**. 2. ed. Belo Horizonte: D'Plácido, 2018, p. 126.
41. ITÁLIA. Código Civil. Artigo 404: "Amministrazione di sostegno. La persona che, per effetto di una **infirmità** ovvero di una menomazione fisica o psichica, si trova nella impossibilità, anche parziale o temporanea, di provvedere ai propri interessi, può essere assistita da un amministratore di sostegno, nominato dal giudice tutelare del luogo in cui questa ha la residenza o il domicilio". [grifos nossos]
42. O § 1896, (1), do BGB, utiliza o vocábulo "Krankheit", o qual pode ser traduzido como doença.
43. FRANÇA. Código Civil. Article 425. "Toute personne dans l'impossibilité de pourvoir seule à ses intérêts en raison d'une **altération, médicalement** constatée, soit de ses facultés mentales, soit de ses facultés corporelles de nature à empêcher l'expression de sa volonté

Ademais, somente no caso brasileiro, a eleição do apoiador será emitida por ele. Nos demais casos, caberá ao magistrado designar quem prestará esse papel, com a exceção do direito italiano, que também admite indicação por instrumento particular autenticado, nos dizeres da doutrina.[44]

Ressalta-se, outrossim, que apesar de o BGB expressamente enunciar que o supervisor não pode ser nomeado contra o livre arbítrio do adulto, não determina que caberá ao sujeito do acompanhamento escolher pelo uso do instituto.[45] Na verdade, o *Breteuung*[46] se aplica aos maiores, por razões físicas ou mentais; no primeiro há o requerimento da parte, já no segundo é impositivo, de modo semelhante à curatela, inclusive, pode ser feito de ofício.[47]

Também é exclusividade da tomada de decisão apoiada a exigência de no mínimo dois apoiadores que atuarão em conjunto. Embora não imponha um piso de apoiadores, a *amministratore di sostgeno* igualmente admite mais de um administrador. Contudo, para o direito italiano, cada apoiador atua sozinho e em caráter subsidiário, ou seja, o outro administrador somente atuará na ausência do primeiro.[48]

---

peut bénéficier d'une mesure de protection juridique prévue au présent chapitre. S'il n'en est disposé autrement, la mesure est destinée à la protection tant de la personne que des intérêts patrimoniaux de celle-ci. Elle peut toutefois être limitée expressément à l'une de ces deux missions". [grifos nossos]

44. Ao tratar da *amministratore de sostegno*, Cesar Fiuza comenta: "A nomeação também poderá ser feita por um instrumento particular autenticado". GURGEL, Fernanda Pessanha do Amaral. **A eficácia prática da tomada de decisão apoiada**. Tese (Doutorado em Direito). Pontifícia Universidade Católica de São Paulo, São Paulo, 2019, p. 127.

45. ALEMANHA, Código Civil (BGB), § 1896 – "(1ª) Gegen den freien Willen des Volljährigen darf ein Betreuer nicht bestellt warden". "(1ª) Um supervisor não pode ser nomeado contra a vontade do adulto".

46. ALEMANHA, Código Civil (BGB), § 1896 – "(1) Kann ein Volljähriger auf Grund einer psychischen Krankheit oder einer körperlichen, geistigen oder seelischen Behinderung seine Angelegenheiten ganz oder teilweise nicht besorgen, so bestellt das Betreuungsgericht auf seinen Antrag oder von Amts wegen für ihn einen Betreuer. Den Antrag kann auch ein Geschäftsunfähiger stellen. Soweit der Volljährige auf Grund einer körperlichen Behinderung seine Angelegenheiten nicht besorgen kann, darf der Betreuer nur auf Antrag des Volljährigen bestellt werden, es sei denn, dass dieser seinen Willen nicht kundtun kann". Em tradução livre: "(1) Se um adulto não puder cuidar de seus negócios no todo ou em parte devido a uma doença mental ou deficiência física, mental ou emocional, o tribunal de supervisão nomeará um supervisor para ele a seu pedido ou *ex officio*. Uma pessoa incapacitada também pode se inscrever. Se o adulto não puder cuidar dos seus negócios devido a uma deficiência física, o supervisor só pode ser nomeado a pedido do adulto, a menos que este não possa manifestar a sua vontade" (grifos nossos).

47. GURGEL, Fernanda Pessanha do Amaral. **A eficácia prática da tomada de decisão apoiada**. Tese (Doutorado em Direito). Pontifícia Universidade Católica de São Paulo, São Paulo, 2019, p. 148.

48. "Cada pessoa pode designar mais de um administrador, que deverão atuar alternativamente: a indicação deverá proceder de acordo com uma ordem de prioridade. O segundo

A *sauvegard de justice*, a *amministratore di sostgeno* e a tomada de decisão apoiada foram idealizadas para cuidar da necessidade de ajuda temporária. Por isso, suas regras remetem ao caráter temporal do instrumento. O diploma gaulês estabelece que a salvaguarda da justiça é medida de caráter rápido e temporário, cuja duração é de um ano, sendo tolerável a renovação pelo juiz. Nos casos latinos, há preferência por fixar um período, porém, a lei permite que seja feito por prazo indeterminado.[49]

Em virtude de serem instrumentos jurídicos que prezam pela volição e autonomia da pessoa a quem se instituem auxílios, o seu objeto é composto de menor amplitude. Assim, somente se alcançam os atos em que o sujeito não tem condições de agir sozinho, isto é, a ajuda é reservada para as tarefas que exijam cuidados, de acordo com cada caso concreto. Vale lembrar que, nesse caso, a lei pátria foge à regra, pois o âmbito da assistência deriva de sua vontade.

Ressalta-se, outrossim, que na tomada de decisão apoiada, não se retira a capacidade. Como o instituto nacional deriva da declaração do beneficiário, a capacidade civil qualifica a validade do instituto. Enquanto isso, nos demais casos em tela, pressupõe-se a incapacidade daquele que se utilizará desses instrumentos.

Por último, salienta-se a validade dos atos realizados por pessoa sujeita a apoio. Nos institutos internacionais, o reconhecimento do apoio torna mais propício questionar os atos praticados, nos moldes do artigo 433, parte final, do Código Civil da França.[50] Não é o que ocorre no regime nacional de apoio. O raciocínio

---

só atuará na falta ou impossibilidade do primeiro". FIUZA, César. Tomada de decisão apoiada. *In*: PEREIRA, Fábio Queiroz; MORAIS, Luísa Cristina de Carvalho; LARA, Mariana Alves (Org.). **A teoria das incapacidades e o estatuto da pessoa com deficiência**. 2. ed. Belo Horizonte: D'Plácido, 2018, p. 126.

49. ITÁLIA. Código Civil. Artigo 405. "Decreto di nomina dell'amministratore di sostegno. Durata dell'incarico e relativa pubblicità. [...] Il decreto di nomina dell'amministratore di sostegno deve contenere l'indicazione: 1) delle generalità della persona beneficiaria e dell'amministratore di sostegno; 2) della durata dell'incarico, che può essere anche a tempo indeterminato; [...]".

50. FRANÇA, Código Civil. "La personne placée sous sauvegarde de justice conserve l'exercice de ses droits. Toutefois, elle ne peut, à peine de nullité, faire un acte pour lequel un mandataire spécial a été désigné en application de l'article 437. Les actes qu'elle a passés et les engagements qu'elle a contractés pendant la durée de la mesure peuvent être rescindés pour simple lésion ou réduits en cas d'excès alors même qu'ils pourraient être annulés en vertu de l'article 414-1. Les tribunaux prennent notamment en considération l'utilité ou l'inutilité de l'opération, l'importance ou la consistance du patrimoine de la personne protégée et la bonne ou mauvaise foi de ceux avec qui elle a contracté (...)". Tradução livre: "A pessoa colocada sob proteção judicial conserva o exercício dos seus direitos. No entanto, não pode, sob pena de nulidade, praticar o ato para o qual tenha sido nomeado representante especial nos termos do artigo 437.º. Os atos por ela praticados e os compromissos por ela contraídos durante a vigência da medida podem ser rescindidos por simples dano ou reduzidos em caso de excesso, ainda que possam ser cancelados nos

é o inverso, reforça-se sua validade e eficácia, uma vez que a pessoa é capaz e o ato é realizado com a consulta a terceiros.

Portanto, é possível afirmar que os institutos se aproximam, avançando no sentido da autonomia. Sem embargo, esse desenvolvimento não significa a eliminação completa de medidas restritivas da capacidade de fato. Ainda nas hipóteses em que a doutrina afirma a extinção das formas mais invasivas, como a curatela, subsistirá a necessidade de apoio, que ocorrerá em maior medida, quando necessário. No caso alemão, o *Betreuung* terá maior amplitude, se comparado à tomada de decisão apoiada. Isso porque o seu uso se estende para pessoas com integral limitação de exercício de seus direitos e deveres, enquanto a tomada de decisão apoiada é específica para pessoas capazes, pois no cenário brasileiro coexiste a figura da curatela. Na realidade, a inteligência desses instrumentos é reservar o auxílio na medida da limitação sofrida pelo sujeito do apoio, primando pela conservação da autonomia, sempre que factível.

---

termos do artigo 414-1 Os tribunais têm em consideração, nomeadamente, a utilidade ou inutilidade da operação, a importância ou a consistência do património da pessoa protegida e a boa ou má-fé daqueles com quem esta contratou".

9
ATOS PATRIMONIAIS E EXTRAPATRIMONIAIS: NOVO PARÂMETRO DA CAPACIDADE CIVIL

Conduzido por um novo paradigma, o Estatuto da Pessoa com Deficiência realizou uma alteração substancial no direito material. Grosso modo, reconfigurou a capacidade de fato das pessoas com deficiência, com fulcro na classificação entre atos patrimoniais e extrapatrimoniais.

O artigo 6º dessa lei traz rol *numerus apertus* de atos em que sempre haverá a plena capacidade: casamento, exercício de direitos sexuais, reprodutivos, familiares. Posteriormente, o Estatuto retoma o raciocínio no artigo 85, ao restringir a curatela sobre atos de direitos patrimoniais e negociais. Em seguida, o § 1º desse dispositivo enuncia ser defeso que a curatela alcance direitos relativos ao próprio corpo, à sexualidade, ao matrimônio, à privacidade, à educação, à saúde, ao trabalho e ao voto.

A lei consagrou uma dicotomia não abordada antes na legislação pátria para fins de capacidade[1]. Embora já trabalhasse a diferença entre ordem patrimonial e extrapatrimonial, o assunto geralmente se referia às espécies de danos. O pouco que se suscitava para fins de atos e negócios patrimoniais e existenciais era tarefa da doutrina e jurisprudência de maneira esparsa.

Importante entender o alcance da dicotomia proposta pelo Estatuto, pois a classificação tem como escopo trazer o regime jurídico adequado para situações distintas. No caso, a dicotomia interferirá no regime da capacidade e em todas as suas consequências. Para isso, é relevante saber as origens dessa distinção. Utilizar-se-á das classificações doutrinárias nesse sentido, para subsidiar a interpretação do critério da Lei Brasileira de Inclusão. Salienta-se, entretanto, que estas categorizações não foram pensadas para o fim em voga, logo, serviram somente de forma auxiliar.

---

1. A doutrina aborda bastante a diferença entre danos morais e patrimoniais, inclusive tratando separadamente os danos estéticos e a imagem, sem embargo, não traça tal diferença sob o prisma dos atos civis.

9.1. "Despatrimonialização" do direito privado

Em caráter preliminar, é elementar abordar a "despatrimonialização" do direito privado, movimento essencial para que os atos extrapatrimoniais passassem a receber a devida atenção da Lei Civil.

Vale realizar um adendo antes de aprofundar esse assunto. Apesar de consagrada, a nomenclatura "despatrimonialização do direito privado" é linguisticamente impertinente. Isso porque ela pode passar a ideia de que o direito civil deixou de tratar de temas patrimoniais, focando somente nos extrapatrimoniais. Entretanto, a realidade é distinta. O objeto do direito civil foi somado, pois versa sobre conteúdos extrapatrimoniais (direitos da personalidade, família etc.), sem deixar de respaldar os tradicionais institutos patrimoniais (obrigações, direitos reais, contratos etc.), conforme se vê a seguir, no histórico jurídico.

No passado, o direito privado resumia-se às questões patrimoniais. No direito romano, entendia-se que somente caberia a instituição do direito objetivo ou positivo para cuidar do patrimônio dos particulares e de algumas outras formalidades a ela referentes, que determinassem o estado da pessoa, nas relações entre particulares.

Modernamente, o direito civil francês manteve essa linha. Influenciado pelos ideais da revolução burguesa, visou proteger a liberdade, pelo direito não interventivo e a proteção à propriedade. Ou seja, um foco essencialmente patrimonial, em que o direito de família continuava com a preocupação primordial de regular a sociedade de bens conjugal e a sua divisão entre os filhos reconhecidos pela Lei.

Os institutos como família e sucessões, os quais atualmente possuem um enfoque predominantemente moral, foram construídos com o condão de proteger o patrimônio daqueles que contribuíam com a construção e a manutenção da propriedade do *pater familis* e com o reconhecimento dos membros perante o Estado e a coletividade. Questões pessoais geralmente eram de solução familiar, religiosa, e não estatal.

De acordo com Francisco do Amaral, a Alemanha foi o embrião teórico e legal dos negócios jurídicos. Seguindo a ideologia da época, tal espécie de fato jurídico surgiu para propiciar a circulação de riquezas, nos moldes da vontade das partes. Com isso, considerou conveniente diferenciar a figura do negócio jurídico, cujos efeitos detalhadamente decorrem da vontade, da visão unitária dos atos jurídicos, os quais permaneceram na legislação francesa[2]. Esse parece ser o entendimento

---

2. "Surge assim, no campo econômico, e com evidente conotação ideológica, a ideia de que o negócio jurídico foi o instrumento criado para facilitar à classe mercantil a circulação de bens e serviços, e assim desenvolver o sistema de produção e consumo. Segundo tal perspectiva, o processo de produção e o de circulação de bens em um mercado de concorrência justificaria a criação de tal figura no quadro do sistema jurídico. Nascida no direito alemão, primeiro na doutrina, depois objetivada no Código Civil (BGB), a teoria

adotado pelo Estatuto da Pessoa com Deficiência. Ao restringir a curatela apenas aos "direitos de natureza patrimonial e negocial" (artigo 85), evidencia que a curatela incide sobre o conteúdo patrimonial disposto segundo a vontade dos envolvidos.

Assim, ao estudar o direito civil, nota-se seu caráter patrimonial ao tratar das obrigações e dos negócios jurídicos relacionados à circulação de recursos, responsabilidade civil (na maior parte dos casos, os danos são reparados em pecúnia) e direitos reais (proteção da coisa passível de aferição econômica).

Aos poucos, o direito civil foi influenciado por uma visão mais humanitária, especialmente com o avanço da teoria dos direitos da personalidade, em particular no Ocidente. No último século, intensificou-se o uso do direito privado para proteger as relações não patrimoniais, enquanto os valores meramente patrimoniais passaram a ter natureza instrumental, ou seja, não são um fim em si mesmo, mas meio de concretizar a dignidade humana[3]. Com isso, os direitos da personalidade irradiaram efeitos sobre os demais institutos: o direito de família passou a ser abordado em todas as suas esferas (e não apenas em relação aos bens da sociedade conjugal) e a primordial atenção às questões atinentes à dignidade humana, em vez da mera literalidade do contrato, por exemplo, nas obrigações envolvendo o direito à saúde.

Essa "despatrimonialização do direito civil", ou melhor, valorização dos direitos extrapatrimoniais, deriva da mudança de paradigma do ordenamento jurídico[4], que passou a ter a dignidade humana como o fundamento supremo do

---

do negócio jurídico passa à doutrina italiana, à espanhola e à portuguesa. O direito francês permanece, porém, com a figura unitária do ato jurídico, não distinguindo o Código os atos jurídicos em senso estrito do negócio jurídico. O Código Civil brasileiro de 1916 não adotava expressamente a figura, seguindo a posição unitária francesa, embora seu artigo 81, dedicado ao ato jurídico, já contivesse a definição de negócio. O Código Civil de 2002 já consagra, porém, a posição dualista, com referência expressa aos negócios e aos atos jurídicos lícitos deles diversos, de acordo com a doutrina brasileira contemporânea, que é dominante no preferir esta concepção". AMARAL, Francisco. **Direito civil**: introdução. 10. ed. São Paulo: Saraiva Educação, 2018, p. 472.

3. A doutrina reconhece o valor instrumental do patrimônio nas relações jurídicas, especialmente no âmbito familiar: "Usualmente, o patrimônio dos cônjuges e dos companheiros é a fonte que propicia o sustento e o desenvolvimento da família e de seus integrantes, com o atendimento de necessidades básicas de alimentação, vestuário, lazer, moradia, saúde, educação. É nítida, portanto, como já salientado, a função instrumental que o patrimônio desempenha no âmbito familiar. Mais que nunca se mostra adequada a assertiva de Pontes de Miranda: 'o **patrimônio serve ao fim; não é o fim em si**'". MAIA JÚNIOR, Mairan Gonçalves. **A família e a questão patrimonial**: planejamento patrimonial, regime de bens, pacto antenupcial, contrato patrimonial na união estável. 3. ed. São Paulo: RT, 2015, p. 140.

4. A doutrina estrangeira relativa ao direito civil constitucional expõe sobre o tema, que se aplica ao direito brasileiro: "A concepção exclusivamente patrimonialista das relações

sistema jurídico, de forma a reconhecer a presença e a proteção das situações subjetivas existenciais e mensurar o âmbito de importância dos interesses meramente patrimoniais quando em contato com os primeiros. Consequentemente, houve o fenômeno da constitucionalização do direito privado. Com ele, reconheceu-se a eficácia horizontal[5] e diagonal[6] das normas constitucionais sobre o direito privado pelos Tribunais pátrios, em especial o valor da dignidade humana. Assim, começou-se a dedicar mais atenção em como lidar com tais situações extrapatrimoniais, especialmente no tocante à dignidade humana.

Em síntese, a dignidade da pessoa humana é um valor segundo o qual se tutela o ser humano em razão de sua essência. Eis a noção de reconhecer especial proteção ao homem, no tocante aos valores a ele inerentes, aos seus atributos[7].

Derivado da linha jusnaturalista, a dignidade humana se coaduna com o desenvolvimento ético proposto por Immanuel Kant de que o homem era um fim em si mesmo, não podendo servir como instrumento para vontades alheias. O imperativo categórico é uma das consequências no campo moral do antropocentrismo que centralizou o ser humano no universo, determinando que todas as condutas devem respeitar os atributos da natureza humana, conforme já explanado.

A Carta Magna brasileira reflete esse pensamento, ao instituir a dignidade da pessoa humana como fundamento do Estado brasileiro. Portanto, o Estado existe para servir ao ser humano e não o inverso. Assim, no campo técnico-jurídico, a dignidade da pessoa humana é um princípio maior, na medida em que é base de

---

    privadas, fundada sobre a distinção entre interesses de natureza patrimoniais e de natureza existencial, não responde aos valores inspiradores do ordenamento jurídico vigente". PERLINGIERI, Pietro. **O direito civil na legalidade constitucional**. Tradução de Maria Cristina De Cicco. Rio de Janeiro: Renovar, 2008, p. 760.

5. "A eficácia horizontal dos Direitos Fundamentais diz respeito à aplicação dos Direitos Fundamentais no âmbito das relações entre particulares. A denominação, na verdade, diferencia a aplicação dos Direitos Fundamentais nas relações privadas da chamada eficácia vertical, vale dizer, que impõe o respeito e aplicação dos Direitos Fundamentais pelo Estado". ARAUJO, Luiz Alberto David; NUNES JÚNIOR, Vidal Serrano. **Curso de direito constitucional**. 22. ed. Atualizada até a EC n. 99 de 14 de dezembro de 2017. São Paulo: Verbatim, 2018, p. 198.

6. Em similitude à eficácia horizontal, a eficácia diagonal diz respeito a incidência dos direitos fundamentais nas relações privadas, com o diferencial de se inserirem nas relações assimétricas. Dispõe a doutrina: "[...] Subsiste ainda, e de origem espanhola, a Teoria da Eficácia Diagonal. Esta teoria sustenta que em algumas relações jurídico-privadas as partes não estariam em um mesmo patamar (de horizontalidade). Tais como as relações consumeristas e as relações trabalhistas". ALCÂNTARA, Dione Cardoso de; XEREZ, Rafael Marcílio. Análise da concretização do direito fundamental ao trabalho pelo Tribunal Superior do Trabalho à luz da teoria da eficácia nas relações privadas. **Revista de Direito do Trabalho**, v. 193, set. 2018, pp. 59-85.

7. LEITE, George Salomão; SARLET, Ingo Wolfgang; CARBONELL, Miguel (Coord.). **Direitos, deveres e garantias fundamentais**. Salvador: JusPodivm, 2011, p. 564.

todo o ordenamento, servindo como vetor hermenêutico da ordem jurídica brasileira, de forma a ser fonte de ponderação e de limitação de direitos fundamentais, em possível conflito de valores, nos moldes da teoria dos princípios consagrada por Robert Alexy e Ronald Dworkin.

É inegável a importância de sua utilização, mas por ser um preceito axiológico, possui conteúdo elástico. O problema disso reside na amplitude de sua aplicação. Por várias vezes, esse valor foi desconsiderado, sendo reservado para algumas pessoas e anulado para outras, o que provocou diversas atrocidades, como a escravidão, que perdurou em quase toda a história e foi vista com naturalidade. Em um sistema dialético-histórico[8], ilustrado por um pêndulo, o ser humano busca a virtude no equilíbrio aristotélico. Assim, após momentos de grande desrespeito ao ser humano, surge o movimento de proteção que também adota um nível extremado de proteção.

O último escândalo mundial contra o ser humano foi a Segunda Guerra Mundial, que contou com barbáries envolvendo todos os continentes e cujos maiores afetados foram a Europa e o Japão, seja em razão de regime totalitários que desconsideravam certos grupos como seres humanos, seja em razão das ofensivas militares, da crise e da fome. Pessoas de todas as idades foram usadas como instrumento de guerra. Justificaram a crueldade do uso de armas nucleares contra civis, como única forma de rendição, desprezando os seres humanos, em detrimento de uma estratégia bélica.

Esse descalabro humano de escala intercontinental enfraqueceu a teoria relativista dos valores normativos. Até mesmo Radbruch, ex-Ministro de Estado na Alemanha, bastante conhecido por sua posição axiológica relativista-cultural, alterou parcialmente seu entendimento para admitir um valor universal, qual seja, a dignidade da pessoa humana. Outros juristas adotaram solução semelhante da proposta na segunda fase de Radbruch. Nacionalmente, é possível citar a doutrina de Miguel Reale. Malgrado tenha construído uma teoria da gênese do direito com base culturalista e relativista, admitindo a mudança de valores no tempo e na cultura, o brasileiro também considerou a dignidade da pessoa humana um valor supremo, que não pode ser relativizado, cientificamente denominando-o "constante axiológica" ou "invariante axiológica"[9].

---

8. Hegel e Marx são os expoentes do materialismo histórico com inspiração na dialética econômica de Engels.
9. "Sem tentar a síntese dessa ordem de estudos, antecipando conclusões aliás já esboçadas em nosso livro sobre os *Fundamentos do Direito*, limitamo-nos, por ora, a dizer que a verdade nos parece estar com aqueles segundo os quais, na história da experiência axiológica, há *bens* ou formas de atualização de valores que, uma vez adquiridos, não sofrem mais a erosão comprometedora do tempo, podendo ser considerados *invariantes axiológicas*. Temos, além disso, a convicção de que, apesar das incessantes mutações históricas operadas na vida do Direito, a vida deste pressupõe um núcleo resistente, uma '*constante axiológica*

Da mesma forma, se usado de modo excessivo, deixará de ser um elemento estruturante do sistema e se tornará fonte de discordância, perdendo a sua real função. Esse fenômeno de utilização excessiva e descabida do princípio é chamado de "superutilização" do princípio da dignidade da pessoa humana[10]. Isso ocorre, por exemplo, no uso indevido dos direitos da personalidade. O direito da personalidade é aquele que cuida de direitos inerentes da natureza humana, logo, obtidos à luz da dignidade humana[11]. Não se confunde com o conceito de personalidade, que é a possibilidade de ser sujeito de direitos e obrigações[12], seja pessoa física ou jurídica. Enquanto isso, os direitos da personalidade são os direitos reservados somente aos sujeitos seres humanos, na medida em que sobre eles há interesse quanto ao seu pleno e livre desenvolvimento, orientados pela inteligência, possibilidade de possuir emoções e singularidade de cada indivíduo.

É possível visualizar o exagero no uso desse princípio nos Tribunais Superiores do país. Ante o excesso de trabalho, houve certa desatenção a essa distinção conceitual pelo Superior Tribunal de Justiça. Na Súmula 227, a Corte firmou entendimento pelo cabimento dos danos morais às pessoas jurídicas, inferindo-se pela aplicação dos direitos da personalidade às pessoas jurídicas, naquilo que for compatível com a sua natureza[13].

---

do Direito', a salvo de transformações políticas, técnicas ou econômicas". REALE, Miguel. **Filosofia do direito**. 19. ed. São Paulo: Saraiva, 1999, p. 596. [grifos do autor]

10. NANNI, Giovanni Ettore. As situações jurídicas exclusivas do ser humano: entre a superutilização do princípio da dignidade da pessoa humana e a coisificação do ser humano. In: NANNI, Giovanni Ettore. **Direito civil e arbitragem**. São Paulo: Atlas, 2014, p. 139.
11. "Os direitos da personalidade são os direitos não patrimoniais inerentes à pessoa, compreendidos no núcleo essencial de sua dignidade. Os direitos da personalidade concretizam a dignidade da pessoa humana, no âmbito civil". LÔBO, Paulo. **Direito civil**: parte geral. 6. ed. São Paulo: Saraiva, 2017, p. 137.
12. MIRANDA, Francisco Cavalcanti Pontes de. 1892-1979. **Tratado de Direito Privado**. Introdução: pessoas físicas e jurídicas. Coleção tratado de direito privado: parte geral 1. Atualizado por Judith Martins-Costa [et al.]. t. I. São Paulo: RT, 2012.
13. A seguinte ementa consubstanciada no informativo 508 de novembro de 2012 dispõe: "DIREITO ADMINISTRATIVO. RESPONSABILIDADE CIVIL. DANO MORAL. PESSOA JURÍDICA. HONRA OBJETIVA. VIOLAÇÃO.
Pessoa jurídica pode sofrer dano moral, mas apenas na hipótese em que haja ferimento à sua honra objetiva, isto é, ao conceito de que goza no meio social. Embora a Súm. n. 227/STJ preceitue que "a pessoa jurídica pode sofrer dano moral", a aplicação desse enunciado é restrita às hipóteses em que há ferimento à honra objetiva da entidade, ou seja, às situações nas quais a pessoa jurídica tenha o seu conceito social abalado pelo ato ilícito, entendendo-se como honra também os valores morais, concernentes à reputação, ao crédito que lhe é atribuído, qualidades essas inteiramente aplicáveis às pessoas jurídicas, além de se tratar de bens que integram o seu patrimônio. Talvez por isso, o art. 52 do CC, segundo o qual se aplica "às pessoas jurídicas, no que couber, a proteção aos direitos da personalidade", tenha-se valido da expressão "no que couber",

Em que pese a orientação dos Ministros do Superior Tribunal de Justiça, não há compatibilidade entre os direitos da personalidade e a pessoa jurídica. Primeiramente, os direitos da personalidade têm como objeto questões próprias do ser humano, em seu âmbito biopsicológico. A pessoa jurídica, entretanto, não tem *psiqué*, logo não tem emoções, muito menos sofrimento, ou seja, não possui a integridade físico-psíquica, pressuposto da honra subjetiva[14]. Na realidade, atos difamatórios contra pessoas jurídicas atingem sua imagem, nome, marca, produzindo somente reflexos econômicos, passível de mensuração. Assim, constituem ofensa à honra objetiva. Logo, há superutilização de direitos decorrentes da dignidade humana ao caso mencionado.

Em segundo lugar, não se confunde pessoa com direitos da personalidade. Com isso, equiparar[15] as duas formas de ser pessoa (física e jurídica) seria uma imprecisão ontológica. O cerne do problema não está no resultado das decisões, que tem cunho pragmático, mas na extensão equivocada de preceitos exclusivos do ser humano[16] que desvalorizam um dos principais axiomas da ordem brasileira, a dignidade da pessoa humana.

Com base nesse raciocínio, parcela da doutrina percebe ser imprescindível distinguir as situações exclusivas do ser humano das relações privadas unicamente patrimoniais, pois se pautam em fundamentos diversos. Não obstante, o Código

---

para deixar claro que somente se protege a honra objetiva da pessoa jurídica, destituída que é de honra subjetiva. O dano moral para a pessoa jurídica não é, portanto, o mesmo que se pode imputar à pessoa natural, tendo em vista que somente a pessoa natural, obviamente, tem atributos biopsíquicos. O dano moral da pessoa jurídica, assim sendo, está associado a um "desconforto extraordinário" que afeta o nome e a tradição de mercado, com repercussão econômica, à honra objetiva da pessoa jurídica, vale dizer, à sua imagem, conceito e boa fama, não se referindo aos mesmos atributos das pessoas naturais. Precedente citado: REsp 45.889-SP, DJ 15/8/1994. REsp 1.298.689-RS, Rel. Min. Castro Meira, julgado em 23/10/2012". (Grifos nossos). Disponível em: https://ww2.stj.jus.br. Acesso em: 18 mai. 2021.

14. "A honra pode ser entendida como subjetiva, quando toca à pessoa física, porque somente ela pode sofrer constrangimentos, humilhações, vexames. É objetiva a honra dos padrões morais existentes em determinada sociedade, considerada a conduta razoável ou média". NANNI, Giovanni Ettore. Superutilização do princípio da dignidade da pessoa humana e a coisificação do ser humano. NANNI, Giovanni Ettore. **Direito civil e arbitragem**. São Paulo: Atlas, 2014, p. 157.

15. "A teoria da equiparação, defendida por Windscheid e Brinz, entende que a pessoa jurídica é um patrimônio equiparada no seu tratamento às pessoas naturais. É inaceitável porque eleva os bens à categoria de sujeito de direito e obrigações, confundindo pessoas com coisas." DINIZ, Maria Helena. **Curso de direito civil brasileiro**: teoria geral do direito civil. v. 1. 32. ed. São Paulo: Saraiva, 2015, p. 271.

16. "A indevida aplicação de preceitos exclusivos do ser humano às pessoas jurídicas" é a superutilização do princípio da dignidade da pessoa humana e a coisificação do ser humano. NANNI, Giovanni Ettore. **Direito civil e arbitragem**. São Paulo: Atlas, 2014, p. 153.

Civil ainda não dispõe de um regime jurídico com base nessa diferença, cabendo à academia e aos Tribunais atuar de forma atípica na busca da solução equânime, quando vislumbram um caso concreto sobre essa assertiva. Ressalta-se que não se trata de superar a norma civil vigente, nem de se excluir o regime pensado para questões patrimoniais. Eles pretendem alcançar um regime próprio para cada espécie de negócio jurídico existente, com a finalidade de trazer harmonia ao sistema e equidade a cada caso concreto.

9.2. Breve menção às técnicas de classificação e o corte metodológico

É evidente a razão de ser da classificação nas ciências jurídicas, qual seja, reconhecer o regime jurídico aplicável a cada objeto em estudo. Ademais, é por meio da classificação que se estabelece um corte epistemológico que permite um estudo aprofundado de cada tema. Portanto, à luz das semelhanças e das diferenças de cada objeto jurídico, sistematizam-se princípios, regras e metodologia própria de cada grupo com características comuns; não é por outro motivo que se fala em princípios específicos de cada ramo do direito. No caso, é notável que a legislação buscou regime jurídico distinto de capacidade de agir, a depender da natureza do ato a ser praticado.

Dessa maneira, a principal forma de classificar é pela constatação das características do "ser", quais sejam, iguais ou distintas, para formar os grupos dos institutos jurídicos. Trata-se da classificação por critérios ontológicos, proposta pelo antigo, mas atemporal, filósofo grego Aristóteles. Também cumpre mencionar os critérios propostos por Vicente Forray e Silvio Rodrigues, segundo os quais a classificação deve observar a estrutura do objeto e os elementos que o compõe, de modo a não deixar resíduos e de forma que as espécies mais se aproximem que se afastem, quando classificadas no mesmo lugar de destino[17]. Em que pese a inovação dos últimos autores, eles partem da ideia ontológica, ao buscar os elementos que compõem cada objeto de estudo, bebendo na fonte aristotélica. Por fim, vale ressaltar que nenhuma classificação pode ser tão detalhista, de maneira a individualizar cada objeto de estudo, caso em que se perderia o escopo de buscar regras comuns a um grupo com características similares, tornando-se inútil essa classificação.

O direito privado tradicionalmente é dividido em direitos reais e direitos obrigacionais. Posteriormente, com o monismo jurídico, o Estado passou a cuidar do direito de família, inserido no direito privado. Também é comum a classificação das espécies de fatos jurídicos e de contratos com o condão de destinar-lhes regimes jurídicos diversos.

---

17. AGUIAR JÚNIOR, Ruy Rosado. Contratos relacionais, existenciais e de lucro. **Revista Trimestral de Direito Civil.** v. 45, jan.-mar. 2011. Rio de Janeiro: Padma, 2011, pp. 94-95.

As classificações consagradas dos contratos[18] concernem à reciprocidade das prestações, sinalagmáticos e não sinalagmáticos[19]; às vantagens oriundas do negócio, gratuitos (benéficos ou graciosos) e onerosos; à certeza da obrigação, comutativos ou aleatórios; à dependência de um outro contrato, principal e acessório; ao aperfeiçoamento, consensuais ou reais; à formalidade, informais, formais ou solenes; ao poder de negociação, paritários e de adesão e, ao momento da execução, de execução instantânea/imediata, diferida e de execução continuada.

De fato, todas essas classificações são úteis. Basta pensar no conceito de cada espécie classificada que já será possível relacionar regras próprias conforme sua natureza. Assim, somente em contratos comutativos, em que há expectativa na prestação, é possível visualizar o regime dos vícios redibitórios[20] e da evicção; para que se possa cogitar a resolução por onerosidade excessiva, deve-se pressupor um contrato de execução continuada e assim por diante.

Conforme observado, trata-se de uma classificação vasta que soluciona muitos problemas objetivos, em especial, no tocante à interpretação da lei que utiliza estes termos. Não obstante, é insuficiente para trazer equidade às diversas relações jurídicas de direito privado, vez que deixa sem rumo algumas situações cujo único fundamento de distinção seria a qualidade da pessoa que é parte no negócio jurídico e o caráter vital da obrigação assumida.

Diante do constitucionalismo no direito privado, alguns juristas passaram a notar que certos negócios mereciam especial proteção por se pautarem diretamente (de forma mais próxima no plano abstrato) na dignidade humana, enquanto outros estariam pautados preponderantemente no patrimônio. Ou seja, os segundos teriam como fim precípuo o lucro, são contratos com escopo distanciado da dignidade humana em comparação aos primeiros. Nos primeiros, seria justo maior flexibilização do postulado[21] da força obrigatória dos contratos. Por outro

---

18. Mencionam-se as classificações contratuais que são mais completas, devido a ambivalência de vontades.
19. Tradicionalmente, fala-se em contratos unilaterais e bilaterais. Em que pese serem termos consagrados, considera-se mais adequado o termo "sinalagmático", a fim de evitar possível confusão com os conceitos de negócio jurídico unilateral e negócios jurídicos bilaterais.
20. BRASIL. Código Civil (2002): "Seção V – Dos Vícios Redibitórios. Artigo 441. A coisa recebida em virtude de contrato comutativo pode ser enjeitada por vícios ou defeitos ocultos, que a tornem imprópria ao uso a que é destinada, ou lhe diminuam o valor. Parágrafo único. É aplicável a disposição deste artigo às doações onerosas". Registra-se, que a lei traria mais exatidão se também inserisse os contratos sinalagmáticos, pois neste caso se espera a contraprestação recíproca e os vícios redibitórios justificam-se na falha dessa reciprocidade das contraprestações.
21. Nessa questão, há preferência em utilizar a força vinculante dos contratos ou *pacta sunt servanda* como postulado. Embora seja chamado de princípio ou regra, considera-se o

lado, nos segundos ocorreria o oposto, considerando partes experientes em pé de igualdade, deve-se dar maior rigor à lei e ao que foi proposto pelos contratantes, a fim de trazer segurança jurídica às relações profissionais.

Portanto, é inegável a insuficiência das classificações tradicionais, as quais foram pensadas apenas sob o parâmetro dos negócios jurídicos patrimoniais. O ordenamento vigente se encontra notoriamente em descompasso com a despatrimonialização do direito civil; é imprescindível, portanto, a previsão de regimes jurídicos a espécies de negócios jurídicos distintos quanto à natureza econômica das prestações e as partes envolvidas, pois são duas situações pautadas em fundamentos opostos. Essa foi a premissa que fez nascer a dicotomia dos atos patrimoniais e extrapatrimoniais.

Serão apresentadas classificações teóricas nesse sentido. Embora elas não tenham sido idealizadas especialmente para a capacidade de fato das pessoas com deficiência, seus fundamentos podem servir de inspiração à hermenêutica do Estatuto da Pessoa com Deficiência. Algumas delas têm como escopo primordial o ramo dos contratos, por ser o instrumento que valoriza a vontade de ambas as partes, embora não se restrinja a isso. Alcança, por exemplo, os negócios jurídicos que, em síntese, significa toda declaração de vontade qualificada de produzir efeitos jurídicos[22], ou seja, é o gênero do qual pertence a espécie contrato.

9.3. Classificações genéricas

Muitas doutrinas clássicas não adentram nessa dicotomia. Quando o fazem é de maneira sucinta. Emilio Betti aborda a dicotomia entre negócios jurídicos patrimoniais e familiares. Ambos são atos da autonomia privada, mas "a natureza dos interesses em jogo" é diversa. Sem riqueza de detalhes, o autor expõe que os interesses familiares constituem instância superior que transcende o indivíduo; enquanto nos negócios patrimoniais cada um aprecia a sua conveniência[23]. Nota-se a vagueza da diferenciação e a redução dos negócios extrapatrimoniais à seara familiar. Em que pese esta limitação, essa dicotomia merece ser lembrada, pois foi um avanço abordar o tema, retirando o aspecto estritamente patrimonial do direito privado.

---

termo "postulado" mais adequado, pois, segundo Humberto Ávila, se trata de um elemento que regula o sistema jurídico privado.

22. "El Código civil conceptúa como 'negocio jurídico' un acto –o pluralidad de actos entre sí relacionados, ya sean de una o varias personas – cuyo el fin es producir un efecto jurídico en el ámbito del derecho privado, esto es, una modificación en las relaciones jurídicas entre particulares". LARENZ, Karl. **Derecho civil**: parte general. Tradução de Miguel Izquierdo e Macías-Picavea. Madrid: Revista de Derecho Privado, 1978, p. 421.
23. BETTI, Emilio. **Teoria geral do negócio jurídico**. t. III. Tradução de Ricardo Rodrigues Gama. Campinas: LZN, 2003, p. 124.

Por sua vez, Francisco do Amaral dividiu os direitos subjetivos quanto ao bem protegido em patrimoniais e extrapatrimoniais. O critério de referência é o patrimônio, na medida em que os primeiros são passíveis de se integrarem a ele, enquanto os segundos não o são.

Insta salientar que patrimônio equivale ao complexo das situações jurídicas ativas e passivas o qual é titularizado por uma pessoa, de modo dinâmico[24]. Nessa toada, os direitos patrimoniais abarcam os direitos reais, obrigacionais e intelectuais. Já os extrapatrimoniais compreendem os direitos de personalidade, de família e políticos[25].

O autor propugna que a principal consequência jurídica da diferença é o fato de exclusivamente os direitos patrimoniais serem transmissíveis, enquanto os extrapatrimoniais são inalienáveis e intransmissíveis. Ademais, o civilista salienta a diferença da apreciação pecuniária. Em princípio, os direitos extrapatrimoniais não são suscetíveis de aferição econômica.

Considerando essas diferenças, Francisco do Amaral ressalta o limite dessa dicotomia, que não é absoluta. Segundo o autor, em certos casos, são aferidos direitos extrapatrimoniais, transformando sua violação em ressarcimento pecuniário. Devido a essa zona de intersecção entre as duas categoriais, em vez de uma divisão radical e simplista, Francisco do Amaral prefere utilizar a expressão "degraus de patrimonialidade". Apesar de simples, estas classificações demonstram ser inevitável traçar a distinção entre essas duas categorias de interesses visados: material e moral.

9.4. Classificação de negócios patrimoniais ou de lucro e existenciais

Para ajudar na hermenêutica da nova configuração da capacidade de agir vale tomar como base a dicotomia de contratos patrimoniais ou de lucro e contratos existenciais ou extrapatrimoniais desenvolvida, dentre outros doutrinadores, por Ruy Rosado de Aguiar Júnior.

Parte das doutrinas nesse sentido inspiraram-se nas lições de Antonio Junqueira de Azevedo sobre o assunto. Tanto é assim que o ex-Ministro do Superior Tribunal de Justiça deixa homenagens ao professor das Arcadas, que não teve oportunidade de publicar mais sobre o tema em razão de seu falecimento[26].

---

24. MAIA JÚNIOR, Mairan Gonçalves. **A família e a questão patrimonial**: planejamento patrimonial, regime de bens, pacto antenupcial, contrato patrimonial na união estável. 3. ed. São Paulo: RT, 2015, p. 140.
25. AMARAL, Francisco. **Direito civil**: introdução. 10. ed. São Paulo: Saraiva Educação, 2018, pp. 297-298.
26. Igualmente outros autores desenvolveram o tema com matriz no propugnado pela doutrina de A. J. Azevedo. MARTINS, Fernando Rodrigues; FERREIRA, Keila Pacheco. Contratos existenciais e intangibilidade da pessoa humana na órbita privada: homenagem

Diante da unificação dos temas de direito civil e direito empresarial no Código Civil, Antonio Junqueira de Azevedo notou não ter sido dispensado tratamento diferenciado entre os contratos firmados nos dois ramos. Para o autor, houve um lapso do legislador tendo em vista as distintas finalidades e sujeitos. Por isso, defendeu a existência de regimes diferentes aos negócios firmados em cada ramo jurídico, propugnando a dicotomia em voga.

Ademais, Ruy Rosado de Aguiar Júnior pautou-se nas lições de Teresa Negreiros, que abordou a dicotomia sob o paradigma da essencialidade, considerando não somente a distinção entre os ramos jurídicos, mas também o caráter vital da prestação ao ser humano. Essa segunda colocação parece se aproximar mais da dicotomia do Estatuto. Combinando essas duas vertentes, apresenta-se essa dicotomia, de acordo com Ruy Rosado de Aguiar Júnior.

Preliminarmente, o autor demonstra a insuficiência das classificações tradicionais dos contratos[27], segundo a lei. Argumenta que tanto questões patrimoniais quanto existenciais podem se inserir nas mais diversas formas contratuais. Uma prestação de serviços, por exemplo, pode ter caráter existencial ou de lucro, dependerá dos sujeitos envolvidos e do escopo pelo qual foi firmado o contrato. Se for uma pessoa física contratando um plano de saúde, evidente o reconhecimento da natureza extrapatrimonial quanto ao fim almejado. Por outro lado, caso uma sociedade empresária contrate serviços de um contador, para um mês de maior venda, trata-se de mero contrato de lucro. Ambos os exemplos são prestação de serviços[28], mas merecem tratamento variados. Ou seja, não é possível tutelar estas situações próprias unicamente do ser humano com fulcro unicamente nas classificações existentes no Código Civil.

De certa forma, a impossibilidade de se diferenciar as situações subjetivas existenciais e os negócios de lucro com parâmetro nos contratos em espécies previstos no Código Civil relaciona-se com a atipicidade dos direitos da personalidade[29]. Estes direitos são aqueles intimamente ligados à dignidade, pois tutelam o conteúdo próprio da condição humana. À luz dessa concepção tomista de direitos naturais, é inviável encontrar regra única para o justo exercício dos negócios

---

ao pensamento vivo e imortal de Antonio Junqueira de Azevedo. **Revista de Direito do Consumidor**. v. 79. São Paulo: RT, jul.-set. 2011, pp. 265-307.

27. A classificação proposta tem como escopo primordial o ramo dos contratos. Embora não seja o proposto nas fontes pesquisadas, também poderia utilizar essa classificação aos negócios jurídicos que, em síntese, significa toda declaração de vontade qualificada de produzir efeitos jurídicos.
28. Vale lembrar que o contrato de prestação de serviços é tradicionalmente classificado em sinalagmático, oneroso, consensual, informal e, em regra, comutativo e pessoal.
29. A atipicidade dos direitos da personalidade é tratada por Pietro Perlingieri. PERLINGIERI, Pietro. **O direito civil na legalidade constitucional**. Tradução de Maria Cristina De Cicco. Rio de Janeiro: Renovar, 2008, p. 762.

subjetivos, de forma a se analisar cada caso na busca da decisão equânime. Por outro lado, é possível buscar regimes próprios para estes casos, por meio de uma nova classificação negocial: contratos existenciais e de lucro.

Essa dicotomia baseia-se em dois parâmetros: as partes envolvidas e a finalidade do negócio para cada uma delas. Ela inova por indiretamente conseguir dar regime diverso às situações que mais se aproximam do princípio da dignidade humana; consequentemente, merecem solução concreta por ponderação e um regime de regras aquelas relações em que esse princípio da dignidade humana estiver em segundo plano.

Os negócios existenciais, também chamados de contratos 'não de lucro' ou 'não empresariais', são aqueles intimamente relacionados à concretização da dignidade da pessoa humana. Dessa forma, é fácil perceber que neles, ao menos uma das partes deve ser pessoa natural ou pessoa jurídica que tenha por finalidade defender interesses de pessoa física. Por exemplo, quem realiza um negócio visando atender necessidades fundamentais, como saúde, habitação, comunicação ou trabalho. Conforme outrora alegado, pessoas jurídicas não possuem dignidade humana, tampouco direitos da personalidade.

Evidente que o objeto das obrigações formadas é a subsistência do ser humano, isto é, somente aqueles atos intimamente necessários à sua sobrevivência, sem desrespeitar o mínimo essencial de sua dignidade. Por isso, são pautados pelo paradigma da essencialidade. Em razão desse fundamento se reconhece a primazia das situações existenciais em detrimento das patrimoniais.

A partir desse ponto de vista, o contrato de locação, por exemplo, pode ser classificado de maneiras diferentes, a depender de sua finalidade e para a parte em tela. Se for um contrato de locação residencial, para uma família que precisa daquele lugar para residir, será um contrato existencial. Caso seja um aluguel para mero lazer, perderá o caráter da essencialidade, ainda que seja firmado entre pessoas físicas.

Salienta-se que o mínimo existencial é um conceito jurídico indeterminado, associado aos direitos humanos e aos direitos fundamentais[30]. Ele varia de acordo com a conjuntura econômica, social, geográfica e cultural. Em lugares frios, certas roupas são imprescindíveis, em países tropicais, a situação é diferente. Esse conceito é relativo também de acordo com as condições econômicas.

O critério da finalidade, ora entendida como lucro, ora como questão essencial da dignidade humana, é um conceito aberto. Inicialmente, o parâmetro aberto pode levar a incertezas, alto grau de subjetividade, e é passível de críticas. Todavia, essa característica é capaz de propiciar equidade por meio de ponderação

---

30. FERRIANI, Adriano. **Responsabilidade patrimonial e o mínimo existencial**: elementos de ponderação. São Paulo: Institutos dos Advogados de São Paulo – IASP, 2017, pp. 176-189.

axiológica em cada situação. Além de ser um instrumento que permite a justiça *in concreto*, o uso de cláusulas abertas e de conceitos jurídicos indeterminados é um recurso que busca trazer a adaptação do texto legal à cultura vigente, um dos propósitos de Miguel Reale na confecção do Código Civil de 2002.

Em momento posterior, essa incerteza será reduzida. Conforme os litígios avancem aos Tribunais, aparecerão decisões uniformizadoras, que trarão uma diretriz do que naquela sociedade se considera essencial. Em longo prazo, certas questões receberão atenção do legislador, que poderá fazer uma ponderação em nível abstrato, diminuindo a insegurança jurídica.

Apesar de consagrado o termo "contratos existenciais", relevante salientar mais uma terminologia a ser adotada: "situações exclusivas do ser humano"[31]. Na realidade, na obra citada, o doutrinador não pretendeu pormenorizar essa dicotomia, mas utilizou a expressão no contexto das situações jurídicas subjetivas apresentadas, demonstrando grande precisão, já que a expressão consegue sintetizar a ideia apresentada. A pessoa natural como parte de uma relação merece especial proteção dos direitos, no sentido do alcance da dignidade humana. Por isso, considera-se útil empregar tal denominação. Na linha do pensamento de Pietro Perlingieri[32], a expressão é completa ao ir além dos contratos, estendendo-se a todas as situações exclusivas do ser humano.

Em contraposição, categorizam-se os contratos não existenciais, contratos de lucro ou empresariais. Pelo nome, é possível inferir que se trata daqueles cujas partes são empresas e profissionais, os quais objetivam o lucro. Por exemplo, citam-se os contratos de agência, distribuição, transporte, franquia, *engineering*. Como ambas as partes são empresárias ou profissionais, presume-se igualdade entre elas, embora a completa paridade contratual não seja um requisito. No contrato de franquia, há uma relação assimétrica, vez que se trata de contrato de adesão, devido à forma de contratação pela qual apenas uma das partes impõe os elementos

---

31. "**A necessidade de desenvolvimento de conceitos jurídicos próprios para as situações jurídicas exclusivas do ser humano**. Diante da coisificação do ser humano, exige-se o desenvolvimento de uma disciplina própria às suas vicissitudes, notadamente quando pactuados os negócios jurídicos extrapatrimoniais. É preciso que a pessoa humana seja reconhecida pela ordem jurídica como um ser dotado de valor único, com a elaboração de conceitos jurídicos particulares. Isso porque ela detém atributos exclusivos, que não se aplicam às coisas nem às pessoas jurídicas como um todo. Ante a superutilização do conceito de dignidade da pessoa humana e coisificação do ser humano, é necessário encontrar um meio-termo, o que não é tarefa fácil". NANNI, Giovanni Ettore. As situações jurídicas exclusivas do ser humano: entre a superutilização do princípio da dignidade da pessoa humana e a coisificação do ser humano. In: NANNI, Giovanni Ettore. **Direito civil e arbitragem**. São Paulo: Atlas, 2014, p. 155. [grifos do autor]
32. PERLINGIERI, Pietro. **O direito civil na legalidade constitucional**. Tradução de Maria Cristina De Cicco. Rio de Janeiro: Renovar, 2008 (Cap. 16, itens 253 a 256), pp. 759-772.

determinantes do negócio. Porém, a franquia continua a ser um contrato de lucro, tendo em vista os envolvidos e a finalidade desejada.

É comum a crítica a essa dicotomia no sentido de que a personalidade humana se apresenta majoritariamente sobre os dois aspectos, patrimonial e existencial, sendo impossível fazer essa cisão. Reforça essa visão o constitucionalismo contemporâneo. As novas doutrinas afirmam que não apenas os direitos sociais (de segunda geração)[33] geram custos, mas também os direitos individuais (de primeira geração). Em outras palavras, qualquer forma de promoção ou proteção de direitos depende de investimento patrimonial[34]. Ou seja, o entendimento recente contrapõe-se à visão tradicional de George Jellinek. Para o autor, as liberdades individuais caracterizavam-se como direitos fundamentais negativos, pois dependiam apenas da abstenção do Estado, diversamente dos direitos sociais que tinham *status* positivos ao exigir ação estatal e geravam custos.

Esse raciocínio também se aplica à dicotomia em comento. De fato, nos atos considerados existenciais, observam-se efeitos patrimoniais. Atualmente, o casamento tem um viés existencial, baseado em questões de ordem emocional. Contudo, nas ações que versam sobre direito matrimonial, o Poder Judiciário é cotidianamente ativado para solucionar conflitos envolvendo controvérsias sobre o patrimônio do casal como dissolução da sociedade conjugal e execução de bem de exclusividade do cônjuge. De outra monta, um contrato eminentemente patrimonial, como de compra e venda, prestação de serviços ou de aluguel, gera reflexos em questões existenciais. Respectivamente, compra e venda de medicamentos, serviços médicos e aluguel de casa para residir ilustram essa situação.

Sem embargo, a divisão não tem o viés de esgotar as possibilidades de situações patrimoniais e existenciais que se entrelaçam. O parâmetro é a preponderância de interesses. Nesses últimos exemplos, evidente a predominância dos aspectos existenciais do negócio. Como se sabe, o patrimônio possui natureza instrumental, não é um fim em si mesmo, mas é meio para a realização de interesses humanos. Por isso, o interesse existencial adquire natureza primordial. Isso não impede que em certas relações prevaleçam o viés negocial, considerando as partes envolvidas, o objeto e a finalidade do negócio. Ainda que duas sejam as pessoas físicas contratantes, para uma delas o negócio jurídico pode ser visar exclusivamente o lucro.

Nota-se, assim, que essa classificação não é mera abstração, mas uma construção teórica preocupada em solucionar problemas práticos, trazendo mais justiça ao

---

33. Karel Vasak trouxe a classificação dos direitos fundamentais em primeira, segunda e terceira geração, correspondendo, respectivamente, aos direitos individuais, sociais e metaindividuais.
34. A doutrina dispôs sobre o custo dos direitos individuais. HOLMES, Stephen; SUSTEIN, Cass R. **The cost of rights**: why liberty depends on taxes. New York-London: W. W. Norton & Company, 2000.

caso concreto. Ruy Rosado Aguiar Júnior, ao acolher a dicotomia em tela, afirma que as classificações de contratos retratadas massivamente pela doutrina brasileira constituem mera conceituação dos tipos de contratos existentes em lei, olvidando-se a obediência a critérios metodológicos, pois, às vezes, o legislador é impreciso. Neste caso, adotam-se critérios ônticos, partes e finalidade medida na predominância de elementos essenciais ao ser humano.

9.4.1. Regime jurídico dos negócios existenciais e dos negócios de lucro

Como tal discriminação é "operacional", é possível verificar diversas consequências no regime jurídico de cada espécie[35]. Os efeitos distinguem-se principalmente quanto à intervenção judicial e à força obrigatória dos contratos[36].

Primeiramente, pode-se citar o âmbito de intervenção judicial, o qual deve ser maior nos negócios envolvendo "situações exclusivas do ser humano" para promover a satisfação de questões elementares da pessoa. Nos contratos de lucro, entretanto, a igualdade entre os integrantes da relação, além de pressuposto, é condição para fluência do mercado. Para haver competitividade e cumprir com o princípio da livre iniciativa e livre concorrência[37], a intervenção judicial deve ser restrita. Nessa relação, todos buscam o lucro por meio de suas atividades;

---

35. "A classificação é operacional e leva a diferentes aplicações dos princípios da revisão contratual, boa-fé e função social do contrato". AGUIAR JÚNIOR, Ruy Rosado. Contratos relacionais, existenciais e de lucro. **Revista Trimestral de Direito Civil**. v. 45, jan.-mar. 2011. Rio de Janeiro: Padma, 2011, p. 101.
36. "O objetivo da adoção do paradigma da essencialidade é de dispensar aos contratos classificados como essenciais um regime jurídico que permita a realização da sua função social [...] garantindo e assegurando os valores inerentes à dignidade da pessoa. Nesse aspecto, atua com especial importância o princípio da boa-fé, enfatizando o dever de informação e de esclarecimento, de responsabilidade objetiva (nos casos de consumo), de garantia para o alcance da justa expectativa manifestada pelo contratante, da possibilidade de revisão do contrato injusto, da equivalência entre as prestações, do afastamento da lesão e da onerosidade excessiva (requisitos tais como a imprevisão e exigência de vantagens da outra parte são amenizados), da conservação do contrato contra o inadimplemento de menor importância e da redução equitativa da multa. Também, a aceitação do paradigma da essencialidade autoriza maior tolerância com as regras sobre a formalidade da conduta socialmente adequado e dos atos existenciais [...] Creio que, relativamente aos **contratos empresariais e aos contratos de lucro**, prevalece o seguinte: rigor na exigência do cumprimento pontual (ponto por ponto); facilitação da comprovação da mora; aceitação de desequilíbrio material explicado pelas contingências do negócio; rigor no exame da alegação de imprevisão; previsão de multas e sanções pelo descumprimento; consideração dos usos do mercado e de suas práticas; uso de títulos abstratos; maior aceitação da cláusula resolutiva expressa (artigo 474, do Código Civil)". AGUIAR JÚNIOR, Ruy Rosado. Contratos relacionais, existenciais e de lucro. **Revista Trimestral de Direito Civil**. v. 45, jan.-mar. 2011. Rio de Janeiro: Padma, 2011, pp. 106-107. [grifos nossos]
37. BRASIL. Constituição Federal (1988), artigos 1º e 170.

eventuais assimetrias que exijam tratamento diferenciado devem ser previstas em lei, tal como o contrato de adesão, o tratamento privilegiado dispensado aos micros e pequenos empresários, além das empresas de médio porte. Isso não impede integralmente a atuação do juiz fora dos casos legais, mas limita o seu âmbito de intervenção a fim de promover um mercado saudável.

Também tem importância essa diferenciação no que tange à possibilidade dos danos morais. Conforme já argumentado, somente deveria caber danos morais aos direitos inerentes ao ser humano, pois somente o homem pode ter sua dignidade afetada. Logo, nos contratos existenciais, é apropriado os danos morais, quando afetarem os direitos da personalidade da pessoa natural envolvida. Todavia, os contratos de lucro não visam efetivar a dignidade da pessoa humana, de forma que os danos entre as partes envolvidas são de natureza patrimonial e não moral. Inclusive, quando se tratar de profissional pessoa física[38] ou de empresário (no sentido de empresário individual ou Eireli, que é a pessoa exercendo atividade) não é adequado exigir danos morais, pois os contratos de lucro versam sobre mero ganho patrimonial, ou seja, sobre interesse distinto dos direitos da personalidade.

Outro efeito compreende o cumprimento do avençado pelas partes. Nos contratos empresariais, as partes estão em uma relação que traz impactos econômicos em toda sociedade. Desta forma, é importante que elas realizem o avençado para promover a confiança do mercado. Corrobora com esse entendimento o fato de que eventuais prejuízos na relação contratual são inerentes a uma relação comercial, já que, em geral, elas envolvem risco em maior ou menor grau a depender da espécie em questão. Na realidade, os contratos aleatórios podem elevar altamente o rendimento ou influenciar no valor de aquisição, de forma que se trata do perfil do investidor investir ou não nesse ramo sabendo que esse risco pode otimizar os lucros ou resultar em perda significativa. Considerando que as partes se inseriram no mercado, é de se esperar que saibam as expectativas e que cumpram o prometido. Além disso, as multas constituem mais um meio de coerção para se satisfazer as prestações pontualmente. Portanto, as pessoas são conscientes e exercem a autonomia da vontade ao contratar, de modo que neles o *pacta sunt servanda* deve ter maior impacto, considerando apenas as exceções legais e previstas em contrato.

Não é o que acontece, porém, nos contratos existenciais. Diversamente do anterior, as pessoas não precisam de experiência para assumir um compromisso contratual. Elas simplesmente o fazem por questão de subsistência, isto é, para

---

38. Não há dano moral no que concerne à atividade lucrativa. A ofensa de um profissional liberal quanto à sua atividade são danos materiais de sua imagem como profissional, como dizer publicamente que o profissional é incompetente. Isso se difere do caso em que a ofensa tenha cunho pessoal, como ofendê-lo em caráter íntimo ou aos seus filhos ou esposa. Nesse caso, a ofensa será moral, por ferir sua honra subjetiva ou de terceiros, em razão da pessoalidade, mas não diz respeito ao elemento do serviço prestado.

atender às necessidades humanas indispensáveis e não possuem faculdade para realizar certas espécies de contratos. O paradigma da essencialidade do serviço ou produto contratado, por si só, faz com que se reconheça a primazia das situações existenciais sobre as patrimoniais, vez que diante de uma situação de necessidade desaparece a liberdade e a respectiva autonomia da vontade[39].

Soma-se a isso a ausência do poder de barganha na sociedade pós-industrial em que diversas prestações essenciais são ajustadas por contratos massificados, os contratos de adesão, chamados na doutrina de "nova crise dos contratos"[40]. Dentre as prestações de serviços essenciais contratadas dessa maneira são mencionáveis água, luz, gás, internet e transporte. A situação piora com contratos eletrônicos, que constituem uma barreira a mais ao exercício da autonomia privada[41].

A força vinculativa dos contratos teve seu ápice na legislação burguesa[42], que reconhecia a plena autonomia privada a tomar como fonte quase absoluta de seu ordenamento os princípios da igualdade e da liberdade. Contudo, com o transcorrer do tempo, ficou demonstrado que a igualdade formal não é absoluta, de modo que os contratos absolutamente liberais oprimem os mais fracos em relações assimétricas, conforme ensinava o dominicano Jean-Baptiste-Henri Dominique Lacordaire[43]. No caso em tela, resta claro a fraqueza da parte que contrata com o escopo de promover sua subsistência, reduzindo a autonomia da parte a um mero

---

39. A doutrina trata da diferença entre autonomia privada e autonomia da vontade. Aqui se utilizou autonomia da vontade, pois o indivíduo segue formalizando regra jurídica privada, apenas perde a liberdade de sua vontade.
40. A expressão "crise dos contratos" é empregada para se referir aos contratos de massa, conforme expõe a doutrina brasileira. MARQUES, Cláudia Lima. Proteção do consumidor no comércio eletrônico e a chamada nova crise do contrato: por um direito do consumidor aprofundado. In: **Revista de Direito do Consumidor**, v. 57/2006, p. 9-59, jan.-mar. 2006; **Doutrinas Essenciais de Direito Empresarial**, v. 1, p. 825-882, dez. 2010; **Doutrinas Essenciais de Direito do Consumidor**, v. 2, p. 827-884, abr. 2011.
41. A distância que impossibilita ver presencialmente o objeto de consumo, os prestadores de serviço e a parte contratante diminui ainda mais o poder de negociação nos contratos feitos pela internet. Há lei que já prevê tutela nessa espécie contratual, quando se tratar de contratos de consumo, qual seja, o arrependimento no prazo de sete dias por ser um contrato à distância.
42. As revoluções que trouxeram o contorno do Estado moderno, cujo marco é a Revolução Francesa, foram lideradas pela burguesia, a qual buscava eliminar a sociedade estamental dominada pela realeza, nobreza e clero, por meio dos princípios da igualdade e da liberdade. No direito, um dos principais resultados desse pensamento liberal foi o direito civil napoleônico (de 1804), o qual levava o *pacta sunt servanda* às últimas consequências.
43. A frase do religioso Jean-Baptiste-Henri Dominique Lacordaire resume a ideia de promoção da igualdade material, por meio da interferência do direito: "*entre le fort et le faible, entre le riche et le pauvre, entre le maître et le serviteur, c'est la liberté qui opprime, et la loi qui affranchit*". Disponível em: http://cjf.qc.ca/revue-relations/publication/article/contraindre-le-fort-pour-affranchir-le-faible/. Acesso em: 05 dez. 2018.

assentimento, de modo a ser imprescindível relativizar o *pacta sunt servanda* se a manutenção do contrato refletir o interesse social visado. Isso porque deve-se buscar a preservação de contratos cujo fim seja a prestação de bens ou serviços vitais.

Com base nesse raciocínio, é possível extrair algumas considerações. A primeira delas refere-se à resolução das obrigações por inadimplemento. Ora, se as relações existenciais impactam diretamente em questões essenciais para perfazer a dignidade da pessoa humana, é de se esperar que a resolução seja um fenômeno extraordinário, exigindo-se mais requisitos para que ela possa acontecer, como a indispensabilidade de que a cláusula resolutiva nestes contratos seja expressa, clara e não abusiva. Assim, ainda que em certos casos a lei permita a resolução, não seria recomendável fazê-la tendo em vista o caráter vital do conteúdo da obrigação. Ou seja, seria justo limitar as cláusulas de revisão e resolução em contratos existenciais, conforme os mencionados casos de água, luz e plano de saúde.

Nesse caso, relevante traçar um breve paralelo com o direito administrativo, no tocante ao princípio da continuidade dos serviços públicos[44]. Segundo esse princípio, há mitigação à exceção do contrato não cumprido, vedando-se a interrupção de serviços públicos, em razão da prevalência do interesse público sobre o privado. Da mesma forma, nos contratos privados vitais, os direitos essenciais da pessoa humana devem prevalecer, mitigando algumas consequências da força da obrigatoriedade do contrato. As decisões que vedam o corte de energia elétrica de hospitais ilustram bem essa situação, pois o interesse do hospital que realiza atendimentos de saúde às pessoas se sobrepõe ao do credor da prestação de energia elétrica[45]. Salienta-se que é uma comparação para tratar da *ratio* de prevalência de um valor no plano teórico e não da regra em si, pois é evidente que nos contratos existenciais há interesse individual, ainda que existencial, e não supremacia do interesse público.

Com mais razão, se ampara afastar a resolução do contrato vital, em caso de adimplemento substancial. Primeiro, pelas razões citadas da essencialidade do bem, segundo porque a parte já cumpriu quase integralmente o valor da prestação e o restante será completado posteriormente com os devidos juros, multa,

---

44. Na legislação pátria, o prestador de serviços públicos está obrigado a continuar sua prestação por 90 dias após a mora da Administração, salvo as hipóteses legais, conforme artigo 78 da Lei n. 8.666/1993.

45. "ADMINISTRATIVO – FORNECIMENTO DE ENERGIA ELÉTRICA – FALTA DE PAGAMENTO – CORTE – MUNICÍPIO COMO CONSUMIDOR. 1. A Primeira Seção já formulou entendimento uniforme, no sentido de que o não pagamento das contas de consumo de energia elétrica pode levar ao corte no fornecimento. 2. Quando o consumidor é pessoa jurídica de direito público, a mesma regra deve lhe ser estendida, com a preservação apenas das unidades públicas cuja paralisação é inadmissível. 3. Legalidade do corte para as praças, ruas, ginásios de esporte etc. 4. Recurso especial provido." (REsp 460.271/SP, Rel. Min. Eliana Calmon, Segunda Turma, j. 06-05-2004, DJ 21-02-2005).

correção monetária e afins, pois a dívida continua a existir. Há colisão entre a condição da parte que contratou por necessidade de subsistência e a satisfação do interesse do credor, que é relevante, mas foi substancialmente cumprida e ainda terá direito a receber, mas em prazo maior. Considerando o fato de o primeiro estar em plano mais próximo da dignidade da pessoa humana, esse é o interesse que deve prevalecer.

Importante destacar os contratos de prestação de serviços na educação privada. Embora não seja imediatamente vital, a educação acadêmica é a base da formação intelectual e profissional do ser humano. Nesse sentido, aproxima-se mais da dignidade humana quando comparada a outros serviços, como o de entretenimento. Diante dessa relevância, existe lei especial[46]. Esta temperou os efeitos do inadimplemento por parte do aluno. Neste caso, são vedadas penalidades pedagógicas. Tampouco cabe exceção do contrato não cumprido, de forma que a instituição de ensino deverá manter o estudante até finalizar o curso no qual esteja matriculado (semestral ou anual). Somente na rematrícula a prestadora de serviços terá o direito de impedir o acesso do inadimplente a fim de evitar que ele assim permaneça ilimitadamente, sobrecarregando os demais estudantes ou a própria instituição.

Trata-se de mitigação das consequências da mora de acordo com a boa-fé. É justo limitar legalmente eventuais multas, além de dificultar a resolução ou fomentar a conservação do contrato, a depender do caso concreto, com escopo de viabilizar uma vida digna. Não se trata de inadimplemento. Tampouco se defende a má-fé de quem pretende se locupletar de dívidas no âmbito das obrigações existenciais, privilegiando o pagamento de obrigações empresariais. Aliás, o contumaz mau pagador de obrigações de cunho existencial acaba sobrecarregando os demais, como ocorre com despesas de condomínios edilícios. Isso seria a inversão da lógica, que deve ser combatida porque inverte o raciocínio exposto.

Quanto aos vícios do negócio jurídico, vale mencionar que estado de perigo contribui com essa ideia de essencialidade da consecução de necessidades vitais. O artigo 156 do Código Civil antevê que a vontade pode ser maculada, quando assumida por necessidade de salvar a si ou a pessoa de sua família de grave dano. Em outras palavras, a essencialidade do negócio impõe à pessoa assumir obrigações excessivamente onerosas, o que enseja a sua anulabilidade (artigo 171, II, Código Civil).

---

46. Lei n. 9.870/1999: "Artigo 6º. São proibidas a suspensão de provas escolares, a retenção de documentos escolares ou a aplicação de quaisquer outras penalidades pedagógicas por motivo de inadimplemento, sujeitando-se o contratante, no que couber, às sanções legais e administrativas, compatíveis com o Código de Defesa do Consumidor, e com os arts. 177 e 1.092 do Código Civil Brasileiro, caso a inadimplência perdure por mais de noventa dias. § 1º O desligamento do aluno por inadimplência somente poderá ocorrer ao final do ano letivo ou, no ensino superior, ao final do semestre letivo quando a instituição adotar o regime didático semestral [...]".

A lesão do artigo 157 do Diploma Civil também é um vício pouco compatível com as relações comerciais. Ela se aplica para garantir o equilíbrio em contratos sinalagmáticos, impondo-se quando houver premente necessidade, inexperiência e obrigação desproporcional. Costuma-se encontrar hipóteses em que há a inexperiência nos contratos existenciais, porém, nos contratos de lucro isso é pouco provável. As relações comerciais pressupõem pessoas experientes. Alegar ausência dessa qualidade pode ser motivo até de perda de confiança de todo o mercado, que não foi pensado para amadores. Inclusive, o Poder Público tem tanto interesse no correto funcionamento de alguns bens e serviços que atua na sua regulação, seja pela aprovação do conhecimento de seus profissionais (exigência de formação técnica, aprovação em exames, inscrição em categorias profissionais), seja pela fiscalização e regulação do funcionamento de empresas, como as instituições financeiras, a vigilância das práticas anticoncorrenciais e a instituição de parâmetros mínimos de qualidade. Nestes casos, a inexperiência provocaria risco à população e argumentá-la seria aproveitar-se de sua própria torpeza. Já a premente necessidade até pode existir nos contratos de lucro, mas ela é própria dos contratos existenciais. E o equilíbrio inexiste em diversos negócios empresariais que se pautam no risco.

Em regra, não seria adequado aplicar o regime da resolução por onerosidade excessiva aos contratos de lucro. Esse instituto admite a resolução do contrato de execução continuada ou diferida quando houver extrema vantagem e excessiva onerosidade que decorram de acontecimentos supervenientes extraordinários e imprevisíveis (artigo 478 do Código Civil). À luz do dispositivo subsequente, as partes podem acordar manter o negócio, ante a mudança equitativa das condições estipuladas, ou seja, é a revisão civil por onerosidade excessiva. Entre outros valores, a resolução visa proteger a segurança jurídica daquele que firma um contrato comutativo e recíproco, para evitar situações extraordinárias que causem obrigações desproporcionais e prejudiciais, decorrentes da mudança da base objetiva[47-48].

---

47. "Deixando de lado outros aspectos, e encarando o negócio contratual sob o de sua execução, verifica-se que, vinculadas as partes aos termos da avença, são muitas vezes levadas, pela força incoercível das circunstâncias externas, a situações de extrema injustiça, conduzindo o rigoroso cumprimento do obrigado ao enriquecimento de um e ao sacrifício de outro. [...] Mas, quando é ultrapassado um grau de razoabilidade, que o jogo da concorrência livre tolera, e é atingido o plano de desequilíbrio, não pode omitir-se o homem do direito, e deixar que em nome da ordem jurídica e por amor ao princípio da obrigatoriedade do contrato um dos contratantes leve o outro à ruína completa, e extraia para si o máximo benefício. Sentindo que este desequilíbrio na economia do contrato afeta o próprio conteúdo de juridicidade, entendeu que não deveria permitir a execução rija do ajuste, quando a força das circunstâncias ambientes viesse criar um estado contrário ao princípio da justiça no contrato. E acordou de seu sono milenar um velho instituto que a desenvoltura individualista havia relegado ao abandono, elaborando, então, a tese da

Tomando como premissa que a maioria das relações empresariais envolvem riscos e, que a partir deles, poderá existir maiores ou menores lucros, não seria assertivo aplicar tal teoria, que poderia consubstanciar uma proteção excessiva[49]. Ora, se os contratos de lucro, em princípio, pressupõem álea, a parte que o assume agiria com má-fé, na modalidade *venire contra factum proprium* ao pleitear a resolução. Assim, seria um instituto de menor utilidade nos contratos de lucro, devendo ser aplicado com parcimônia. Logicamente, os negociantes são livres para dispor de maior segurança em seu contrato. Assim, na prática, os contratantes, por precaução, inserem essa cláusula em contratos empresariais.

Há entendimento jurisprudencial nesse sentido. O Superior Tribunal de Justiça negou aplicação da revisão do Código Civil ao contrato de compra e venda futura de soja[50]. O Ministro Antonio Carlos Ferreira não reconheceu a onerosidade excessiva, mas mera variação de lucro. Além disso, justificou sua decisão com base no raciocínio em tela, qual seja, os negócios empresariais não se submetem ao mesmo dirigismo contratual dos contratos civis ou de consumo, pois faz parte da

---

resolução do contrato em razão da onerosidade excessiva da prestação". PEREIRA, Caio Mário Silva. **Instituições de direito civil**: contratos. v. 3. Revisão de Caitlin Mulholland. 23. ed. Rio de Janeiro: Forense, 2019, p. 133.

48. Há diversas teorias que pautam o instituto da onerosidade excessiva, tais como a imprevisão, a teoria da base objetiva do contrato. O direito brasileiro é eclético ao sofrer influências estrangeiras plurais. Há discussão sobre qual seria exatamente a teoria acolhida pelo ordenamento pátrio. É um tema complexo e digno de estudo próprio, que não será desenvolvido nesta pesquisa.

49. "DIREITO EMPRESARIAL. CONTRATOS. COMPRA E VENDA DE COISA FUTURA (SOJA). TEORIA DA IMPREVISÃO. ONEROSIDADE EXCESSIVA. INAPLICABILIDADE. 1. **Contratos empresariais não devem ser tratados da mesma forma que contratos cíveis em geral ou contratos de consumo. Nestes admite-se o dirigismo contratual. Naqueles devem prevalecer os princípios da autonomia da vontade e da força obrigatória das avenças.** 2. **Direito Civil e Direito Empresarial, ainda que ramos do Direito Privado submetam-se a regras e princípios próprios. O fato de o Código Civil de 2002 ter submetido os contratos cíveis e empresariais às mesmas regras gerais não significa que estes contratos sejam essencialmente iguais.** 3. O caso dos autos tem peculiaridades que impedem a aplicação da teoria da imprevisão, de que trata o artigo 478 do CC/2002: (i) os contratos em discussão não são de execução continuada ou diferida, mas contratos de compra e venda de coisa futura, a preço fixo, (ii) a alta do preço da soja **não tornou a prestação de uma das partes excessivamente onerosa,** mas apenas reduziu o lucro esperado pelo produtor rural e (iii) a variação cambial que alterou a cotação da soja não configurou um acontecimento extraordinário e imprevisível, porque ambas as partes contratantes conhecem o mercado em que atuam, pois são profissionais do ramo e sabem **que tais flutuações são possíveis.** 5. Recurso especial conhecido e provido". (REsp 936.741/GO, Rel. Min. Antonio Carlos Ferreira, Quarta Turma, j. 03-11-2011, DJe 08-03-2012) (grifos nossos).

50. BRASIL. REsp 1.321.614/SP, Rel. Min. Paulo de Tarso Sanseverino, Rel. p/ Acórdão Min. Ricardo Villas Bôas Cueva, Terceira Turma, j. 16-12-2014, DJe 03-03-2015.

atividade empresária a profissionalidade de conhecer eventuais riscos, como a flutuação de moeda estrangeira. Segundo o Ministro, ainda que haja unificação dos ramos empresarial e civil em um único Código, isso não retira a peculiaridade de cada seara jurídica – no direito empresarial deve prevalecer a força obrigatória dos contratos.

Com mais razão, os Tribunais inadmitem a aplicação da revisão do Código de Defesa do Consumidor (artigo 6º, V) aos contratos empresariais. Nas relações de consumo, há menos requisitos para sua configuração: basta que os fatos supervenientes ocasionem a obrigação excessivamente onerosa, dispensando-se ser evento extraordinário. Contribui para o entendimento aventado modificações oriundas da Medida Provisória n. 881/2019, convertida na Lei n. 13.874/2019, que concedeu maior liberdade econômica. Dentre suas alterações, inseriu ao Código Civil o artigo 421-A, que fortalece a valorização do *pacta sunt servanda* e a excepcionalidade da revisão contratual. Seguindo o raciocínio proposto, deveria ser limitada à esfera puramente civil, excepcionando os contratos de lucro, especialmente se envolvem riscos.

Salienta-se, outrossim, que essa corrente não considera o lucro como um "pecado", mas apenas visa dar maior proteção a uma situação de subsistência, por concretizar diretamente o valor humano em comparação ao interesse de lucro. Não se pretende desproteger o interesse do credor, que continua a ter o direito de receber os valores devidos, mas apenas flexibilizar o seu interesse, mitigando certos direitos que não correspondem a uma relação de subsistência. Deixar de prestar o serviço, direito de retenção, resolução do contrato são perfeitamente cabíveis em relações comutativas e sinalagmáticas, que tenham interesses semelhantes e pessoas em iguais condições. Todavia, perdem força diante da necessidade de suprir questões humanas elementares, como saúde, vida, alimentação e habitação. Trata-se do sopesamento dos valores vitais, que causam danos irreversíveis em detrimento de um ganho, o qual continua a ser auferido posteriormente com juros, correção monetária, multa e demais consectários da mora e inadimplemento, previstos em lei e no contrato.

O raciocínio se aplica aos dois polos da relação. A figura de sujeito ativo ou passivo se altera conforme a obrigação analisada. Considerando as principais obrigações do contrato de aluguel de bem imóvel, o inquilino é credor do imóvel, mas é devedor dos valores devidos pelo seu uso e da restituição. Por sua vez, o locador é credor do pagamento a título de aluguel, assim como é devedor em entregar e manter o bem em estado de uso e garantir o uso pacífico da coisa. Ou seja, a polaridade das partes no contrato não deve ser percebida apenas sob uma ótica.

À primeira vista, cogita-se que a pessoa em estado de subsistência é aquela que necessita do bem para fins de moradia. Isso costuma ocorrer. Sem embargo, deve-se atentar ao outro lado da relação. É possível que as prestações a título de aluguel sirvam ao locador como fonte econômica de subsistência.

Imagine uma senhora que nunca teve vida profissional, pois em sua juventude o papel feminino resumia-se à figura da dona de casa. Seu marido obteve sucesso financeiro e investiu quase todo seu patrimônio em um único imóvel de luxo. Viúva, essa mulher decide alugar a casa onde vivia e, com esse fruto civil, suprir suas necessidades de moradia, em lugar mais modesto, além de outras questões primordiais. Então, o seu inquilino deixa de cumprir com o dever de pagamento, inviabilizando-a economicamente do acesso ao seu mínimo essencial, impedindo a compra de seus medicamentos de uso contínuo. Evidentemente, prepondera o caráter essencial dessa obrigação à locadora. Partindo do pressuposto de que o locatário não paga porque não tem dinheiro naquele momento, a pessoa que aluga um imóvel de alto valor pode se mudar para um lugar mais simples. Nesse caso, a senhora estaria em situação de subsistência não suportando possível renegociação de dívidas do locatário.

Por fim, não cabe usar desse regime protetivo como escusa para ser um "devedor contumaz". Não se pretende proteger pessoas que contraiam dívidas de má-fé, as quais sabidamente não possam arcar, ou que se utilizem de terceiros insolventes. Tampouco serve como justificativa de inadimplemento. As dívidas seguem e devem ser executadas de acordo com o devido processo legal. O fim dessa divisão é garantir prestações essenciais àqueles que dela necessitam, por meio de flexibilizações do sistema atual que foi construído com base em simetria absoluta das partes. Assim, somente temperaria tais regras como última alternativa, quando imprescindível para evitar danos irreparáveis por inacessibilidade a questões de natureza essencial.

9.5. Dicotomia no Estatuto da Pessoa com Deficiência

Estas classificações não se coadunam totalmente com a finalidade do Estatuto. Porém, trazem a noção de dignidade humana aos atos existenciais que envolvem direitos da personalidade e familiares. Contrapõe-se a essa ideia o raciocínio puramente lógico-objetivo das obrigações fundamentadas no patrimônio. Esse contraste é a matriz da diferença de regime de capacidade de fato entre as duas espécies de atos.

Convém mencionar que a Lei Brasileira de Inclusão positivou essa distinção para fins de capacidade civil. Entretanto, o assunto já havia sido ventilado. Eis a justificativa do Enunciado n. 574 da VI Jornada de Direito Civil, realizada em março de 2013[51], que versava sobre os limites da curatela: "A interdição deve fixar a extensão da incapacidade, o regime de proteção, conforme averiguação casuística da aptidão para atos patrimoniais e extrapatrimoniais"[52].

---

51. Enunciado 574: A decisão judicial de interdição deverá fixar os limites da curatela para todas as pessoas a ela sujeitas, sem distinção, a fim de resguardar os direitos fundamentais e a dignidade do interdito (artigo 1.772).

52. Disponível em: https://www.cjf.jus.br/enunciados/enunciado/645. Acesso em: 16 nov. 2019.

O regime atual da capacidade de exercício foi elaborado com fundamento no direito civil tradicional, tendo por base a segurança jurídica das relações patrimoniais. Nesse aspecto, é coerente limitar a participação das pessoas que não possuem discernimento para compreender as regras e os impactos negociais.

A aferição da capacidade civil voltada para o tráfego negocial repousa em critérios objetivos, significa que deve existir a compreensão da relação jurídica-patrimonial em todos os seus aspectos, por exemplo, o celebrante estar ciente do quanto pode dispor, os fins, a necessidade, o valor e as vantagens, além da necessidade objetiva do negócio. São questões predominantemente de raciocínio lógico-objetivo, com baixo viés emocional, pois predomina o interesse econômico, na medida da responsabilidade. Ademais, as consequências pelo descumprimento da obrigação atingem apenas o patrimônio do devedor. A *lex poetelia papira* foi um marco ao instituir que o devedor deveria responder unicamente com o seu patrimônio pelas dívidas contraídas. Atualmente, a responsabilidade patrimonial é um postulado no sistema brasileiro, de maneira que já não há mais graves consequências físicas nem morais pelo inadimplemento da obrigação.

Com tais premissas, pode-se justificar que um terceiro supra a vontade de uma pessoa considerada incapaz para compreender os atos dessa natureza, por meio da representação ou assistência. Basta que seja alguém capaz, probo, sem conflito de interesses e possua o conhecimento do ser humano médio[53] para entender a situação e adotar as melhores escolhas para o incapaz. Em certos casos, como diante de conflito de interesses, caberá ao próprio juiz a substituição da vontade.

Na clássica teoria das incapacidades, por um lado protege-se o patrimônio das pessoas com falta de aptidão de decidir por si mesmo, por outro, a confiança das relações negociais, no tocante ao comprometimento e à responsabilidade pelas relações jurídicas realizadas. Essa proteção resume-se à atuação de uma pessoa que consiga entender essa malícia negocial, atuando objetivamente em prol dos interesses do incapaz.

Salienta-se que o Estatuto utilizou o termo "patrimoniais e negociais" para estipular os limites da curatela (artigo 84, *caput*). Já foi argumentado que o negócio jurídico concretiza a autonomia privada, ao atribuir efeitos a partir da vontade. Embora o negócio jurídico possa englobar conteúdos de natureza personalíssima, como disposição da imagem ou do próprio corpo, parece pertinente interpretar o vocábulo "negociais" com viés patrimonialista. Isso porque o fim precípuo do negócio jurídico é a disposição sobre bens e serviços. Conforme afirmado, ele teve origem no movimento liberal, que elaborou a teoria do negócio jurídico para fundamentar a circulação de riquezas dentro da autonomia privada.

---

53. BRASIL. Código Civil (2002), artigos 1.735, 1.741, 1.774 e 1.775.

O direito privado se expandiu e, atualmente, abarca interesses extrapatrimoniais, cujo regime de aferição da capacidade de exercício não se coaduna com o construído pela doutrina tradicional. Quando se trata de atos nos quais preponderem interesses não patrimoniais, a vontade é formada por motivos que vão além da lógica e do conhecimento técnico. Essas decisões envolvem sentimentos, emoções, intuições que compõem as caraterísticas íntimas e, portanto, singulares de cada ser humano. Ou seja, são situações em que não há noção do certo e do errado, mas do que é mais adequado ao sentimento de cada um. Não é possível que terceiro consiga considerar todos esses aspectos individuais imprescindíveis para a formação da vontade. Desse modo, somente o próprio interessado será capaz de aferir qual escolha lhe será pertinente, tornando essa espécie de vontade insubstituível. Nesse campo, defende-se uma capacidade especial, a "capacidade para consentir", em detrimento da clássica teoria da capacidade de fato. A lei preocupou-se em enumerar atos que se sujeitam a esse regime específico, por exemplo, a esterilização, o planejamento familiar e os direitos sexuais.

Paralelamente, há atos considerados personalíssimos, devendo ser praticados pessoalmente pelo sujeito da relação, não se admitindo outro em seu lugar. Geralmente, envolvem confiança nas características pessoais da parte, como a realização de um serviço pela pessoa mais consagrada na área, ou a máxima garantia de que a vontade expressada corresponde exatamente ao desejo íntimo do declarante, como na confecção do testamento. Assim, é incompatível a prática destes atos com a substituição por um terceiro, sendo defesa a representação. Nesses casos, a participação do representante não significaria apenas anular os elementos íntimos de cada indivíduo, como a fidúcia, mas seria logicamente proibida, pois a legitimidade cabe somente ao indivíduo interessado.

Observa-se que no ato existencial se evidenciam elementos singulares, íntimos, explicáveis pela individualidade de cada pessoa para decidir sobre si mesmo. É a faceta da dignidade humana na autodeterminação, própria dos atos existenciais. O caráter personalíssimo do negócio também traz a singularidade como essência do negócio e a exigência de representação implicaria anulação desse direito da pessoa incapaz.

10
CAPACIDADE CIVIL EM SITUAÇÕES ESPECIAIS

Embora a lei não o faça[1], na doutrina, encontra-se a classificação da capacidade em genérica e específica. A primeira refere-se às situações consideradas comuns, no sentido de serem regradas apenas pelas normas gerais de capacidade, por exemplo, a capacidade para a compra e venda de bem. A segunda é aquela que diz respeito às situações específicas e, por isso, suas regras possuem grau de particularidade[2]. Observa-se que elas se diferenciam pelo critério da especialidade, conferindo aspecto residual à capacidade genérica.

A especialidade é representada por condições próprias, que as diferenciam da capacidade geral. Comumente, são citadas, para esse fim, a capacidade eleitoral, laboral e tributária. Dentro do direito civil e de acordo com o objeto de estudo em tela, recebem destaque as capacidades para testar, casar e formar união estável, consentir com tratamentos médicos e decidir sobre fertilização e planejamento familiar. Isso se justifica na construção do direito civil sob as perspectivas existenciais e na legislação inclusiva das pessoas com deficiência, ao conferir novo tratamento à capacidade civil.

As classificações são instrumentais. Logo, existem para facilitar o estudo e a aplicação de institutos jurídicos. *Prima facie*, não se avalia sua correção, mas sua utilidade. Apesar disso, pertinente salientar que seria mais adequado mencionar capacidade para situações genéricas ou especiais. Conforme mencionado, a capacidade de exercício é algo único, que diz respeito aos requisitos exigidos para que alguém possa agir por si só validamente. Porém, a depender da situação jurídica, podem variar as exigências relativas ao sujeito. Neste momento, faz *jus* tratar de forma diferenciada o exercício da capacidade em situações peculiares. Impõe-se um critério distinto, em razão da especificidade.

---

1. A lei não traz a classificação expressamente. Contudo, na norma se encontram especificidades da capacidade a depender da situação jurídica.
2. "I – A capacidade distingue-se em: genérica e específica. A capacidade genérica é aquela que se refere à generalidade das situações jurídicas. É, pois, a capacidade comum, aquela que se recebe independentemente de especificação particular. A capacidade específica é a que se refere a um setor especial de situações jurídicas. Supõe, portanto, uma qualificação adequada do sujeito para a possuir". ASCENSÃO, José de Oliveira. **Direito civil** – teoria geral. v. 1. Introdução. As pessoas. Os bens. 3. ed. São Paulo: Saraiva, 2010. p. 118.

Evidencia-se na atualidade o reconhecimento de que em situações existenciais deve ser preservada ao máximo a vontade do sujeito. O primórdio da capacidade de agir no plano civil teve fundamento patrimonialista. A necessidade de se impedir a prática de atos de disposição de bens surgiu com o intuito de manter o patrimônio intangível em prol dos futuros herdeiros. O cunho patrimonial das relações civis manteve-se predominante até o século passado, conforme demonstrado no capítulo anterior. A capacidade de exercício, consequentemente, foi planejada para suportar essas espécies de relação. As situações que destoavam, em razão de alguma peculiaridade, recebiam flexibilização quanto a essa normativa genérica.

Analisando atentamente as principais hipóteses de capacidade plena do Estatuto, perceber-se-á que elas se relacionam diretamente com o cerne dos atos extrapatrimoniais, formando o gênero "capacidade de consentir". Esse capítulo tem o objetivo de apontar esses casos diferenciados à luz da Lei Brasileira de Inclusão.

10.1. Direito para dispor sobre próprio corpo e direitos consectários

O direito para dispor sobre o seu corpo envolve inúmeras questões. Esse direito diferencia a agressão de um ato de disposição, a depender do contexto. Cortar o cabelo de alguém, tatuar ou furar a pele e realizar cortes sangrentos sugerem formas de violência. Todavia, podem representar atos de disposição do corpo se o sujeito voluntariamente se submete a essas situações visando uma melhora na sua saúde ou em sua estética.

O artigo 6º do Estatuto da Pessoa com Deficiência não enuncia genericamente a plena capacidade para disposição do próprio corpo. Porém, determina que a pessoa com deficiência, ainda que curatelada, será considerada plenamente capaz para exercer seus direitos sexuais, conservar ou cingir sua fertilidade (incisos II e IV). Ademais, o artigo 85, § 1º, expressamente veda que a curatela alcance direitos sobre o próprio corpo, sexualidade e saúde. Quer dizer que a lei estipulou a plena capacidade das pessoas com deficiência para certas categorias de disposição do próprio corpo, embora genericamente proíba a curatela sobre tal direito. Antes de adentrar nessas espécies, vale uma sucinta explanação sobre o assunto.

Em caráter inicial, deve-se entender o significado de corpo da forma mais objetiva e útil para o direito[3]. O corpo pode ser concebido como substrato material da pessoa. Por meio dele, os indivíduos alcançam suas finalidades no mundo fático. O ser humano é formado por corpo e alma[4], que são interdependentes. Neste

---

3. Há diversos conceitos de corpo, que partem de profundas reflexões filosóficas e teológicas. Trata-se de um tema enriquecedor, porém, é demasiado longo e aprofundado para ser retratado corretamente em um item.
4. Corpo e alma não se resumem ao caráter religioso. Para os céticos, pode ser interpretado como o substrato material e o intelectual e psicológico.

caso, o primeiro serve de instrumento para os objetivos do segundo. Percebe-se que o organismo físico é vínculo de existência do indivíduo, condição *sine qua non* para o desenvolvimento da vida em suas dimensões[5].

Como o corpo é forma de manifestação individual, ele é meio de singularização de cada ser humano. Por isso, ele atinge uma dimensão personalíssima. Cada composição corporal é única e traz sensações individuais e imensuráveis. Diante de um mesmo estímulo, a dor de uma pessoa não será igual a de outra. É inegável, assim, o caráter existencial e personalíssimo sobre as decisões envolvendo o próprio corpo. Em princípio, ninguém melhor que o sujeito para saber como dispor de seu corpo. Isso prejudicaria a substituição de vontade para estes fins.

Diante disso, o direito "somático" protege o corpo tanto em suas partes quanto em suas funcionalidades[6]. Cada indivíduo tem a garantia de não ser lesado em sua integridade física. Frisa-se que a proteção corpórea e a sua exclusão do comércio são um fim em si mesmas. Considerando os reflexos do corpo sobre a pessoa, protege-se a estrutura corporal para proteger os atributos abstratos da pessoa. Em outras palavras, a proteção somática existe para viabilizar a dignidade da pessoa humana[7].

Curiosamente, algumas vezes, a diminuição da funcionalidade pode ser algo benéfico para determinado indivíduo, por exemplo, a esterilização de mulher que deve evitar a gravidez por problemas de saúde. Outras vezes, a interferência na integridade física pode ter caráter dúplice. É possível ilustrar com a cena de um corte por bisturi. Esta pode significar uma lesão, um tratamento de saúde ou um melhoramento estético, a depender da conjuntura.

Cada caso deverá ser averiguado concretamente e de acordo com a vontade de cada indivíduo, pois se trata de uma decisão personalíssima. Presume-se que

---

5. Conceitos extraídos de diversos autores, com base no trabalho acadêmico. CAPPELLO, Thamires Pandolfi. **Pesquisa clínica de medicamentos no Brasil**: a disposição sobre o próprio corpo como um direito fundamental. Dissertação (Mestrado em Direito) – Faculdade de Direito, Pontifícia Universidade Católica de São Paulo, São Paulo, 2017. p. 120.
6. Walter Moraes leciona que a proteção do corpo humano se dá, no atual ordenamento jurídico, na forma de direito somático, o qual inclui a proteção de suas partes e funcionalidade, porém, salienta: "o ordenamento brasileiro não contém uma norma geral de direito ao corpo" [...] a "disciplina desse direito se encontra espalhada pela legislação". CAPPELLO, Thamires Pandolfi. **Pesquisa clínica de medicamentos no Brasil**: a disposição sobre o próprio corpo como um direito fundamental. Dissertação (Mestrado em Direito) – Faculdade de Direito, Pontifícia Universidade Católica de São Paulo, São Paulo, 2017. p. 123.
7. Como bem afirma Luísa Neto, "de facto, e no fundo não é o corpo que está protegido e fora do comércio, mas a pessoa, abstração jurídica definida pelos atributos, eles mesmos abstratos que se estima constituíres a trama da dignidade humana".
CAPPELLO, Thamires Pandolfi. **Pesquisa clínica de medicamentos no Brasil**: a disposição sobre o próprio corpo como um direito fundamental. Dissertação (Mestrado em Direito) – Faculdade de Direito, Pontifícia Universidade Católica de São Paulo, São Paulo, 2017. p. 122.

cada um saiba ponderar os custos e os benefícios físicos e mentais de uma intervenção em sua integridade física, sendo deliberação exclusiva deste sujeito, observando-se os direitos fundamentais[8].

Chama a atenção o fato de o legislador ter enumerado apenas duas formas de disposição sobre o próprio corpo no artigo 6º do Estatuto: direitos sexuais e conservação de fertilidade (incisos II e IV). Considerando que este dispositivo enumera um rol exemplificativo e que há vedação abrangente da curatela sobre o corpo, no artigo 85, § 1º, dessa Lei, é possível interpretar extensivamente a plena capacidade civil aos atos que envolvam a disposição do próprio corpo, vez que são extrapatrimoniais e possuem natureza personalíssima. É factível pensar se um tatuador poderia se negar a realizar este procedimento em uma pessoa com deficiência intelectual curatelada. De fato, a parte patrimonial seria afetada, mas a escolha de realizar uma imagem em sua pele é algo pessoal.

Em princípio, entende-se pela capacidade integral, tendo em vista o teor do Estatuto da Pessoa com Deficiência. Todavia, repetidamente, a posição é de que essa plena capacidade seja temperada. Deve-se avaliar se a pessoa tem capacidade de entender o que está fazendo. Mesmo as escolhas somáticas menos racionais e objetivas exigem o grau de compreensão a fim de evitar arrependimentos, diminuição funcional, agressão e sofrimento desnecessário. Por exemplo, um indivíduo com transtornos emocionais pode irrefletidamente realizar uma tatuagem vexatória.

Após entender o aspecto genérico desse direito, convém um olhar acurado às hipóteses relativas à capacidade de fato de disposição do próprio corpo, presentes na Lei que regulamentou a Convenção da Pessoa com Deficiência.

10.1.1. Capacidade para consentir para tratamentos médicos

É possível afirmar que, no último século, a capacidade de dispor do próprio corpo com fins terapêuticos protagonizou o cenário jurídico, foi o embrião da dicotomia e da capacidade para assuntos existenciais. Essa importância fez com que ela recebesse regime diferenciado e nomenclatura própria, "capacidade para consentir", a qual pode ser estendida a outras hipóteses de capacidade para atos extrapatrimoniais.

A capacidade para consentir é a aferição da vontade do enfermo em se submeter ao tratamento médico-hospitalar. O desenvolvimento do tema nos moldes vigente é recente[9] se comparado com outros institutos de direito. Durante a Segunda

---

8. CAPPELLO, Thamires Pandolfi. **Pesquisa clínica de medicamentos no Brasil**: a disposição sobre o próprio corpo como um direito fundamental. Dissertação (Mestrado em Direito) – Faculdade de Direito, Pontifícia Universidade Católica de São Paulo, São Paulo, 2017. p. 118.
9. "Como ya hemos dicho, no es fácil caracterizar con precisión la naturaleza y el contenido de aquello a lo que denominamos bioética. El campo de conocimiento que ha acabado

Guerra Mundial, houve acentuado desenvolvimento médico-tecnológico em virtude de abusos na experiência científica com seres humanos. Tal desídia ética culminou em condenações judiciais e uma breve normatização sobre a questão, o conhecido Código de Nuremberg[10].

As atrocidades médicas praticadas durante o nazismo não foram suficientes para sensibilizar parcela da classe médica, a qual entendia que o desrespeito experimental se circunscrevia unicamente às práticas nazistas. Mais tarde, a história relatou outros escândalos médicos, envolvendo a manipulação de pacientes para fins experimentais. Nesse tema, é possível citar o emblemático caso *Tuskegee*, nos Estados Unidos, nos anos de 1932 a 1973. Nesse caso, os profissionais da saúde enganaram pacientes negros, levando-os a crer que receberiam tratamentos para a sífilis, enquanto, na realidade, foram cobaias, de maneira que somente se administraram placebos à parte do grupo de controle; algumas pessoas foram propositalmente contaminadas para servir como objeto de estudo. A doutrina salienta que o caso *Tuskegee* tem sua reprovabilidade agravada pelo fato de a pesquisa ter sido dispensável, pois preexistiam estudos semelhantes[11].

O julgamento de médicos nazistas não compeliu o abandono do "Estudo da cárie dental de Vipeholm", iniciado em 1946, na cidade de Lund, na Suécia. Essa pesquisa aproveitou-se da vulnerabilidade de 436 pessoas com deficiência mental crônica internos para demonstrar a relação entre o açúcar e a cárie. Ignorando a condição de cobaia, tais indivíduos foram submetidos por cinco anos a uma dieta rica em açúcar, causando-lhes problemas dentários, os quais não foram tratados[12].

---

recibiendo este nombre se nos presenta todavía como algo relativamente reciente. Se constituyó como tal hace apenas unas cuantas décadas, y su carácter y sus límites aún son objeto de discusión". BAIGES, Víctor Méndez; GORSKI, Héctor Claudio Silveira. **Bioética y derecho**. Barcelona: Editorial UOC, 2007. p. 16.

10. "Como conclusión a los procesos judiciales que se celebraron en la ciudad de Nuremberg contra los médicos que colaboraron con los nazis, el tribunal que juzgó la causa acabó declarando en 1947 una serie de normas éticas muy generales para guiar la experimentación con seres humanos. Estas normas que se articularon en diez puntos fueron más tarde por la Asociación Médica Mundial y son conocidas como el Código de Nuremberg". BAIGES, Víctor Méndez. **Biomedicina, sociedad y derechos**. Universitat Oberta de Catalunya – UOC (FUOC – P08/73558/01968). p. 26.
11. CAPPELLO, Thamires Pandolfi. **Pesquisa clínica de medicamentos no Brasil**: a disposição sobre o próprio corpo como um direito fundamental. Dissertação (Mestrado em Direito) – Faculdade de Direito, Pontifícia Universidade Católica de São Paulo, São Paulo, 2017. p. 35.
12. OLIVEIRA, Paulo Henrique de; ANJOS FILHO, Robério Nunes dos. Bioética e pesquisa em seres humanos. **Revista de Direito da Universidade de São Paulo**, v. 101, jan.-dez. 2006. Disponível em: http://www.revistas.usp.br/rfdusp/article/view/67739/70347. Acesso em: 26 ago. 2019, p. 1201.

Indignados com acontecimentos reprováveis, a comunidade internacional uniu-se, fixando diretrizes na Declaração de Helsinque, Finlândia, sobre os princípios éticos para a pesquisa envolvendo seres humanos. Trata-se de um dos principais tratados sobre a bioética, revisado continuamente, e em vigência na sua sétima versão[13].

Surgiram, então, os estudos da bioética[14]. Essa área tem o escopo de orientar juridicamente as práticas médicas, conforme parâmetros éticos. Dentre outros temas, a bioética aprofundou-se na necessidade de um "consentimento informado" do paciente.

Até a segunda metade do século XX predominou o chamado paternalismo médico. Esse sistema se pautava na ética hipocrática, na qual o médico decidia sobre o tratamento de saúde do paciente, por critérios exclusivamente sanitários, independentemente de vontade do enfermo. Tratava-se de uma relação vertical na qual o médico estava em escala superior, por deter os conhecimentos específicos, e o paciente em posição inferiorizada, por ser considerado leigo, frágil e dependente de proteção. A partir disso, justificava-se omitir informações a seu respeito, além de retirar-lhe a oportunidade de escolha. Em outras palavras, com fulcro no princípio da beneficência e primordialmente na busca da proteção, tomavam-se decisões até mesmo contra a vontade expressa do paciente, que não passava de mero objeto de tratamento ambulatorial.

Mais tarde, percebeu-se que o maior interessado era o paciente, pois ele é que sofreria todas as consequências físicas, emocionais e psicológicas da intervenção. Ademais, a ignorância quanto aos conhecimentos técnicos poderia ser suprida caso lhe fossem explicadas as informações de maneira clara. Então, vieram movimentos favoráveis à autonomia do paciente para admitir ou não um tratamento médico, ciente de todos os impactos envolvidos na busca da cura ou da diminuição da enfermidade. É o que a doutrina chamou de "capacidade para consentir"[15].

---

13. "Em outubro de 2013, na cidade de Fortaleza, no Ceará, com o advento da 64ª Assembleia Geral da AMM, consagrou-se a sétima e última revisão da Declaração de Helsinque [...]". CAPPELLO, Thamires Pandolfi. **Pesquisa clínica de medicamentos no Brasil**: a disposição sobre o próprio corpo como um direito fundamental. Dissertação (Mestrado em Direito) – Faculdade de Direito, Pontifícia Universidade Católica de São Paulo, São Paulo, 2017. p. 46.
14. "Por eso la bioética, y con carácter muy general, puede ser definida como el estudio de las cuestiones éticas que surgen de la práctica de las ciencias biomédicas". BAIGES, Víctor Méndez; GORSKI, Héctor Claudio Silveira. **Bioética y derecho**. Barcelona: Editorial UOC, 2007. p. 18.
15. Termo utilizado pela doutrina. MARTINS-COSTA, Judith. Capacidade para consentir e esterilização de mulheres tornadas incapazes pelo uso de drogas: notas para uma aprovação entre a técnica jurídica e a reflexão. In: MARTINS-COSTA, Judith; MÖLLER, Letícia Ludowic (Orgs.). **Bioética e responsabilidade**. Rio de Janeiro: Forense, 2009. p. 321.

Consagrou-se, ainda, a locução "consentimento informado"[16], de origem norte-americana, vez que é imprescindível que os profissionais da saúde informem e esclareçam questões técnicas para deixar a relação mais 'horizontal', levando compreensão ao doente. Esta terminologia foi positivada em diversas normas, por exemplo, no Informe de Belmont[17] e na Declaração de Helsinki[18].

Nota-se que essa forma de exercitar a autonomia diferencia-se da capacidade genérica negocial. Além de trabalhar com a parte objetiva de conhecimento e informação, o consentimento para tratamentos médicos-ambulatoriais tem natureza subjetiva e extrapatrimonial. Envolve a prevalência de axiomas que variam entre cada indivíduo, além da necessidade ou não de se sujeitar a um tratamento invasivo e de risco. O médico prioriza a vida, mas nem toda a forma de vida é garantia do bem-estar, indispensável à vida digna. Por isso, o artigo 15 do Código Civil enuncia que não se pode obrigar ninguém a se expor a intervenções médicas e cirúrgicas com risco de vida.

Então, a doutrina passou a diferenciar a capacidade de consentir para tratamentos médicos da capacidade civil em geral. A primeira envolve questões individuais relativas à integridade física e psíquica, ou seja, intervenção no próprio corpo, a ordem emocional de seguir um tratamento dolorido, internações longe da família, eventual "enfeamento" ou perda de habilidades para realizar atividades consideradas indispensáveis à qualidade de vida.

Enquanto isso, a capacidade civil remonta a questões patrimoniais, relativas ao tráfego negocial e à necessidade de segurança jurídica e boa-fé das relações jurídicas. Assim, na capacidade para consentir, há maior interesse do próprio indivíduo que estará sujeito a todos os efeitos da intervenção e menor interesse da sociedade sobre sua decisão. Trata-se de decisões existenciais da pessoa, em que a dignidade em âmbito abstrato prepondera sobre outros princípios, prevalecendo o consentimento da pessoa.

Luís Roberto Barroso, ao escrever sobre a escolha de transfusão de sangue dos fiéis à religião testemunhas de Jeová, aduz: "tais transformações são impulsionadas pelo reconhecimento da dignidade da pessoa humana, que assegura a todas

---

16. "El término apareció por la primera vez en una sentencia judicial norte-americana de 1957 [...] En 1957, una sentencia de un juez de California en el caso *Salgo versus Leland Stanford Jr. University Board od Trustees* consideraba necesario suministrar al paciente información sobre los riesgos de una intervención con el fin de que éste pudiera dar un 'consentimiento informado'". BAIGES, Víctor Méndez. **Biomedicina, sociedad y derechos**. Universitat Oberta de Catalunya – UOC (FUOC – P08/73558/01968). pp. 24-27.
17. BAIGES, Víctor Méndez. **Biomedicina, sociedad y derechos**. Universitat Oberta de Catalunya – UOC (FUOC – P08/73558/01968). p. 26.
18. Redigida pela Associação Médica Mundial, em 1964.

as pessoas o direito de realizar autonomamente suas escolhas existenciais"[19]. Isso demonstra a amplitude elástica da bioética, já que o cerne destas escolhas é a dignidade humana, cujo fundamento pode ir muito além da ciência biomédica, isto é, avançar os limites da biologia médica considerando a escolha da forma de vida de cada ser humano. Uma pessoa extremamente religiosa cuja crença não admita a transfusão de sangue perde sua qualidade de vida digna ao realizar um procedimento que lhe confere saúde física, mas lhe macula a alma e a fama. Para este indivíduo, sobreviver em razão de uma transfusão sanguínea pode significar o fim de sua vida social, vez que seu círculo de convivência é avesso aos indivíduos que se submetem a tal tratamento.

Nessa esfera se discute o caráter dúplice da dignidade humana que ora surge na sua dimensão de conferir autonomia, ora na sua dimensão protetiva[20]. A dignidade como autonomia adentra a esfera de autodeterminação da pessoa, que é livre para desenvolver sua personalidade, por meio de escolhas morais que lhe são relevantes, assumindo a responsabilidade por elas. Outras questões, entretanto, não dependem da determinação do agente, nem de seu representante, de forma que podem ser impostas unilateralmente pelo Estado, em prol do próprio interessado ou da sociedade.

Quando o direito se depara com situações que envolvem a predominância da ordem personalíssima, deve buscar ao máximo a autonomia da pessoa. É o que acontece com a capacidade para consentir. Nessa lógica, o Código Civil argentino de 2015 introduziu normas de construção doutrinária sobre regras gerais[21] de

---

19. O autor aborda o consentimento informado e autonomia do paciente que privilegia a religião em detrimento da saúde.
    BARROSO, Luís Roberto. Legitimidade da recusa de transfusão de sangue por testemunha de Jeová: dignidade humana, liberdade religiosa e escolhas existenciais. In: LEITE, George Salomão; SARLET, Ingo Wolfgang; CARBONELL, Miguel (Coords.). **Direitos, deveres e garantias fundamentais.** Salvador: JusPodivm, 2011. p. 664.
20. Ingo Wolfgang Sarlet afirma que, dentre as dimensões dúplices da dignidade humana, ela pode se apresentar pela autonomia e proteção: "que a dignidade da pessoa humana possui uma dimensão dúplice, que se manifesta por estar em causa simultaneamente a expressão da autonomia da pessoa humana (vinculada à ideia de autodeterminação no que diz com as decisões a respeito da própria existência), bem como a necessidade de sua proteção (assistência) por parte da comunidade e do Estado, especialmente – mas não exclusivamente! – quando fragilizada ou até mesmo – e principalmente quando ausente a capacidade de autodeterminação". SARLET, Ingo Wolfgang. Dignidade da pessoa humana e direitos fundamentais na Constituição Federal de 1988: uma análise na perspectiva da jurisprudência do Supremo Tribunal Federal. In: LEITE, George Salomão; SARLET, Ingo Wolfgang; CARBONELL, Miguel (Coords.). **Direitos, deveres e garantias fundamentais.** Salvador: JusPodivm, 2011. p. 571.
21. ARGENTINA. Código Civil: "Artículo 31. Reglas generales La restricción al ejercicio de la capacidad jurídica se rige por las siguientes reglas generales: [...] b) las limitaciones a la capacidad son de carácter excepcional y se imponen siempre en beneficio de la persona;

capacidade e especiais para tratamentos médicos[22]. É evidente a maior amplitude ao exercício de capacidade sobre intervenções na saúde, vez que, a partir dos 13 anos, o adolescente já poderá decidir sobre tratamentos não invasivos. Logo, somente será indispensável a assistência dos pais do menor com mais de 13 anos, se o método terapêutico tiver caráter invasivo[23]. O Código argentino adotou a "nova maioridade" ou "maioridade bioética"[24].

[...] f) deben priorizarse las alternativas terapéuticas menos restrictivas de los derechos y libertades".

22. ARGENTINA. Código Civil. "Artículo 58. Investigaciones en seres humanos. La investigación médica en seres humanos mediante intervenciones, tales como tratamientos, métodos de prevención, pruebas diagnósticas o predictivas, cuya eficacia o seguridad no están comprobadas científicamente, sólo puede ser realizada si se cumple con los siguientes requisitos: [...] f) contar con el consentimiento previo, libre, escrito, informado y específico de la persona que participa en la investigación, a quien se le debe explicar, en términos comprensibles, los objetivos y la metodología de la investigación, sus riesgos y posibles beneficios; dicho consentimiento es revocable; Artículo 59. Consentimiento informado para actos médicos e investigaciones en salud. [...] Ninguna persona con discapacidad puede ser sometida a investigaciones en salud sin su consentimiento libre e informado, para lo cual se le debe garantizar el acceso a los apoyos que necesite. Nadie puede ser sometido a exámenes o tratamientos clínicos o quirúrgicos sin su consentimiento libre e informado, excepto disposición legal en contrario. Si la persona se encuentra absolutamente imposibilitada para expresar su voluntad al tiempo de la atención médica y no la ha expresado anticipadamente, el consentimiento puede ser otorgado por el representante legal, el apoyo, el cónyuge, el conviviente, el pariente o el allegado que acompañe al paciente, siempre que medie situación de emergencia con riesgo cierto e inminente de un mal grave para su vida o su salud. En ausencia de todos ellos, el médico puede prescindir del consentimiento si su actuación es urgente y tiene por objeto evitar un mal grave al paciente".

23. Código Civil argentino: "Artículo 26. Ejercicio de los derechos por la persona menor de edad. La persona menor de edad ejerce sus derechos a través de sus representantes legales. No obstante, la que cuenta con edad y grado de madurez suficiente puede ejercer por sí los actos que le son permitidos por el ordenamiento jurídico. En situaciones de conflicto de intereses con sus representantes legales, puede intervenir con asistencia letrada. **La persona menor de edad tiene derecho a ser oída en todo proceso judicial que le concierne así como a participar en las decisiones sobre su persona. Se presume que el adolescente entre trece y dieciséis años tiene aptitud para decidir por sí respecto de aquellos tratamientos que no resultan invasivos, ni comprometen su estado de salud o provocan un riesgo grave en su vida o integridad física.** Si se trata de tratamientos invasivos que comprometen su estado de salud o está en riesgo la integridad o la vida, el adolescente debe prestar su consentimiento con la asistencia de sus progenitores; el conflicto entre ambos se resuelve teniendo en cuenta su interés superior, sobre la base de la opinión médica respecto a las consecuencias de la realización o no del acto médico. A partir de los dieciséis años el adolescente es considerado como un adulto para las decisiones atinentes al cuidado de su propio cuerpo". (grifos nossos)

24. "No mesmo segmento, discute-se a respeito de uma nova maioridade, a maioridade bioética". NANNI, Giovanni Ettore. As situações jurídicas exclusivas do ser humano: entre

Essa elasticidade da capacidade para agir nas decisões terapêuticas demonstra o caráter personalíssimo e existencial da decisão. Deve prevalecer a autonomia da pessoa, pois um terceiro não é capaz de compreender valores pessoais na mesma medida que o próprio interessado. Este raciocínio foi adotado pelo Estatuto da Pessoa com Deficiência, que proibiu a curatela sobre decisões relativas à saúde (artigo 85, § 1º), malgrado não conste no artigo 6º, que confere capacidade plena a diversas espécies de decisões existenciais.

O exercício do consentimento informado também foi explorado por esse Estatuto (capítulo I), que cuida do direito à vida. Primeiramente, essa Lei reforça o artigo 15 do Código Civil ao determinar que a pessoa com deficiência não pode ser forçada a se submeter a intervenções de caráter médico-hospitalar. Segundo o Estatuto da Pessoa com Deficiência, deve ser assegurado o maior grau possível de participação da pessoa com deficiência curatelada, ao que tange à sua saúde. Ou seja, na hipótese de curatela, tentar-se-á, na maior medida, promover o consentimento do próprio interessado. Não obstante, se houver impossibilidade, a norma permite ao curador suprir o consentimento informado para tratamentos médicos, mandamentos que constam de forma cristalina nos artigos 11, parágrafo único, e 12, § 1º.

Trata-se de uma prescrição acertada do legislador, pois flexibiliza a capacidade de exercício, permitindo, ao máximo, que todas as pessoas, inclusive aquelas submetidas ao regime da curatela, decidam sobre procedimentos relativos à saúde. Exclusivamente na hipótese em que o curatelado não tiver condições de fazê-lo, tal decisão ficará a cargo do curador, devidamente conscientizado sobre os riscos do tratamento. Esse entendimento foi encampado pelas legislações nacionais e internacionais. Internamente, cita-se o art. 17 do Estatuto do Idoso[25], externamente, vale mencionar o Código Civil argentino de 2014, que segue a mesma orientação[26].

---

a superutilização do princípio da dignidade da pessoa humana e a coisificação do ser humano. In: NANNI, Giovanni Ettore. **Direito civil e arbitragem**. São Paulo: Atlas, 2014. p. 158.

25. Estatuto do Idoso – Lei n. 10.741 de 2003, art. 17. Ao idoso que esteja no domínio de suas faculdades mentais é assegurado o direito de optar pelo tratamento de saúde que lhe for reputado mais favorável.
Parágrafo único. Não estando o idoso em condições de proceder à opção, esta será feita:
I – pelo curador, quando o idoso for interditado;
II – pelos familiares, quando o idoso não tiver curador ou este não puder ser contactado em tempo hábil;
III – pelo médico, quando ocorrer iminente risco de vida e não houver tempo hábil para consulta a curador ou familiar;
IV – pelo próprio médico, quando não houver curador ou familiar conhecido, caso em que deverá comunicar o fato ao Ministério Público.

26. ARGENTINA. Código Civil. Artículo 59. "Consentimiento informado para actos médicos e investigaciones en salud El consentimiento informado para actos médicos e

Todavia, teoricamente, parece ter ocorrido um descompasso legal dentro do microssistema da pessoa com deficiência. O artigo 85, § 1º, do Estatuto expressamente veta a curatela sobre direitos relativos à saúde. Contrariamente, o artigo 11, parágrafo único, aceita que o curador supra o consentimento para esse fim. Além disso, é incongruente com a plena capacidade para atos existenciais, enunciada no artigo 6º. Tanto o consentimento informado quanto o rol de atos previstos no artigo 6º desta lei têm natureza personalíssima, por se referirem a assuntos de natureza existencial. Porém, enquanto o primeiro admite a substituição de vontade pelo curador, no segundo, a Lei é enfática ao determinar a plena capacidade, sendo incompatível com o suprimento de vontade de eventual assistente legal.

Ressalta-se, outrossim, que é incoerente do ponto de vista teórico denominar de "suprimento"[27] a decisão do curador da pessoa com deficiência maior de idade. Se agora não há mais incapacidade absoluta para estes indivíduos, desapareceu também a representação nestes casos. Conforme a teoria das capacidades, na assistência não há suprimento da vontade, mas mero auxílio. Dessa forma, seria descabido o uso desse termo técnico.

Em que pese tais críticas, a Lei foi expressa sobre o tema, sem deixar margem a outra interpretação, pois o artigo 11 do Estatuto da Pessoa com Deficiência é especial em relação ao artigo 6º e 85. Isso é benéfico para a prática forense, que pode atuar com segurança jurídica sobre a possibilidade de se admitir a declaração do curador. Assim, a "insegurança" ficará restrita tão somente à "mensuração" das hipóteses em se entender plausível ou impertinente a capacidade volitiva do paciente curatelado. Isso é variável, devendo ser resolvido pela construção forense, com o auxílio da equipe técnica de caráter multidisciplinar, conforme os ditames legais.

Por fim, importante destacar que a solução legal para a capacidade de consentir atendeu à realidade, vislumbrando casos excepcionais em que a pessoa com

---

investigaciones en salud es la declaración de voluntad expresada por el paciente, emitida luego de recibir información clara, precisa y adecuada, respecto a: [...] h) el derecho a recibir cuidados paliativos integrales en el proceso de atención de su enfermedad o padecimiento. Ninguna persona con discapacidad puede ser sometida a investigaciones en salud sin su consentimiento libre e informado, para lo cual se le debe garantizar el acceso a los apoyos que necesite. Nadie puede ser sometido a exámenes o tratamientos clínicos o quirúrgicos sin su consentimiento libre e informado, excepto disposición legal en contrario. **Si la persona se encuentra absolutamente imposibilitada para expresar su voluntad al tiempo de la atención médica y no la ha expresado anticipadamente, el consentimiento puede ser otorgado por el representante legal, el apoyo, el cónyuge, el conviviente, el pariente o el allegado que acompañe al paciente, siempre que medie situación de emergencia con riesgo cierto e inminente de un mal grave para su vida o su salud. En ausencia de todos ellos, el médico puede prescindir del consentimiento si su actuación es urgente y tiene por objeto evitar un mal grave al paciente**". (grifos nossos)

27. Em referência ao artigo 11, parágrafo único do Estatuto da Pessoa com Deficiência.

deficiência está impedida de se manifestar conscientemente sobre o tratamento. Ademais, respeitou a sua autonomia, ao admitir o consentimento do curatelado, independentemente de seu curador, sempre que isso for possível.

10.1.2. Exercício de direitos sexuais

Indubitavelmente, a atividade sexual tem caráter ontológico, relacionado à perpetuação da espécie. Esta dimensão existe nos seres vivos em geral e é estudada pela biologia. Além disso, a depender da cultura, o tema é visto sob o prisma da sexualidade, excedendo, portanto, a mera reprodução[28]. Para compreender esse direito, é importante saber que, atualmente, predomina uma visão a qual se relaciona o sexo à busca do prazer ou ao vínculo afetivo. Ou seja, trata-se de um ato que traz satisfação em diversos sentidos.

Essa dimensão relacionada à satisfação pessoal ou do casal tem um viés mais egoístico, pautado no individualismo e na liberdade de decidir sobre o uso do próprio corpo e sobre a eleição do parceiro. É a noção da sexualidade no âmbito íntimo e privado. São interesses das pessoas envolvidas e não cabe à sociedade impor uma determinada moral ou impelir a concepção de prole.

Vale lembrar que esse entendimento aderiu ao pluralismo, reconhecendo todas as formas de orientação sexual[29], vez que já não se reserva o ato sexual unicamente para gerar descendentes. Partindo destas premissas, a doutrina qualifica o exercício da sexualidade como um direito fundamental[30]. Apesar desse impulso de liberdade e da busca de igualdade, as pessoas com deficiência, mormente as de ordem intelectual e mental, continuaram a ser excluídas desse direito.

Parcela desse pensamento deriva do excesso de zelo com estes indivíduos. Muitas vezes, são equiparados às crianças, logo, seria inadmissível que vivessem tal experiência, em razão da sua pureza e despreparo. Outra parcela acontece em razão da imputação da incapacidade de fato para todos os atos. É a superada ideia do "tudo ou nada", que estendia a inaptidão deliberativa a todos os campos da vida, o que incluía temas relativos à sexualidade. Trata-se de um ato personalíssimo,

---

28. "Não poderíamos, no entanto, falar em transexualismo, em estados intersexuais e mesmo em sexo sem observar a evolução das concepções de sexo, a alteração da função reprodutiva para a relação de prazer" [...] "A sexualidade humana apresenta uma variedade de componentes culturais superpostos a uma estrutura biológica". ARAUJO, Luiz Alberto David. **A proteção constitucional do transexual**. São Paulo: Saraiva. 2000, pp. 36-45.
29. A orientação sexual é um tema extremamente complexo, que vai além da sexualidade. Uma pessoa pode ser biologicamente de um gênero, se identificar com outro e não ter desejos de praticar atos sexuais. Nesta pesquisa, essa questão é apenas mencionada, mas não será explorada, devido a sua profundidade.
30. "O exercício da sexualidade constitui um direito fundamental atrelado à dignidade da pessoa humana". ESTEFAM, André. **Direito penal**: parte especial. 6. ed. (arts. 121 a 234-B). São Paulo: Saraiva Educação, 2019. v. 2. p. 772.

que inadmite suprimento da vontade pelo representante. Aliás, por ser um ato de decisão e de execução extremamente íntimo, seria esdrúxulo cogitar a representação e até mesmo a assistência sem ferir a dignidade do envolvido. Dada atitude aproximar-se-ia de um crime envolvendo abuso da vulnerabilidade[31] em vez de instituto jurídico civil com intuito de proteção.

O ato sexual é uma maneira de dispor do próprio corpo. Quando consentido, pode ser algo positivo. Porém, se não consentido, é uma forma brutal de violência física e psicológica, submissão e humilhação. Como as limitações intelectuais e mentais podem afetar o discernimento e, por conseguinte, o poder de decisão, havia a presunção *iuris tantum* de vulnerabilidade e a falta de consentimento para qualquer forma de ato sexual. Isso anulava qualquer hipótese de exercício desse direito por pessoas com tais deficiências[32].

Realmente, os sujeitos com algum grau de deficiência estão mais suscetíveis de sofrer abusos, pois, geralmente, têm diminuído o poder de defesa e, por preconceito, lhes és tolhida a credibilidade de suas palavras em caso de posterior denúncia[33]. Todavia, como seres humanos, eles mantêm o seu caráter moral, emocional e a produção de hormônios que promovem desejos sexuais[34]. Assim, se

---

31. "Favorecimento da prostituição ou outra forma de exploração sexual de criança ou adolescente ou de vulnerável" (artigo 218-A); "mediação para servir a lascívia de outrem" (artigo 227, ambos do Código Penal).
32. "A desconstrução da sexualidade da pessoa com deficiência é um estigma fomentado pela própria família, fruto de uma postura protecionista e equivocada, que emparada a pessoa com deficiência em um mundo assexuado, para aquém das necessidades afetivas do outro. Com essa postura, a família exerce a 'castração' da sexualidade da pessoa com deficiência, limitando-a a uma realidade desprovida de prazer, como se a satisfação sexual fosse uma prerrogativa exercitável apenas pelas pessoas sem deficiência". FERRAZ, Carolina Valença; LEITE, Glauber Salomão. Artigo 23. Respeito pelo lar e pela família (pp. 152-157). In: BRASIL. Secretaria de Direitos Humanos da Presidência da República (SDH/PR); Secretaria Nacional de Promoção dos Direitos da Pessoa com Deficiência (SNPD). In: DIAS, Joelson; FERREIRA, Laíssa da Costa Ferreira; GURGEL, Maria Aparecida; COSTA FILHO, Waldir Macieira da Costa Filho (Coords.). **Novos comentários à Convenção sobre os Direitos das Pessoas com Deficiência.** 3. ed. Brasília: Secretária Nacional de Promoção dos Direitos da Pessoa com Deficiência, 2014. p. 156.
33. Observa-se o descrédito dos relatos exclusivamente fáticos de pessoas que se encontram fragilizadas intelectual ou mentalmente. Por isso, elas são mais vulneráveis. O agressor se aproveita da falta de fiabilidade de sua palavra, alegando a própria deficiência da vítima em seu favor.
34. "no que se refere aos direitos sexuais, ressalta-se que é direito do deficiente escolher livremente seus parceiros, respeitada, inclusive, sua orientação sexual (v. artigo 18, VI, abaixo), desfazendo-se, de vez, o mito de que o deficiente se trata de pessoa assexuada, que não conta com as necessidades inerentes a todo e qualquer ser humano". FARIAS, Cristiano Chaves de; CUNHA, Rogério Sanches; PINTO, Ronaldo Batista (Coords.). **Estatuto da Pessoa com Deficiência comentado artigo por artigo.** 2. ed. Salvador: JusPodivm, 2016. p. 44.

houver compreensão sobre o que significa a prática destes atos, as consequências e as prevenções sanitárias, haverá discernimento para que tais sujeitos decidam como agir.

O Estatuto da Pessoa com Deficiência atendeu ao pleito desse grupo. Afastou a visão pueril e lhes conferiu tratamento de "adulto" ao determinar plena capacidade de exercício dos direitos sexuais a todas as pessoas com deficiência. Admitir esse direito é relevante para orientá-los à realização de forma segura a sua integridade física, mental e moral. Por isso, o artigo 18 do Estatuto impõe o dever estatal de cuidado integral à saúde destes indivíduos, estabelecendo expressamente o respeito à identidade de gênero e à atenção sexual e reprodutiva, o que inclui a reprodução assistida (§ 4º, VI e VII).

A legislação caminhou bem ao reconhecer esse direito. É uma previsão coerente com os demais incisos do artigo 6º do Estatuto. Não seria plausível considerar a pessoa apta para o casamento, caso não pudesse cumprir com um de seus deveres conjugais. Vale lembrar que a impotência *coeundi* é a impotência para o ato sexual; ela pode configurar erro essencial sobre a pessoa do outro cônjuge, configurando causa de anulação do matrimônio (artigos 1556 e 1557, III, do Código Civil).

Ademais, as pessoas com limitações de ordem mental e intelectual não podem ser privadas de buscar a felicidade, o prazer e a intimidade com o outro em razão de sua condição. Segundo a doutrina, impor a proibição de que tais sujeitos exercitem sua sexualidade seria o mesmo que reprimir sua natureza, vez que se trata de direito inerente à condição humana dentro de sua autonomia[35]. Ou seja, de acordo com a vontade individual, tais pessoas têm a liberdade de vivenciar a plenitude de suas vidas, pois se trata de direito fundamental[36].

---

35. "Com base nos mesmos fundamentos, é necessário destacar que a pessoa com deficiência, na esfera da sua intimidade, pode exercer plenamente o direito à sexualidade. A definição do livre exercício da sexualidade passa pela perspectiva da satisfação prazerosa com o próprio corpo e com a interação com o outro. Em síntese, a pessoa com deficiência é livre para satisfazer a sua sexualidade e expressá-la ao seu arbítrio, nos parâmetros do artigo 5º, da Constituição Federal. O exercício da sexualidade encontra amparo na **proteção da autonomia da vontade**, na opção por uma vida sexual ativa e saudável".
FERRAZ, Carolina Valença; LEITE, Glauber Salomão. Artigo 23. Respeito pelo lar e pela família (pp. 152-157). In: BRASIL. Secretaria de Direitos Humanos da Presidência da República (SDH/PR); Secretaria Nacional de Promoção dos Direitos da Pessoa com Deficiência (SNPD). In: DIAS, Joelson; FERREIRA, Laíssa da Costa Ferreira; GURGEL, Maria Aparecida; COSTA FILHO, Waldir Macieira da Costa Filho (Coords.). **Novos comentários à Convenção sobre os Direitos das Pessoas com Deficiência**. 3. ed. Brasília: Secretária Nacional de Promoção dos Direitos da Pessoa com Deficiência, 2014. p. 156. [grifos nossos]

36. FERRAZ, Carolina Valença; LEITE, Glauber Salomão. Artigo 23. Respeito pelo lar e pela família (pp. 152-157). In: BRASIL. Secretaria de Direitos Humanos da Presidência da

Salienta-se, outrossim, que esse tema não se esgota na área cível. Seria falho deixar de relacionar a questão com o artigo 217-A, do Código Penal. Este tipo penal dispõe sobre o estupro de vulnerável, cujo sujeito passivo pode ser tanto menor de 14 anos, conforme consta no *caput*, quanto pessoa com deficiência mental (entende-se mental e intelectual[37]) que não tenha o necessário discernimento para a prática do ato, além daqueles que não puderem resistir em razão de qualquer outro motivo[38] (§ 1º).

O crime em estudo visa proteger os vulneráveis. No caso das pessoas com deficiência intelectual ou mental, consideram-se vulneráveis somente aquelas que não possuem discernimento suficiente para consentir com a prática dessas espécies de atos. Em sentido contrário, se a pessoa tiver comprometimento mental ou intelectual que não afete a consciência sexual, não haverá subsunção ao artigo 217-A[39]. Logo, não basta ter essa deficiência, é necessário analisar a ausência de discernimento para decidir sobre o envolvimento sexual.

Relevante, portanto, uma breve digressão. O artigo 217-A demonstra avanço em relação à "presunção de violência" prevista no artigo 224 do Código Penal[40], antes das alterações promovidas pela Lei n. 12.015/2009. A norma revogada presumia a violência sexual genericamente, bastando que a vítima tivesse a deficiência intelectual ou mental. Com a reforma de 2009, há um tipo penal próprio (artigo 217-A) que combina tais deficiências com a ausência de discernimento sexual no caso concreto.

Quando o agente conhecer esses dois fatores, haverá o crime independentemente de a pessoa com limitação mental ou intelectual ter aparentemente

---

República (SDH/PR); Secretaria Nacional de Promoção dos Direitos da Pessoa com Deficiência (SNPD). DIAS, Joelson; FERREIRA, Laíssa da Costa Ferreira; GURGEL, Maria Aparecida; COSTA FILHO, Waldir Macieira da Costa Filho (Coords.). **Novos comentários à Convenção sobre os Direitos das Pessoas com Deficiência**. 3. ed. Brasília: Secretaria Nacional de Promoção dos Direitos da Pessoa com Deficiência, 2014. p. 157.

37. Essa redação legislativa é de 2009. Na época, o único intuito do legislador foi retirar expressões com caráter estigmatizado, como "louco de todo o gênero". Não havia essa preocupação em distinguir a espécie de deficiência. O intuito legal é centrar-se na vulnerabilidade do sujeito passivo.
38. Seriam as vítimas de violência imprópria.
39. "Mais importante, esclareceu-se que o atraso psíquico há de comprometer o necessário discernimento para o ato sexual". ESTEFAM, André. **Direito penal**: parte especial. 6. ed. (arts. 121 a 234-B). São Paulo: Saraiva Educação, 2019. v. 2. p. 766.
40. Código Penal, "Presunção de violência (Revogado pela Lei n. 12.015, de 2009); Artigo 224 – Presume-se a violência, se a vítima: (Vide Lei n. 8.072, de 25.7.90) (Revogado pela Lei n. 12.015, de 2009); a) não é maior de catorze anos; (Revogado pela Lei n. 12.015, de 2009) b) é alienada ou débil mental, e o agente conhecia esta circunstância; (Revogado pela Lei n. 12.015, de 2009) c) não pode, por qualquer outra causa, oferecer resistência. (Revogado pela Lei n. 12.015, de 2009)".

sinalizado de forma afirmativa para a conjunção carnal ou para o ato libidinoso. O § 5º deste artigo é claro quanto ao crime praticado, mesmo que tenha havido consentimento.

Nesse ponto, surge um grande debate teórico e jurisprudencial sobre presunção *iuris tantum* ou *iuris et iuris* do dispositivo. Em que pese os argumentos de cada lado, parece que o problema reside na redação do § 5º e não na presunção da violência.

Na realidade, o que a lei quis dizer é que, se houver falta de discernimento para a prática do ato sexual, pouco importará a manifestação da pessoa. Ora, se a pessoa não compreende o que se passa no momento, não há como falar que houve manifestação de vontade positiva nem negativa. Imagine que a pessoa esteja em um surto psicótico, falando com alguém que não existe. Então, alguém que a conhece se aproveita desse momento, convidando para passar a noite e a pessoa diz "sim", pois está respondendo a alguma voz que passa por sua mente. É evidente que não houve consentimento para a prática do ato, mas uma afirmação para a voz que lhe atormenta.

Do mesmo modo, o agente pode convidar uma pessoa com deficiência intelectual para "brincar" em seu quarto. Devido ao comprometimento intelectual, a pessoa pode realmente entender na literalidade a frase e assentir por ingenuidade. Ela não tem discernimento e nem assentiu com a prática de qualquer ato libidinoso, pois vislumbrou situação diversa.

Com isso, percebe-se que o sistema jurídico protege a dignidade sexual da pessoa com deficiência intelectual e mental de duas maneiras. Civilmente, confere-se a plena capacidade, para que todos os sujeitos tenham liberdade, a fim de realizar suas escolhas de acordo com valores próprios. Partindo da eventual vulnerabilidade, por falta de discernimento para esses tipos de atos, haverá proteção na esfera penal, além da civil.

10.1.3. Conservação da fertilidade e esterilização

O planejamento familiar no tocante à filiação biológica[41] é mais difícil de ser feito, no sentido de que depende de outros fatores além da vontade dos pais. Muitas vezes, há o desejo pela concepção, mas alguma limitação biológica frustra esse projeto. Outras vezes, a falta de precaução traz a gravidez que não havia sido programada.

Estas discrepâncias entre a vontade e as condições biológicas podem ser solucionadas por meios sanitários. Portanto, tais questões envolvem diversos direitos fundamentais: direito ao próprio corpo, tangenciando a capacidade para

---

41. A Constituição Federal consagrou a incidência do princípio da igualdade no tocante à filiação, em seu artigo 227, § 6º. Nesse texto, abordar o tema separadamente tem fins unicamente acadêmicos, sem qualquer finalidade discriminatória.

consentir, além do direito ao planejamento familiar, sopesada a paternidade responsável delineada em subitem anterior.

No primeiro caso, o artigo 3º, parágrafo único, I e II, combinado ao artigo 9º, ambos da Lei n. 9.263/1996, estabelecem o direito de o indivíduo ou o casal receberem assistência para a concepção, por técnicas cientificamente aceitas e que não coloquem em risco a vida e a saúde do paciente. O Sistema Único de Saúde, que possui atendimento gratuito, estará disponível para esse fim.

Não poderá ser negado às pessoas com deficiência o acesso aos métodos que garantam sua fertilidade e, por conseguinte, a geração de vida. Esses indivíduos merecem tratamento isonômico, logo, não podem ser frustrados de seus direitos reprodutivos, simplesmente em razão da deficiência. Essa premissa obedece à Convenção Internacional da ONU sobre pessoas com Deficiência a qual enuncia o direito de tais indivíduos exercerem o planejamento familiar, de forma livre e responsável, bem como garantir o acesso aos meios necessários para tanto (artigo 23, § 1º, b). Há lei interna que regula o tema, assegurando-lhes a faculdade de se valer da reprodução assistida (artigo 18, § 4º, VII, da Lei n. 13.146/2015).

Ademais, eles têm a plena capacidade para decidir sobre o planejamento familiar. Aqui reside o primeiro problema sobre a conservação e a utilização de técnicas de fertilização. O Estatuto da Pessoa com Deficiência foi enfático ao conferir a plena capacidade quanto à escolha por ter filhos e a manutenção da fertilidade a pessoas com deficiência sem distinção.

Sem embargo, a deficiência mental ou intelectual pode impedir o discernimento de entender o que realmente significa uma maternidade ou paternidade. Ademais, deve ser observado se tal limitação retira as condições de cuidar de outrem. Quando afetar estas habilidades, não faz sentido ter um filho. Macular-se-ia a finalidade da autonomia de planejamento familiar.

Conforme será visto adiante, deve prevalecer o interesse do menor. Assim, o correto é analisar com mais acuidade a vontade das pessoas que desejam ter filhos, além de verificar a habilidade em serem pais. Não se trata de preconceito ou negação de direitos por razão da deficiência. A questão é perceber se o sujeito terá discernimento para compreender a responsabilidade sobre ter filhos e os meios de suprir suas limitações. Não seria viável um casal que depende de auxílio ter filhos.

Eventualmente, se coincidir com o desejo dos curadores, geralmente os pais dos curatelados, seria possível. O documentário sobre Monica e David, casal em que ambos têm síndrome de *down* ilustra bem o caso[42]. Os dois trabalham, porém

---

42. No documentário "Monica & David" apresenta-se um casal de pessoas com síndrome de *down*. Eles demonstram o desejo de ter um filho, em particular a esposa. Os pais sentem-se desconfortáveis com essa possibilidade, mas abordam o tema e os levam para cuidar de um bebê. No final dessa produção, não consta que tiveram filhos. Porém, naquela família estruturada, com participação dos pais do casal e de profissionais, poderia se cogitar esse desejo.

dependem da ajuda de seus pais para cuidados próprios. Trata-se de um conjunto familiar sólido e estruturado, o que suportaria a criação de uma criança, se levar em conta a habilidade do casal e do restante da família envolvida. Significa que é um assunto a ser verificado no caso concreto.

Nos dias atuais, a maior controvérsia no campo da fertilidade gira em torno da esterilização das pessoas com deficiência intelectual ou mental. Não há dúvidas de que esses sujeitos podem decidir sobre realizar o procedimento cirúrgico para o término da fertilidade. Indaga-se, entretanto, sobre a possibilidade de esterilização compulsória daqueles que praticam atividade sexual de forma inconsequente.

O Estado brasileiro permite o uso de diversos métodos contraceptivos, tanto para mulheres quanto para homens. Geralmente, recomendam-se os métodos menos invasivos. Em sua maioria, eles não exigem intervenção cirúrgica e interrompem a fertilidade temporariamente, permitindo que se aspire a uma concepção posteriormente. O lado negativo é que as principais prevenções concepcionais exigem certo grau de vigilância e de responsabilidade de seus usuários. As pílulas hormonais anticoncepcionais devem ser tomadas diariamente e em horários corretos e o preservativo não pode ser esquecido no ato[43].

Os sujeitos com discernimento intensamente afetados por alguma limitação mental ou intelectual podem vir a perder esse senso de responsabilidade e praticar atividades sexuais sem os cuidados necessários para evitar uma gravidez. Alguém com limitação intelectual pode não entender sobre métodos contraceptivos, resultando em uma gravidez indesejada. Certas deficiências mentais, por sua vez, retiram a faculdade de inibição de comportamentos. Durante a crise de "mania"[44], há aceleração psíquica e alguns sujeitos com transtorno bipolar (ou doença maníaco-depressiva) tendem a agir impulsivamente, o que pode afetar suas escolhas sexuais. Eles têm ciência de que se submetem à atividade sexual insegura, mas não controlam suas ações.

Talvez os casos mais comuns de impulsividade sejam daquelas pessoas cuja perda do discernimento decisório decorre do uso de substâncias tóxicas. O vício a essas substâncias compromete gravemente as funções psíquicas, de forma que muitos dependentes se prostituem no intuito de satisfazer a necessidade do uso da

---

43. Há outros meios menos invasivos que a cirurgia de esterilização, mas não é tarefa jurídica explicá-los.
44. "O termo 'bipolar' expressa os dois polos de humor ou de estados afetivos que se alteram neste transtorno: a depressão e seu 'oposto', a hipomania ou mania, dependendo da gravidade, cujas manifestações são euforia, energia exagerada, grandiosidade, aceleração e sensação de prazer intenso ou um estado altamente irritável e agressivo. Várias outras áreas são afetadas nestes estados alterados de humor, como sono, apetite, atividade motora, atenção e concentração, mas a essência está no estado geral de humor, ou seja, no modo como a pessoa se sente". LARA, Diogo. **Temperamento forte e bipolaridade**: dominando os altos e baixos do humor. 10. ed. São Paulo: Saraiva, 2009. pp. 29-30.

droga. É evidente que nesse cenário não há reflexão, muito menos medidas para prevenir uma gravidez indesejada.

Inegavelmente, nesses casos mais severos, a opção pela esterilização é o método mais eficaz para o controle individual ou conjunto da escolha conceptiva, pois não há necessidade de controle prévio ou durante o ato sexual. O infortúnio dessa medida consiste no fato de ser a forma mais invasiva de contracepção. Exige intervenção cirúrgica. A depender da modalidade de procedimento adotado, pode haver reversão, porém, isso exigirá outro procedimento cirúrgico.

Por ser invasivo e impedir a fertilidade, esse procedimento é tratado com rigor legal (Lei n. 9.263/1996, artigo 10). Em regra, a esterilização deve ser voluntária. Além de ser plenamente capaz, a lei exige que a pessoa tenha no mínimo 25 anos ou dois filhos. A condição temporal para a realização do procedimento é o lapso de 60 dias entre a manifestação da vontade e o ato cirúrgico. Se houver risco à vida da mulher ou do futuro concepto, é permitida a esterilização voluntária, sendo suficiente relatório assinado por dois médicos. A inobservância desses requisitos é tipificada criminalmente, no artigo 15 da norma retratada.

Além disso, o artigo 10, § 6º, da Lei do planejamento familiar admite, em caráter excepcional, a possibilidade de esterilização compulsória das pessoas absolutamente incapazes, por meio de autorização judicial. Após o Estatuto da Pessoa com Deficiência, somente os menores de 16 anos são considerados incapazes. Logo, essa norma não deve ser aplicada às pessoas com deficiência.

Soma-se o fato de o Estatuto da Pessoa com Deficiência (artigo 6º, IV) determinar que todas as pessoas com deficiência, independentemente da espécie de limitação, são plenamente capazes para decidir sobre a conservação da fertilidade, sendo defesa a esterilização compulsória. À primeira vista, submeter alguém a uma intervenção cirúrgica sem o seu consentimento é uma violência que diminui sua funcionalidade. Portanto, segundo a lei, nunca é possível realizar esse procedimento sem a solicitação da pessoa com deficiência. Esse é o entendimento positivo da norma aplicado em parte dos Tribunais[45].

Todavia, na prática, há situações em que seria recomendável realizar a esterilização de pessoas acometidas intelectual ou mentalmente, ainda que elas não

---

45. "INTERDIÇÃO. Deficiência mental ou intelectual da pessoa que autoriza a curatela parcial, com restrição da prática dos atos negociais e patrimoniais, que exigem a assistência do curador, a teor do artigo 85 do Estatuto da Pessoa com Deficiência. Exercício dos atos de natureza existencial preservado, consoante artigo 6º do referido Estatuto. Pessoa com deficiência mental excluída do rol dos absolutamente incapazes, previsto no artigo 3º do Código Civil. Requerida diagnosticada com 'esquizofrenia indiferenciada', conforme laudo pericial juntado. Hipótese de curatela parcial. Jurisprudência desta C. Câmara. Sentença reformada em parte. Recurso provido". (BRASIL. Tribunal de Justiça de São Paulo. Apelação Cível 1005898-47.2018.8.26.0292; Rel. J.B. Paula Lima; Órgão Julgador: 10ª Câmara de Direito Privado; Foro de Jacareí – 2ª Vara de Família e Sucessões; j. 03-09-2019; Registro: 03-09-2019).

demonstrem vontade de se submeter a essa cirurgia. São os casos extremos[46], nos quais o sujeito não tem controlada sua atividade sexual, resultando em uma concepção indesejada e, geralmente, sem condições de cuidar das crianças. São situações tão preocupantes que os pais da pessoa com prejuízo no discernimento solicitam ordem judicial que permita cirurgia para esterilização.

Nesta grave hipótese deveria existir uma ressalva que permitisse a esterilização "compulsória". Seria a última solução e deveria passar pelo crivo do Poder Judiciário, tal como disposto aos absolutamente incapazes.

Embora não possam mais ser chamadas de "absolutamente incapaz", pela lei, o plano do "ser" demonstra que nessas situações não há capacidade de fato. Estas pessoas encontram-se sem discernimento para decidir sobre as consequências de eventual gravidez indesejada. São incapazes sequer de vislumbrar esse problema. Nesta história, as principais "vítimas" são a mulher[47], a criança[48] e, por vezes, os avós da criança que assumem a responsabilidade dos pais.

Apesar de ser o meio mais interventivo, a esterilização apresenta-se como única forma de evitar algo indesejável. Conforme pontuou o desembargador do Tribunal do Rio Grande do Sul, falta dignidade da pessoa em se sujeitar à procriação

---

46. Menciona-se o exemplo das pessoas dependentes de tóxico que têm afetada sua capacidade mental e intelectual de decisão. Não mais capazes de discernir sobre valores, submetendo-se à prostituição em troca de drogas. Também poderia se citar pessoas em surtos psicóticos, que cometem atos sem pensar. Não se pode deixar de mencionar as palavras da doutrina que já se debruçava sobre o tema antes do Estatuto da Pessoa com Deficiência "É nesse ponto – a liberdade de opção quanto ao exercício desse direito e ao modo de exercitá-lo – que reside uma difícil questão bioética e jurídica posta na realidade dos hospitais, mal regulada pela Lei e enfrentada de forma dissimile, fundamentalmente heterogênea pelos tribunais. Como regular, jurídica e bioeticamente, a esterilização em mulheres tornadas incapazes pelo uso de drogas e que, pela dependência em que se encontram, utilizam o seu corpo e a sua sexualidade como meio para obtenção da droga, correndo, assim, altíssimo risco de engravidar repetida e irresponsavelmente". MARTINS-COSTA, Judith. Capacidade para consentir e esterilização de mulheres tornadas incapazes pelo uso de drogas: notas para uma aprovação entre a técnica jurídica e a reflexão. In: MARTINS-COSTA, Judith; MÖLLER, Letícia Ludowic (Orgs.). **Bioética e responsabilidade**. Rio de Janeiro: Forense, 2009. p. 304.
47. Homens e mulheres podem ser prejudicados por falta de discernimento e controle de atos sexuais. Porém, as mulheres costumam sofrer maiores prejuízos, pois arcam com a gravidez. Embora não seja doença, a gestação limita fisicamente e psicologicamente a vida, náuseas, limitação de movimento, alteração de pressão, alteração hormonal e, consequentemente de humor etc. Ademais, pode existir contraindicações para engravidar quando o corpo não está saudável para isso.
48. As crianças indesejadas de pais que não controlam as consequências de suas atividades sexuais sofrem desde a concepção, por falta dos devidos cuidados pré-natais, que podem provocar doenças e deficiências evitáveis. Após o nascimento, poderão ser acometidos pela ausência dos pais, caso eles não melhorem suas condições psicológicas.

indesejada com quem não tem envolvimento afetivo[49]. Nestes casos dramáticos inexiste direito sobre o próprio corpo e, muito menos, planejamento familiar.

Assim, seria possível defender a intervenção involuntária, desde que seguisse parâmetros rigorosos. Um deles é aplicar a "heterodeterminação bioeticamente orientada"[50]. Trata-se de procedimento que impõe a necessidade de diversas formalidades para garantir que essa decisão invasiva seja a melhor alternativa. À luz da Lei de Inclusão, poderia afirmar-se a indispensabilidade de assistência multidisciplinar (médicos, psicólogos, assistentes sociais, assessores jurídicos), para deliberar conjuntamente e de forma fundamentada sobre os benefícios ou malefícios dessa esterilização.

Ressalta-se, outrossim, que por envolver a capacidade de consentir, admitir-se-ia o suprimento da vontade (artigo 11, parágrafo único do Estatuto da Pessoa com Deficiência). Isso reforça a possibilidade de interferência na decisão de quem não está em condições de fazê-lo. Mesmo após a promulgação do Estatuto, há casos em se admite a intervenção cirúrgica sem a manifestação de vontade da pessoa com deficiência mental ou intelectual sem faculdades para consentir com esse tipo de cirurgia[51].

---

49. "APELAÇÃO CÍVEL. PEDIDO DE REALIZAÇÃO DE LAQUEADURA TUBÁRIA E MENOR ABSOLUTAMENTE INCAPAZ, PORTADORA DE ENFERMIDADE MENTAL SEVERA E IRREVERSÍVEL. AUTORIZAÇÃO JUDICIAL CONCEDIDA NOS TERMOS DO § 6º DO ARTIGO 10 DA LEI 9.263/96. LAUDOS MÉDICOS APONTANDO A PROVIDÊNCIA RECLAMADA COMO ÚNICA ALTERNATIVA VIÁVEL DE MÉTODO CONTRACEPTIVO. DEFERIMENTO. Não pode o Judiciário permitir que essa jovem, doente mental, inserida num contexto familiar completamente comprometido e vulnerável, esteja sujeita e repetidas gestações, trazendo ao mundo **crianças fadadas ao abandono, sem falar nos riscos à própria saúde da gestante, que por todas as suas limitações, sequer adere ao pré-natal**. A família desta menina veio ao Judiciário pedir socorro, para que algo seja feito em seu benefício e esse reclamo não pode ser ignorado sob o argumento falacioso (com a devida vênia) de se estar resguardando a dignidade da incapaz! **Ora, que dignidade há na procriação involuntária e irracional que despeja crianças indesejadas no mundo (cujo destino é antecipadamente sabido), sem envolvimento por parte dos genitores e sem condições para o exercício da parentalidade responsável? É uma medida extrema, sem dúvida, mas que visa evitar um mal maior, qual seja, o nascimento de bebês fadados ao abandono e à negligência**. Nada mais triste. DERAM PROVIMENTO. UNÂNIME". (Apelação Cível n. 70047036728, Oitava Câmara Cível, Tribunal de Justiça do RS, Rel. Luiz Felipe Brasil Santos, j. 22-03-2012) (grifos nossos).

50. Terminologia utilizada pela doutrina "Por heterodeterminação bioeticamente orientada entendemos – no caso da ligadura de trompas de mulheres incapacitadas mentalmente e em situação de desamparo – aquela adstrita a rigorosos procedimentos formais e substanciais cujos contornos procuraremos sugerir". MARTINS-COSTA, Judith. Capacidade para consentir e esterilização de mulheres tornadas incapazes pelo uso de drogas: notas para uma aprovação entre a técnica jurídica e a reflexão. In: MARTINS-COSTA, Judith; MÖLLER, Letícia Ludowic (Orgs.). **Bioética e responsabilidade**. Rio de Janeiro: Forense, 2009. p. 339.

51. "ORDINÁRIA DE OBRIGAÇÃO DE FAZER – Pretensão de realização de esterilização definitiva – Pessoa absolutamente incapaz – Preliminar de ilegitimidade passiva afastada –

Em suma, o ideal seria a própria decisão da pessoa com deficiência intelectual ou mental sobre o tema. Essa é a regra e assim dispõe o Estatuto da Pessoa com Deficiência, o qual almejou evitar a esterilização preconceituosa e contra a vontade do indivíduo com deficiência. Contudo, eventualmente, se o caso concreto for drástico, a pessoa não tiver mais discernimento sobre esse tipo de ato incorrendo na gravidez indesejada, seria proporcional admitir a esterilização. Para que o procedimento seja probo e justo, ele deve ser chancelado pelo Poder Judiciário após a participação de profissionais de diversas áreas para avaliar e orientar o sujeito.

Responsabilidade solidária – Tutela constitucional do direito à vida (artigos 5°, *caput* e 196 da Constituição Federal) – Dever de prestar atendimento integral à saúde – **Inexistência de violação ao princípio constitucional da separação dos poderes – Direito à esterilização – Laudo pericial que atesta a necessidade da intervenção cirúrgica – Requisitos preenchidos** – Inteligência do artigo 10, da Lei n. 9.236/96 – Precedentes desta Eg. Corte de Justiça – Reforma da r. sentença – Procedência da ação – Recurso da autora provido, restando prejudicado o apelo da Municipalidade". (BRASIL. Tribunal de Justiça de São Paulo; Apelação Cível 9001457–36.2009.8.26.0506; Rel. Rebouças de Carvalho; Órgão Julgador: 9ª Câmara de Direito Público; Foro de Ribeirão Preto – 2ª. Vara da Fazenda Pública; j. 21-03-2019; Registro: 21-03-2019). "DIREITO CIVIL. RECURSO ESPECIAL. LAQUEADURA TUBÁRIA EM JOVEM ABSOLUTAMENTE INCAPAZ, INTERDITADA E PORTADORA DE GRAVE E IRREVERSÍVEL DOENÇA PSIQUIÁTRICA. VIOLAÇÃO DIRETA DE DISPOSITIVO LEGAL NÃO DEDUZIDA. PRETENSÃO DE INTERPRETAÇÃO CONFORME O § 6° DO ARTIGO 10 DA LEI N. 9.263/1996. QUESTÃO CONSTITUCIONAL QUE ESCAPA À COMPETÊNCIA DO STJ. RECURSO ESPECIAL NÃO CONHECIDO. DECISÃO Cuida-se de recurso especial interposto pelo Ministério Público do Rio Grande do Sul, fundamentado na alínea 'a' do permissivo constitucional, contra acórdão assim ementado (e-STJ, fl. 89): APELAÇÃO CÍVEL. LAQUEADURA TUBÁRIA EM JOVEM ABSOLUTAMENTE INCAPAZ, PORTADORA DE GRAVE E IRREVERSÍVEL DOENÇA PSIQUIÁTRICA E INTERDITADA HÁ CERCA DE CINCO ANOS. AUTORIZAÇÃO JUDICIAL PARA REALIZAÇÃO DO PROCEDIMENTO CONCEDIDA, NOS TERMOS DO § 6° DO ARTIGO 10 DA LEI N. 9263/96. Conheço a discussão em torno de violação dos direitos fundamentais do incapaz, principalmente o que tutela a dignidade da pessoa humana, e em respeito a tão propalado princípio, reconheço que há determinados casos em que, de fato, a laqueadura tubária revela-se como alternativa desproporcional e violadora dos direitos fundamentais mencionados. **Entretanto, não creio ser essa a situação ora retratada, que há pelo menos cinco anos vem se desenhando da mesma forma, sendo a recomendação de utilização do método indicada por** expert **como único meio contraceptivo eficaz, ante a claríssima ausência de perspectivas a respeito da melhora do quadro psicológico, psiquiátrico e comportamental da jovem, que nem mesmo após sujeitar-se a repetidas internações consegue ter alcance quanto às conseqüências de seus atos.** Nesse delicado e muito bem definido contexto, pertinente o deferimento da autorização judicial buscada, nos termos em que autoriza o § 6° do artigo 10 da Lei n. 9263/96. [...]" (Recurso Especial n. 1.416.269 – RS (2013/0362841-6), Rel. Min. Marco Aurélio Bellizze, pub. 16-11-2018).

10.2. Capacidade para o matrimônio e formação de união estável

Tanto o casamento quanto a união estável representam unidades familiares, reconhecidas no artigo 226, § 3º, da Carta Magna de 1988. No aspecto sociológico, ressalta-se a afirmação de que a família é a mais elementar forma de instituição, presente em praticamente todas as civilizações[52]. Ainda que se manifeste de formas distintas, a depender da cultura em que se insere o núcleo familiar[53], a família acolhe o indivíduo, antes de seu nascimento, conferindo os meios patrimoniais e morais necessários ao seu desenvolvimento.

A doutrina sintetiza essa ideia a partir da seguinte metáfora: a família é a "célula *mater*"[54] ou "célula básica"[55] da sociedade. Não é por outra razão que o artigo 226 da Constituição Federal de 1988 legitima a família como "base da sociedade", conferindo-lhe "especial proteção do Estado". Assim, predominam normas protetivas à família de caráter cogente e a participação do Ministério Público em várias questões sobre o tema.

No estágio atual da civilização ocidental, a família é um núcleo de desenvolvimento da pessoa, formado pelas relações de afetividade[56], cuidado e solidariedade. Dessa forma, é inevitável perceber que se trata de uma relação formada

---

52. Importante informar que "instituição" está a ser utilizada no sentido sociológico, tendo como parâmetro as lições de Maurice Hariou. Sintetizando as noções propostas pelo professor de Toulousse, instituição define-se por um grupo de pessoas que se organizam, geralmente reconhecendo uma autoridade, na busca de uma mesma diretriz. Segundo o autor, os homens se organizam em uma instituição porque sentem um magnetismo metafísico em alcançar a ideia diretora: "Essa ideia objetiva da lei moral [...] corresponde a uma adaptação da espécie humana a uma força espiritual superior que atrai o homem para si: 'Par ce magnetisme spirituel l'homme est aimanté vers le bien come l'aiguille de la boussoule vers le pôle'". No caso da família, trata-se de uma organização que se forma naturalmente e que é a base para conferir, no mínimo, recursos, proteção, solidariedade, afetividade que um ser humano necessita em seu desenvolvimento. REALE, Miguel. **Fundamentos do direito**. 3. ed. São Paulo: RT, 1998. p. 215.
53. "Núcleo familiar que é o principal lócus institucional de concreção dos direitos fundamentais que a própria Constituição designa por 'intimidade e vida privada' (inciso X, artigo 5º)". [ADI 4.277 e ADPF 132, Rel. min. Ayres Britto, j. 05-05-2011, P, *DJE* de 14-10-2011.] RE 687.432 AgR, Rel. Min. Luiz Fux, j. 18-09-2012, 1ª T, DJE de 02-10-2012. Vide RE 646.721, Rel. p/ o ac. Min. Roberto Barroso, j. 10-05-2017, DJE 11-09-2017, Tema 498.
54. CARVALHO, Maria Helena Campos de. **Os limites constitucionais da interferência do Estado no planejamento familiar**. Dissertação. (Mestrado em Direito) – Faculdade de Direito, Pontifícia Universidade Católica de São Paulo, São Paulo, 2000. p. 29.
55. MONTEIRO, Washington Barros; SILVA, Regina Beatriz Tavares da (Orgs.). **Curso de direito civil**: direito da família. 43. ed. São Paulo: Saraiva, 2016. v. 2. p. 25.
56. "A comunhão plena de vida pressupõe a existência de amor e afeto entre o casal, a dedicação exclusiva ao outro cônjuge e aos filhos." PELUSO, Cezar. **Código Civil comentado**: doutrina e jurisprudência. Claudio Luiz Bueno de Godoy [*et al.*] (Coord.). 13. ed. Barueri: Manole, 2019. p. 1.580.

predominantemente por um "elo espiritual"[57]. Logo, a estrutura desse direito tem caráter extrapatrimonial[58] e personalíssimo[59] de seus integrantes.

Observa-se, outrossim, que dos institutos familiares decorrem relações multifacetadas, as quais exorbitam o aspecto afetivo. Por isso, é inevitável a concomitância de efeitos patrimoniais e de estado. Consequentemente, a aferição do conteúdo volitivo sobre o tema, isto é, a capacidade de exercício na constituição da família, é complexa, pois deve se ater a todas as dimensões. Assim, fica a dúvida quanto ao acerto da Lei Brasileira de Inclusão, que determinou a plena capacidade de exercício para esse ato, considerando a sua característica de ato personalíssimo, no qual prepondera a afetividade.

O presente tópico visa tratar da aptidão volitiva no tocante ao casamento e união estável, conforme enunciado pelo Estatuto da Pessoa com Deficiência (artigo 6º, I), o qual deixou claro que sempre haverá a plena capacidade de fato para a realização destes atos. Em outras palavras, independentemente da deficiência ou de seu grau, a Lei os considera aptos para decidir sobre estas questões sozinhos. Para compreender a capacidade volitiva, é necessária uma breve retomada dos pontos-chave de cada instituto.

10.2.1. Capacidade matrimonial

Inicialmente, discorrer-se-á sobre o casamento, instituto central do direito de família[60]. Livre de qualquer julgamento ideológico, essa posição privilegiada ocorre devido a sua tradição e formalidade. Em razão de ser o instituto familiar originalmente reconhecido pelo Estado, o matrimônio tem amplo leque legislativo que serve de parâmetro para as demais modalidades de família. Nessa senda, tanto a doutrina quanto os Tribunais do país reconheceram mais de uma vez que devem se estender as regras do matrimônio à união estável, ainda que indiretamente, quando houver compatibilidade entre as normas e as características de cada instituto[61].

---

57. "Mas o elo espiritual que une os cônjuges é que torna realidade comunhão material" (RIZZARDO, Arnaldo. Direito de família. Rio de Janeiro, Forense, 2004). PELUSO, Cezar. **Código Civil comentado**: doutrina e jurisprudência. Claudio Luiz Bueno de Godoy [et al.] (Coord.). 13. ed. Barueri: Manole, 2019. p. 1.580.
58. DIAS, Maria Berenice. **Manual de direito das famílias**. 11. ed. São Paulo: RT, 2016. p. 56.
59. "O direito de família é extrapatrimonial ou personalíssimo." PELUSO, Cezar. **Código Civil comentado**: doutrina e jurisprudência. Claudio Luiz Bueno de Godoy [et al.] (Coord.). 13. ed. Barueri: Manole, 2019. p. 1.579.
60. "O direito de família cuida, pois, das relações que envolvem o indivíduo dentro do núcleo social em que ele nasce, cresce e se desenvolve". PELUSO, Cezar. **Código Civil comentado**: doutrina e jurisprudência. Claudio Luiz Bueno de Godoy [et al.] (Coord.). 13. ed. Barueri: Manole, 2019. p. 1579.
61. Esse tema traz um debate muito rico sobre a necessidade de estender as regras do casamento à união estável, a fim de proteger os membros da família informal. Indubitavelmente a

É difícil tratar do tema sem abordar sua natureza jurídica, que se cinde em três correntes: contratualista, institucionalista e eclética. A primeira tem origem no direito canônico, a qual estabelece a liberdade de escolha do cônjuge, fundada em sentimentos nobres[62]. No Brasil, Caio Mário da Silva Pereira, Camilo Barbosa, Cristiano Chaves de Farias e Nelson Rosenvald orientam-se por essa corrente[63]. Ela considera o matrimônio um contrato. Significa dizer que, para eles, o casamento é negócio jurídico bilateral, isto é, nasce do consenso de vontades cuja finalidade é criar, extinguir ou modificar direitos. Apesar de o casamento católico não admitir o término da união conjugal, a possibilidade do divórcio serve como argumento para defender o casamento sob a ótica contratualista.

A preponderância da visão patrimonial do contrato fez emergir posição contrária, qual seja, o casamento como instituição social[64]. Diversamente do contrato,

---

finalidade é positiva, porém, deve-se atentar que são institutos diferentes, especialmente pela origem. Assim, é imprescindível avaliar a compatibilidade da aplicação da mesma regra. A título exemplificativo, citam-se casos emblemáticos: o direito real de habitação do cônjuge sobrevivente, quando for o único daquela natureza a inventariar, nos termos do artigo 1931, do Código Civil; o direito às mesmas regras da sucessão em geral, conforme o precedente do Supremo Tribunal Federal (RE 878.694, Rel. Min. Roberto Barroso, j. 10-5-2017, DJE de 6-2-2018, Tema 809.] e RE 646.721, Rel. p/ o ac. Min. Roberto Barroso, j. 10-5-2017, DJE de 11-9-2017, Tema 498) e o dever de solidariedade de alimentos após o fim da sociedade de fato ([RE 229.349, Rel. Min. Marco Aurélio, j. 11-9-2001, 2ª T, DJ de 9-11-2001.]). Também há debates acadêmicos quanto à possibilidade de emancipação por união estável, assim como ocorre no casamento, ou a necessidade de outorga conjugal etc. Porém, nestes é evidente a importância da solenidade do casamento, que possui publicidade a qualquer terceiro de boa-fé, em razão da imprescindibilidade de seu registro.

62. Por isso, é prevalente em países onde prepondera a religião católica, como Portugal. SAHYOUN, Najla Pinterich. **Os reflexos do Estatuto da capacidade negocial da pessoa com deficiência no casamento à luz do transconstitucionalismo.** Dissertação. (Mestrado em Direito) – Faculdade de Direito, Pontifícia Universidade Católica de São Paulo, São Paulo, 2019. pp. 165-166.
63. SAHYOUN, Najla Pinterich. **Os reflexos do Estatuto da capacidade negocial da pessoa com deficiência no casamento à luz do transconstitucionalismo.** Dissertação. (Mestrado em Direito) – Faculdade de Direito, Pontifícia Universidade Católica de São Paulo, São Paulo, 2019. pp. 165-166.
64. "INSTITUIÇÃO. 1. *Direito civil.* a) Teoria que admite que a personalidade de argumentos de pessoas ou de bens que tenham por escopo a realização de interesses humanos deriva do direito (Hariou). A personalidade jurídica é, portanto, para essa ordem jurídica estatal outorga a entes que o merecem [...] 2. *Teoria Geral do Direito.* a) conjunto de leis de uma sociedade política; b) complexo de órgãos que administram o Estado; c) constituição política de uma nação. 3. *Sociologia jurídica.* a) entrelaçamento de práticas sociais articuladas num complexo de relações, costumes e sentimentos, mediante o qual se exercem controles sociais e se satisfazem as necessidades das pessoas conviventes (Hermes Lima). As principais instituições da vida social são a família, a propriedade e o Estado [...]". DINIZ, Maria Helena. **Dicionário jurídico.** 2. ed. São Paulo: Saraiva, 2005, v. 2. p. 997.

as partes não são livres para disporem sobre as regras da união matrimonial. Tais normas são majoritariamente cogentes, salvo algumas que dispõem sobre certos efeitos patrimoniais[65]. Assim, aos nubentes, com raras exceções, somente cabe aceitar ou negar o ingresso neste instituto[66] familiar, cujo regramento foi estabelecido em lei e não pelo casal. Ressalta-se que a regulação de antemão das consequências é uma forma legal de proteção dos nubentes por meio da intervenção estatal.

Em posição intermediária, apresenta-se a corrente eclética. Seus seguidores defendem que o matrimônio tem natureza *sui generis*, devendo cindir sua formação para compreendê-lo. No tocante à formação, classifica-se em contrato, pois deriva do encontro de vontades dos nubentes. E, ao que tange à estrutura, o casamento caracteriza-se como instituição.

Em que pese as divergências, observa-se um ponto em comum nas três teorias. Todas afirmam a importância do elemento volitivo dos noivos, em maior ou menor grau. Não é por outra razão que o procedimento de formalização do casamento se esmera em apreciar o ato de vontade das partes, analisando-o com rigor.

É evidente a solenidade do casamento. Tanto é assim que a sua formalização depende do cumprimento de três fases: a habilitação, a celebração e o registro. A habilitação é a fase exordial. Neste momento, o objetivo principal é verificar se os nubentes cumprem os requisitos para a sua celebração. Em paralelo, com os elementos de validade do negócio jurídico, o agente deve ser capaz; segue-se a forma legal do artigo 1.525 e seguintes do Código Civil e sobre as partes não pode recair nenhuma das causas de impedimento nem de suspensão. Nesse sentido, os incisos do artigo 1.525 enumeram os documentos que comprovem a regularidade para a união dos nubentes.

A celebração é a etapa conhecida por todas as pessoas. Seu fim precípuo é analisar, no caso concreto, a emissão da vontade dos nubentes em se casar. A afirmação de convolar núpcias deve ser livre e espontânea (artigo 1.535 do Código Civil). Considerando essa qualidade volitiva, qualquer manifestação em sentido negativo, como a recusa, a declaração de ausência de liberdade e espontaneidade ou a manifestação de arrependimento, são motivos para suspender a celebração. Caso isso aconteça, será defeso retratar-se no mesmo dia, lapso de tempo que o legislador considerou indispensável para reflexão.

---

65. Ainda no tocante ao regime patrimonial do casamento, não se pode afirmar que são todas normas dispositivas. A escolha do regime, em regra, cabe aos nubentes. Contudo, há regime patrimonial cogente, como a separação obrigatória. Ademais, a alteração do regime patrimonial depende de autorização judicial. E há limites legais na confecção do pacto antinupcial.

66. "INSTITUTO. 1. Regulamentação. 2. Conjunto de normas que regem determinadas entidades ou situações jurídicas. 3. Regime. [...]". DINIZ, Maria Helena. **Dicionário jurídico**. 2. ed. São Paulo: Saraiva, 2005, v. 2. p. 999.

Vale lembrar que a pessoa plenamente capaz de fato pode ter sua declaração maculada. Há circunstâncias que retiram o discernimento ou a liberdade volitiva no momento da celebração. Os exemplos clássicos são os efeitos de substâncias alteradoras da capacidade psicocognitiva e a coação substancial. Assim, reforça-se o papel da autoridade celebrante em averiguar as circunstâncias e a vontade dos nubentes no momento do assentimento matrimonial.

Por fim, há a fase do registro, a qual visa a publicidade do matrimônio, visto que ele gera efeitos patrimoniais e sociais a terceiros, tal como, a relação de parentesco por afinidade, o dever de solidariedade, o impedimento para convolar novas núpcias durante a vigência da sociedade conjugal e a necessidade de autorização do cônjuge para dispor de bens imóveis, dentre outros.

Das três fases, duas dão importância ao conteúdo volitivo, ainda que de forma diferente. Na celebração a vontade é analisada no ato de manifestação da vontade. Já, na habilitação, examina-se a capacidade de exercício, a qual é determinada de forma abstrata, na perspectiva de derivar de prescrição legal.

Após estas considerações, merece atenção especial a capacidade do agente. Segundo o artigo 1.517, *caput*, do diploma civil, a idade núbil é de 16 anos. Contudo, antes da maioridade civil, é indispensável autorização de ambos os pais ou assistentes. Isso significa que o sujeito somente é capaz de fato para convolar núpcias com 18 anos, conforme a regra geral da teoria das capacidades.

Excepcionalmente, o magistrado poderia autorizar o casamento de quem não tivesse atingido a idade núbil. Isso não é mais possível, em razão da Lei n. 13.811/2019, que alterou a redação do artigo 1.520 do Código Civil, no sentido de sempre vedar o casamento de pessoas que não atingiram os 16 anos de idade[67]. Por esse ângulo, aproxima-se da regra geral de capacidade de exercício. Os menores de 16 anos contemplam a única hipótese de absoluta incapacidade, logo, não seria aconselhável decidirem sozinhos sobre um assunto pessoal que exige certa maturidade.

Não obstante, por se tratar de ato personalíssimo, sobre o qual não cabe representação nem assistência, a norma não menciona ordinária assistência, mas autorização (artigo 1.517, *caput*, do Código Civil). Diversamente da assistência comum, em que basta a presença de um dos pais assinando em conjunto, a autorização deverá ser concedida por escritura pública, "na escritura antenupcial"

---

67. A redação anterior do artigo 1.520, do Código Civil permitia que houvesse o casamento do menor de 16 anos na hipótese de gravidez ou para impedir cumprimento de pena criminal. A Lei n. 11.106/2005 revogou o inciso VII, do artigo 107, do Código Penal que tratava da extinção de punibilidade pelo casamento, nos crimes contra os costumes. Diante da revogação do Código Penal, a norma de direito privado havia perdido a eficácia exclusivamente no tocante à imposição de cumprimento de pena criminal, subsistindo a hipótese da gravidez. Após tantas discussões, a Lei n. 13.811/2019 extinguiu a toda hipótese de casamento de quem não completou a idade núbil, não remanescendo qualquer exceção.

(artigo 1.537 do Código Civil). Na hipótese de analfabetismo dos pais, far-se-á por meio da assinatura a rogo[68].

Essa autorização dependerá da concessão tanto do pai quanto da mãe, ainda que divorciados e a guarda pertença a apenas um dos dois. Vale recordar que a ausência da guarda judicial não implica necessariamente a perda do poder familiar. Somente se exclui a autorização de um deles em caso de morte ou perda do poder familiar[69]. Se apenas um deles divergir, resolver-se-á o desacordo judicialmente, nos moldes do parágrafo único do artigo previamente mencionado, que remete à regra sobre poder parental (artigo 1.631 do Código Civil). Diante da denegação injusta, o matrimônio dependerá de suprimento judicial (artigo 1.519). Ademais, essa autorização é revogável até o momento da celebração do casamento (artigo 1.518 do Código Civil).

A Lei Federal n. 13.146/2015 impôs que as pessoas com deficiência maiores de idade são consideradas plenamente capazes para realizar atos de natureza personalíssima. No mesmo diploma, reforçou-se o entendimento ao enunciar expressamente a capacidade da pessoa com deficiência para constituir núpcias, além da restrição à atuação do curador nessa questão (artigos 6º, I, e 85, § 1º).

Atuando de forma proativa, a Corregedoria Geral da Justiça do Estado de São Paulo[70] determinou que o nubente interdito poderá convolar núpcias, independentemente de sua limitação[71]. Observa-se que a orientação do Tribunal obedeceu a lei ao prescrever ser cabível a possibilidade de matrimônio independentemente do regime de interdição. A norma administrativa pretendeu evidenciar que as pessoas interditadas antes do Estatuto poderão se casar. Portanto, a Corregedoria

---

68. CASSETTARI, Christiano. **Elementos de direito civil**. 6. ed. São Paulo: Saraiva Educação, 2018, p. 545.
69. "Inicialmente trata-se dos pais (ambos) que precisarão autorizar o casamento, independentemente de estarem separados, divorciados, ou de quem tem a guarda judicial ou de fato do menor, já que tal exigência está ligada ao exercício do poder familiar, que também é exercido por quem não tem a guarda. A autorização será de apenas um dos pais quando: a) tiver ocorrido a morte de um dos cônjuges; b) um deles tiver perdido o poder familiar por sentença em ação de destituição do poder familiar, pois, nesse caso, o outro cônjuge irá exercer, com exclusividade, o poder familiar." CASSETTARI, Christiano. 6. ed. São Paulo: Saraiva Educação, 2018, p. 545.
70. "57.1. O nubente interdito, seja qual for a data ou os limites da interdição, poderá contrair casamento." (Provs. CGJ 16/84, 5/99, 39/12 e 25/15). BRASIL. **Provimento n. 59/1989**. Corregedoria Geral da Justiça do Estado de São Paulo. Normas de Serviços de Cartórios Extrajudiciais, t. II. Disponível em: https://api.tjsp.jus.br. Acesso em: 21 ago. 2019.
71. "As Normas de Serviço dos Cartórios Extrajudiciais da Corregedoria Geral da Justiça do Estado de São Paulo estabelecem no capítulo XVII dedicado ao Registro Civil das Pessoas Naturais, importante regra sobre a habilitação do casamento da pessoa com deficiência, ao determinar no item 57.1, que o nubente interdito, seja qual for a data ou os limites da interdição, poderá contrair casamento". CASSETTARI, Christiano. **Elementos de direito civil**. 6. ed. São Paulo: Saraiva Educação, 2018, p. 545.

Geral da Justiça do Estado de São Paulo antecipou a solução de eventuais problemas práticos, promovendo tal direito reconhecido em norma especial (Estatuto da Pessoa com Deficiência) e pautado em norma constitucional (Convenção da ONU sobre Direitos da Pessoa com Deficiência).

Anteriormente, também era indispensável autorização do curador da pessoa cuja "enfermidade mental" lhe afetasse o discernimento para o ato matrimonial, sob pena de nulidade do casamento. Em obediência às novas diretrizes, o dispositivo 1.518 do Código Civil sofreu sutil mudança pelo Estatuto da Pessoa com Deficiência, no sentido de retirar o termo "curadores". Partindo da premissa legal de que as pessoas com deficiência são consideradas plenamente capazes para se casar e de que a curatela não alcança o exercício do direito do casamento, não cabe mais autorização do curador. Agora, somente tem poder para autorizar os pais e os tutores em relação aos menores em idade núbil.

Um olhar mais cuidadoso percebe a expressão "representantes legais", a qual remanesceu no artigo 1.517 do Código Civil. Deve-se entender que essa parte ficou sem efeito, vez que não há mais casamento de menores de 16 anos, tampouco se admite que o curador seja representante, muito menos para fins de casamento da pessoa com deficiência.

De acordo com o novo regramento sobre pessoas com deficiência, também foi revogado o artigo 1.548, I, do Código Civil. Ele prescrevia ser nulo o casamento contraído por enfermo mental sem necessário discernimento para os atos da vida civil. Novamente, a lei entendeu que a pessoa com deficiência mental sempre terá discernimento para o casamento.

Em seguida, o artigo 1.550 trata da anulabilidade. Em seu inciso IV consta a incapacidade de consentir ou manifestar, de modo inequívoco, o consentimento. Observa-se que a Lei Brasileira de Inclusão não alterou essa hipótese. Em sua dicção não consta o termo deficiência, malgrado, eventualmente, tal limitação possa decorrer da deficiência. Por exemplo, suponha-se uma pessoa com redução da capacidade mental que prejudique apenas a sua comunicação. Neste caso, poderia manifestar-se favoravelmente pelo matrimônio, quando na realidade, sua volição era negativa, por não entender com exatidão a pergunta da autoridade celebrante. Evidentemente, a limitação causada pela deficiência nesta situação lhe impede de se manifestar de forma inequívoca.

Talvez a parte mais criticada deste dispositivo, à luz da nova legislação, seja a do § 2º do artigo 1.550, do Código Civil. O Estatuto da Pessoa com Deficiência acrescentou o § 2º determinando que a pessoa com deficiência mental ou intelectual poderá contrair o matrimônio expressando sua vontade de forma direta ou por intermédio de seu responsável ou curador. Em primeiro lugar, seria despiciendo trazer a possibilidade destas pessoas se expressarem diretamente, pois esta legislação já havia determinado sua plena capacidade. Em segundo lugar, é contraditório possibilitar a manifestação por meio de seu responsável ou procurador.

Ora, se a ideia central da lei era que as pessoas com essas espécies de limitações manifestassem sozinhas sobre atos *intuito personae*, não faz sentido que sua manifestação ocorra por meio de terceiros responsáveis. Admitir-se-ia a modalidade de casamento por procuração, o que não recairia necessariamente sobre o curador. Para dar um sentido a essa redação, afirma-se que é cabível ao curador expressar vontade no tocante ao regime patrimonial do nubente com deficiência.

A partir desse panorama legal, é possível observar o nível de acerto e o respeito à realidade quanto ao casamento. Sob o ponto de vista histórico, é cristalino que a *ratio* de um dos principais institutos da família evoluiu ao longo do tempo.

Por muitos séculos, vigorou a concepção materialista da família. Ela consistia primordialmente na estrutura protetora e provedora de recursos de seus membros. Já a afetividade era mera consequência desse enlace, portanto, relegada a segundo plano. Por isso, admitiam-se alianças baseadas unicamente na busca de união de poderes e bens, nas quais os noivos sequer se conheciam[72]. Dessa maneira, o mundo ocidental considerou normal e adequado o casamento encomendado por terceiros, sendo irrelevante a opinião do nubente.

Algo que era natural no passado é inconcebível atualmente na maior parte do globo, em especial na cultura ocidental. Na conjuntura vigente, o casamento norteia-se pela formação de laços afetivos. O patrimônio é reflexo dessa convivência comum, tem mero caráter auxiliar. Por isso, escolher a pessoa com quem se passará a vida envolve muita confiança e empatia entre os noivos; é uma decisão cabível unicamente aos envolvidos.

A sociedade contemporânea construiu um ideal oposto sobre o matrimônio. Antes a aferição era técnica, pautada apenas em valores de *status* e patrimonial, sendo plausível que terceiros substituíssem a escolha no lugar dos nubentes. Havia hipóteses de se comprometer crianças em matrimônios futuros. Agora, o critério de escolha do cônjuge é a existência de vínculo sentimental. Os sentimentos são singulares e imensuráveis, logo, sua valoração é subjetiva. Dessa forma, escolhas fundamentadas nesse vínculo afetivo e de confiança não podem ser substituídas, como ocorre no casamento. Ou seja, a mudança do fundamento do matrimônio implicou alteração na forma de tratar o ato eletivo de escolha do futuro cônjuge.

Assim, considerando a tradicional teoria da capacidade e a nova concepção da finalidade da instituição do casamento, as pessoas com restrição da capacidade ficavam em um limbo para contrair matrimônio. Somente se casariam se autorizadas por seus tutores. Quando injusta a denegação do casamento, teriam dificuldades para recorrer ao juiz, pois estavam em uma relação de dependência com seus tutores que, por sua vez, negaram autorização para contrair núpcias e que teriam

---

72. Isso ocorria em diversos níveis sociais, evidenciando nas monarquias e nobrezas, vez que além das questões econômicas, havia grande interesse político.

menos interesse em alegar a injustiça de sua decisão. Em suma, a decisão sobre um ato personalíssimo ficava ao arbítrio de um terceiro.

A partir da nova concepção, defende-se a capacidade das pessoas com deficiência mental e intelectual para atos dessa natureza. Ainda que haja um grau de comprometimento intelectual e emocional, esta escolha depende das emoções individuais. A inteligência afetiva não se confunde com a inteligência acadêmica ou econômica.

Na experiência cotidiana, existem relatos de "conhecidos" bem-sucedidos economicamente e no âmbito profissional que se envolveram afetivamente com pessoas que não retribuíam o carinho dedicado. De outro lado, há pessoas com deficiência intelectual que têm sensibilidade para perceber as intenções de outras pessoas. O desenvolvimento intelectual, por si só, não é suficiente para medir afeto. Ninguém melhor do que a própria pessoa para descobrir quem são as companhias que lhe trazem bem-estar e felicidade. Portanto, inegável que se deve evitar ao máximo a interferência de terceiros, promovendo sempre que possível a escolha individual.

Uma das principais críticas à plenitude dessa capacidade diz respeito à possibilidade de uma pessoa com deficiência intelectual ou mental ser ludibriada por alguém cujo interesse seja exclusivamente em seu patrimônio. É algo que pode acontecer, mas a crítica se revela incompleta.

Conforme recém mencionado, esse tipo de engano não é "privilégio" daqueles com redução mental ou intelectual. Isso também pode acontecer com indivíduos considerados modelos de prosperidade profissional e financeira tão valorizados na sociedade. Inversamente, encontram-se pessoas bem resolvidas afetivamente que não compõem a elite de indivíduos, segundo o "padrão de normalidade"[73]. Logo, as decisões de caráter emocional não seguem exatamente a inteligência objetiva de sucesso econômico e de formação acadêmica esperadas pela média da sociedade.

Além disso, a proteção patrimonial não se perde, se houver previsão da exigência de auxílio para exercício deste ato na sentença de curatela. Nesta hipótese, o curador tem poder de interferir na escolha do regime de bens. Ademais, a blindagem de eventual patrimônio do indivíduo com deficiência mental ou intelectual poderia ser solucionada incluindo estes casamentos no regime da separação obrigatória de bens (artigo 1.641 do Código Civil), se houver omissão na confecção do pacto.

---

73. Esse trabalho considera superado o chamado "padrão de normalidade". A humanidade caracteriza-se pela diversidade de seus indivíduos. Em diversos assuntos não há certo e errado, pois visivelmente isso varia de acordo com a cultura, cuja maioria forma o senso comum. Estabelecer parâmetros preconceituosos e não científicos de normalidade gera a "patologização da diferença".

O maior problema não reside na escolha do regime de bens do curador, mas no planejamento econômico do casal. Nesse caso, criar-se-ia um dilema quanto à interferência do curador nos gastos do casal. Em caráter antecedente, deve-se considerar se o ideal seria manter o curador ou alterar para a pessoa do cônjuge, se capaz. Em princípio, seria aconselhável manter o curador anterior ao casamento, a fim de preservar a pessoa que conhece os bens do curatelado, evitando trocas desnecessárias se houver divórcio.

Nesse caso, o curador deverá permitir gastos compatíveis à convivência do casal, na proporção de ganhos de cada um dos membros, conforme dita a lei. Ademais, o curador tem o dever de prestar contas. Caso os cônjuges sintam que a interferência é indevida, podem judicializar a questão.

Porém, tampouco é certo estabelecer uma regra sem coadunar com a realidade. Há casos em que a deficiência é tão grave que acomete até mesmo a perspicácia afetiva, como pessoas que não conseguem compreender a realidade. Ademais, exige-se o mínimo de perspicácia intelectual para compreender o que significa o casamento e suas consequências basilares. As pessoas com limitação intelectual costumam ser mais vulneráveis ao aceitar um casamento. Uma mulher com desenvolvimento intelectual de uma criança poderia concordar com as núpcias sem entender o alcance dessa manifestação de vontade.

O Estatuto da Pessoa com Deficiência buscou regular a Convenção Internacional sobre Pessoas com Deficiência. A norma global (artigo 23) deliberou pelo reconhecimento do direito destes indivíduos contraírem núpcias. Porém, há um requisito para tanto, qual seja, o livre e pleno consentimento das partes. Isso quer dizer que não pode ser uma declaração derivada de coação. Ademais, a manifestação de vontade deve ser qualificada pelo discernimento, que pode inexistir no mundo do "ser", em razão de alguma grave limitação mental ou intelectual. Neste caso, se a autoridade celebrante notar a ausência desse requisito, em razão do prejuízo mental ou intelectual, deverá suspender a celebração. Conforme outrora ressaltado, no momento da celebração, a autoridade pode deixar de celebrar o matrimônio, por considerar que a não há vontade espontânea e livre do nubente capaz.

Por fim, o vínculo matrimonial gera efeitos que extrapolam as pessoas dos cônjuges. Dentre os terceiros potencialmente afetados destacam-se a prole futura e os parentes dos nubentes. Ao se pensar nos eventuais filhos que possam decorrer do enlace afetivo, exige-se maior estrutura psíquica, intelectual e material dos nubentes para criá-los de modo responsável, evitando sobrecarga à família dos nubentes, que deveriam substituir os pais. Não é uma deficiência leve que impede uma atuação exemplar no trato com os filhos; mas uma limitação grave pode ser empecilho em relação aos próprios cuidados, sobretudo em relação aos cuidados de terceiros. Nestas hipóteses, é importante que a lei e os profissionais da Justiça se atentem à realidade.

Em suma, a capacidade de agir plena para atos extrapatrimoniais consubstancia-se em uma evolução, que se coaduna com a noção de família constitucional, pautada na devoção e no carinho para com o seu par. Essa postura legal representa a despatrimonialização do direito civil, conferindo tratamento específico aos atos que destoam da regra geral de caráter patrimonial. Contudo, uma norma que não condiz com o suporte fático torna-se uma celeuma, em vez de respeitar a ordem e promover os direitos das pessoas. Nas circunstâncias atuais ainda existem pessoas privadas da *psique* e de capacidade cognitiva intelectual mínima indispensável para conseguir decidir de forma benéfica sobre atos personalíssimos, dentre os quais, o matrimônio. Nestes casos, generalizar a plena capacidade de exercício significaria desproteção da pessoa que não tem poder para consentir.

10.2.2. Capacidade para formação de união estável

Em parte, a união estável receberá um raciocínio semelhante, quanto à capacidade civil, devido à natureza existencial desse instituto.

A união estável, assim como o casamento, representa uma das várias e multifárias[74] maneiras de composição familiar inerentes à sociedade humana[75]. Na medida em que as conglomerações de pessoas cresceram, houve a necessidade de formalizar religiosamente ou estatalmente as uniões amorosas, a fim de garantir o controle e o reconhecimento de seus efeitos jurídicos e sociais. Diante dessa organização solene, o casamento recebeu prestígio, ao passo que as uniões livres, em sua maioria, se relegaram às relações "maculadas" por algum impedimento, por exemplo, o impedimento relativo às pessoas casadas do artigo 1.521 do Código Civil. Isso levou uma imagem espúria à união estável, relacionando-a ao adultério[76].

No Brasil, a marginalização da união estável perdurou até a Constituição Federal de 1988. Nos primórdios do século XX[77], ainda havia completa repulsa pelas convivências afetivas não formalizadas, por serem consideradas símbolo de ilicitude. Aos poucos, o Estado e a sociedade passaram a tolerar essa união informal.

---

74. GAGLIANO, Pablo Stolze; PAMPLONA FILHO, Rodolfo. **Novo curso de direito civil**: direito de família. 9. ed. São Paulo: Saraiva Educação, 2019, v. 6. p. 416.
75. É uma constatação de que o homem é um ser gregário e constitui família, conforme se observa em praticamente todas as civilizações humanas.
76. "A união livre simplesmente não era considerada como família e a sua concepção era de uma relação ilícita, comumente associada ao adultério e que deveria ser rejeitada e proibida". GAGLIANO, Pablo Stolze; PAMPLONA FILHO, Rodolfo. **Novo curso de direito civil**: direito de família. 9. ed. São Paulo: Saraiva Educação, 2019, v. 6. p. 418.
77. "Até o início do século XX, qualquer tentativa de constituição de família fora dos cânones do matrimônio era destinatária da mais profunda repulsa social". GAGLIANO, Pablo Stolze; PAMPLONA FILHO, Rodolfo. **Novo curso de direito civil**: direito de família. 9. ed. São Paulo: Saraiva Educação, 2019, v. 6. p. 418.

Isso resultou na declaração pontual de direitos, dentre os quais se sobressai a tutela patrimonial, preliminarmente de natureza indenizatória[78] e previdenciária (Lei n. 4.297/1963, artigo 3º, letra "d" – que atualmente se encontra revogada pelo artigo 8º, da Lei 5.698 de 1971)[79], estendendo-se ao reconhecimento do esforço comum na sociedade de fato[80].

Em 1988, a Carta Magna reconheceu a livre união familiar informal como modalidade de família, denominando-a união estável (artigo 226, § 3º). Esse núcleo familiar está em igualdade hierárquica com outros institutos, incluindo a secular entidade do casamento. Sem embargo, o matrimônio ainda serve como *standart* jurídico devido à sua tradição, o que permite que se estendam regras compatíveis do casamento à união estável.

---

78. "No testemunho autorizado de José Sebastião de Oliveira, o 'tratamento oblíquo das uniões estáveis tem como marco mais longínquo o Decreto n. 2.681, de 1912, que previu direito indenizatório à concubina por morte do companheiro em estradas de ferro'". GAGLIANO, Pablo Stolze; PAMPLONA FILHO, Rodolfo. **Novo curso de direito civil**: direito de família. 9. ed. São Paulo: Saraiva Educação, 2019, v. 6. p. 421.

79. Posteriormente, ainda neste âmbito, o Decreto-lei n. 7.036/44 atribuiu à concubina a indenização pela morte do companheiro em acidente, conforme observa Sílvio de Salvo Venosa: "Concedeu-se à companheira o direito de perceber a indenização do companheiro morto por acidente de trabalho e de trânsito, desde que não fosse casado e a tivesse incluído como beneficiária (Decreto-lei n. 7.036/44; Lei n. 8.213/91). No mesmo diapasão foram consolidados os direitos previdenciários da companheira na legislação respectiva (Leis n. 4.297/63 e 6.194/74), permitindo que ela fosse designada beneficiária do contribuinte falecido, tendo a orientação jurisprudencial encarregado-se de alargar o conceito, permitindo o mesmo direito também na falta de designação expressa, se provada a convivência ou a existência de filhos comuns. Nesse sentido, permitiu-se a divisão da pensão entre a esposa legítima e a companheira (Súmula 159 do extinto TFR)". GAGLIANO, Pablo Stolze; PAMPLONA FILHO, Rodolfo. **Novo curso de direito civil**: direito de família. 9. ed. São Paulo: Saraiva Educação, 2019, v. 6. p. 421.

80. "Assim, por algum tempo, foi a ação indenizatória por serviços domésticos prestados – modalidade encontrada para evitar enriquecimento sem causa, no caso – o único instrumento de amparo material reconhecido à companheira necessitada, funcionando, de fato, como uma construção pragmática, diante da recusa do ordenamento positivo em lhe reconhecer o direito a alimentos. Em uma evolução jurisprudencial, posteriormente, passou-se a admitir a existência de uma sociedade de fato entre os companheiros, de forma que a companheira deixaria de ser mera prestadora de serviços com direito a simples indenização, para assumir a posição de sócia na relação concubinária, com direito à parcela do patrimônio comum, na proporção do que houvesse contribuído. Há, sem a menor sombra de dúvida, um grande marco nesta fase, que foi a edição, pelo Supremo Tribunal Federal (em Sessão Plenária de 3-4-1964), da sua Súmula 380, nos seguintes termos: "Comprovada a existência de sociedade de fato entre os concubinos, é cabível a sua dissolução judicial, com a partilha do patrimônio adquirido pelo esforço comum". GAGLIANO, Pablo Stolze; PAMPLONA FILHO, Rodolfo. **Novo curso de direito civil**: direito de família. 9. ed. São Paulo: Saraiva Educação, 2019, v. 6. p. 423.

Conceitualmente, a união estável deve ser entendida como o núcleo familiar não formalizado, mas visível socialmente[81]. Ou seja, é o elo afetivo duradouro entre duas pessoas não declarado, nem registrado perante o Estado, cujo comportamento do casal transparece de publicidade pelas partes e pela sociedade. Reconhece-se a convivência do casal com *animus* de formação familiar, em razão dos fatos. Salienta-se que a união estável só é admitida na ausência de impedimentos entre os cônjuges, diversamente da união ilícita denominada concubinato.

A distinção substancial entre o matrimônio e a união estável é a "voluntariedade"[82], ou melhor, a declaração de vontade formalizada, que existe no primeiro e falta na segunda. Essa característica traz maior segurança jurídica ao casamento. Por isso, sob o regime matrimonial, é possível determinar o início e o término da união, além de presumir a filiação. Este controle e segurança jurídica estimula que o Estado prefira o casamento. Atente-se que são motivos de ordem objetiva, que não derivam de preconceito social.

A ausência da volição também se reflete na capacidade para formar estes núcleos familiares. Como visto, a capacidade de exteriorização volitiva é elemento fundamental do casamento. Isso não acontece na união estável. Malgrado seja essencial que os conviventes tenham *animus* de formar uma família, tal vontade é percebida por meio dos fatos. Não há declaração expressa da vontade, em que se exija a capacidade de um dos companheiros em formar a união. Esta simplesmente acontece, sem data certa, a partir da convivência, do companheirismo e da afetividade. Ou seja, a constatação de que existe união estável decorre do reconhecimento de fatos que comprovem o cumprimento dos requisitos elementares da união estável[83].

Nesse sentido, parte da doutrina afirma que a união estável se classifica como ato-fato jurídico[84]. Significa dizer que a vontade das partes não é determinante

---

81. "[...] podemos conceituar a união estável como uma relação afetiva de convivência pública e duradoura entre duas pessoas, do mesmo sexo ou não, com o objetivo imediato de constituição de família". GAGLIANO, Pablo Stolze; PAMPLONA FILHO, Rodolfo. **Novo curso de direito civil**: direito de família. 9. ed. São Paulo: Saraiva Educação, 2019, v. 6. p. 431.
82. "O conteúdo substancial dessa diferença está, evidentemente, na voluntariedade dos companheiros e dos nubentes, quando se propõem ao convívio que é capaz de ensejar o reconhecimento de que se quis formar família". NERY, Rosa Maria de Andrade; NERY JUNIOR, Nelson. **Instituições de direito civil**: família e sucessões. 2. ed. São Paulo: RT, 2019, v. IV. p. 308.
83. Segundo a doutrina, os requisitos são: finalidade de constituição de família, estabilidade, unicidade de vínculo notoriedade, continuidade e informalismo. NERY, Rosa Maria de Andrade; NERY JUNIOR, Nelson. **Instituições de direito civil**: família e sucessões. 2. ed. São Paulo: RT, 2019, v. IV. pp. 310-311.
84. Paulo Lôbo (nota infra); CASSETTARI, Christiano. **Elementos de direito civil**. 6. ed. São Paulo: Saraiva Educação, 2018, pp. 632-633.

na conformação dos efeitos do ato exercido. Assevera-se que o elemento volitivo da união estável pode até ser inconsciente, na medida em que a prática do ato reiterado de convivência e de carinho com o seu par caracterizam esse instituto. Corrobora o entendimento o fato de o Poder Judiciário geralmente reconhecer a união estável contra a alegação de um dos envolvidos que nega a caracterização desse vínculo.

Conforme explanado, esta posição retira o peso sobre o alcance da capacidade civil de fato, quanto ao elemento de formação do ato, visto que a manifestação da vontade deixa de ser elemento determinante na constituição dessa composição familiar[85]. Não se deve olvidar, contudo, que a capacidade de fato ainda trará efeitos secundários, como por exemplo, a não contagem de decadência, nem da prescrição. Sob essa ótica, a avaliação da capacidade de fato perde força, vez que a manifestação da vontade consta em segundo plano.

Não se trata de corrente unânime. Marcos Bernardes de Mello classificava a união estável como ato jurídico em sentido estrito. Faz sentido, na medida em que a pessoa não declara expressamente sua aceitação pela união, mas se comporta de modo a demonstrar o interesse pela convivência. Com essa corrente, o elemento volitivo torna-se importante para configurar o instituto, todavia, as consequências jurídicas são diretas da lei, não são estipuladas pela vontade. Ainda que posteriormente uma das partes alegue a falta de vontade, ela se infere tacitamente. Essa posição deve prevalecer, pois a pessoa exerce o desejo de conviver com quem nutre sentimentos, sem embargo, não tem qualquer controle pelas consequências desse vínculo. Neste caso, será importante o discernimento da pessoa para o exercício da formação da vontade, mas em menor grau, se comparado ao negócio jurídico.

---

85. "Considerando-se o papel da manifestação da vontade, teremos: nos fatos jurídicos em sentido estrito, não existe vontade ou é desconsiderada; no ato-fato jurídico, a vontade ou a conduta humana estão em sua gênese, mas o direito as desconsidera e apenas atribui juridicidade ao fato resultante; no ato jurídico, a vontade é seu elemento nuclear. Nessa classificação, adotada pela doutrina brasileira, o casamento é ato jurídico formal e complexo, enquanto a **união estável é ato-fato jurídico**.

Por ser ato-fato jurídico (ou ato real), **a união estável não necessita de qualquer manifestação de vontade para que produza seus jurídicos efeitos. Basta sua configuração fática**, para que haja incidência das normas constitucionais e legais cogentes e supletivas e a relação fática converta-se em relação jurídica. **Pode até ocorrer que a vontade manifestada ou intima de ambas as pessoas – ou de uma delas – seja a de jamais constituírem união estável; de terem apenas um relacionamento afetivo sem repercussão jurídica e, ainda assim, decidir o Judiciário que a união estável existe.** Difere, portanto, o modelo brasileiro do modelo francês do 'pacto civil de solidariedade – PACs' (artigo 515-1 a 7 do Código Civil da Franca), que depende de contrato celebrado entre os parceiros". LÔBO, Paulo. **Direito civil**: famílias. 7. ed. São Paulo: Saraiva, 2017, pp. 162-163. (grifos nossos)

No entanto, em suas últimas edições, Marcos Bernardes de Mello revisou o entendimento e passou a considerá-la negócio jurídico[86]. De acordo com o autor, o artigo 1.723 do Código Civil determina o "objetivo de constituir família". Onde se lê "objetivo", entende-se vontade. Ele entende que existe o poder de autorregramento, pois os indivíduos poderiam optar pelo casamento. Em que pese a explicação, não é a posição adotada, porque é possível que uma das partes não desejasse os efeitos do vínculo fático, mas se ela escolhe pela convivência, então será compelida aos efeitos previstos em lei.

Esse trabalho já pronunciou que a nova configuração de família se proclama no sentido de núcleo em que exista afetividade, convivência e solidariedade[87]. Estes são elementos complementares do sentimento recíproco de "benquerença", do prazer da companhia[88], lealdade, dedicação e atenção ao seu par. Essa "comunidade emocional" é o que sustenta os "laços indeléveis de família"[89]. A união estável se projeta nesse sentido. Com base nesse sentimento, a construção pretoriana estendeu a relevância da afetividade para outros âmbitos familiares, por exemplo, o reconhecimento de parentalidade afetiva em concomitância com a biológica ou dupla paternidade[90], além da indenização por abandono afetivo[91].

---

86. Nota n. 201: "Em edições anteriores dávamos como exemplo de ato jurídico *stricto sensu* compósito a união estável. Revimos essa posição, chegando à conclusão de que se trata de negócio jurídico em cujo suporte fático há (a) uma manifestação de vontade não bastante em si, (b) que se completa com o ato-fato da convivência pública, permanente e contínua. Visto simplesmente assim, dir-se-ia que esse suporte fático configura um ato jurídico compósito. No entanto, é preciso considerar que o estabelecimento do relacionamento público, contínuo e permanente, constitui o exercício de um poder de escolha de uma categoria jurídica, união estável, ao invés de outra semelhante, o casamento. Nessa escolha consiste o poder de autorregramento da vontade, o que só por si já caracteriza o negócio jurídico. Há autores que classificam a união estável como ato-fato jurídico. Sem razão, a nosso ver, em face da parte final do artigo 1.723 do Código Civil, que, ao exigir que o relacionamento dos conviventes seja 'estabelecido com o objetivo (= intuito, vontade) de constituição de família', inclui no suporte fático da união estável um relevante elemento volitivo, o que exclui se possa falar em ato-fato jurídico". MELLO, Marcos Bernardes de. **Teoria do fato jurídico**: plano da existência. 22. ed. São Paulo: Saraiva Educação, 2019, p. 232.
87. "A convivência é fruto da solidariedade. Convivência é a palavra-chave que está por trás do segredo da afetividade". NERY, Rosa Maria de Andrade; NERY JUNIOR, Nelson. **Instituições de direito civil**: família e sucessões. 2. ed. São Paulo: RT, 2019, v. IV. p. 304.
88. Os termos "convivência" e "companhia" estão a ser utilizados com significado de união sólida e duradoura, em que um dedica ao outro boa parte do seu tempo, ainda que não exista a coabitação.
89. NERY, Rosa Maria de Andrade; NERY JUNIOR, Nelson. **Instituições de direito civil**: família e sucessões. 2. ed. São Paulo: RT, 2019, v. IV. p. 304.
90. RE 898.060, Rel. Min. Luiz Fux, Tribunal Pleno, j. 21-09-2016, Processo Eletrônico Repercussão Geral. Mérito DJe-187. Divulg. 23-08-2017 Public. 24-08-2017.
91. BRASIL. Superior Tribunal de Justiça. REsp 1.087.561/RS, Rel. Min. Raul Araújo, Quarta Turma, j. 13-06-2017, DJe 18-08-2017.

A Constituição Federal teve o intuito de proteger as famílias que se nutrem por esses nobres sentimentos, mas que não estavam formalmente institucionalizadas. Em direito, a tutela familiar pode significar, dentre outras coisas, a assistência mútua até mesmo após o fim sociedade de fato, além do esforço conjunto dos conviventes na construção patrimonial e a proteção desses bens. Perante terceiros, também é relevante citar o reconhecimento de grau de parentesco, que impacta eventuais contratos, como aqueles nos quais aparece a figura dos dependentes no plano de saúde, membros adicionais em associações etc.

A realidade demonstra que os sentimentos vão além da razão. O vínculo entre certos casais é inesperado e inexplicável. Os curatelados com deficiência intelectual e mental possuem emoções, afeiçoando-se por alguém. Utilizando o mesmo raciocínio do matrimônio, não faz sentido adotar o critério da capacidade negocial para formar a união estável.

Soma-se a isso o fato de que sequer há emanação expressa de vontade na constituição dessa união. De modo reverso, verifica-se a presunção do *animus* a partir dos fatos. A vontade da união de fato assume relevância negativa. Quer dizer que se não houver qualquer vontade de estabelecer essa aliança, por não compreender a acepção de união estável (vida conjunta com fins afetivos), faltará o elemento do intuito de constituir família, logo, inexistirá o reconhecimento desse instituto. Considerando a vulnerabilidade daquele que não pode emitir de maneira livre e consciente sua vontade, tal situação poderá configurar constrangimento contra a parte mais fraca, conforme entende o Supremo Tribunal Federal[92].

Salienta-se ser situação distinta daquele que entende o instituto, mas alega posteriormente a falta desse *animus*. Nesse caso, os fatos serão observados da conduta, pois a pessoa quis vivenciar a situação de companheirismo, sem arcar com as consequências.

Em suma, é necessário discernimento mínimo para compreender o significado dessa convivência com fins afetivos. Contudo, esse discernimento não deve ser entendido na mesma razão da inteligência necessária para realizar atos patrimoniais. Nesse sentido, deve ser atendido o pleito de autonomia e reconhecimento das pessoas com deficiência como sujeitos de relações amorosas sérias, com um padrão mais flexível, mas sempre considerando algum grau de discernimento.

10.3. Capacidade para decidir sobre o planejamento familiar, guarda, tutela e curatela

A Convenção da ONU sobre direito das pessoas com deficiência, em seu artigo 23, reconheceu-lhes diversos direitos relativos ao planejamento familiar.

---

92. "Convívio que **não pode ser caracterizado como união estável**, nem mesmo para os fins do artigo 226, § 3º, da Constituição Republicana, que **não protege a relação marital de uma criança com seu opressor, sendo clara a inexistência de um consentimento válido**, neste caso". BRASIL. Supremo Tribunal Federal. RE 418.376, Rel. p/ o ac. Min. Joaquim Barbosa, j. 09-02-2006, DJ 23-03-2007. (grifos nossos).

Destacam-se o direito de acesso às informações e aos métodos necessários para decidirem livremente e com responsabilidade sobre o número de filhos, além do momento em que se deseja tê-los. Ademais, o instrumento global impôs aos Estados Partes assegurar que os indivíduos nessa condição tenham o direito à adoção, guarda, tutela e curatela, além de outros institutos afins.

Pretende-se demonstrar que a existência de deficiência, por si só, não significa a impossibilidade de exercer direitos inerentes à natureza humana. Na realidade, a vontade de procriar e cuidar de sua prole é algo ínsito aos seres vivos em geral, facilmente visível no caso dos mamíferos e aves, que dispensam maiores cuidados à cria. A biologia explica esse comportamento na necessidade de perpetuação da espécie.

Em todas as civilizações há cuidados com os filhos; o que se diferencia é o modo de fazê-lo. A aberração consiste nos casos excepcionais em que se despreza o descendente ou uma criança dependente de proteção, causando sentimentos depreciativos aos demais membros daquela comunidade. Nesse sentido, é uma afronta aos direitos inerentes do ser humano privá-los desse direito, unicamente em razão de sua condição de deficiência intelectual ou mental, quando isso não afetar os cuidados desses menores.

Vale lembrar que, ainda hoje, há resistência social em reconhecer que estas pessoas possam cuidar de outras pessoas. Em primeiro lugar, entendem que suas limitações podem obstar a tutela de terceiros. Evidentemente, há prejuízos para determinadas espécies de cuidados, a depender da deficiência. Porém, todas as pessoas com ou sem deficiência estão sujeitas a limitações para certas questões. De que adiantaria um sujeito sem deficiência, com patrimônio, inteligente, querer ter filhos, se é egoísta, não suporta crianças, não tem tempo, nem paciência para cuidar de uma mascote? Em segundo lugar, há o argumento da probabilidade de que os eventuais filhos biológicos possam nascer com a deficiência. Desde que haja ciência do assunto e possibilidade de lidar com isso, a decisão caberá aos eventuais interessados. A sociedade é plural e não deve estar sujeita à eugenia.

Observa-se, contudo, que a Convenção não se centrou apenas na defesa desses direitos aos sujeitos com deficiência. Ela condicionou seu exercício à preponderância do interesse da criança e a uma decisão responsável. Há posição internacional firmada em prol da prevalência do interesse do menor, em eventual conflito entre o direito fundamental de ter filhos ou cuidar de alguém e o interesse do menor.

Com base nesse documento universal, o artigo 6º, III e VI, do Estatuto da Pessoa com Deficiência declara a plena capacidade de qualquer pessoa com deficiência realizar planejamento familiar, decidindo sobre o número de filhos, além de exercer a guarda, a tutela e a curatela. Observa-se que a norma infraconstitucional não trouxe ressalvas, tal como o fez o documento internacional. Isso leva muitos juristas a uma interpretação literal de que esse direito é irrestrito.

Nesse item, serão abordados os temas do planejamento familiar e paternidade responsável, incluindo a adoção e a filiação afetiva[93]. Também será averiguada a assertividade da lei ao enunciar a integral capacidade de exercício no tocante à guarda, tutela e curatela. Com isso, busca-se compreender a melhor interpretação e o funcionamento normativo interno sobre esse tema.

10.3.1. Capacidade para decidir sobre o planejamento familiar

Dá-se o nome de "planejamento familiar" à autonomia do indivíduo[94] ou do casal em traçar projetos sobre sua vida privada, no tocante à constituição da família. Ou seja, expressa uma das formas de se exercer o direito à família (artigo 6º, V, da Lei de Inclusão). Constitui-se, assim, em uma das principais formas de autonomia privada na esfera familiar.

Ao sistema jurídico interessa abordar o projeto familiar sob o enfoque da fecundidade, isto é, como o Estado atua diante da quantidade de filhos desejados. Assim, a Lei n. 9.263/1996, artigo 2º, preceitua planejamento familiar como o conjunto de medidas que regule a fecundidade no âmbito familiar.

O Poder Constituinte Originário não só reconheceu a importância da família, ao declará-la como base da sociedade, mas também viu a necessidade de constitucionalizar a matéria do planejamento familiar, no artigo 226, § 7º. Isso se justifica tanto nos impactos políticos e sociais os quais o Estado poderá sofrer em decorrência da variação de sua população, quanto na proteção das unidades familiares do arbítrio estatal em interferir em assuntos da esfera íntima do casal ou de cada pessoa.

A principal mensagem constitucional sobre o tema é dispor que o planejamento familiar decorre da liberdade de decisão de cada núcleo familiar, sendo defesa a interferência coercitiva por parte de entidades estatais ou privadas. Isso se estende a todas as pessoas com deficiência por força da Convenção, que é norma de hierarquia constitucional.

Essa norma demonstra que o Brasil não adota a chamada política de controle demográfico. Diversamente daquele, o controle demográfico é a imposição do governo sobre a quantidade de filhos que um casal deve ter[95]. Além da previsão

---

93. A filiação afetiva não foi citada na lei. Todavia, considerando a larga aplicação dessa forma de reconhecimento de filho na sociedade brasileira, é indispensável mencionar o seu aspecto.
94. Há pouco tempo, para o direito, os sujeitos de tal planejamento seriam apenas casais. Atualmente, é possível falar em pessoas, pois há a chamada "produção independente".
95. Com o êxodo rural, na revolução industrial, a mentalidade de famílias numerosas se inverteu. Na estrutura agrária não automatizada é benéfico ter pessoas para atuar como mão-de-obra. Enquanto isso, o estilo de vida urbano não comporta a mesma quantidade de membros familiares, tendo em vista o pouco espaço, a escassez de recursos etc. Alguns países populosos acolheram a teoria da população (1789), de Thomas Robert Malthus, para justificar um controle demográfico, interferindo nas escolhas da família. A política

constitucional de liberdade do planejamento familiar, esta política é expressamente vedada pelo ordenamento brasileiro, por norma infraconstitucional (Lei n. 9.263/1996, artigo 2º, parágrafo **único**).

Além de enunciar o direito subjetivo negativo[96], tal dispositivo constitucional possui conteúdo programático, na medida em que impõe ao Estado atuar de modo educacional e científico, com o escopo de propiciar aos indivíduos o exercício desse direito. Em outras palavras, o Estado não só deve preparar seus cidadãos para decidir conscientemente, mas também tem o dever de deixar à disposição métodos científicos capazes de acompanhar, estimular ou inibir a fecundidade para que o cidadão possa concretizar seus projetos familiares.

O Estado pode ter interesse na alta taxa de fecundidade, a fim de evitar o envelhecimento da população, como também na baixa taxa de natalidade, por impossibilidade de garantir direitos essenciais a todos. Também é relevante ao Poder Público registrar dados sobre sua população[97] a fim de servir como base para as políticas públicas. O que se veda é a interferência coercitiva do Estado no âmbito familiar. A quantidade e o momento em que se deseja ter filhos é uma escolha pessoal e livre de ingerências.

Porém, o texto constitucional não se limita a declarar a autonomia, mas condiciona essa liberdade à paternidade responsável, o que está evidente na Constituição Federal de 1988, que determina a dignidade humana e a paternidade responsável como princípios norteadores desse planejamento. A Convenção da ONU sobre os direitos das Pessoas com Deficiência soma o entendimento constitucional nesse sentido, pois exige que a decisão quanto ao número de filhos seja tomada de forma responsável (artigo 23, § 1º, b).

Para a finalidade de planejamento familiar, o princípio da paternidade responsável deve ser entendido como dever de ambos os pais em se comprometer com o desenvolvimento físico, emocional e educacional de seus filhos, da concepção à vida adulta. Desse princípio deriva o poder familiar[98], que é um direito e um dever de os pais exercerem autoridade sobre os filhos menores. Recorda-se

---

chinesa "do filho único" (flexibilizada e tendente ao desaparecimento) exemplifica o chamado controle da natalidade.

96. No sentido de se proibir interferência estatal.
97. No campo de pesquisas sobre a população, destaca-se o Instituto Brasileiro de Geografia e Estatísticas (IBGE), cuja "missão institucional é retratar o Brasil com informações necessárias ao conhecimento de sua realidade e ao exercício da cidadania". BRASIL. Instituto Brasileiro de Geografia e Estatísticas (IBGE). Disponível em: https://www.ibge.gov.br/institucional/o-ibge.html. Acesso em: 03.09.2019.
98. "O poder familiar representa, resumidamente, o exercício da autoridade dos pais sobre os filhos menores, sempre no interesse destes, autoridade temporária, eis que somente existirá até a maioridade dos filhos". GAMA, Guilherme Calmon Nogueira da. **Direito civil**: família. São Paulo: Atlas, 2008, p. 470.

que essa atenção deve priorizar o interesse do filho menor, por ser consectário do princípio do melhor interesse da criança e do adolescente.

Conforme a teoria das normas, os princípios não são absolutos. Quando entram em conflito, são passíveis de ponderação. Significa dizer que um princípio não é capaz de anular o outro, que se mantém em seu núcleo essencial. Todavia, se houver incompatibilidade axiológica, deverá ser ponderado qual deles prevalecerá no caso avençado. Assim, indaga-se até que ponto há a liberdade de planejar a construção da família se os pais não tiverem estrutura emocional e material para criar seus filhos.

O ordenamento pátrio entende que, *a priori*, se privilegia a autodeterminação no âmbito familiar. Sem embargo, a paternidade responsável tempera essa autonomia. Com base no princípio da legalidade conjugado ao da liberdade, a intervenção deve ser mínima e exclusivamente admitida por leis. Eis aqui a justificativa das hipóteses que instituem a perda do poder familiar.

Considerando a amplitude do princípio da paternidade responsável e da autodeterminação da fecundidade, é difícil impor limites ao exercício desse direito por normas gerais e abstratas. A parentalidade envolve habilidades de diversas ordens, muitas das quais não são aferíveis objetivamente. Por essa razão, nem sempre o indivíduo que a sociedade considera como ser humano *standard* terá bom desempenho como pai e mãe.

Quanto às normas infraconstitucionais sobre o tema, citam-se a Lei Federal n. 9.263/1996, o Código Civil e o Estatuto da Criança e do Adolescente, além da Lei Brasileira de Inclusão.

A Lei Federal n. 9.263/1996 é norma reguladora do planejamento familiar, em observância aos preceitos da Constituição Federal de 1988. Ela determina a necessidade de atuação estatal em âmbitos educacional e terapêutico. Essa curta legislação centrou-se na fertilização ou esterilização por meios médicos, que geram ou impedem a filiação biológica. Malgrado seu caráter regulador, ela não contempla todas as nuances sobre a questão. A maior lacuna refere-se ao fato de não ter sopesado os valores da autonomia do planejamento familiar e paternidade responsável.

Posteriormente, o Código Civil de 2002 obedeceu à Constituição Federal de 1988 sem grandes inovações ao reconhecer o poder de decisão do casal sobre o planejamento familiar, proibindo intervenções das pessoas de direito público ou privado. É o que se depreende dos artigos 1.513 e 1.565, § 2º. O Estatuto da Criança e do Adolescente, por sua vez, não utiliza o termo "paternidade responsável". Porém, percebe-se implicitamente a presença desse princípio em diversas previsões que demonstram a responsabilidade dos pais, além da possibilidade de perda do poder familiar.

Por suposto, as pessoas com deficiência são contempladas com o direito ao planejamento familiar, pois são iguais às outras pessoas. Como a Lei Brasileira de

Inclusão as tornou pessoas plenamente capazes para todos os atos existenciais, o planejamento familiar insere-se no âmbito dessa autonomia, independentemente de eventual curatela que recaia sobre elas. É a dicção do artigo 6º, III. Portanto, não restam dúvidas quanto à capacidade plena da pessoa com deficiência mental ou intelectual em realizar seu planejamento familiar.

Em parte, os diplomas legais agiram bem, pois não é possível traçar com exatidão a forma correta de agir dos pais, nem quem está apto para ter filhos ou quantos deles são capazes de criar. De outro lado, faltou maior regulação sobre o tema, para inserir limites ao planejamento familiar, de acordo com os termos constitucionais, ou seja, verificar a existência ou ausência da paternidade responsável.

O planejamento familiar decorrente da filiação natural pressupõe orientação educativa e controle da fertilidade, este último, estudado como desdobramento do direito ao próprio corpo. Isso porque a gravidez envolve questões biológicas, sendo passível de ocorrer involuntariamente. Nos atos involuntários, não se examina a capacidade diante da ausência da volição e consciência decisória, logo, não cabe analisar essa forma de filiação para fins de capacidade civil. Interessa, nesse momento, analisar a adoção e a filiação socioafetiva que pressupõem a vontade de formar esse vínculo. Em outras palavras, o conteúdo da capacidade de fato para decidir sobre o tema.

A adoção é um processo solene, o qual depende de sentença judicial. De acordo com o Estatuto da Criança e do Adolescente, o adotante deve cumprir requisitos de cunho etário[99], não ter relações de parentesco com o adotando e constituir família, em caso de adoção conjunta. Em princípio, não há óbice ao adotante com deficiência. Ainda que houvesse, eventual impedimento deixaria de existir, pois a Lei Brasileira de Inclusão declarou haver plena capacidade para a adoção de todas as pessoas com deficiência, incluindo a de ordem mental e intelectual.

Porém, o artigo 197-A, VI, do Estatuto da Criança e do Adolescente exige o atestado de sanidade física e mental para a habilitação de quem postula adotar. Isso pode constituir um empecilho às pessoas com deficiência mental. Por conseguinte, um conflito com a plena capacidade conferida pelo Estatuto da Pessoa com Deficiência.

Para harmonizar a questão, deve-se buscar interpretação com base nos valores envolvidos e à luz dos mandamentos constitucionais. A deficiência mental, por si só, não é incapacitante. Por exemplo, o indivíduo com transtorno bipolar controlado pelo uso de medicamentos e terapia tem vida sem barreiras e é capaz de cuidar de um outro ser humano. Situação distinta ocorre com a pessoa com deficiência mental que não é tratada. Nesse caso, o atestado serviria como base para avaliar o perfil do adotante e adequá-lo ao perfil do futuro adotado. Em situações mais graves,

---

99. Maior de 18 anos de idade (artigo 42, *caput*, Lei n. 8.069/1990 – ECA) e ter a diferença de no mínimo 16 anos de idade com o adotando (artigo 42, § 3º, Lei n. 8.069/1990 – ECA).

poderia condicionar a adoção ao controle dessa deficiência. Imagine uma pessoa que tem esquizofrenia. É alguém cuidadoso em seus momentos de lucidez, mas há surtos que o tornam agressivo e fora da realidade. Ora, não seria adequado que uma criança frágil e vulnerável estivesse exposta a uma pessoa que sabidamente tivesse essa limitação e deixasse de adotar os meios terapêuticos para tanto.

Outro impacto do Estatuto da Pessoa com Deficiência no tocante ao planejamento familiar diz respeito à filiação por afetividade. Essa espécie de parentesco, em regra, decorre da voluntariedade somada ao reconhecimento da posse de estado de filho[100]. Enquanto a adoção exige processo judicial que avalie a condição e a voluntariedade dos futuros pais em adotar, assim como a aceitação da criança, a filiação por socioafetividade pode ser reconhecida diretamente em cartório.

A Corregedoria do Conselho Nacional de Justiça editou o Provimento n. 63, de 14 de novembro de 2017, para regular assuntos relativos ao registro das pessoas naturais, cuidando especificamente da "paternidade socioafetiva", na seção II. Segundo o artigo 10, *caput*, o reconhecimento espontâneo da filiação socioafetiva dispensa processo judicial. Por se tratar de estado de filiação, o conteúdo enunciado será irrevogável (artigo 10, § 1º).

Caso inexista a voluntariedade, exige-se processo judicial. Também se judicializará a questão, na suspeita de fraude, má-fé, falsidade, vício de vontade, simulação, dúvida sobre a configuração do estado de posse e se preexistir trâmite judicial que envolva o reconhecimento de paternidade (e maternidade) ou adoção (artigos 12 e 13).

Recorda-se, outrossim, que o Conselho Nacional de Justiça editou o Provimento n. 83 de 2019, alterando o *caput*, do artigo 10. Nele se limitou o reconhecimento voluntário extrajudicial aos filhos maiores de 12 anos. Logo, caso o filho a ser reconhecido conte com 12 anos ou menos, exigir-se-á a via judicial. Ademais, tal provimento acrescentou o § 9º ao artigo 11, que impôs o encaminhamento obrigatório do pedido de paternidade ou maternidade socioafetiva ao Ministério Público. Trata-se de medida que pretende evitar fraudes, tornando o procedimento mais fiável.

O provimento exige a idade mínima de 18 anos de quem pleiteia ser declarado como pai ou mãe (artigo 10, § 2º). Isso se coaduna com a maioridade civil e com a faixa etária mínima que se espera para adquirir tal estado. Ademais, o artigo 11, § 7º, deixou claro que a pessoa com deficiência pode usar a tomada de decisão apoiada nesse ato, sem qualquer menção à curatela, pois se trata de ato personalíssimo não passível de substituição da vontade, buscando o fiel cumprimento da lei. Conforme salientado, caberia a tomada de decisão apoiada em atos extrapatrimoniais, pois é mera forma de auxílio, não substitutiva da vontade.

---

100. A posse do estado de filho envolve o nome, o trato e a fama, ou seja, a sociedade vislumbrar que existe uma relação típica de pai ou mãe e filho.

Salienta-se que os provimentos em tela configuram norma administrativa, que visa padronizar a atuação dos registradores. Logo, sua função restringe-se à fiel execução da lei, sendo-lhe defesa inovar o ordenamento jurídico. No tema retratado, o provimento cumpre seu papel. Ele não inova, mas apenas enuncia procedimentos já existentes em lei. Provavelmente, para evitar contradições com o teor legal, o provimento foi omisso quanto à capacidade civil de quem pretende o reconhecimento. No tocante à tomada de decisão apoiada, o próprio enunciado remete legalmente ao Código Civil. Ademais, o provimento sabe de seus limites, de forma que assuntos mais polêmicos são destinados ao Poder Judiciário.

A partir deste cenário, relevante a exposição de algumas considerações quanto à capacidade de exercício do ato voluntário de ter filhos. É intuitivo caracterizar o planejamento familiar como ato personalíssimo. Afinal, a vontade de ser pai e mãe é desejo espiritual e pessoal decorrente do sentimento de afeto familiar. Criar um filho evidentemente exige dispêndios materiais, mas eles não são o fim precípuo de uma família. Além disso, o empenho para educar um filho não é uma relação sinalagmática, como a maioria dos negócios patrimoniais. Trata-se de ônus do qual não se espera retorno do ponto de vista econômico-jurídico, não há objetivo de lucro[101].

Isso faz com que a capacidade civil para ser pai ou mãe não se permeie pelas regras da capacidade negocial em geral, pois são campos distintos. Nesse sentido, agiu acertadamente o legislador ao ouvir o requerimento do grupo das pessoas com deficiência. Entretanto, não é adequado conferir plena capacidade, sob o risco de ferir eventuais direitos da prole.

O ato de reconhecer, adotar ou realizar um tratamento para ter um filho é digno de elogios. Demonstra elevado grau de altruísmo, pois se pretende dedicar tempo e recursos ao próximo. Contudo, não é adequado que os sujeitos se levem por esse nobre sentimento sem antever e entender as consequências geradas por esse ato. Seria paradoxal que o sistema jurídico antepusesse o interesse individual de ter filhos ao bem-estar daquele que será adotado ou gerado, respectivamente, significaria a autonomia do planejamento familiar à frente da responsabilidade parental.

Casos mais severos de deficiência intelectual podem causar um desenvolvimento infantilizado na pessoa. Ora, um indivíduo que pensa, age e depende de cuidados como uma criança não pode ser pai ou mãe. Faltará a malícia e a objetividade de um adulto para suprir a inexperiência dos menores.

Cuidar de outro ser humano não é uma simples brincadeira com bonecos, mas exige responsabilidade. O reconhecimento de filiação é ato irrevogável.

---

101. Há o dever de dar alimentos dos descendentes para os ascendentes. Mas não é isso que move a maternidade e a paternidade. Não há o objetivo de lucro. Também se espera a recíproca afetiva, mas não há como compelir os sentimentos humanos.

É relevante avaliar se os habilitados entendem que filhos são para sempre, não são objetos os quais se deixa de dar atenção quando se cansa. Essa condição vale para todas as pessoas, com ou sem limitação mental. É inadmissível que uma pessoa irrefletidamente queira ter um filho e, posteriormente, ao se dar conta das exigências para com a criança ou o adolescente, passe a rejeitá-lo, o abandone ou simplesmente renuncie aos seus deveres de zelo. Deve-se coadunar essa amplitude de escolha com os deveres de uma paternidade responsável[102].

Aliás, em um eventual conflito de interesses entre o desejo de ter filhos e a paternidade responsável, deve prevalecer o segundo, em especial quando se tratar de crianças e adolescentes. Constata-se que, em regra, a criança e os adolescentes são mais frágeis em relação aos adultos. Eles não têm completa formação educacional, mental, física e são dependentes de cuidados. Soma-se a isto o fato de que, nesta fase, assimilam condutas, ensinamentos e sentimentos, os quais se projetarão em sua vida adulta[103]. Ou seja, é um momento de formação, em que o zelo é indispensável para o desenvolvimento de um adulto saudável física e mentalmente.

Em razão da vulnerabilidade desses menores e dos impactos futuros na sociedade, consagrou-se o princípio da proteção integral da criança e do adolescente. Previsto na Declaração de Direitos da Criança de 1959, esse princípio visa a tutela especial com o fim de concretizar seus direitos fundamentais. São consectários da proteção integral o superior interesse da criança e a primazia do interesse[104].

A Convenção Internacional sobre os Direitos das Crianças de 1990 adotou o princípio do melhor (ou superior) interesse da criança. Ele enuncia que devem prevalecer os direitos e as necessidades das crianças e adolescentes para fins de interpretação, aplicação e criação de normas, como também para ponderação de eventuais conflitos axiológicos[105].

---

102. Deve-se avaliar a maturidade sentimental e intelectual visto que seres vivos adotados não devem ser desprezados posteriormente. É comum abandonar animais de estimação, entregando-os a terceiros. Dificilmente há renúncia de seres humanos dessa maneira, devido à alta carga de reprovabilidade, porém, há notícias de pais que abdicam de seus deveres materiais e extrapatrimoniais.
103. Convenção Internacional sobre os Direitos da Criança: "Convencidos de que a família, como grupo fundamental da sociedade e ambiente natural para o crescimento e bem-estar de todos os seus membros, e em particular das crianças, deve receber a proteção e assistência necessárias a fim de poder assumir plenamente suas responsabilidades dentro da comunidade;"
104. "Ressalte-se que a prioridade tem um objetivo bem claro: realizar a proteção integral, assegurando primazia que facilitará a concretização dos direitos fundamentais enumerados no artigo 227, *caput*, da Constituição da República e renumerados no *caput* do artigo 4º do ECA". MACIEL, Kátia Regina Ferreira Andrade (coord.); CARNEIRO, Rosa Maria Xavier Gomes (revisão jurídica); AMIN, Andréa Rodrigues *et al*. **Curso de direito da criança e do adolescente**: aspectos teóricos e práticos. 12. ed. São Paulo: Saraiva Educação, 2019, p. 70.
105. "Com sua importância reconhecida, o *best interest* foi adotado pela comunidade internacional na Declaração dos Direitos da Criança, em 1959. Por esse motivo já se encontrava

Em caráter interno, o artigo 227, *caput*, da Constituição Federal de 1988 e o artigo 4º, *caput*, do Estatuto da Criança e do Adolescente trazem o princípio da prioridade absoluta. Na mesma linha do princípio anterior, haverá primazia dos interesses do menor, em detrimento de outras esferas, inclusive, na esfera familiar[106], porém, em caráter absoluto, isto é, de forma categórica. São inadmissíveis ponderações ou discussões[107]. O exemplo dessa prioridade se revela no conflito com o interesse de outros grupos de vulneráveis. A doutrina ilustra a absoluta prioridade com a hipótese de conflito entre construção de asilo ou creche. Ambos são grupos que exigem tutela especial mas prevalecerá a creche infantil, com fulcro no princípio em tela[108].

Esse raciocínio segue o exercício do direito do planejamento familiar. Se a prioridade é absoluta para os interesses do menor, então, ele prevalece sobre o exercício do direito de as pessoas com deficiência escolherem ter filhos e a respectiva quantidade. Prepondera, assim, a paternidade responsável.

Portanto, afirma-se que diante dos efeitos perante terceiros, em especial sobre a criança que exige cuidados especiais, seria lúcido que o sistema jurídico,

---

presente no artigo 5º do Código de Menores, ainda que sob a égide da doutrina da situação irregular. A Convenção Internacional sobre os Direitos da Criança, que adotou a doutrina da proteção integral, reconhecendo direitos fundamentais para a infância e adolescência, incorporada pelo artigo 227 da Constituição Federal e pela legislação estatutária infantojuvenil, mudou o paradigma do princípio do superior interesse da criança. [...] Trata-se de princípio orientador tanto para o legislador como para o aplicador, determinando a primazia das necessidades da criança e do adolescente como critério de interpretação da lei, deslinde de conflitos, ou mesmo para elaboração de futuras regras". MACIEL, Kátia Regina Ferreira Andrade (Coord.); CARNEIRO, Rosa Maria Xavier Gomes (revisão jurídica); AMIN, Andréa Rodrigues *et al*. **Curso de direito da criança e do adolescente**: aspectos teóricos e práticos. 12. ed. São Paulo: Saraiva Educação, 2019, pp. 77-78.

106. Convenção Internacional sobre os Direitos da Criança – Decreto n. 99.710/1990: "Convencidos de que a família, como grupo fundamental da sociedade e ambiente natural para o crescimento e bem-estar de todos os seus membros, e em particular das crianças, deve receber a proteção e assistência necessárias a fim de poder assumir plenamente suas responsabilidades dentro da comunidade;"

107. "Estabelece primazia em favor das crianças e dos adolescentes em todas as esferas de interesse. Seja no campo judicial, extrajudicial, administrativo, social ou familiar, o interesse infantojuvenil deve preponderar. Não comporta indagações ou ponderações sobre o interesse a tutelar em primeiro lugar, já que a escolha foi realizada pela nação por meio do legislador constituinte". MACIEL, Kátia Regina Ferreira Andrade (Coord.); CARNEIRO, Rosa Maria Xavier Gomes (revisão jurídica); AMIN, Andréa Rodrigues *et al*. **Curso de direito da criança e do adolescente**: aspectos teóricos e práticos. 12. ed. São Paulo: Saraiva Educação, 2019, p. 69.

108. MACIEL, Kátia Regina Ferreira Andrade (Coord.); CARNEIRO, Rosa Maria Xavier Gomes (revisão jurídica); AMIN, Andréa Rodrigues *et al*. **Curso de direito da criança e do adolescente**: aspectos teóricos e práticos. 12. ed. São Paulo: Saraiva Educação, 2019, pp. 69-70.

nas hipóteses de reconhecimento de filiação, o fizesse por intermédio do Poder Judiciário, auxiliado pela perícia multidisciplinar. O mero fato de existir uma deficiência intelectual ou mental não desmerece a qualidade de bom pai ou boa mãe. Sempre deveria existir uma avaliação no caso concreto da capacidade e do interesse no exercício dos deveres parentais. Na hipótese de deficiência mental ou intelectual, deve-se averiguar se a limitação decorrente da deficiência pode ou não causar danos nos cuidados de um filho. Com isso, conviverão harmoniosamente a liberdade em decidir pela maternidade ou paternidade e responsabilidade parental.

10.3.2. Direito à guarda, tutela e curatela

A guarda, a tutela e a curatela são institutos de assistência em relação aos que não possuem capacidade civil de fato. De acordo com o artigo 28, *caput*, do Estatuto da Criança e do Adolescente, os dois primeiros são formas de colocação em família substituta destinada aos menores de idade, com a diferença de que na guarda subsiste o poder familiar dos pais, enquanto a tutela pressupõe a perda desse poder (artigo 1.728, I e II, Código Civil). A curatela, conforme já analisado, é medida assistencial do maior de idade incapaz de fato exclusivamente sobre os atos de natureza patrimonial e negocial.

Interessa saber que esses três institutos cuidam de interesses patrimoniais dos incapazes[109] e que a Lei Brasileira de Inclusão conferiu plena capacidade a todas as pessoas com deficiência para exercerem o papel de titular de guarda, tutela e curatela. Em que pese a boa intenção do legislador, o artigo 6º, VI, parece um contrassenso.

Em princípio, a deficiência não limita a capacidade de fato das pessoas. Assim, não há óbice para que exerçam a guarda, tutela ou curatela de outrem. Entretanto, excepcionalmente, o prejuízo de ordem intelectual ou mental pode prejudicar o discernimento afetando o poder decisório de certas pessoas. Nesta hipótese admitir-se-á que incida curatela estritamente sobre atos de cunho patrimonial e negocial.

Quando suceder essa incapacidade relativa não caberá ao curatelado ter a guarda, tutela, tampouco a curatela de outrem. Pela lógica, para que se possa exercer estes papéis, é necessário ter plena capacidade para atos patrimoniais, já que tais instrumentos servem para administrar os interesses materiais daqueles que não podem gerir seus bens sozinhos[110]. O artigo 1.735, I, do Código Civil coadu-

---

109. Estatuto da Criança e do Adolescente, Artigo 33: "A guarda obriga a prestação de assistência **material, moral** e educacional à criança ou adolescente, conferindo a seu detentor o direito de opor-se a terceiros, inclusive aos pais". (Grifos nossos)

110. A guarda e a tutela cumprem outras finalidades, porém, não é o escopo desse trabalho esmiuçar o tema.

na essa lógica ao determinar que são incapazes de exercer tutela aqueles que não tiverem a livre administração de seus bens.

Diante dessa incompatibilidade, parece que o legislador não observou o sistema jurídico em sua integralidade. De um lado, ele admite a eventual intervenção sobre o exercício da capacidade para fins patrimoniais. De outro, enuncia-se a plena capacidade para que todas as pessoas com deficiência, o que abrange os curatelados, possam gerir interesses patrimoniais de terceiros por meio de guarda, tutela e curatela. É evidente que se não podem decidir sobre o próprio patrimônio, com mais razão não poderão agir sobre o patrimônio de terceiros que necessitam de amparo.

Poderia se arrazoar que o exercício da curatela de um terceiro ficasse a cargo do curador da pessoa com deficiência sentenciada como incapaz de fato. Contudo, essa alegação não procederia. A curatela é um encargo que impõe diversos deveres, dentre os quais se destaca a prestação de contas. Por isso, exige zelo e atenção. Não seria recomendável acumular a um único indivíduo a responsabilidade sobre mais de um sujeito.

Segundo o artigo 1.778 do Código Civil, o curador da pessoa com deficiência só tem o dever de estender sua autoridade aos filhos do curatelado e não a demais pessoas. Raciocínio semelhante é empregado no artigo 755, § 2º, do Código de Processo Civil, o qual atribui a curatela a quem melhor atender aos interesses do incapaz que estiver sob guarda ou responsabilidade do interdito. Nestes casos, desde o princípio, o curador tinha ciência do ônus atribuído a mais de uma pessoa. Ademais, no primeiro, não se sobrecarrega demasiadamente o curador, pois geralmente há convergência entre patrimônio do curatelado e de seus filhos menores.

Com sorte, poderia se suscitar que a pessoa com deficiência intelectual ou mental curatelada exercesse o múnus de curador na forma compartilhada (artigo 1.775-A), pois o outro curador supriria a limitação quanto a cognição patrimonial. Entretanto, regra geral, tampouco seria o recomendável. Se a curatela só atinge questões patrimoniais e negociais, não faz sentido que esse encargo recaia sobre quem não possui habilidades nessa questão. Excepcionalmente, se houver afinidade e confiança entre o curatelado que pretende ser curador e o novo sujeito da curatela, poderia se cogitar sua participação de forma compartilhada, quando facilitar a comunicação e o intermédio de interesses entre as partes.

Imagine dois irmãos órfãos, que têm síndrome de Down e sintomas que impedem a disposição patrimonial. Além disso, o mais jovem tem dificuldade de comunicação e quem melhor lhe entende é seu irmão mais velho, que é sujeito de curatela. Ele poderia atuar como curador de seu irmão mais novo em conjunto com alguém plenamente capaz, para que este pratique os atos que exigem o discernimento no campo patrimonial e negocial. Desse modo, contribuiria para o amparo sem colocar em risco a administração de bens do sujeito à curatela.

Por derradeiro, salienta-se que a Convenção determina que os Estados Partes devem assegurar que as pessoas com deficiência exerçam seus direitos relativos à guarda, tutela e curatela (artigo 23, item 2). Para isso, a norma internacional impõe a premissa de que sempre prevalecerá o melhor interesse da criança. Portanto, se houver risco no exercício destes institutos, como a falta de aptidão para a prática de atos negociais, deve prevalecer o interesse do menor.

Essa condição deve ser estendida aos adolescentes e maiores incapazes de fato. Tais institutos não existem somente para atender aos interesses de quem cuida. Pelo contrário, são instrumentos cuja finalidade precípua é dar assistência aos indivíduos em situação de vulnerabilidade, por motivo de inaptidão decisória em questões materiais. Logo, essas pessoas necessitam de alguém que seja capaz de fato para lhes tutelar em assuntos dessa natureza. Caso contrário, não haverá o devido amparo, descumprindo o intuito jurídico desses mecanismos de proteção.

Pela breve exposição, nota-se que não há coerência no enunciado do artigo 6º, VI, da Lei de Inclusão. A fim de harmonizar com as demais leis existentes no sistema jurídico pátrio, esse inciso deve ser interpretado exclusivamente em prol das pessoas com deficiência com plena capacidade de exercício para atos patrimoniais, salvo a hipótese de curatela compartilhada. Contrariamente, as pessoas com deficiência sujeitas à curatela não terão plena capacidade para exercer a guarda, a tutela ou a curatela sobre outros.

10.4. Capacidade para testar

Embora fora do rol exemplificativo do artigo 6º do Estatuto da Pessoa com Deficiência, a capacidade ativa testamentária não pode ser olvidada. Diante de suas peculiaridades é possível traçar um elo com o novo paradigma.

O fenômeno sucessório define-se como a assunção da posição que o outro sujeito ocupava; então, a relação jurídica cessará para um e continuará para quem assumiu tal posição jurídica[111]. Observando esse conceito, percebe-se que a transferência dos bens é efeito dessa sub-rogação, que também transfere dívidas, direitos e deveres. Ou seja, transcende a transmissão patrimonial, pois envolve a posição titularizada pelo sucedido.

Essa sucessão pode derivar de ato *inter vivos*, como o pagamento por sub-rogação, ou pode derivar de ato *mortis causa*[112]. A morte é impreterível; a sabedoria

---

111. "Suceder não é simplesmente transmitir, apesar de em toda sucessão haver transmissão". Na sucessão há o "ingresso de um sujeito na posição que outro ocupava", ou seja, há a efetiva assunção da posição jurídica anteriormente exercida pelo sucedido. Conforme Itabaiana de Oliveira, "sucessão é a continuação em outrem de uma relação jurídica que cessou para o respectivo sujeito". MAIA JÚNIOR, Mairan Gonçalves. **Sucessão legítima**: as regras da sucessão legítima e as estruturas familiares contemporâneas e a vontade. São Paulo: RT, 2018, p. 95.

112. "A sucessão pode ocorrer por ato *inter vivos* ou *mortis causa*, a título universal ou singular". MAIA JÚNIOR, Mairan Gonçalves. **Sucessão legítima**: as regras da sucessão legítima e as estruturas familiares contemporâneas e a vontade. São Paulo: RT, 2018, p. 95.

popular ensina tratar do único evento certo da vida. Eis a razão de a transmissão patrimonial dela decorrente ser uma preocupação social. Nessa medida, o direito se atém detalhadamente sobre o tema no Livro V, do Código Civil.

A sucessão *mortis causa* pode ocorrer de duas formas. A primeira chama-se legítima ou *ab intestato*. É aquela que deriva do regime pré-estabelecido em lei e sempre será a título universal[113]. Como as leis são refletidas e votadas por autoridades competentes de acordo com os anseios de determinada sociedade, ela é o arquétipo sucessório. Por isso, teoricamente, a sucessão legal é qualificada como o modelo ideal, na medida em que foi estruturada no plano abstrato, livre dos arbítrios de um único indivíduo.

A segunda maneira de se proceder à sucessão deriva da vontade emanada em vida pelo *de cujus*. É a denominada sucessão testamentária. Sabendo que o convívio de cada sujeito tem suas peculiaridades, permite-se contemplar os sucessores de acordo com a afinidade. Nem sempre os herdeiros legítimos, na ordem legal, atuam com o carinho e os cuidados esperados da sua condição de parentesco e proximidade. Há ainda as relações de gratidão com pessoas que sequer estariam contempladas legalmente a suceder.

Ademais, a autonomia privada faculta que o indivíduo atue circunstancialmente sobre seus negócios jurídicos. Por isso, a pessoa dispõe sobre seus bens e, até mesmo, sobre questões extrapatrimoniais, relegando os efeitos à ocorrência do evento morte. A morte é o termo desse negócio jurídico. Nessa senda, o indivíduo tem a liberdade de dispor a título universal ou singular[114], observando os limites legais inseridos na autonomia da vontade[115]. Ilustra tal restrição a indisponibilidade da legítima, que significa resguardar metade do patrimônio aos herdeiros necessários[116] (artigo 1.857, § 1º, do Código Civil).

Testar é negócio jurídico unilateral, solene, não receptício, singular, personalíssimo e exclusivo de pessoa física[117]. Rege-se pelas normas gerais dos negócios jurídicos, salvo disposição especial em contrário.

---

113. Recorda-se que a sucessão a título universal é aquela em que se transfere uma parcela sobre o todo, ou seja, uma fração do patrimônio.
114. Será singular a sucessão que destina bem específico, por exemplo, o legado e o codicilo.
115. "Na sucessão *mortis causa* esses aspectos são usualmente fixados por lei, mas também podem sê-lo por negócio jurídico, como por testamento, fruto do exercício da autonomia privada do sucedido, desde que observadas as restrições impostas por lei, v.g., o limite de disposição patrimonial, ou os requisitos para imposição de gravame ao bem transferido". MAIA JÚNIOR, Mairan Gonçalves. **Sucessão legítima**: as regras da sucessão legítima e as estruturas familiares contemporâneas e a vontade. São Paulo: RT, 2018, p. 96.
116. Dá-se preferência ao patrimônio indisponível dos herdeiros necessários, para que não se confundam com os herdeiros legítimos. Todos os herdeiros necessários são legítimos. Porém, os colaterais são legítimos, mas não são herdeiros necessários. Logo, na ausência dos herdeiros necessários, se houver disposição sobre o total do patrimônio, os colaterais não terão direito à herança.
117. "[...] a capacidade testamentária ativa é exclusiva de pessoas físicas, não sendo reconhecida às pessoas jurídicas ou coletivas". MAIA JÚNIOR, Mairan Gonçalves. **Sucessão**

Enfatiza-se o artigo 1.858 do Código Civil que declara se tratar de ato personalíssimo, logo, é vedada a representação, restringindo o exercício desse direito em hipótese de incapacidade. Essa característica também justificaria a impossibilidade da tomada de decisão apoiada. Em que pese a atuação dos apoiadores ser de mero auxílio com a decisão final da pessoa com deficiência, trata-se de evidente forma de influenciar a palavra final do apoiado, o que não é admitido na confecção do testamento. Ademais, em casos de risco relevante e divergência de opiniões, pode se levar a substituição da vontade com a decisão do Juiz sobre o tema. Ora, se o ato é *intuito personae*, não caberia essa interferência dos apoiadores, tampouco do Magistrado.

Segundo o artigo 1.857 do Código Civil, toda pessoa capaz pode dispor em testamento. Na sequência, reforça-se a ideia com o artigo 1.860, o qual determina que os incapazes, assim como aqueles que não têm discernimento, estão defesos de testar. Pela regra geral, a capacidade inicia-se aos 18 anos de idade. A particularidade da capacidade ativa do testamento é bastar a idade de 16 anos completos.

A maior celeuma concerne à questão do discernimento. A lei é clara, no sentido de que não basta a capacidade, deve se constatar o pleno discernimento para o ato específico de testar. Em regra, presume-se que o capaz está com "juízo perfeito"[118]. Porém, isso deve ser verificado no momento de confecção do testamento, pois o plenamente capaz pode perder seu juízo temporariamente, por exemplo, se estiver sob o efeito de substâncias psicoativas.

Em um raciocínio silogístico, a pessoa com deficiência mental ou intelectual sujeita a curatela não poderia testar sobre atos patrimoniais, principal objeto de disposição testamentária. Isso porque, segundo o Estatuto da Pessoa com Deficiência, estes indivíduos podem sofrer limitação quanto ao conteúdo relativo ao patrimônio, único ponto de abrangência da curatela. De outro modo, essas pessoas sempre estariam livres para testar sobre questões de natureza extrapatrimonial, admitidas em testamento pelo artigo 1.857, § 2º, do Código Civil, na medida em que têm plena capacidade sobre tal espécie de ato.

No entanto, é necessário refletir a respeito de duas questões sobre a nova configuração da lei: entender se é factível dar plena capacidade sempre para questões extrapatrimoniais e fazer considerações se a capacidade para confeccionar o testamento de bens merece maior flexibilidade.

Assim como nos demais casos, a lei pecou por trazer uma presunção absoluta de plena capacidade para os atos extrapatrimoniais. Em que pese o altruísmo legislativo, há que se analisar a realidade. Assim, exigir juízo para dispor sobre conteúdos extrapatrimoniais.

---

legítima: as regras da sucessão legítima e as estruturas familiares contemporâneas e a vontade. São Paulo: RT, 2018, pp. 147-148.

118. Expressão utilizada no Código Civil de 1916.

Certos "graus" de deficiência diminuem ou anulam a capacidade cognitiva ou psíquica a ponto de inviabilizar o poder decisório. Uma pessoa que sequer consegue compreender que o testamento é um ato pelo qual se transferem bens após seu falecimento não está apta a emanar adequadamente a sua última vontade. Tampouco se considera apta quem não compreende o alcance de conteúdos de natureza extrapatrimonial, como filiação.

Suponha-se uma pessoa com transtorno mental que, subitamente, queira reconhecer a filiação de alguém com quem não convive como família, por mero capricho. Ainda que o testamento verse apenas sobre conteúdos existenciais, deve haver ponderação para verificar se a decisão foi tomada conscientemente.

Da mesma forma, um indivíduo sem percepção da realidade, como alguém com Alzheimer em estágio avançado, está inapto afetivamente. Em muitos casos, o doente não se lembra dos cuidados que recebe, não reconhece seus filhos, nem quem o auxilia, e padece de esquecimento. Creditar-lhe declaração extrapatrimonial implicaria favorecer quem lhe fez mal continuamente e desfavorecer aquele que sempre lhe ajudou e esteve ao seu lado. Tudo isso porque sua percepção e sua memória[119] estão limitadas pela enfermidade, que lhe causou a deficiência cognitiva. Há, ainda, casos mais sérios nos quais o indivíduo é tolhido da percepção sobre si mesmo, ou seja, ele não se reconhece.

Nessa toada, falta equivalência da norma com a realidade. A doutrina reprova esse descompasso com a seguinte frase: "Ora, não é porque a lei dita, que a realidade obedece"[120]. O papel da lei é trazer comandos de comportamento que viabilizem direitos e a ordem social. Porém, ela deve se ater à realidade. Não pode determinar condutas impossíveis na conjuntura a qual se destina. Partindo-se do princípio de que na realidade há casos em que a pessoa não tem qualquer condição

---

119. Dentre os sintomas da doença de Alzheimer, comprometem o discernimento a diminuição ou perda de perspicácia e percepção do seu entorno; a perda de memória (relatam-se casos de que não reconhecem os próprios filhos); dificuldade de comunicação, compreensão e exteriorização de ideias e sentimentos. Segundo o Ministério da Saúde, "entre os principais sinais e sintomas do Alzheimer estão: **falta de memória** para acontecimentos recentes; repetição da mesma pergunta várias vezes; **dificuldade para acompanhar conversações ou pensamentos complexos; incapacidade de elaborar estratégias para resolver problemas**; dificuldade para dirigir automóvel e encontrar caminhos conhecidos; **dificuldade para encontrar palavras que exprimam ideias ou sentimentos pessoais**; irritabilidade, suspeição injustificada, agressividade, passividade, **interpretações erradas de estímulos visuais ou auditivos**, tendência ao isolamento". BRASIL. Ministério da Saúde. **Alzheimer**: o que é, causas, sintomas, tratamento, diagnóstico e prevenção. Disponível em: http://www.saude.gov.br/saude-de-a-z/alzheimer. Acesso em: 18 set. 2019. (grifos nossos).

120. MAIA JÚNIOR, Mairan Gonçalves. **Sucessão legítima**: as regras da sucessão legítima e as estruturas familiares contemporâneas e a vontade. São Paulo: RT, 2018, p. 151.

para tomar decisões, prescrever uma capacidade absoluta torna a lei uma mera "folha de papel"[121].

Quanto as disposições de última vontade de natureza patrimonial, há muitos arrazoados para ambos os lados. O principal escopo do testamento são as disposições de teor patrimonial. Nele se exige o exercício do discernimento em duas ordens: patrimonial e moral. Isso porque o testador deve compreender o valor do patrimônio e ponderar a quantidade a ser distribuída após a sua morte, além de saber valorizar a dedicação e o merecimento dos herdeiros necessários e daqueles que pretende agraciar. Isso torna mais rigorosa a aferição da capacidade ativa testamentária, ao analisar o discernimento nessas duas searas.

Corroboram os argumentos de Francisco Pereira de Bulhões Carvalho quem aduz que nos atos de disposição gratuita exige maior reflexão e espontaneidade, algo incompatível com a obnubilação total da vontade. O autor também considera que essa espécie de negócio exige maior juízo, porque é impossível a retratação no momento de seus efeitos[122], havendo completa inviolabilidade da vontade[123].

Em sentido oposto, a lei mitiga o rigor da capacidade ativa para testar ao conferi-la a partir dos 16 anos. Todavia, a intenção do legislador foi privilegiar apenas esse relativamente incapaz, caso contrário, teria estendido a todos os relativamente incapazes.

Outro argumento favorável à capacidade da pessoa com deficiência é a questão do pródigo. Parcela da doutrina valida aos pródigos o ato testamentário, não obstante sua falta de juízo com a disposição de bens. A justificativa histórica é o fato de que o artigo 459 do Código de Beviláqua não privava o pródigo da disposição testamentária. Aduz, ainda, que o pródigo não sofreria os efeitos deletérios de uma má decisão testamentária, pois estes se concretizam no *post mortem*. E a razão de ser da incapacidade do pródigo é manter o mínimo de patrimônio necessário à sua sobrevivência. Então, desconsiderou-se o risco que recai sobre herdeiro legítimo que dele dependesse. Por exemplo, um filho menor de idade que vivesse às expensas de seu pai. Os defensores da capacidade testamentária do pródigo argumentam que o instituto da legítima seria suficiente para proteger esse filho.

---

121. Ferdinand Lassalle empregava a expressão "folha de papel" para a Constituição que não possuía eficácia social, restando exclusivamente palavras escritas em um papel. Neste caso, emprestou-se a metáfora para demonstrar a falta de eficácia em razão da incompatibilidade da lei com a realidade. LASSALLE, Ferdinand. **Que é uma Constituição?** Tradução de Walter Stönner. Fonte digital Edições e Publicações Brasil. São Paulo, 1933. Disponível em: http://bibliotecadigital.puc-campinas.edu.br/services/e-books/Ferdinand%20Lassalle-1.pdf. Acesso em: 18.09.2019, p. 28.
122. O testamento é revogável. Porém, no momento em que ele produz efeitos, após a morte, já não há mais como o testador se retratar.
123. CARVALHO, Francisco Pereira de Bulhões. **Incapacidade civil e restrições de direito**. Rio de Janeiro: Borsoi, 1957, t. 1. pp. 250-254.

Em que pese o raciocínio, o pródigo não deveria testar. Diversamente do menor com 16 anos, ele não consta como capaz para tanto. Se a lei pretendesse torná-lo capaz para o testamento, teria dito expressamente. Ademais, o sujeito pródigo tem limitações de ordem mental para fins patrimoniais, afinal, ele não está psicologicamente apto para dispor proporcionalmente de seus bens, vez que dispõe de forma compulsiva, irrefletida e desproporcional. Soma-se que, após a morte, não se poderia remediar uma distribuição equivocada, o que prejudicaria herdeiros legítimos, em particular, aqueles que dependem de seu patrimônio.

Sustenta-se, ainda, a capacidade destes relativamente incapazes pelo fato de o testamento ser ato de liberalidade. Por beneficiar apenas uma das partes, não há reciprocidade de prestações[124], logo, retira-se o tino em perceber se o negócio é lucrativo, na mensuração da equivalência das prestações. Acrescenta-se que nos negócios benéficos é forte o critério afetivo para contemplar alguém por quem se tenha carinho ou especial consideração. No caso do testamento, frequentemente, há o sentimento de gratidão e afinidade para com o beneficiado.

As previsões legais também evidenciam esse aspecto sentimental. Na sucessão legítima, há uma presunção legal dos indivíduos por quem exista maior afeição, os parentes e cônjuge. O conteúdo moral é tão importante que as hipóteses de exclusão da herança, por indignidade e deserdação[125], remetem-se às justificativas morais, pois é ilógico contemplar quem não teve respeito pelo *de cujus* ou seus entes queridos. A doutrina especializada explica ser repugnante socialmente que alguém lucre com os bens da sucessão quando ofendeu gravemente a pessoa do hereditando ou a sua liberdade testamentária[126].

Apesar de a alegação anterior se enquadrar ao paradigma atual da pessoa com deficiência, a sucessão deve prezar pela proporção na distribuição de bens. Ainda que o pano de fundo do testamento sejam as questões afetivas, a quantidade de bens a serem distribuídos pode ser equivocada, prejudicando interesses de herdeiros legítimos que deles dependam. Além disso, os atos de liberalidade pressupõem maior juízo, pois é mais difícil aferir a proporcionalidade, na medida em que ausente o parâmetro da reciprocidade. Em suma, nestes casos, predomina o caráter patrimonial do testamento que se destina a transmissão de bens.

---

124. A doação e o testamento são considerados negócios jurídicos não sinalagmáticos. A doutrina flexibiliza essa característica no tocante à disposição de doação ou em testamento que preveja encargo. Nestas hipóteses modais, consideram como bilateral imperfeito.
125. No caso da sucessão testamentária, interessa a exclusão por indignidade, pois a deserdação depende da vontade do autor da herança.
126. No tocante à exclusão da herança, a nota de rodapé 139 traduz os ensinamentos da doutrina italiana de Bianca: "essa tem fundamento na repugnância social a consentir que quem tenha gravemente ofendido a pessoa do hereditando ou a sua liberdade testamentária possa lucrar com a herança do ofendido". MAIA JÚNIOR, Mairan Gonçalves. **Sucessão legítima**: as regras da sucessão legítima e as estruturas familiares contemporâneas e a vontade. São Paulo: RT, 2018, p. 176.

Considerando todos esses fatores, é possível concluir que na capacidade testamentária exige-se tanto juízo patrimonial quanto moral. Embora as consequências patrimoniais não afetem diretamente a pessoa do testador, podem causar graves injustiças a seus herdeiros legítimos. Assim, não é possível simplesmente conferir plena capacidade às pessoas com deficiência mental ou intelectual carateladas, em que pese certa carga extrapatrimonial na escolha dos herdeiros testamentários.

Como o Estatuto da Pessoa com Deficiência foi omisso sobre o tema, o intérprete induz que houve desejo de manter as regras atuais. Entretanto, o mero fato da deficiência não é causa suficiente para negar tal direito. Somente será privada de testar a pessoa com deficiência considerada incapaz para atos de disposição patrimonial, além de se aferir concretamente se houve discernimento para tanto, conforme as normas específicas sobre o testamento.

11
RECONSTRUÇÃO DA TEORIA DAS INCAPACIDADES

11.1. Capacidade de agir para atos patrimoniais e extrapatrimoniais

Ulteriormente ao estudo individualizado de algumas situações especiais de capacidade, reforça-se a necessidade de matizar o regime da capacidade de fato, de acordo com a classificação dos atos existenciais ou patrimoniais. O Estatuto da Pessoa com Deficiência aceitou essa diferença e estipulou plena capacidade civil para o exercício dos atos extrapatrimoniais, mantendo eventual restrição nos atos patrimoniais.

Observa-se que a lei diferenciou duas categorias de capacidade, quais sejam, patrimoniais e extrapatrimoniais. Na primeira, é indispensável inteligência, prudência, perícia e discernimento. Prevalecem as habilidades lógicas, técnicas e racionais, pois tais atos se inserem na seara negocial. A realidade demonstra que há pessoas desprovidas dessas aptidões. Além de colocar em risco o próprio patrimônio, decisões equivocadas afetam a confiabilidade de terceiros. Assim, o ordenamento continua a admitir a incapacidade, exigindo o auxílio de um terceiro para exercer direitos e deveres dessa ordem.

Em contrapartida, as situações existenciais possuem fundamento distinto. Seu principal escopo é a realização de atos exclusivos do ser humano, aproximando-se mais da dignidade humana no plano abstrato. Elas envolvem conteúdos de natureza personalíssima, que dependem de valores, das emoções de cada sujeito, logo, são imensuráveis.

Portanto, as decisões de conteúdo existencial têm natureza insubstituível. Isso porque essas questões interferem diretamente na integridade física e psíquica do sujeito afetado pela decisão. Ademais, as questões emocionais, muitas vezes, só podem ser percebidas pelo próprio sujeito. Então, é necessário prescrever um regime mais amplo de capacidade nos atos existenciais, mantendo o regime de capacidade tradicional aos negócios patrimoniais, conforme o fez o Estatuto da Pessoa com Deficiência em 2015.

11.2. O mínimo de discernimento para o exercício da capacidade nos atos existenciais

O presente texto defende regime diferenciado de capacidade para atos existenciais e atos patrimoniais. Não há dúvidas de que a capacidade civil para realização de atos de natureza patrimonial pode ser restringida. Porém, é salutar afirmar que até a plena capacidade do Estatuto deve ser analisada com ressalvas. O Estatuto falhou em conferir a plena capacidade sem verificar a gradação do discernimento do sujeito no plano concreto.

11.2.1. Existe vontade sem discernimento?

Etapa essencial é averiguar se existe vontade juridicamente válida sem discernimento. A primeira dificuldade a ser enfrentada é a semântica. Isso porque vontade é uma palavra análoga. Engloba desde a mera aspiração interna até a faculdade de o ser humano escolher livremente qual decisão pretende tomar.[1] Assim, é primordial escolher uma acepção para desenvolver a resposta.

A doutrina penal aprofundou-se melhor nessa questão, diferenciando vontade de desejo, finalidade e vontade livre. Para a doutrina penal, vontade é o querer ativo que muda algo voltado a uma finalidade. Logo, a finalidade é elemento da vontade. Por sua vez, desejo é o mero querer, passivo, pois não se muda nada, apenas se espera acontecer. Por fim, a vontade livre é a vontade qualificada pela liberdade de escolha da sua conduta. Assim, o "louco" não é livre, em razão de sua "incapacidade psíquica". Portanto, a liberdade não serve como requisito de existência da vontade.[2]

A partir dessa concepção, a vontade é o querer direcionado a um objetivo, que se transforma em conduta. Essa vontade pode ser qualificada pela liberdade que, por sua vez, estará presente quando houver faculdade de ação. A pessoa sem discernimento consegue agir, mas falta-lhe o poder de escolha. Sem esse raciocínio, não há como entender a situação, nem sopesar as hipóteses de ação que possui. Portanto, na ação sem discernimento, há uma vontade desqualificada pela ausência de liberdade. Em suma, partindo das definições doutrinárias apresentadas, existe vontade sem discernimento. Porém, não existe vontade livre sem discernimento.

11.2.2. Diferentes âmbitos do exercício do discernimento

O discernimento é habilidade cognitiva que permite compreender e raciocinar na formação da vontade. Embora o discernimento seja uno, o exercício do

---

1. "Vontade. 1 faculdade que tem o ser humano de querer, de escolher, de livremente praticar ou deixar de praticar certos atos. 2 força interior que impulsiona o indivíduo a realizar algo, a atingir seus fins ou desejos; ânimo, determinação, firmeza 2.1 disposição, empenho, interesse, zelo [...] 3 capacidade de escolher entre alternativas possíveis; volição 4 sentimento de desejo ou aspiração motivado por um apelo físico, fisiológico ou moral; querer [...] 5 prazer, apetite, deleite, gosto [...]". HOUAISS, Antônio; VILLAR, Mauro de Salles. **Dicionário da língua portuguesa**. Instituto Antônio Houaiss de Lexicografia e Banco de dados da Língua Portuguesa S/C Ltda. Rio de Janeiro: Objetiva, 2009, p. 1959.
2. ZAFFARONI, Eugênio Raúl; PIERANGELI, José Henrique. **Manual de direito penal brasileiro**: parte geral. 11. ed. São Paulo: RT, 2015, pp. 374-376.

discernimento varia de acordo com a área em que se insere. Quer dizer, nos atos de teor preponderantemente patrimonial, exige-se desenvolvimento do raciocínio com valores, proporcionalidade e conhecimento técnico sobre o objeto do negócio. Já nos atos predominantemente emocionais, prepondera a inteligência emocional, acuidade na leitura de gestos, gostos e comportamentos. São searas distintas do uso do discernimento. A lei se amparou nessa noção para conceder tratamento diverso de capacidade, a depender do objeto.

De fato, considera-se importante conferir maior autonomia às pessoas com deficiência intelectual, permitindo-lhes decidir sobre questões extremamente pessoais. O mero fato de elas possuírem alguma limitação intelectual não significa que sejam completamente inaptas para decidir sobre questões dessa natureza. Ao contrário, somente os próprios envolvidos são capazes de fazer as melhores escolhas pessoais.

Ainda há estigma contra qualquer decisão tomada por esses indivíduos. No casamento, por exemplo, é recorrente a crítica de que as pessoas com deficiência intelectual poderiam se casar ludibriadas, especialmente se forem providas de patrimônio vultoso. Apesar de essa situação ser passível de acontecer, não são os únicos sujeitos que se enganam. Não é preciso ter elevado conhecimento científico para saber que decisões familiares são complexas, por envolverem sentimentos, convivência diária e planos conjuntos. Justamente por esse motivo é comum ver indivíduos capazes, profissionalmente e academicamente reconhecidos, que sofreram engodo afetivo. Além disso, a inteligência emocional se difere da intelectual. Logo, a limitação de ordem intelectual não significa, por si só, a perda da capacidade emocional. Em certos casos, essas pessoas têm ainda maior percepção emocional que uma pessoa considerada evoluída intelectualmente.

Sem embargo, os pressupostos da capacidade civil, em qualquer de seus âmbitos, são o discernimento e a manifestação de vontade. Os dois elementos em conjunto formam a vontade qualificada. Na ausência da possibilidade de se manifestar, seria ilógico falar em plena capacidade, ainda que seja em atos existenciais. Por exemplo, uma pessoa em coma não poderia decidir sobre atos existenciais, pois não consegue manifestar sua vontade. Difere-se daquele que se comunica por computador, piscando os olhos, após ter seus movimentos tolhidos, comum em pessoas com doenças degenerativas, como a esclerose lateral amiotrófica (ELA).

O discernimento está no campo da compreensão e do raciocínio. Somente aquele que entende o que está acontecendo tem critérios para julgar, entre as diversas possibilidades de decisão, a melhor escolha para si. A justificativa para que pessoas com deficiência intelectual e mental sejam consideradas capazes existencialmente é justamente considerar que elas possuem os melhores critérios para decidir e reconhecer o melhor para si, já que as escolhas se referem a questões pessoais. Considerando que há indivíduos com deficiência intelectual que conseguem entender minimamente o que estão fazendo e que são os maiores interessados em questões de natureza existencial, cuja vontade é insubstituível, vale permitir o exercício de sua escolha.

Não obstante, há casos extremos em que a capacidade de discernimento desaparece completamente. Se não há poder de compreensão, muito menos haverá para julgar, entre as possibilidades, a decisão considerada melhor para si. Nessas hipóteses mais graves, não há que cogitar a plena capacidade, por ausência de discernimento. Tampouco há que se falar em representação para consentir nesses atos, pois são decisões próprias daquele ser humano, salvo procedimentos que visem cuidar de sua saúde. Em situações dessa amplitude, a vontade é quase totalmente restrita ao instinto, ante a falta de raciocínio e compreensão da situação a sua volta. O melhor é tolher o exercício dessas escolhas, pois não haveria vontade livre, por falta de compreensão da realidade.

Por isso, inclusive para atos extrapatrimoniais, é salutar aferir casuisticamente o grau de compreensão para se admitir o seu exercício. Pela tradicional teoria das capacidades, a capacidade é regra e a incapacidade é exceção, somente cabível nas hipóteses de lei. Na ausência de declaração de incapacidade, considera-se a pessoa capaz. De modo semelhante, após o Estatuto da Pessoa com Deficiência, infere-se que a capacidade para questões extrapatrimoniais é plena. Contudo, embora não previsto em lei, seria cabível reduzir essa capacidade somente naqueles casos em que comprovadamente a pessoa não tenha qualquer possibilidade de se manifestar ou de compreender a situação a ser decidida. Essa flexibilização da plena capacidade poderia ser feita incluindo exceções legais no próprio Estatuto da Pessoa com Deficiência. Porém, devido à demora do processo legislativo, vale o esforço da doutrina e da jurisprudência para realizar a melhor interpretação, a fim de obter decisões equânimes ao caso concreto.

Em suma, tanto os atos patrimoniais quanto os existenciais exigem discernimento. O que se difere é a área de exercício do discernimento e, consequentemente, de capacidade. Assim, a Lei agiu indevidamente ao não acompanhar a realidade, atribuindo efeitos jurídicos e capacidade plena às vontades desqualificadas.

12
VISÃO GLOBAL: PROTEÇÃO OU DESPROTEÇÃO?

Ao final, facilita-se discorrer de modo fluido **e crítico** sobre o panorama do atual regime das capacidades. Inicialmente, é imperioso lembrar que esse tema envolve uma dualidade de valores, logo, **não é possível tratá**-lo a partir de mero raciocínio lógico-dedutivo.

Há objetos que facilmente se qualificam em um conceito ou seu oposto. No Brasil, às 13 horas, é dia; e, às 3 horas, noite. Porém, certos horários geram dúvidas, considerando-se a geografia, a época do ano e o modo de vida daquele local. São casos inseridos numa zona intermediária, também chamada de zona cinzenta, em que não é possível determinar com precisão sua qualidade.[1]

Certas deliberações também se inserem nessa zona de incerteza. São decisões envolvendo interesses e juízos de valores plúrimos. Todos eles dignos de defesa, nutrindo dúvida de qual direito deve ser sacrificado. Suportes fáticos nessa zona de incerteza exigem reflexão e geram polêmicas. Nesses casos, é imprescindível o juízo de ponderação.

Geralmente, esse tema é realçado nos casos concretos do Poder Judiciário, os chamados *hard cases*, e na discricionariedade do administrador público, que envolve o conhecido juízo de conveniência e oportunidade.[2] Porém, constantemente, a

---

1. "É de Philip Heck a paradigmática imagem da lâmpada de leitura, em que entre o foco de luz e a escuridão há uma zona cinzenta. Trata-se de metáfora do núcleo e do halo conceitual de um conceito jurídico indeterminado. Em exposição de Engisch, quando se tem uma noção clara do conteúdo e extensão do conceito, está-se no domínio do núcleo conceitual (Begriffkern); onde as dúvidas começam, inicia-se o halo do conceito (Begriffhof). Assim, a indeterminação do conceito se localiza entre a zona de certeza negativa e a zona de certeza positiva". NOHARA, Irene Patrícia. Conceitos jurídicos indeterminados e delimitação concreta da discricionariedade administrativa no pós-positivismo. *In*: **Revista da Procuradoria Geral do Estado de São Paulo**. São Paulo, Brasil, n. 71, pp. 167-193, n. 71, jan.-jun. 2010. Disponível em: http://www.mpsp.mp.br. Acesso em: 26 set. 2019, p. 179.
2. "Nessa perspectiva, esclarece Genaro Carrió: 'não dispomos de um critério que nos sirva para incluir ou excluir todos os casos possíveis, pela simples razão de que não podemos prever todos os casos possíveis'. Os agentes públicos não devem ser vistos como robôs, pois a nobre atividade de escolher a solução que melhor atende ao interesse público na esfera de discricionariedade não se coaduna com operações de caráter meramente lógico-dedutivo". NOHARA, Irene Patrícia. Conceitos jurídicos indeterminados e delimitação

atividade legiferante se ocupa de questões ambíguas, com a dificuldade de sopesar e conjecturar a solução no plano abstrato.

Indubitavelmente, nesse âmbito se insere a capacidade civil das pessoas com deficiência. A lei balanceou os valores de autonomia e tutela jurídica, sob uma nova perspectiva. Ambos os princípios se justificam à luz da dignidade humana, vez que se propõem benefícios aos indivíduos e à coletividade. Por isso, em sintonia com a realidade vigente, aventam-se os pontos de desproteção ou de progresso em conferir autonomia.

Abre-se a avalição da sistemática com elogios ao empenho do legislador em atender a esse grupo de vulneráveis cujas potencialidades, até então, eram desprezadas. Registra-se louvável destinar tratamento heterogêneo, capacidade de fato para atos patrimoniais e extrapatrimoniais, pois os critérios eletivos em cada espécie são díspares.

Já foi salientado que nas deliberações patrimoniais predominam os raciocínios técnico e cognitivo. Significa dizer que é objetivamente possível construir o arquétipo do sujeito habilidoso para negociar bens patrimoniais. Ele deve ter destreza e experiência suficientes para discernir o negócio lucrativo daquele que se perde.

Claramente uma criança ou um indígena não ocidentalizado estão suscetíveis de serem lesados em um negócio, por falta de experiência. Uma pessoa com deficiência intelectual privada de raciocínio matemático também estaria exposta à improbidade da outra parte ao realizar negócios patrimoniais. Nesses casos, para beneficiar pessoas tolhidas dessas qualidades, é indispensável a interposição de alguém que supra essa falta de habilidade. Um especialista logra decidir melhor que o próprio interessado. Soma-se o interesse coletivo, no sentido da necessidade de confiança no tráfego negocial.

Os atos extrapatrimoniais ou existenciais configuram situação inversa. Eles não se pautam em coerência lógica, mas em fonte singular que deriva dos aspectos introspectivos de cada indivíduo, no âmbito de suas emoções, seus valores e suas crenças. Portanto, envolvem elevado grau de personalidade.[3] Regularmente,

---

concreta da discricionariedade administrativa no pós-positivismo. *In*: **Revista da Procuradoria Geral do Estado de São Paulo**. São Paulo, Brasil, n. 71, pp. 167-193, n. 71, jan.-jun. 2010. Disponível em: http://www.mpsp.mp.br. Acesso em: 26 set. 2019, p. 171.

3. "Ocorre que essa capacidade que poderíamos chamar de 'especial' (pois é especialmente requerida para gerir interesses pessoais dotados de elevada carga de pessoalidade) não vêm prevista, como a capacidade negocial, *em norma de caráter geral*, sendo apenas casuisticamente apontada". MARTINS-COSTA, Judith. Capacidade para consentir e esterilização de mulheres tornadas incapazes pelo uso de drogas: notas para uma aprovação entre a técnica jurídica e a reflexão. *In*: MARTINS-COSTA, Judith; MÖLLER, Letícia Ludowic (Org.). **Bioética e responsabilidade**. Rio de Janeiro: Forense, 2009, p. 323. [grifos da autora]

interferências nesse tipo de decisão maculam o "âmago de sua existência".[4] Assim, em caráter geral, deve se permitir maior liberdade e menor interferência nesses tipos de atos. Antes das mudanças do Estatuto da Pessoa com Deficiência, a doutrina já se posicionava fortemente com a denominada capacidade para consentir.[5]

Em similitude, vale enaltecer a retirada das expressões que remetiam diretamente e, por vezes, ofensivamente, à pessoa com deficiência intelectual. Reafirma-se que os critérios a serem utilizados para avaliar a capacidade são o discernimento e a aptidão de exteriorização volitiva. Nesse sentido, a reforma legal foi incompleta, na medida em que se restringiu à possibilidade de "exprimir a vontade". Em que pese o inteligente uso da hermenêutica, seria mais apropriado acrescentar os critérios da prudência e do discernimento para apreciar a capacidade de exercício.

Prestigia-se, ainda, impor a perícia multidisciplinar para estimar a potencialidade de cada indivíduo para agir sozinho. Isso evita arbitrariedades por parte do magistrado, além dos extremos da regra do "tudo ou nada". Ademais, retira do juiz o dever de ser especialista em todos os campos da ciência. Ora, a prudência decisória e valorativa do caso concreto cabe à autoridade judicial a partir de informações técnicas de outros campos que devem ser fornecidas a ele para incrementar seu repertório na busca da melhor solução.

Evidencia-se que as reformas objetivaram atender aos anseios desse grupo e às novidades da Convenção da ONU sobre as Pessoas com Deficiência. Sem embargo, esse ímpeto extrapolou os limites da realidade.

Primeiramente, indaga-se a respeito da extinção da hipótese de absoluta incapacidade dos maiores de idade. Em princípio, todo ser humano nasce com virtudes. Porém, certos indivíduos foram desprovidos de potencialidades suficientes para decidir desacompanhados, ainda que de forma circunstancial. São hipóteses graves, que lhes retiram a prudência mínima para agir por si. Ilustra-se a situação com a pessoa que padece de desequilíbrio mental e emocional a ponto de precisar de vigilância e atendimento constante. Também se menciona a pessoa em coma. É equivocado reputar-lhes a capacidade relativa, pois são inábeis de expressar seus

---

4. "Essas considerações convencem da necessidade de pensar-se em uma *categoria especial com caráter geral*, é dizer: uma categoria de capacidade especialmente adaptada à gestão daqueles bens de personalidade que, atingindo o âmago da existência humana, são facilmente suscetíveis de violação". MARTINS-COSTA, Judith. Capacidade para consentir e esterilização de mulheres tornadas incapazes pelo uso de drogas: notas para uma aprovação entre a técnica jurídica e a reflexão. *In*: MARTINS-COSTA, Judith; MÖLLER, Letícia Ludowic (Org.). **Bioética e responsabilidade**. Rio de Janeiro: Forense, 2009, p. 324. [grifos da autora]
5. NANNI, Giovanni Ettore. A capacidade para consentir: uma nova espécie de capacidade negocial. **Letrado**, Informativo Instituto dos Advogados de São Paulo, São Paulo, v. 96, set.-out. 2011, pp. 28-29.

desejos de forma qualificada. Plausível determinar a absoluta incapacidade, na medida em que a pessoa interposta supre integralmente sua vontade.

Parcela da doutrina argumenta ser irrelevante pensar em absoluta incapacidade, vez que se trata da inexistência da vontade.[6] Apesar da correta aplicação da escada ponteana, o cerne da questão não reside no campo da existência, da validade ou da eficácia. Se a pessoa que não tem condições de emanar uma vontade validamente, por não ser livre e consciente, merecerá a tutela de ser representada ou assistida, com mais razão fará *jus* à medida de apoio aquela que sequer pode fazer existir sua vontade. Imagine que esse sujeito em coma possua bens que estão parados, gerando custos e se desvalorizando. Ele deve ser considerado absolutamente incapaz, pois requer alguém que atue inteiramente por ele.

Outra crítica sobre a supressão da absoluta incapacidade paira sobre o raciocínio aplicado. O silogismo precipitado faz concluir existir incompatibilidade entre o regime da integral incapacidade e da plena capacidade para atos existenciais explicitada nos artigos 84 e 6º da Lei Brasileira de Inclusão. A incapacidade absoluta é a proibição completa do exercício dos atos civis sozinho, suprida pela representação. E a capacidade plena significa o oposto, que a pessoa está apta para agir de forma independente.

Não obstante a lógica dessa postura, reitera-se a nova perspectiva da teoria das capacidades, segundo o dualismo entre atos patrimoniais e extrapatrimoniais. Com a redação atual da lei, a pessoa com deficiência jamais poderá ser considerada plenamente incapaz para atos extrapatrimoniais. Não obstante, reconhece-se eventual inabilidade sobre o exercício das faculdades patrimoniais. Nesse sentido, seria mais seguro aceitar uma cisão, criando a possibilidade de representação nos atos de natureza patrimonial.

Diversamente do disposto na lei, se lhe for tolhida completamente aptidão decisória, poder-se-ia imputar absoluta incapacidade civil para atos patrimoniais, impelindo-se a representação para esses fatos. Ou seja, alguém integralmente privado de suas capacidades intelectuais ou mentais seria representado e não assistido para realizar atos negociais dessa espécie. Retornando à hipótese da pessoa em

---

6. "O exemplo doutrinário trazido para os casos de impossibilidade de se exprimir a vontade consciente por causa transitória ou permanente é justamente da pessoa que se encontra em estado de coma. Ela poderá ser interditada, reconhecendo-se a sua incapacidade relativa (aqui existindo críticas sobre essa relatividade). Essa posição, *a priori*, parece fundamentada: se a pessoa natural está impossibilitada de exprimir vontade (como no exemplo citado – estado de coma) não seria correto enquadrá-la como absolutamente incapaz? Não é o que entendemos. Ora, se a pessoa não pode exprimir vontade, não pratica qualquer ato. Eventuais atos por ela praticados seriam, portanto, inexistentes, e não inválidos". XEXÉO, Leonardo Monteiro. **Os impactos da lei brasileira de inclusão na capacidade negocial da pessoa com deficiência**. Dissertação (Mestrado em Direito). Pontifícia Universidade Católica de São Paulo, São Paulo, 2019, p. 130.

coma, ela deve ser representada. É inapropriado aplicar-lhe a assistência, pois ela exige volição para ação conjunta. Nesse caso, a sua temporária inação impede de expressar-se, exigindo substituição de sua vontade. Logo, a prática de atos patrimoniais em seu nome deve se perfazer por meio da representação.

Aliás, a absoluta incapacidade é medida mais protetiva. Somente os absolutamente incapazes se beneficiam da não contagem dos prazos prescricionais e decadenciais. Presume-se que eles estão privados da possibilidade de notar injustiças e de reivindicar seus direitos. Isso é verídico. Como uma pessoa em coma ou alguém internado por deficiência intelectual ou mental severa poderia notar irregularidades e denunciá-las? Diante disso, é indispensável conferir um tratamento especial a fim de promover seus direitos. Do contrário, tornar-se-iam alvos de relações negociais mal-intencionadas.

Em sentido similar, menciona-se que o regime mais rígido das nulidades funciona de forma mais eficaz. Ele não convalesce, logo, tutela melhor a pessoa inserida em situação vulnerável. Portanto, em casos mais severos, a absoluta incapacidade é a melhor forma de proteção, pois são situações nas quais o envolvido carece de autonomia. Todavia, não foi a opção legislativa.

Corrobora atentar-se às consequências práticas. O indivíduo em coma não tem como conhecer atos praticados em seu nome. Caso seja considerado relativamente incapaz, terá apenas quatro anos a contar da cessação da incapacidade para requerer a anulação do que o assistente praticou em seu nome. É provável que nesse período não seja capaz de se inteirar do que aconteceu, pois o curador pode ter atuado de má-fé. Por isso, é justo dispensar-lhe o regime mais protetivo da nulidade dos absolutamente incapazes.

A capacidade de fato para os atos extrapatrimoniais representou simultaneamente avanço e retrocesso. Conforme salientado, o progresso foi no sentido de tutelar escolhas pessoais, sobre as quais as pessoas com deficiência eram alijadas. Todavia, no sentido promocional de seus direitos, não se observou que no plano fático nem todos podem desfrutar adequadamente dessas espécies de decisão.

Nos atos patrimoniais, assim como nos extrapatrimoniais, o discernimento, a prudência, a possibilidade de externar vontade são elementares para decidir. O diferencial será o tipo, o campo de exercício do discernimento; em um deles predomina a inteligência lógico-objetiva; no outro, a prudência emocional e axiológica. Em ambos os casos, poderá ocorrer limitações ao poder de escolha, em maior ou menor medida, a depender das características pessoais.

Argumenta-se que os atos existenciais podem gerar reflexos patrimoniais. Conforme aventado, é mais apropriado falar em preponderância entre essas espécies de ato, pois a separação não é rígida. Há razão para se preocupar com os efeitos patrimoniais colaterais, todavia, isso não é óbice ao exercício da autonomia. Nesse caso, o incapaz patrimonialmente poderá decidir sobre a questão eminentemente existencial, sem alcançar a esfera patrimonial do ato. Por exemplo, a pessoa com deficiência intelectual ou mental que tenha o discernimento afetado poderá decidir celebrar o matrimônio, o momento e com quem pretende fazê-lo. Contudo, caberá ao seu assistente decidir pelo regime de bens, pois sobre esse tema ele precisa de auxílio.

Na antiguidade, Aristóteles já ensinava que a virtude reside no meio termo. O filósofo enaltecia o equilíbrio, pois o excesso e a falta consubstanciavam defeitos. Parece que a nova lei se esqueceu dessa proporcionalidade geométrica. Ao adotar a posição radical, prestigiando unicamente a plena capacidade, deixou de graduar as hipóteses de capacidade conforme as potencialidades de cada indivíduo. Assegurar escolhas pessoais significa autonomia, mas permitir que pessoas desprovidas de qualquer habilidade o façam é abrir caminho para equívocos prejudiciais, resultando na desproteção. Portanto, eventualmente, os atos extrapatrimoniais também serão passíveis de representação.

Nesse sentido, vale mencionar que uma parcela da doutrina admitiu a representação para certos atos da vida civil, inclusive de natureza existencial, culminando no Enunciado 637 da VIII Jornada de Direito Civil.[7]

Em suma, o Estatuto apresenta progresso social ao conferir tratamento que melhor respeite a individualidade das pessoas com deficiência, analisando as potencialidades no caso concreto. Todavia, na busca desse direito, a lei viu apenas um lado do problema. Adotou postura extrema, sem atender à realidade. Conferir capacidade no papel não significa exercer autonomia, pois há pessoas sem condições para tanto. Assim, a lei deve manter a postura emancipatória, observando a necessidade de proteção mais enérgica quando necessário.

---

7. Enunciado 637 da VIII Jornada de Direito Civil: "Admite-se a possibilidade de outorga ao curador de poderes de representação para alguns atos da vida civil, inclusive de natureza existencial, a serem especificados na sentença, desde que comprovadamente necessários para proteção do curatelado em sua dignidade".

13
CONCLUSÃO

A sociedade é dinâmica. Na medida em que se desenvolve, as concepções mudam. Não foi diferente com a capacidade civil da pessoa com deficiência mental e intelectual. A Convenção Internacional e o Estatuto da Pessoa com Deficiência promoveram juridicamente a dignidade dos indivíduos com deficiência, sob o viés de sua inclusão e autonomia, sem deixar de reconhecer a necessidade de manter a proteção já existente. Atualizou-se o conceito de pessoa com deficiência, adequando-o ao modelo social inclusivo.

A nova ideologia sobre essas pessoas refletiu-se no consagrado regime das capacidades, provocando nele alterações substanciais. Além das incertezas de uma mudança brusca, é necessário reparo para adequar os anseios à realidade. Em caráter póstumo, cumpre a tarefa de responder, sucintamente, às indagações iniciais.

✓ Houve alteração no regime das capacidades? Como está o regramento vigente?

Trata-se mais de perguntas retóricas que de indagação conclusiva. Porém, como foram suscitadas na introdução e servirão de ponto de partida às demais questões, serão abordadas de maneira concisa.

Evidentemente, houve alteração substancial no tema da capacidade civil das pessoas com deficiência. Eis o objeto basilar do trabalho. No âmago de promover a autonomia desses sujeitos, as normas específicas alteraram expressa e tacitamente o regime das capacidades no Código Civil. Revogaram as hipóteses de incapacidade civil absoluta dos maiores de idade e, consequentemente, extinguiram o exercício da curatela por representação, ainda que ausente qualquer possibilidade de manifestação. Destarte, a atividade do curador se perfaz unicamente por meio da assistência. Ademais, seu âmbito de atuação está restrito às questões de natureza patrimonial e negocial, sendo vedada a incidência da curatela aos atos extrapatrimoniais.

Inspirado no direito estrangeiro e na busca da autonomia, o Estatuto da Pessoa com Deficiência inseriu a tomada de decisão apoiada. Ela é instrumento de apoio, baseado na vontade da pessoa com deficiência, tanto no requerimento do apoio quanto na deliberação em que recebe a ajuda.

Tal figura é compatível com as deficiências de ordem física e sensorial, vez que esses indivíduos mantêm o discernimento e o apoiador suprirá apenas o sentido que falta ao apoiado. Existem dúvidas quanto à sua aplicação às pessoas com deficiência mental e intelectual relativamente aos incapazes. Conforme defendido, admitir-se-á ao indivíduo com deficiência usar desse instituto naqueles assuntos para os quais possui plena capacidade de fato, isto é, qualquer direito existencial e quaisquer direitos patrimoniais não restritos na sentença de curatela. Isso porque a tomada de decisão apoiada é requerida pelo apoiado e a ajuda terá mero caráter informativo. A decisão final, portanto, caberá ao apoiado.

✓ O teor da capacidade civil prevista no Estatuto da Pessoa com Deficiência tem interpretação conforme a Convenção sobre os Direitos das Pessoas com Deficiência?

A Convenção (da ONU) sobre os Direitos das Pessoas com Deficiência possui hierarquia constitucional, por versar sobre direitos humanos e por ter sido aprovada em cada Casa do Congresso Nacional em dois turnos, por três quintos dos votos dos respectivos membros. O Estatuto da Pessoa com Deficiência é constitucional, pois foi confeccionado para cumprir as diretrizes desse tratado.

O problema no tocante à capacidade civil diz respeito à hermenêutica que o legislador brasileiro atribuiu à expressão "capacidade legal". Na Convenção, "capacidade legal" foi utilizada com sentido de capacidade genérica, seria o equivalente à capacidade jurídica. No tocante ao direito privado, poderia ser lida como capacidade civil. No máximo, poderia ser interpretada como capacidade de direito. Isso porque o tratado internacional maneja a expressão juntamente com os verbos "gozar" e "exercitar", a fim de lhes conferir os significados de capacidade de gozo e de capacidade de exercício, respectivamente.

A lei interna não precisou o alcance, mas parece ter se inclinado pelo uso da expressão como capacidade de fato. Isso porque o artigo 6º declarou a plena capacidade das pessoas com deficiência e o artigo 84, *caput*, assegura a esses indivíduos o exercício da capacidade em igualdade de condições. Sem embargo, não é a interpretação adequada, vez que se especificou a abrangência da locução.

Ao determinar alcance equivocado da expressão, o Estatuto da Pessoa com Deficiência construiu uma incoerência jurídica. Propõe a capacidade plena, mas permite a sua restrição. Ora, melhor seria retirar essa incongruência, ao determinar a capacidade genérica em igualdades de condições e ao admitir diferentes graus do exercício da capacidade, de acordo com a potencialidade deliberativa de cada sujeito. Tal reconhecimento não obsta a interpretação da incapacidade de fato e a respectiva curatela como medida extraordinária.

✓ Como se interpreta o parâmetro da "patrimonialidade" dos atos à luz do Estatuto?

O Estatuto da Pessoa com Deficiência reduz o âmbito da curatela unicamente aos interesses de natureza patrimonial e negocial. Em sentido oposto, nos atos extrapatrimoniais, sempre haverá plena capacidade, sendo vedada a incidência da curatela. A norma prestigiou o critério patrimonial de distinção dos atos na capacidade civil.

Tal classificação já existia, mas não era consolidada legalmente, especialmente no tocante à capacidade civil. Ainda há dúvidas sobre como interpretar essa dicotomia. Inclusive, é difícil precisar se o ato é patrimonial ou extrapatrimonial, pois em muitos atos convivem as duas vertentes. Ao se classificar, verifica-se a preponderância de cada espécie de interesse.

O ponto de partida, por enquanto, são as hipóteses enumeradas no Estatuto, nos artigos 6º e 84, § 1º. O rol é meramente exemplificativo, vez que o *caput* do artigo 6º é claro ao utilizar a expressão "inclusive para", demonstrando aceitar outras hipóteses. Isso reforça a necessidade de compreender o alcance dessa dicotomia para fins de capacidade civil.

Deve-se interpretar que os atos patrimoniais e negociais são aqueles que versam predominantemente sobre interesses patrimoniais, isto é, mensuráveis economicamente. Essa natureza de interesses exige inteligência de ordem objetiva, no sentido de saber calcular valores, avaliar bens ou serviços, ter conhecimento técnico. Nem todos possuem tais habilidades. Como são noções objetivas, é possível suprir a falta dessa habilidade com o auxílio de um terceiro. Observa-se que a lei utilizou o termo "negocial", que deve ser entendido também como patrimonial. Provavelmente, trata-se de recurso linguístico com o intuito de reiterar a característica patrimonial, segundo a vontade de cada indivíduo. Isso porque os negócios jurídicos nasceram para viabilizar a transferência econômica de bens, nos moldes da autonomia privada.

Por outro lado, os atos extrapatrimoniais são aqueles cuja essência versa sobre direitos que recaem diretamente na esfera pessoal, imensuráveis economicamente. São interesses que versam sobre questões existenciais. Para decidir sobre assuntos dessa ordem, exercita-se outra ordem de discernimento, qual seja, a inteligência emocional, formada por valores e sentimentos. Logo, os fundamentos para se decidir são estritamente pessoais. Devido a esse caráter personalíssimo, em regra, não seria apropriada a substituição da vontade.

Salienta-se que a secular teoria das capacidades foi construída à luz do direito civil estritamente patrimonial. Nessa questão, a substituição da vontade cumpre o seu papel. Por ser questão objetiva, posteriormente será possível analisar a qualidade do ato praticado pelo curador.

A valorização dos direitos extrapatrimoniais é fenômeno posterior à teoria das capacidades, logo, pouco influenciou o regime da capacidade de fato, até o advento da lei em exame. A dicotomia introduzida pelo Estatuto para fins da capacidade de fato da pessoa com deficiência visou exatamente promover a autodeterminação nessas questões de cunho íntimo.

Em suma, partiu-se da premissa de que existe a cisão entre atos patrimoniais, vez que em cada espécie se aplica diferentes qualidades do exercício do discernimento. Com isso, o Estatuto promoveu regime distinto de capacidade de fato aos maiores de idade que estejam sujeitos à curatela, a depender do conteúdo do ato a ser praticado.

- ✓ Houve tutela ou desproteção das pessoas com deficiência de ordem intelectual ou mental?

A maior dúvida sobre a nova conformação da capacidade de fato paira naqueles indivíduos que possuem limitação de ordem mental e intelectual, pois são deficiências que podem interferir no discernimento, hipótese na qual estarão sujeitos à curatela.

Um dos principais pleitos das pessoas com deficiência é um ambiente inclusivo, isto é, não apenas o indivíduo com limitação deve se adaptar, mas todos devem agir para permitir sua adaptação. Uma das vertentes dessa inclusão é reconhecer autonomia a esses sujeitos de direito. No plano decisório, é necessário propiciar meios que o ajudem a compreender a situação e a se comunicar. Ademais, é relevante eliminar a conservadora visão do padrão de normalidade somente com base na deficiência. Se todos estão sujeitos a deliberar inadequadamente, considerar-se-á preconceito atribuir a incapacidade somente às pessoas com deficiência mental ou intelectual.

Em parte, a lei agiu adequadamente ao promover autonomia, em particular, nos interesses existenciais de caráter personalíssimo. Trata-se da valorização da dignidade desses indivíduos, por meio da proteção à autodeterminação. Terceiros não estão aptos a ponderar sobre essas espécies de interesses, vez que dependem do conhecimento singular de sentimentos e valores. Permitir que essa escolha seja feita por outrem pode significar violação a sua pessoa. E impedir tal decisão pelo curador e pelo curatelado significaria anular o alcance dos direitos personalíssimos. Assim, ninguém melhor que o próprio interessado para refletir sobre questões pessoais, exercendo sua liberdade decisória.

Outro ponto positivo foi reforçar que a deficiência, por si só, não é suficiente para incapacitar alguém, embora o tema já estivesse previsto no Código Civil de 2002. Ademais, se o caso concreto exigir a curatela, impõe-se ao magistrado, após ouvir perícia multidisciplinar, detalhar quais atividades exigirão assistência.

Pensando em deficiências brandas, com pouco ou nenhum comprometimento do discernimento, garantiu-se tutela da liberdade de decisão por tais indivíduos. Em diversos casos de síndrome de down, o indivíduo consegue manter a própria rotina sozinho. Mesmo que possuam alguma limitação cognitiva, essas pessoas conseguem tomar decisões de caráter pessoal. O mesmo raciocínio se aplica aos casos de autismo leves, como a síndrome de Asperger ou bipolaridade branda. Eventual desequilíbrio psíquico não necessariamente invalida todas as suas decisões. Destacam-se personalidades com essas limitações que, em algum momento, funcionaram como qualidade, ao exacerbar o seu talento: Vicent Van Gogh, Pablo Picasso, Winston Churchill, Abraham Lincoln e Renato Russo.[1]

Entretanto, o mundo físico demonstra que as deficiências de ordem intelectual e mental não se resumem a eventos brandos. Existem casos extremamente graves, nos quais os esforços médicos e sociais não logram êxito. Por exemplo, pessoas com doença de Alzheimer em estágio avançado podem perder a memória e a capacidade cognitiva a ponto de não entender conversas complexas. Assim, é imprescindível que alguém atue em seu nome, substituindo sua vontade, inclusive na esfera existencial, como ao fazer escolhas relativas a tratamentos médicos. Não se poderia sequer considerar o elemento volitivo para fins extrapatrimoniais, quando ausente o mínimo de compreensão esperada. Evidentemente, creditar-lhes poder de deliberação consistiria em desproteção.

Também há hipóteses de inconsciência, na qual é ausente qualquer interação com o ambiente. Enquanto perdurar o estado vegetativo, a pessoa não tem poder de compreensão, muito menos faculdade para emanar vontade consciente. Assim, sua situação seria incompatível com a assistência, pois lhe falta aptidão para participar conjuntamente do ato. Deveria ser-lhe aplicada a representação, pela qual o curador agiria pelo curatelado na totalidade do ato.

Nesses casos severos, negar a absoluta incapacidade e declarar plena capacidade pela lei significa não apenas descompasso com a realidade, mas, também, desproteção. Esses indivíduos merecem a maior tutela, a qual é conferida pelo regime da absoluta incapacidade, que é mais protetivo.

✓ Qual seria o melhor entendimento para o assunto?

Conferir graus de capacidade foi uma evolução, porém, fascinado com a promoção de direitos da pessoa com deficiência, o legislador não se atentou para a solução dessas situações extremas. O maior equívoco do Estatuto foi adotar posição radical em assunto que é variável.

Diante disso, o melhor entendimento seria se pautar na autonomia das pessoas com deficiência intelectual e mental, sopesando a sua aptidão de discernimento e a manifestação da vontade inequívoca. A capacidade é regra, e a incapacidade é exceção que deve ser provada após perícia multidisciplinar.

Quando necessário, a pessoa submeter-se-á à curatela, priorizando a forma mais branda, com as limitações especificadas na sentença. Também seria adequado manter a dicotomia para fins de capacidade. Ou seja, primar pela autodeterminação nos atos existenciais, ainda que haja incapacidade para assuntos patrimoniais. Todavia, se faltar juízo suficiente para decidir sobre atos extrapatrimoniais, a capacidade poderá ser restringida.

---

1. LARA, Diogo. **Temperamento forte e bipolaridade**: dominando os altos e baixos do humor. 10. ed. São Paulo: Saraiva, 2009, pp. 147-151.

Não obstante, se a conjuntura demonstrar gravidade, deveria ser admitida a absoluta incapacidade para atos patrimoniais e, quando necessário, alcançar atos extrapatrimoniais. A incapacidade absoluta não deve ser lida como anulatória da autonomia, pois em casos severos de obnubilação falta autonomia. Nesses casos, a absoluta incapacidade representa tutela de direitos do vulnerável, em razão de limitação do discernimento ou da aptidão de manifestação.

Em suma, houve uma evolução na normatização das pessoas com deficiência, que passaram a ser vistas de forma humanizada, isto é, inclusiva, protetiva, com o máximo respeito a sua liberdade, inclusive de autodeterminação. Sem embargo, o fascínio com a promoção de autonomia das pessoas com deficiência ofuscou a visão do legislador. Ele ignorou as nuances de funcionalidade para o discernimento e a exteriorização da vontade, que integram a diversidade humana, e adotou um regime uniformizado. Nesse sentido, deixou de escalonar a capacidade civil na medida da singular potencialidade, o que resultou em desproteção.

REFERÊNCIAS

AGOSTINHO, Santo. **O livre-arbítrio**. Tradução de Nair de Assis Oliveira; rev. Honório Dalbosco. São Paulo: Paulus, 1995.

AGUIAR JÚNIOR, Ruy Rosado. Contratos relacionais, existenciais e de lucro. **Revista Trimestral de Direito Civil**. v. 45, jan.-mar. 2011. Rio de Janeiro: Padma, 2011.

AGUIAR JÚNIOR, Ruy Rosado. Consentimento informado. *In:* GODINHO, Adriano Marteleto; LEITE, George Salomão; DADALTO, Luciana (coord.). **Tratado brasileiro sobre o direito fundamental à morte digna**. São Paulo: Almedina, 2017.

ALBALADEJO, Manual. **Derecho civil I**: introducción y parte general. 19. ed. revisada por Silvia Díaz Alabart. Madrid: EdisoFer S.L., 2013.

ALCÂNTARA, Dione Cardoso de; XEREZ, Rafael Marcílio. Análise da concretização do direito fundamental ao trabalho pelo Tribunal Superior do Trabalho à luz da teoria da eficácia nas relações privadas. **Revista de Direito do Trabalho**, v. 193, set. 2018.

ALEXY, Robert. **Teoria dos direitos fundamentais**. Tradução de Virgílio Afonso da Silva. São Paulo: Malheiros, 2008.

ALVES, José Carlos Moreira. **Direito romano**. 18. ed. Rio de Janeiro: Forense, 2018.

ALVES, Rainer Grigolo de Oliveira; FERNANDES, Marcia Santana; GOLDIM, José Roberto. Autonomia, autodeterminação e incapacidade civil: uma análise sob a perspectiva da bioética e dos direitos humanos. **R. Dir. Gar. Fund.**, Vitória, v. 18, n. 3, set.-dez. 2017.

ALVIM, Agostinho. **Da inexecução das obrigações e suas conseqüências**. 4. ed. São Paulo: Saraiva, 1972.

AMARAL, Francisco. **Direito civil**: introdução. 10. ed. São Paulo: Saraiva Educação, 2018.

AMORIM, Letícia Balsamão. A distinção entre regras e princípios segundo Robert Alexy. Esboço e críticas. **Revista de Informação Legislativa**. Brasília, n. 165, jan.-mar. 2005, Disponível em: https://www12.senado.leg.br/ril/edicoes/42/165/ril_v42_n165_p123.pdf. Acesso em: 18 mai. 2021.

ANDRADE, Adriano. [*et al.*] **Interesses difusos e coletivos**. v. 2. 2. ed. Rio de Janeiro: Forense; São Paulo: Método, 2019.

ARAUJO, Luiz Alberto David. **Barrados**. Pessoas com deficiência sem acessibilidade. Como, o que, e de quem cobrar. Petrópolis: KBR, 2011.

ARAUJO, Luiz Alberto David. **A proteção constitucional das pessoas portadoras de deficiência**. 4. ed. Brasília: CORDE, 2011.

ARAUJO, Luiz Alberto David. **A proteção constitucional do transexual**. São Paulo: Saraiva, 2000.

ARAUJO, Luiz Alberto David; NUNES JÚNIOR, Vidal Serrano. **Curso de direito constitucional**. 22. ed. Atualizada até a EC 99 de 14 de dezembro de 2017. São Paulo: Verbatim, 2018.

ARAUJO, Luiz Alberto David; COSTA FILHO, Waldir Macieira da. O Estatuto da Pessoa com Deficiência – EPCD (Lei n. 13.146, de 06-07-2015): algumas novidades. **Revista dos Tribunais**, v. 962, dez. 2015.

ARAUJO, Luiz Alberto David; MAIA, Maurício. O novo conceito de pessoa com deficiência e a aplicação da convenção da ONU sobre os direitos da pessoa com deficiência pelo Poder Judiciário no Brasil. **Revista Inclusiones**, v. 2, n. 3, jul-set. 2015.

ARAUJO, Luiz Alberto David; RUZYK, Carlos Eduardo Pianovski. A perícia multidisciplinar no processo de curatela e o aparente conflito entre o Estatuto da Pessoa com Deficiência e o Código de Processo Civil: reflexões metodológicas à luz da teoria geral do direito. **R. Dir. Gar. Fund.**, Vitória, v. 18, n. 1, jan.-abr. 2017.

ASCENSÃO, José de Oliveira. **Direito civil** – teoria geral. v. 1. Introdução. As pessoas. Os bens. 3. ed. São Paulo: Saraiva, 2010.

ÁVILA, Humberto. **Teoria dos princípios**: da definição à aplicação dos princípios jurídicos. 19. ed. São Paulo: Malheiros, 2019.

AZEVEDO, Antônio Junqueira de. **Negócio jurídico**: existência, validade e eficácia. 4. ed. De acordo com o novo Código Civil (Lei n. 10.406, de 10-1-2002). São Paulo: Saraiva, 2002.

AZEVEDO, Antônio Junqueira de. **Negócio jurídico e declaração negocial**: noções gerais e formação de declaração negocial. 1986. Universidade de São Paulo, São Paulo, 1986.

AZEVEDO, Rafael Vieira de. **O novo regramento da capacidade civil das pessoas com deficiência no ordenamento jurídico brasileiro e seus reflexos à luz do fato jurídico**. Dissertação (Mestrado em Direito). Centro de Ciências Jurídicas da Universidade de Pernambuco, Recife, 2016.

BAIGES, Víctor Méndez. **Biomedicina, sociedad y derechos**. Universitat Oberta de Catalunya – UOC (FUOC – P08/73558/01968).

BAIGES, Víctor Méndez; GORSKI, Héctor Claudio Silveira. **Bioética y derecho**. Barcelona: Editorial UOC, 2007.

BARBOSA, Elisandra Cristina. **A boa-fé na relação contratual e o princípio da confiança**. Dissertação (Mestrado em Direito). São Paulo, Pontifícia Universidade Católica de São Paulo, 2008.

BARBOSA, Heloísa Helena; ALMEIDA, Vitor. Reconhecimento, inclusão e autonomia da pessoa com deficiência: novos rumos na proteção dos vulneráveis. *In*: BARBOSA, Heloísa Helena; MENDONÇA, Bruna Lima de; ALMEIDA, Vitor. **O Código Civil e o Estatuto da Pessoa com Deficiência**. 2. ed. Rio de Janeiro: Processo, 2020.

BARBOSA, Heloísa Helena; ALMEIDA, Vitor. A tutela das vulnerabilidades na legalidade constitucional. *In*: TEPEDINO, Gustavo; TEIXEIRA, Ana Carolina Brochado; ALMEIDA, Vitor (coord.). Da dogmática à efetividade do direito civil. **Anais do Congresso Internacional de Direito Civil Constitucional** – IV Congresso do IBDCIVIL. Belo Horizonte: Fórum, 2017.

BARBOSA, Heloísa Helena; ALMEIDA, Vitor. A capacidade civil à luz do Estatuto da Pessoa com Deficiência. *In*: MENEZES, Joyceane Bezerra de (org.). **Direito das pessoas com deficiência psíquica e intelectual nas relações privadas** – Convenção sobre os direitos da pessoa com deficiência e Lei Brasileira de Inclusão. Rio de Janeiro: Processo, 2016.

BARROSO, Luís Roberto Barroso. Legitimidade da recusa de transfusão de sangue por testemunha de Jeová – dignidade humana, liberdade religiosa e escolhas existenciais. *In*: LEITE, George Salomão; SARLET, Ingo Wolfgang; CARBONELL, Miguel (coord.). **Direitos, deveres e garantias fundamentais**. Salvador: JusPodivm, 2011.

BETTI, Emilio. **Teoria geral do negócio jurídico**. t. II. Tradução de Ricardo Rodrigues Gama. Campinas: LZN, 2003.

BETTI, Emilio. **Teoria geral do negócio jurídico**. t. III. Tradução de Ricardo Rodrigues Gama. Campinas: LZN, 2003.

BEVERANÇO, Rosana Beraldi. Direitos sexuais e reprodutivos e a esterilização da pessoa com deficiência. **Revista Jurídica do Ministério Público do Estado do Paraná**, Curitiba: ano 4, n. 7, dez. 2017. Disponível em: http://www.mpsp.mp.br/. Acesso em: 13 set. 2019.

BEVILÁQUA, Clóvis. A capacidade civil do analfabeto. Revista dos Tribunais, RT 97/318, set. 1935. *In*: MENDES, Gilmar Ferreira; STOCO, Rui (org.). **Edições Especiais Revista dos Tribunais 100 anos**. Coleção doutrinas essenciais: direito civil, parte geral. v.3 (pessoas e domicílio). São Paulo: RT, 2011.

BEVILÁQUA, Clóvis. **Teoria geral do direito civil**. Campinas, SP: Servanda, 2007.

BEVILÁQUA, Clóvis. **Código Civil dos Estados Unidos do Brasil, comentado por Clóvis Beviláqua**. v.1. 7. ed. Rio de Janeiro: Rio Estácio de Sá, 1934.

BRASIL. Secretaria de Direitos Humanos da Presidência da República (SDH/PR)/Secretaria Nacional de Promoção dos Direitos da Pessoa com Deficiência (SNPD). **Novos Comentários à Convenção sobre os Direitos das Pessoas com Deficiência**. Laíssa da Costa Ferreira (coord.). 3. ed. 2014.

CALERO, Francisco Javier Sanchéz (coord.) *et al*. **Derecho civil I**: parte general y derecho de la persona. 7. ed. Valência: Tirant lo blanch, 2017.

CAPPELLO, Thamires Pandolfi. **Pesquisa clínica de medicamentos no Brasil**: a disposição sobre o próprio corpo como um direito fundamental. Dissertação (Mestrado em Direito). Pontifícia Universidade Católica de São Paulo, São Paulo, 2017.

CARVALHO, Daniel de Pádua. Capacidade, apoio, autonomia da pessoa com deficiência: apontamentos sobre a tomada de decisão apoiada. *In*: PEREIRA, Fábio Queiroz; MORAIS, Luísa Cristina de Carvalho; LARA, Mariana Alves (org.). **A teoria das incapacidades e o Estatuto da Pessoa com Deficiência**. 2. ed. Belo Horizonte: D'Plácido, 2018.

CARVALHO, Felipe Quintella Machado de. **Teixeira de Freitas e a história da teoria das capacidades no direito civil brasileiro**. Dissertação (Mestrado em Direito). Universidade Federal de Minas Gerais, Minas Gerais, 21 nov. 2013. Disponível em: https://repositorio.ufmg.br/handle/1843/BUBD-9G8J8M. Acesso em: 19 mai. 2021.

CARVALHO, Francisco Pereira de Bulhões. **Incapacidade civil e restrições de direito**. t. 1. Rio de Janeiro: Borsoi, 1957.

CARVALHO, Maria Helena Campos de. **Os limites constitucionais da interferência do Estado no planejamento familiar**. Dissertação. (Mestrado em Direito). Pontifícia Universidade Católica de São Paulo, São Paulo, 2000.

CARVALHO, Paulo de Barros (coord.); CARVALHO, Aurora Tomazini de (org.). **Construtivismo lógico-semântico**. São Paulo: Noeses, 2018.

CARVALHO, Sérgio Meirelles. **A incapacidade civil e seus suprimentos**. Dissertação. (Mestrado em Direito). Pontifícia Universidade Católica de São Paulo, São Paulo, 2003.

CASSETTARI, Christiano. **Elementos de direito civil**. 6. ed. São Paulo: Saraiva Educação, 2018.

CASTRO Y BRAVO, Federico de. **El negocio jurídico**. Madrid: Civitas, 1985.

COELHO, Ricardo Corrêa **O público e o privado na gestão pública**. 3. ed. Florianópolis: Departamento de Ciências da Administração, UFSC; [Brasília]: CAPES: UAB, 2014.

COHEN, Fernanda; MULTEDO, Renata Vilela. Medidas efetivas e apropriadas: uma proposta de interpretação sistemática do Estatuto da Pessoa com Deficiência. *In*: BARBOSA, Heloísa Helena; MENDONÇA, Bruna Lima de; ALMEIDA, Vitor. **O Código Civil e o Estatuto da Pessoa com Deficiência**. 2. ed. Rio de Janeiro: Processo, 2020.

CUNHA, Alexandre dos Santos. A teoria das pessoas de Teixeira de Freitas: entre individualismo e humanismo. **Revista da Faculdade de Direito da UFRGS**, v. 18, 2000. Disponível em https://seer.ufrgs.br/revfacdir/article/view/71197. Acesso em: 18 mai. 2021.

DANELUZZI, Maria Helena Marques Braceiro; MATHIAS, Maria Lígia Coelho. Repercussão ao Estatuto da Pessoa com Deficiência (Lei 13.146/2015), nas legislações civil e processual civil. **Revista de Direito Privado**, v. 66, São Paulo, abr.-jul. 2016.

DANTAS, San Tiago. **Programa de direito civil**. Rio de Janeiro: Editora Rio, 1977.

DE CICCO, Cláudio. **História do direito e do pensamento jurídico**. 8. ed. São Paulo: Saraiva, 2017.

DIAS, Maria Berenice. **Manual de direito das famílias**. 11. ed. São Paulo: RT, 2016.

DINIZ, Maria Helena. **Curso de direito civil brasileiro**: teoria geral do direito civil. v. 1. 32. ed. São Paulo: Saraiva, 2015.

DINIZ, Maria Helena. **Dicionário jurídico**. v. 2. 2. ed. São Paulo: Saraiva, 2005.

DINIZ, Maria Helena. **Compêndio de introdução à ciência do direito**. 2. ed. São Paulo: Saraiva, 2005.

DOWER, Nelson Godoy Bassil. **Direito civil**: parte geral. 4. ed. São Paulo: Nelpa, 2004.

DWORKIN, Ronald. **Uma questão de princípios**. Tradução de Luís Carlos Borges. São Paulo: Martins Fontes, 2000.

ESTEFAM, André. **Direito penal**: parte geral. v. 1. (arts. 1º a 120). 8. ed. São Paulo: Saraiva Educação, 2019.

ESTEFAM, André. **Direito penal**: parte especial. v. 2. (arts. 121 a 234-B). 6. ed. São Paulo: Saraiva Educação, 2019.

ESTEFAM, André. **Homossexualidade, prostituição e estupro**: um estudo à luz da dignidade humana. São Paulo: Saraiva, 2016.

FARIAS, Cristiano Chaves de; CUNHA, Rogério Sanches; PINTO, Ronaldo Batista. **Estatuto da Pessoa com Deficiência comentado artigo por artigo**. 2. ed. Salvador: JusPodivm, 2016.

FERRAZ, Carolina Valença; LEITE, Glauber Salomão. Artigo 23. Respeito pelo lar e pela família (pp.152-157). *In*: BRASIL. Secretaria de Direitos Humanos da Presidência da República (SDH/PR); Secretaria Nacional de Promoção dos Direitos da Pessoa com Deficiência (SNPD). **Novos comentários à Convenção sobre os Direitos das Pessoas com Deficiência**. (org.) DIAS, Joelson; FERREIRA, Laíssa da Costa Ferreira; GURGEL, Maria Aparecida; COSTA FILHO, Waldir Macieira da Costa Filho (coord.). 3. ed. Brasília, 2014.

FERREIRA, Vieira. Etimologia de "persona". Revista de Direito Civil, RDCiv 149/461, maio 1944. *In*: MENDES, Gilmar Ferreira; STOCO, Rui (org.). **Edições Especiais Revista dos Tribunais 100 anos**. Coleção doutrinas essenciais: direito civil, parte geral. v. 3 (pessoas e domicílio). São Paulo: RT, 2011.

FERRIANI, Adriano. **Responsabilidade patrimonial e o mínimo existencial**: elementos de ponderação. São Paulo: Institutos dos Advogados de São Paulo – IASP, 2017.

FIUZA, César. Tomada de decisão apoiada. *In*: PEREIRA, Fábio Queiroz; MORAIS, Luísa Cristina de Carvalho; LARA, Mariana Alves (org.). **A teoria das incapacidades e o estatuto da pessoa com deficiência**. 2. ed. Belo Horizonte: D'Plácido, 2018.

FREITAS, Augusto Teixeira de. **Consolidação das leis civis**. Responsabilidade. Prefácio de Ruy Rosado de Aguiar. Coleção história do direito brasileiro. Direito civil; Ed. fac-sim. Brasília: Senado Federal, Conselho Editorial, v. 1, 2003. Disponível em: http://www2.senado.leg.br/bdsf/handle/id/496206. Acesso em: 18 mai. 2021.

FREITAS, Augusto Teixeira de. **Nova apostila á censura do Senhor Alberto de Moraes Carvalho sobre o projecto do código civil portuguez**. Rio de Janeiro: Thypografia Universal de Laemmert, 1859. Disponível em: https://www.fd.unl.pt/Anexos/Investigacao/1598.pdf. Acesso em: 18 mai. 2021.

GAGLIANO, Pablo Stolze; PAMPLONA FILHO, Rodolfo. **Novo curso de direito civil**: direito de família. v. 6. 9. ed. São Paulo: Saraiva Educação, 2019.

GALDI, João Manoel Andrade da Silva Campos. Dignidade da pessoa humana e sua aplicação pelo STJ e pelo TJ/RJ. *In*: TEPEDINO, Gustavo; TEIXEIRA, Ana Carolina Brochado; ALMEIDA, Vitor (coord.). Da dogmática à efetividade do direito civil. **Anais do Congresso Internacional de Direito Civil Constitucional – IV Congresso do IBDCIVIL**, Belo Horizonte: Fórum, 2017.

GAMA, Guilherme Calmon Nogueira da. **Direito civil**: família. São Paulo: Atlas, 2008.

GODINHO, Robson Renault. **Comentários ao Código de Processo Civil**. v. XIV (arts. 719-770): dos procedimentos de jurisdição voluntária. (coord.) José Roberto Ferreira Gouvêa, Luis Guilherme Aidar Bondioli, João Francisco Naves da Fonseca. São Paulo: Saraiva Educação, 2018.

GOMES, Luiz Roldão de Freitas. Noção de pessoa no direito brasileiro. Revista de Direito Civil, RDCiv 61/15, jul.-set.1992. *In*: MENDES, Gilmar Ferreira; STOCO, Rui (org.). **Edições Especiais Revista dos Tribunais 100 anos**. Coleção doutrinas essenciais: direito civil, parte geral. v. 3 (pessoas e domicílio). São Paulo: RT, 2011.

GONÇALVES, Carlos Roberto. **Direito civil esquematizado® v. 1:** parte geral, obrigações e contratos. 8. ed. São Paulo: Saraiva Educação, 2018.

GONÇALVES, Carlos Roberto. **Direito civil brasileiro**: responsabilidade civil. v. 4. 12. ed. São Paulo: Saraiva, 2017.

GONÇALVES, Carlos Roberto. **Direito civil brasileiro**: direito das sucessões. v. 7. 12. ed. São Paulo: Saraiva Educação, 2018.

GONÇALVES, Mirien Fabiane. **Estatuto da pessoa com deficiência e suas mudanças no direito civil**. Monografia. (Bacharelado em Direito). Universidade Tuiuti do Paraná, Paraná, 2016.

GUIMARÃES, Décio Nascimento *et al*. Tomada de decisão apoiada: instrumento protetivo do exercício da capacidade civil da pessoa com deficiência. **Temas de Saúde**, v. 18, n. 4, João Pessoa, 2018. Disponível em: http://temasemsaude.com/wp-content/uploads/2018/12/18415.pdf. Acesso em: 18 mai. 2021.

GUIMARÃES, Luíza Resende. O sistema de apoio e sua incompatibilidade com mecanismos de substituição da vontade. *In*: PEREIRA, Fabio Queiroz; LARA, Mariana Alves (org.). **Deficiência e direito privado**: novas reflexões sobre a Lei Brasileira de Inclusão e a Convenção sobre os Direitos das Pessoas com Deficiência. Belo Horizonte: D'Placido, 2019.

GUIMARÃES, Octavio M. Da incapacidade natural. Revista dos Tribunais, RT 170/461, nov. 1947. *In*: MENDES, Gilmar Ferreira; STOCO, Rui (org.) **Edições Especiais Revista dos Tribunais 100 anos**. Coleção doutrinas essenciais: direito civil, parte geral. v. 3 (pessoas e domicílio). São Paulo: RT, 2011.

GURGEL, Fernanda Pessanha do Amaral. **A eficácia prática da tomada de decisão apoiada**. Tese. (Doutorado em Direito). Pontifícia Universidade Católica de São Paulo, São Paulo, 2019.

HARRIS, Donald. **Contract as promise – a review article based on contract as promise: a theory of contractual obligation, by Charles Fried** (Harvard University Press: 1981). International Review of Law and Economics, 1983, p. 69-77.

HOLMES, Stephen; SUSTEIN, Cass R. **The cost of rights**: why liberty depends on taxes. New York-London: W. W. Norton & Commpany, 2000.

HOUAISS, Antônio; VILLAR, Mauro de Salles. **Dicionário da língua portuguesa**. Instituto Antônio Houaiss de Lexicografia e Banco de dados da Língua Portuguesa S/C Ltda. Rio de Janeiro: Objetiva, 2009.

HUNGRIA, Nelson; FRAGOSO, Cláudio Heleno. **Comentários ao Código Penal**. v. I. t. II: arts. 11 ao 27. 5. ed. Rio de Janeiro: Forense, 1978.

ISHIDA, Valter Kenji. **Estatuto da Criança e do Adolescente**: doutrina e jurisprudência. 14. ed. São Paulo: Atlas, 2013.

JANOTI, Cesar Luiz de Oliveira. Lei portuguesa sobre diretivas antecipadas de vontade em matéria de cuidados de saúde: reflexões críticas e inspiração ao ordenamento jurídico brasileiro. **Revista de Direito e Medicina**, v. 1, jan.-mar. 2019.

JARA, José Manuel. As perturbações de humor e a gravidez. **Revista Bipolar** n. 56. Revista da Associação de Apoio aos Doentes Depressivos e Bipolares, 08 nov. 2017. Disponível em: https://www.adeb.pt/publications/bipolar-56-revista-adeb. Acesso em: 13 jan. 2021.

KELSEN, Hans. **Teoria pura do direito**. Tradução de João Baptista Machado. 6. ed. Coimbra: Arménio Amado, 1984.

KONDER, Cíntia Muniz de Souza. A celebração de negócios jurídicos por pessoas consideradas absolutamente capazes pela Lei n. 13.146 de 2015, mas que não possuem o necessário discernimento para os atos civis por doenças da mente: promoção da igualdade perante a lei ou ausência de proteção? *In*: BARBOSA, Heloísa Helena; MENDONÇA, Bruna Lima de; ALMEIDA, Vitor. **O Código Civil e o Estatuto da Pessoa com Deficiência**. 2. ed. Rio de Janeiro: Processo, 2020.

LARA, Diogo. **Temperamento forte e bipolaridade**: dominando os altos e baixos do humor. 10. ed. São Paulo: Saraiva, 2009.

LARENZ, Karl. **Derecho civil**: parte general. Tradução de Miguel Izquierdo e Macías-Picavea. Madrid: Revista de Derecho Privado, 1978.

LASSALLE, Ferdinand. **Que é uma Constituição?** Tradução de Walter Stönner. Fonte digital Edições e Publicações Brasil. São Paulo, 1933. Disponível em: http://bibliotecadigital.puc-campinas.edu.br/services/e-books/Ferdinand%20Lassalle-1.pdf. Acesso em: 18 set. 2019.

LEITE, Flávia Piva Almeida; RIBEIRO, Lauro Luiz Gomes; COSTA FILHO, Waldir Macieira da. *et al.* (coord.). **Comentários ao Estatuto da Pessoa com Deficiência**. 2. ed. São Paulo: Saraiva Educação, 2019.

LEITE, George Salomão. Dever e dignidade humana na fundamentação da metafísica dos costumes de Immanuel Kant. *In*: LEITE, George Salomão; SARLET, Ingo Wolfgang; CARBONELL, Miguel (coord.). **Direitos, deveres e garantias fundamentais**. Salvador: JusPodivm, 2011.

LIMA, Márcia Fidelis. O impacto da lei de inclusão da pessoa com deficiência nos serviços notariais e de registro. *In*: MENEZES, Joyceane Bezerra de (org.). **Direito das pessoas com deficiência psíquica e intelectual nas relações privadas** – Convenção sobre os direitos da pessoa com deficiência e Lei Brasileira de Inclusão. Rio de Janeiro: Processo, 2016.

LIMONGI, Viviane Cristina de Souza. **A capacidade civil e o Estatuto da Pessoa com deficiência** (Lei Federal n. 13.146/2015): reflexos patrimoniais decorrentes do negócio jurídico firmado pela pessoa com deficiência mental. Dissertação. (Mestrado em Direito). Pontifícia Universidade Católica de São Paulo, São Paulo, 2017.

LÔBO, Paulo. **Direito civil**: parte geral. 6. ed. São Paulo: Saraiva, 2017.

LÔBO, Paulo. **Direito civil**: famílias. 7. ed. São Paulo: Saraiva, 2017.

LOPES, Miguel Maria de Serpa. **Curso de direito civil**. v. 1. 8. ed. Rio de Janeiro: Freitas Bastos, 1996.

LUHMANN, Niklas. **Introdução à teoria dos sistemas**. 3. ed. Tradução de Ana Cristina Arantes Nasser. Petrópolis, RJ: Vozes, 2011.

MACIEL, Kátia Regina Ferreira Andrade (coord.); CARNEIRO, Rosa Maria Xavier Gomes (revisão jurídica); AMIN, Andréa Rodrigues *et al*. **Curso de direito da criança e do adolescente**: aspectos teóricos e práticos. 12. ed. São Paulo: Saraiva Educação, 2019.

MAIA JÚNIOR, Mairan Gonçalves. **Sucessão legítima**: as regras da sucessão legítima e as estruturas familiares contemporâneas e a vontade. São Paulo: RT, 2018.

MAIA JÚNIOR, Mairan Gonçalves. **A família e a questão patrimonial**: planejamento patrimonial, regime de bens, pacto antenupcial, contrato patrimonial na união estável. 3. ed. São Paulo: RT, 2015.

MAIA JÚNIOR, Mairan Gonçalves. **A representação no negócio jurídico**. São Paulo: RT, 2001.

MARQUES, Cláudia Lima. Proteção do consumidor no comércio eletrônico e a chamada nova crise do contrato: por um direito do consumidor aprofundado. In: **Revista de Direito do Consumidor**, v. 57/2006, pp. 9-59, jan.-mar. 2006; **Doutrinas Essenciais de Direito Empresarial**, v. 1, pp. 825-882, dez. 2010; **Doutrinas Essenciais de Direito do Consumidor**, v. 2, pp. 827-884, abr. 2011.

MARQUES, Cláudia Lima (coord.). **Diálogo das fontes**: do conflito à coordenação de normas do direito brasileiro. São Paulo: RT, 2012.

MARTINS, Fernando Rodrigues; FERREIRA, Keila Pacheco. Contratos existenciais e intangibilidade da pessoa humana na órbita privada: homenagem ao pensamento vivo e imortal de Antonio Junqueira de Azevedo. **Revista de Direito do Consumidor**. v. 79. São Paulo: RT, jul.-set. 2011.

MARTINS-COSTA, Judith. **A boa-fé no direito privado**: critérios para a sua aplicação. 2. ed. São Paulo: Saraiva Educação, 2018.

MARTINS-COSTA, Judith. Capacidade para consentir e esterilização de mulheres tornadas incapazes pelo uso de drogas: notas para uma aprovação entre a técnica jurídica e a reflexão. In: MARTINS-COSTA, Judith; MÖLLER, Letícia Ludowic (org.). **Bioética e responsabilidade**. Rio de Janeiro: Forense, 2009.

MEDEIROS, Andréia Sabóia. Personalidade jurídica: no direito romano e no direito atual. **Revista Jurídica da Faculdade 7 de setembro**, v. 2, 30 abr. 2005. Disponível em: https://www.uni7.edu.br. Acesso em: 08 fev. 2021.

MEDEIROS, Maria Bernadette de Moraes. **Interdição civil**: proteção ou exclusão? São Paulo: Cortez, 2007.

MELLO, Baptista de. A incapacidade civil do pródigo. Revista dos Tribunais, RT 97/318, set. 1935. In: MENDES, Gilmar Ferreira; STOCO, Rui (org.). **Edições Especiais Revista dos Tribunais 100 anos**. Coleção doutrinas essenciais: direito civil, parte geral. v. 3. (pessoas e domicílio). São Paulo: RT, 2011.

MELLO, Celso Antônio Bandeira de. **O conteúdo jurídico do princípio da igualdade.** 3. ed. São Paulo: Malheiros, 2011.

MELLO, Marcos Bernardes de. Achegas para uma teoria das capacidades em direito. **Revista de Direito Privado**, jul.-set. 2000. São Paulo: RT, 2000.

MELLO, Marcos Bernardes de. **Teoria do fato jurídico**: plano da existência. 22. ed. São Paulo: Saraiva Educação, 2019.

MENDES, Vanessa Correia. O casamento da pessoa com deficiência psíquica e intelectual: possibilidades, inconsistências circundantes e mecanismos de apoio. In: MENEZES, Joyceane Bezerra de (org.). **Direito das pessoas com deficiência psíquica e intelectual nas relações privadas** – Convenção sobre os direitos da pessoa com deficiência e Lei Brasileira de Inclusão. Rio de Janeiro: Processo, 2016.

MENDONÇA, Bruna Lima de. Proteção, liberdade e responsabilidade: interpretação axiológica-sistemática da (in)capacidade de agir e da instituição da curatela. In: BARBOSA, Heloísa Helena; MENDONÇA, Bruna Lima de; ALMEIDA, Vitor. **O Código Civil e o Estatuto da Pessoa com Deficiência.** 2. ed. Rio de Janeiro: Processo, 2020.

MENEZES, Herika Jannayna Bezerra de. *et al.* Da expansão dos direitos humanos. Direitos e Gar. Fund., Vitória, **Revista de Direitos e Garantias Fundamentais**, FDV, Vitoria, v. 17, n. 2, jul. 2016. Semestral. Disponível em: http://sisbib.emnuvens.com.br/direitosegarantias/issue/view/27. Acesso em: 01 maio 2021.

MENEZES, Herika Jannayna Bezerra de *et al.* A abordagem da deficiência em face da expansão dos direitos humanos. Direitos e Gar. Fund., Vitória, **Revista de Direitos e Garantias Fundamentais**, Vitoria, v. 17, n. 2, jul. 2016. Semestral. Disponível em: http://sisbib.emnuvens.com.br/direitosegarantias/issue/view/27. Acesso em: 01 maio 2021.

MENEZES, Joyceane Bezerra de; TEIXEIRA, Ana Carolina Brochado. **Desvendando o conteúdo da capacidade civil a partir do Estatuto da Pessoa com Deficiência.** Fortaleza, v. 21, n. 2, maio-ago., 2016.

MENEZES, Joyceane Bezerra de; LOPES, Ana Beatriz Pimentel. O direito de testar da pessoa com deficiência intelectual e/ou psíquica. **Civilistica.com**. Rio de Janeiro, ano 7, n. 2, 2018. Disponível em: http://civilistica.com/o-direito-de-testar-da-pessoa-com-deficiencia/. Acesso em: 11 mai. 2021.

MENEZES, Joyceane Bezerra de. O novo instituto da tomada de decisão apoiada: instrumento de apoio ao exercício da capacidade civil da pessoa com deficiência instituído pelo Estatuto da Pessoa com Deficiência – Lei Brasileira de Inclusão (Lei n. 13.146/2015). In: MENEZES, Joyceane Bezerra de (org.). **Direitos das pessoas com deficiência psíquica e intelectual nas relações privadas** – Convenção sobre os direitos da pessoa com deficiência e Lei Brasileira de Inclusão. Rio de Janeiro: Processo, 2016.

MIRANDA, Francisco Cavalcanti Pontes de. **Tratado de Direito Privado.** Introdução: pessoas físicas e jurídicas. Coleção tratado de direito privado: parte geral 1. Atualizado por Judith Martins-Costa [*et al.*]. t. I. São Paulo: RT, 2012.

MIRANDA, Francisco Cavalcanti Pontes de. **Direito das sucessões**. Sucessão geral: sucessão legítima. Coleção tratado de direito privado: parte geral. Atualizado por Judith Martins-Costa... [*et al.*]. São Paulo: RT, 2012.

MIZIARA, Daniel Souza Campos. Interdição judicial da pessoa com deficiência intelectual. **Revista do Advogado**. Disponível em: http://www.stf.jus.br/repositorio/cms/portalTvJustica/portalTvJusticaNoticia/anexo/Revista_do_Advogado.pdf. Acesso em: 03 mai. 2021.

MONTEIRO, Washington de Barros; SILVA, Regina Beatriz Tavares da. **Curso de direito civil**: direito da família. v. 2. 43. ed. São Paulo: Saraiva, 2016.

MONTEIRO, Washington de Barros; MONTEIRO, Ana Cristina de Barros. **Curso de direito civil** – parte geral. v. 1. 45. ed. São Paulo: Saraiva, 2016.

MORAES, Maria Celina Bodin de. O conceito de dignidade humana: substrato axiológico e conteúdo normativo. *In*: SARLET, Ingo Wolfgang (org.). **Constituição, direitos fundamentais e direito privado**. 3. ed. Porto Alegre: Livraria do Advogado, 2010.

MORSELLO, Marco Fábio. Contratos existenciais e de lucro. Análise sob a ótica dos princípios contratuais contemporâneos. *In*: LOTUFO, Renan; NANNI, Giovanni Ettore; MARTINS, Fernando Rodrigues (coord.). **Temas relevantes do direito contemporâneo**. Reflexões sobre os 10 anos do Código Civil. São Paulo: Atlas, 2012.

MOUREIRA, Diogo Luna. **Os desafios dos transtornos mentais e do comportamento para o direito civil**: dialética do reconhecimento e sofrimento de indeterminação como pressupostos para a reconstrução da teoria das incapacidades. Tese. (Doutorado em Direito). Pontifícia Universidade Católica de Minas Gerais, Belo Horizonte, 2013.

NANNI, Giovanni Ettore. As situações jurídicas exclusivas do ser humano: entre a superutilização do princípio da dignidade da pessoa humana e a coisificação do ser humano. *In*: NANNI, Giovanni Ettore. **Direito civil e arbitragem**. São Paulo: Atlas, 2014.

NANNI, Giovanni Ettore. A capacidade para consentir: uma nova espécie de capacidade negocial. **Letrado**, Informativo Instituto dos Advogados de São Paulo, São Paulo, v. 96, set.-out. 2011.

NANNI, Giovanni Ettore. **Direito civil e arbitragem**. São Paulo: Atlas, 2014.

NERY, Rosa Maria Barreto Borriello de Andrade. Distinção entre "personalidade" e "direito geral de personalidade" – uma disciplina própria. São Paulo, **Revista dos Tribunais**, v. l. ago. 2015.

NERY, Rosa Maria de Andrade; NERY JUNIOR, Nelson. **Instituições de direito civil**: parte geral do *Código* Civil e direitos da personalidade. v. I. São Paulo: RT, 2019.

NERY, Rosa Maria de Andrade; NERY JUNIOR, Nelson. **Instituições de direito civil**: direito das obrigações. v. I. t. I. São Paulo: RT, 2014.

NERY, Rosa Maria de Andrade; NERY JUNIOR, Nelson. **Instituições de direito civil**: família e sucessões. v. IV. 2. ed. São Paulo: RT, 2019.

NEVES, Marcelo. **Transconstitucionalismo**. São Paulo: Martins Fontes, 2009.

NISHIYAMA, Adolfo Mamoru. Os direitos das pessoas com deficiência e sua transformação histórica. São Paulo, **Revista dos Tribunais**, v. 986, dez. 2017.

NOHARA, Irene Patrícia. Conceitos jurídicos indeterminados e delimitação concreta da discricionariedade administrativa no pós-positivismo. In: **Revista da Procuradoria Geral do Estado de São Paulo**. São Paulo, Brasil, n. 71, pp.167-193, n. 71, jan-jun. 2010. Disponível em: http://www.mpsp.mp.br . Acesso em: 26 set. 2019.

OLIVEIRA, José Lamartine Corrêa de. A teoria das pessoas no "esboço" de Teixeira de Freitas – superação e permanência. Revista de Direito Civil, RDCiv 40/7, abr.-jun. 1987. In: MENDES, Gilmar Ferreira; STOCO, Rui (org.). **Edições Especiais Revista dos Tribunais 100 anos**. Coleção doutrinas essenciais: direito civil, parte geral. v. 3 (pessoas e domicílio). São Paulo: RT, 2011.

OLIVEIRA, Paulo Henrique de; ANJOS FILHO, Robério Nunes dos. Bioética e pesquisa em seres humanos. **Revista de Direito da Universidade de São Paulo**, v. 101, jan.-dez., 2006. Disponível em: http://www.revistas.usp.br/rfdusp/article/view/67739/70347. Acesso em: 26 abr. 2021.

PALACIOS, Agustina. **El modelo social de discapacidad**: orígenes, caracterización y plasmación en la Convención Internacional sobre los Derechos de las Personas com Discapacidad. Madrid: Ediciones Cinca. S. A. 2008.

PELUSO, Cezar. **Código Civil comentado**: doutrina e jurisprudência. Claudio Luiz Bueno de Godoy [et al.] (coord.). 13. ed. Barueri: Manole, 2019.

PENA, Ana Maria Moliterno. **Microssistema**: o problema do sistema no polissistema. Dissertação. (Mestrado em Direito). Pontifícia Universidade Católica de São Paulo, São Paulo, 2007.

PEREIRA, André Gonçalo Dias. O consentimento informado na experiência europeia. **I Congresso Internacional sobre os desafios do direito face às novas tecnologias**. Ribeirão Preto, 10 nov. 2010. Disponível em: https://estudogeral.sib.uc.pt/. Acesso em: 12 nov. 2019.

PEREIRA, Caio Mário Silva. **Instituições de direito civil**. v. I. 31. ed. Rio de Janeiro: Forense, 2018.

PEREIRA, Caio Mário Silva. **Instituições de direito civil**: contratos. v. 3. Revisão de Caitlin Mulholland. 23. ed. Rio de Janeiro: Forense, 2019.

PEREIRA, Caio Mário Silva. **Instituições do direito civil**. v. VI. Atualizado por Carlos Roberto Barbosa Moreira. 24. ed. Rio de Janeiro: Forense, 2017.

PEREIRA, Jaqueline Lopes; OLIVEIRA, Lígia Ziggiotti. A capacidade civil no Estatuto da Pessoa com Deficiência: a quebra da dogmática e o desafio da efetividade. In: TEPEDINO, Gustavo; TEIXEIRA, Ana Carolina Brochado; ALMEIDA, Vitor (coord.). Da dogmática à efetividade do direito civil. **Anais do Congresso Internacional de Direito Civil Constitucional – IV Congresso do IBDCIVIL**. Belo Horizonte: Fórum, 2017.

PERLINGIERI, Pietro. **O direito civil na legalidade constitucional**. Tradução de Maria Cristina De Cicco. Rio de Janeiro: Renovar, 2008.

PIOVESAN, Flávia. **Direitos humanos e o direito constitucional internacional**. 18. ed. São Paulo: Saraiva, 2018.

QUEIROZ, Victor Santos. A dignidade da pessoa humana no pensamento de Kant: da fundamentação da metafísica dos costumes à doutrina do direito. Uma reflexão crítica para os dias atuais. **Revista Jus Navigandi**, Teresina, anos 10, n. 757, 31 jul. 2005. Disponível em: https://jus.com.br/artigos/7069. Acesso em: 7 mai. 2021.

RADBRUCH, Gustav. **Filosofia do direito**. Tradução de Marlene Holzhausen. Revisão técnica de Sérgio Sérvulo da Cunha. São Paulo: Martins Fontes, 2004.

RADBRUCH, Gustav. **5 minutos de filosofia do direito**. Disponível em: https://seer.agu.gov.br/index.php/EAGU/article/viewFile/1620/1307. Acesso em: 11 dez. 2018.

RAMOS, Erasmo Marcos. Estudo comparado do direito de personalidade no Brasil e na Alemanha. Revista dos Tribunais, RT 799/11, maio 2002. *In*: MENDES, Gilmar Ferreira; STOCO, Rui (org.). **Edições Especiais Revista dos Tribunais 100 anos**. Coleção doutrinas essenciais: direito civil, parte geral. v. 3. (pessoas e domicílio). São Paulo: RT, 2011.

RAMOS, Felipe de Farias. O institucionalismo de Santi Romano: por um diálogo entre posições críticas à modernidade jurídica. Dissertação. (Mestrado em Direito). Teoria, Filosofia e História do Direito. Universidade Federal de Santa Catarina (UFSC), Florianópolis/SC, 2011.

REALE, Miguel. **Fundamentos do direito**. 3. ed. São Paulo: RT, 1998.

REALE, Miguel. **Filosofia do direito**. 19. ed. São Paulo: Saraiva, 1999.

REALE, Miguel. **Lições preliminares de direito**. 27. ed. São Paulo: Saraiva, 2002.

REQUIÃO, Maurício. As mudanças na capacidade e a inclusão da tomada de decisão apoiada a partir do Estatuto da Pessoa com Deficiência. **Revista de Direito Civil Contemporâneo**. v. 6, jan.-mar. 2016.

REQUIÃO, Maurício. Direito civil atual: conheça a tomada de decisão apoiada, novo regime alternativo à curatela. **Consultor Jurídico – Conjur**. 14 set. 2015. Disponível em: https://www.conjur.com.br/2015-set-14/direito-civil-atual-conheca-tomada-decisao-apoiada-regime-alternativo-curatela. Acesso em: 18 mai. 2021.

REQUIÃO, Rubens. **Curso de direito comercial**. v. 1. 30. ed. Atualizado por Rubens Edmundo Requião. São Paulo: Saraiva, 2011.

RIZZARDO, Arnaldo. **Parte Geral do Código Civil**. 7. ed. Rio de Janeiro: Forense, 2011.

RODRIGUES, Susana Lança. Vontade de ser mãe com perturbação de humor. **Revista Bipolar** n. 58, Revista da Associação de Apoio aos Doentes Depressivos e Bipolares, 14 nov. 2018. Disponível em: https://www.adeb.pt/publications/bipolar-58-revista-adeb. Acesso em: 18 mai. 2021.

SAHYOUN, Najla Pinterich. **Os reflexos do Estatuto da capacidade negocial da pessoa com deficiência no casamento à luz do transconstitucionalismo**. Dissertação (Mestrado em Direito). Pontifícia Universidade Católica de São Paulo, São Paulo, 2019.

SALES, Gabrielle Bezerra; SARLET, Ingo Wolfgang. O princípio da igualdade na Constituição Federal de 1988 e sua aplicação à luz da Convenção Internacional e do Estatuto da Pessoa com Deficiência. *In*: MENEZES, Joyceane Bezerra de (org.). **Direito das pessoas com deficiência psíquica e intelectual nas relações privadas –** Convenção sobre os direitos da pessoa com deficiência e Lei Brasileira de Inclusão. Rio de Janeiro: Processo, 2016.

SAMPAIO, Rodrigo de Lima Vaz. A capacidade patrimonial na família romana *peculia* e *patria potestas*. **Revista da Faculdade de Direito**, Universidade de São Paulo v. 106/107 (2011/2012). Disponível em: https://www.revistas.usp.br/rfdusp/article/view/67939/70547. Acesso em: 22 mai. 2011.

SARLET, Ingo Wolfgang. Dignidade da pessoa humana e direitos fundamentais na Constituição Federal de 1988: uma análise na perspectiva da jurisprudência do Supremo Tribunal Federal. *In*: LEITE, George Salomão; SARLET, Ingo Wolfgang; CARBONELL, Miguel (coord.). **Direitos, deveres e garantias fundamentais**. Salvador: JusPodivm, 2011.

SARLET, Ingo Wolfgang. **Dignidade da pessoa humana e direitos fundamentais na Constituição de 1988**. 9. ed. Porto Alegre: Livraria do Advogado, 2012.

SASAKI, Romeu Kazumi. **Inclusão** – construindo uma sociedade para todos. Rio de Janeiro: WVA, 1997.

SÊCO, Thaís Fernanda Tenório. Direito de adotar e de exercer a guarda, a tutela e curatela. *In*: MENEZES, Joyceane Bezerra de (org.). **Direito das pessoas com deficiência psíquica e intelectual nas relações privadas** – Convenção sobre os direitos da pessoa com deficiência e Lei Brasileira de Inclusão. Rio de Janeiro: Processo, 2016.

SILVA, Erika Mayumi Moreira da; FARIA, Eduardo Augusto Arteiro de. Cidades para todos: a inclusão da pessoa com deficiência intelectual no ambiente urbano brasileiro. Uma análise jurídica. **Revista Inclusiones**, v. 5, n. 4, out.-dez. 2018.

SILVA, Rodrigo da Guia; SOUZA, Eduardo Nunes de. Discernimento da pessoa humana e sua relevância para o regime jurídico da prescrição e da decadência. *In*: BARBOSA, Heloísa Helena; MENDONÇA, Bruna Lima de; ALMEIDA, Vitor. **O Código Civil e o Estatuto da Pessoa com Deficiência**. 2. ed. Rio de Janeiro: Processo, 2020.

SOUSA, Felipe Oliveira de. **O raciocínio jurídico entre princípios e regras**. Brasília, ano 48, n. 192, out.-dez. 2011. Disponível em: http://www2.senado.leg.br/bdsf/handle/id/242932. Acesso em: 10 mai. 2021.

SOUZA, Iara Antunes de. **Estatuto da pessoa com deficiência**: curatela e saúde mental – conforme a Lei n. 13.146/2015 – Estatuto da Pessoa com Deficiência – Novo Código de Processo Civil. Belo Horizonte: D'Plácido, 2018.

SOUZA, Iara Antunes; SILVA, Michelle Danielle Cândida. Capacidade civil, interdição e curatela: as implicações jurídicas da Lei n. 13.146/2015 para a pessoa com deficiência mental. **Revista da Faculdade de Direito da UFRGS** n. 37.

TEODORO, Viviane Rosolia. Testamento vital, direitos dos pacientes e cuidados paliativos. **Revista de Direito Privado**, v. 82, out. 2017.

TEPEDINO, Gustavo (coord.). **A parte geral do novo Código Civil**: estudos na perspectiva constitucional. Rio de Janeiro: Renovar, 2002.

TEPEDINO, Gustavo; OLIVA, Milena Donato. Personalidade e capacidade na legalidade constitucional. *In*: MENEZES, Joyceane Bezerra de (org.). **Direito das pessoas com deficiência psíquica e intelectual nas relações privadas** – Convenção sobre os direitos da pessoa com deficiência e Lei Brasileira de Inclusão. Rio de Janeiro: Processo, 2016.

TOSTES, Camia Strafacci; AQUINO, Leonardo Gomes. A repercussão do Estatuto da Pessoa com Deficiência no regime da capacidade civil. **Revista de Direito Privado**, v. 75, mar. 2017, São Paulo: RT, 2017.

TRAVESSONI, Alexandre (coord.). **Kant e o direito**. Belo Horizonte: Mandamentos, 2009.

VENOSA, Silvio Salvo. **Direito civil**: parte geral. v. 1. 19. ed. São Paulo: Atlas, 2019.

VIVAS-TESÓN, Inmaculada. Discapacidad y consentimiento informado en el ámbito sanitario y bioinvestigador. **Pensar**, Fortaleza, v. 21, n. 2, maio.-ago. 2016.

VIVAS-TESÓN, Inmaculada. La convención ONU de 13 de deciembre de 2006 sobre los derechos de las personas com discapacidad. La experiencia española. *In*: MENEZES, Joyceane Bezerra de (org.). **Direito das pessoas com deficiência psíquica e intelectual nas relações privadas** – Convenção sobre os direitos da pessoa com deficiência e Lei Brasileira de Inclusão. Rio de Janeiro: Processo, 2016.

WALD, Arnoldo. **Curso de direito civil brasileiro** – introdução e parte geral. v. 1. 6. ed. Colaboração de Álvaro Villaça Azevedo. São Paulo: RT, 1989.

WEYNE, Bruno Cunha. **O princípio da dignidade humana**: reflexões a partir da filosofia de Kant. São Paulo: Saraiva, 2013.

XAVIER, Marília Pedroso; PUGLIESE, William Soares. O Estatuto da Pessoa com Deficiência e a união estável: primeiras reflexões. *In*: MENEZES, Joyceane Bezerra de (org.). **Direito das pessoas com deficiência psíquica e intelectual nas relações privadas** – Convenção sobre os direitos da pessoa com deficiência e Lei Brasileira de Inclusão. Rio de Janeiro: Processo, 2016.

XEXÉO, Leonardo Monteiro. **Os impactos da lei brasileira de inclusão na capacidade negocial da pessoa com deficiência**. Dissertação. (Mestrado em Direito). Pontifícia Universidade Católica de São Paulo, São Paulo, 2019.

ZAFFARONI, Eugênio Raúl; PIERANGELI, José Henrique. **Manual de direito penal brasileiro**: parte geral. 11. ed. São Paulo: RT, 2015.

Legislação e diretrizes

ALEMANHA. **Bürgerliches Gesetzbuch (BGB)** – Código Civil. Disponível em: https://www.gesetze-im-internet.de/bgb/__1896.html. Acesso em: 18 mai. 2021.

ARGENTINA. **Código Civil Y Comercial De La Nacion** – Ley 26.994. Disponível em: http://servicios.infoleg.gob.ar. Acesso em: 18 mai. 2021.

ASSEMBLEIA DAS NAÇÕES UNIDAS. **Declaração de Direitos da Criança de 1959**. Disponível em: http://www.direitoshumanos.usp.br/. Acesso em: 18 mai. 2021.

ASSEMBLEIA DAS NAÇÕES UNIDAS. **Resolução n. 1.995, de 9 de agosto de 2012**. Conselho Federal de Medicina: dispõe sobre as diretivas antecipadas de vontade dos pacientes, DOU 31-8-2012.

BRASIL. **Lei de 20 de outubro de 1823**. Disponível em: http://www2.camara.leg.br. Acesso em: 18 mai. 2021.

BRASIL. **Constituição Política do Império do Brasil de 1824**. Disponível em: http://www.planalto.gov.br. Acesso em: 18 mai. 2021.

BRASIL. **Lei n. 3.071, de 1º de janeiro de 1916**. Código Civil dos Estados Unidos do Brasil. Disponível em: http://www.planalto.gov.br. Acesso em: 18 mai. 2021.

BRASIL. **Constituição da República Federativa do Brasil de 1967**. Disponível em: http://www.planalto.gov.br. Acesso em: 18 mai. 2021.

BRASIL. **Emenda Constitucional n. 1, de 17 de outubro de 1969**, que edita o novo texto da Constituição Federal de 24 de janeiro de 1967. Disponível em: http://www.planalto.gov.br. Acesso em: 18 mai. 2021.

BRASIL. **Emenda Constitucional n. 12, de 17 de outubro de 1978**, que assegura aos deficientes a melhoria de sua condição social e econômica. Disponível em: http://www.planalto.gov.br. Acesso em: 18 mai. 2021.

BRASIL. **Constituição da República Federativa do Brasil de 1988**. Disponível em: http://www.planalto.gov.br. Acesso em: 18 mai. 2021.

BRASIL. **Decreto Legislativo n. 186, de 2008**. Aprova o texto da Convenção sobre os Direitos da Pessoa com Deficiência e de seu Protocolo Facultativo, assinados em Nova Iorque, em 30 de março de 2007. Disponível em: http://www.planalto.gov.br. Acesso em: 18 mai. 2021.

BRASIL. **Decreto n. 6.949, de 25 de agosto de 2009**. Promulga a Convenção sobre os Direitos das Pessoas com Deficiência e seu Protocolo Facultativo, assinado em Nova York, em 30 de março de 2007. Disponível em: http://www.planalto.gov.br. Acesso em: 18 mai. 2021.

BRASIL. **Lei n. 13.146, de 06 de julho de 2015**. Institui a Lei Brasileira de Inclusão da Pessoa com Deficiência (Estatuto da Pessoa com Deficiência). Disponível em: http://www.planalto.gov.br. Acesso em: 18 mai. 2021.

BRASIL. **Lei n. 10.406, de 10 de janeiro de 2002**. Institui o Código Civil. Disponível em: http://www.planalto.gov.br. Acesso em: 18 mai. 2021.

BRASIL. **Decreto-Lei n. 1.608, de 18 de setembro de 1939**. Código de Processo Civil. Disponível em: http://www.planalto.gov.br. Acesso em: 18 mai. 2021.

BRASIL. **Lei n. 8.069, de 1990** – Estatuto da Criança e do Adolescente. Disponível em: http://www.planalto.gov.br. Acesso em: 18 mai. 2021.

BRASIL. **Decreto n. 99.710, de 1990**. Convenção Internacional sobre os Direitos da Criança. Disponível em: http://www.planalto.gov.br. Acesso em: 18 mai. 2021.

BRASIL. **Provimento n. 59/1989**. Corregedoria Geral da Justiça do Estado de São Paulo. Normas de Serviços de Cartórios Extrajudiciais, t. II. Disponível em: https://api.tjsp.jus.br. Acesso em: 21 ago. 2019.

CONSELHO DA EUROPA. **Convenção para a protecção dos direitos do homem e da dignidade do ser humano face às aplicações da biologia e da medicina de 04 de abril de 1997**. Oviedo-Espanha: Disponível em: http://www.dhnet.org.br. Acesso em: 18 mai. 2021.

CONVENÇÃO DE OVIEDO para a Protecção dos Direitos do Homem e da Dignidade do Ser Humano face às Aplicações da Biologia e da Medicina de 04 de abril de 1997.

ESPANHA. **Código Civil Espanhol**. Disponível em: https://www.boe.es/buscar/pdf/1889/BOE-A-1889-4763-consolidado.pdf. Acesso em: 18 mai. 2021.

FRANÇA. **Code Civil**. Disponível em: http://codes.droit.org/CodV3/civil.pdf. Acesso em: 18 mai. 2021.

FRANÇA. Declaração dos Direitos do Homem e Cidadão de 1789. *In*: Textos básicos sobre derechos humanos. Madrid: Universidad Complutense, 1973. Traduzido do espanhol por Marcus Cláudio Acqua Viva *apud* FERREIRA FILHO, Manoel Gonçalves *et al*. **Liberdades Públicas São Paulo**. São Paulo: Saraiva, 1978. Disponível em: http://www.direitoshumanos.usp.br/. Acesso em: 18 mai. 2021.

ITÁLIA. **Codice Civile**. Disponível em: https:// https://www.altalex.com/documents/codici-altalex/2015/01/02/codice-civile. Acesso em: 19 mai. 2021.

OPS/OMS. **Declaração de Montreal sobre pessoas com deficiência intelectual**. 06 out. 2004. Disponível em: http://www.educadores.diaadia.pr.gov.br/arquivos/File/pdf/declaracao_montreal.pdf. Acesso em: 18 mai. 2021.

ORDENAÇÕES FILIPINAS. Disponível em: http://www1.ci.uc.pt/ihti/proj/filipinas/ordenacoes.htm. Acesso em: 18 mai. 2021.

PORTUGAL. **Projecto de Código Civil Portuguez**. Antonio Luiz de Seabra. Lisboa: Imprensa Nacional, 1857. Disponível em: https://www.fd.unl.pt. Acesso em: 08 fev. 2019.

PORTUGAL. **Código Civil de 1857**. Disponível em: http://www.fd.ulisboa.pt. Acesso em: 12 nov. 2019.

PORTUGAL. **Código Civil de 1966**. Disponível em: https://www.igac.gov.pt. Acesso em: 12 mai. 2021.

Sites consultados

APAE. **O que é**: deficiência intelectual. Disponível em: http:// https://www.ijc.org.br/pt-br/sobre-deficiencia-intelectual/Paginas/o-que-e.aspx. Acesso em: 26 mai. 2021.

ASSOCIAÇÃO DE APOIO AOS DOENTES DEPRESSIVOS E BIPOLARES. **O que é a doença bipolar?** Disponível em: https://www.adeb.pt/pages/o-que-e-a-doenca-bipolar. Acesso em: 13 mai. 2021.

BRASIL. Instituto Brasileiro de Geografia e Estatísticas (IBGE). Disponível em: https://www.ibge.gov.br/institucional/o-ibge.html. Acesso em: 03 mai. 2021.

BRASIL. Ministério da Saúde. **Alzheimer**: o que é, causas, sintomas, tratamento, diagnóstico e prevenção. Disponível em: http://www.saude.gov.br/saude-de-a-z/alzheimer. Acesso em: 18 mai. 2021.

CAMPOS, Lílian. Verbo – definição: o que é e para que serve. Página 3. **Pedagogia & Comunicação**, 15 de fev. 2008. Atualizado em 20 jun. 2014. Disponível em: https:// https://educacao.uol.com.br/disciplinas/portugues/verbo---definicao-o-que-e-e--para-que-serve.htm. Acesso em: 05 mai. 2021.

KRAMER, Heinrich; SPRENGER, Jacobus. *Malleus maleficarum* – o martelo das bruxas. Tradução de Alex H.S. Brasil, 2007. Disponível em: https:// https://www2.unifap.br/marcospaulo/files/2013/05/malleus-maleficarum-portugues.pdf. Acesso em: 18 mai. 2021.

LIY, Macarena Vidal. China avança para eliminar totalmente política de controle de natalidade. **El Pais**. Publicado em 28 ago. 2018. Disponível em: https:// https://brasil.elpais.com/brasil/2015/10/29/internacional/1446116401_777077.html. Acesso em: 03 mai. 2021.

NAÇÕES UNIDAS: Observação Geral n. 1 de 11 de abril de 2014, do Comitê dos direitos das pessoas com deficiência. Disponível em: <https://documents-dds-ny.un.org/doc/UNDOC/GEN/G14/031/20/PDF/G1403120.pdf?OpenElement>. Acesso em: 05 mai. 2021.

ORGANIZAÇÃO PAN-AMERICANA DE SAÚDE – OPAS. **Folha informativa** – transtornos mentais. Atualizada em abr. 2018. Disponível em: https:// https://www.paho.org/pt/topicos/transtornos-mentais . Acesso em: Acesso em: 05 mai. 2021.

SOCIEDADE BRASILEIRA DE GERIATRIA E GERONTOLOGIA: senilidade e senescência – qual a diferença. Disponível em: <http://www.sbgg-sp.com.br/senescencia-e--senilidade-qual-a-diferenca/>. Acesso em: 05 mai. 2021.

SECRETARIA DA EDUCAÇÃO: Disponível em: http://www.educadores.diaadia.pr.gov.br. Acesso em: Acesso em: 05 mai. 2021.

Filme/documentário

MONICA & DAVID. Direção: Alexandra Codina. Produção: Deborah Dickson. Edição: Mary Manhardt, Paola Gutiérrez-Ortiz. Lanlamento (EUA): 14 out. 2010. (1h 8min). Disponível em: https://www.youtube.com/watch?v=9JUMeLg7Lkw. Acesso em: 19 mai. 2021.

Referências normativas

(Associação Brasileira de Normas Técnicas – ABNT)

ABNT NBR 6023: 2018 – Informação e documentação – Referências – elaboração

ABNT NBR 6022:2018 – Informação e documentação – Artigo em publicação periódica técnica e/ou científica – Apresentação

ABNT NBR 6027: 2012 – Informação e documentação – Informação e documentação – Sumário – Apresentação

ABNT NBR 14724: 2011 – Informação e documentação – Trabalhos acadêmicos – Apresentação

ABNT NBR 15287: 2011 – Informação e documentação – Projetos de pesquisa – Apresentação

ABNT NBR 6034: 2005 – Informação e documentação – Índice – Apresentação

ABNT NBR 12225: 2004 – Informação e documentação – Lombada – Apresentação

ABNT NBR 6024: 2003 – Informação e documentação – Numeração progressiva das seções de um documento escrito – Apresentação

ABNT NBR 6028: 2003 – Informação e documentação – Resumo – Apresentação

ABNT NBR 10520: 2002 – Informação e documentação – Citações em documentos – Apresentação

POSFÁCIO

Creio que o leitor, ao terminar de ler *Capacidade Civil e Pessoas com Deficiência Mental e Intelectual: entre a Autonomia e a Desproteção Jurídica*, trabalho de Erika Mayumi Moreira da Silva percebe, com a costumeira facilidade, a importância do tema e da contribuição desta estudiosa. Tive a honra de participar de sua defesa, na qual obteve, *summa cum laude*, o título de Mestre em Direito pela Pontifícia Universidade Católica de São Paulo, sob a orientação sempre segura e competente do Professor Mairan Gonçalves Maia Júnior.

A linha de pesquisa sobre capacidade jurídica – ou sobre incapacidades nos diversos ramos jurídicos – alterou-se e foi ampliada de modo significativo nos últimos anos. Não apenas pela inserção no ordenamento jurídico brasileiro, em 2015, formalmente do Estatuto da Pessoa com Deficiência.

A mudança, por certo, é mais profunda. Há, de fato, perspectiva de revigorada *forma mentis*, na qual se passou à promoção de direitos da pessoa com deficiência. Todavia, como bem destaca a autora deste trabalho, a postura radical e absoluta desta promoção pode conduzir ao efeito oposto e indesejável que leva ao prejuízo àquela a quem se deveria proteger, a pessoa com deficiência intelectual e moral. Trata-se do discurso, bem delineado no texto, entre tutela jurídica e ausência ou insuficiência de proteção.

Gostaria de recordar também que antes mesmo do Estatuto, no Brasil, em 2009, já havia sido promulgada a Convenção Internacional sobre os Direitos das Pessoas com Deficiência. Esse é marco relevante, cujo reconhecimento da igualdade de todos à lei não é meramente retórica.

O discurso da deficiência e seu impacto no Direito apresenta numerosos estudos e desdobramentos. Relaciona-se, *ultima ratio*, à forma humana e, mais abstratamente, a o quê se considere "humano".

No Direito Romano, a personalidade jurídica somente era concedida à pessoa física que nascesse com vida e tivesse forma humana. Existia a figura do *monstrum* ou *prodigium*, que envolvia corpos que nascessem com mais membros do que aqueles necessários, alterações de voz e seres que mesclassem animais e seres humanos. José Carlos Moreira Alves apresenta o livro fundamental sobre o tema: *A Forma Humana no Direito Romano*, de 1960 [além de um célebre artigo posterior, *Uma vez mais sobre a Forma Humana no Direito Romano*].

É com a Convenção Internacional que se encerra, de vez, essa exclusão, não só em termos de personalidade, mas sim de capacidade jurídica. Alterações físicas e mentais não retiram a qualidade de pessoa.

* * * * *

Se há alteração de racionalidade, por um lado, o trabalho relembra-nos, por outro, que é dever do pesquisador jurídico o estudo e aprofundamento das categorias, conceitos e classificações indispensáveis ao Direito. Personalidade, capacidade, autonomia, autodeterminação e curatela são algumas dessas. A classificação de atos patrimoniais e extra-patrimoniais, que encontra seus limites, organiza quadro que ainda pode ser considerado o mais amplo possível sobre o agir jurídico humano.

Essas figuras e *divisiones* são fruto da tradição milenar, como já diria o jurista romano Javoleno no *Corpus Iuris Civilis*, sendo, portanto, essenciais. A bibliografia apresentada no trabalho é rica e sugere, com tranquilidade, diversas leituras adicionais ao público.

Porém, qual postura que se deve ter ao se deparar com aparente ou autêntica inovação, que se impõe com esta mentalidade reconfigurada? Devemos a abraçar, sem críticas, pelo simples ímpeto do progresso? Teríamos que a rechaçar por temor à mudança? Encontram-se nessas perguntas – naturalmente, mas não apenas, metodológicas – o grande mérito do trabalho de Erika Mayumi Moreira da Silva.

O Estatuto, novidade como o é, não pode ser simplesmente abraçado. Ele deve ser enquadrado dentro das categorias, conceitos e figuras centrais ao Direito. O estudo da liberdade, da autonomia, do discernimento, da declaração da vontade, de sua exteriorização pura e simples, livre e consciente, segundo as imortais palavras de Gottfried Wilhelm Leibniz, são caminho seguro a ser trilhado pelos juristas. Devemos, como este trabalho o faz, escrever páginas e mais páginas ao tema.

Não se trata, assim, de amor da inovação pela inovação, do progresso pelo progresso ou de simples medo à mudança. Refere-se antes ao resgate da espinha dorsal jurídica inabalável do sujeito, da pessoa e da vontade, que coroam este trabalho.

Com expectativa, aguardemos os futuros trabalhos desta estudiosa,

Prof. Dr. Rodrigo de Lima Vaz Sampaio
Pós-Doutor em Direito Civil e Romano pela Faculdade
de Direito da Universidade de São Paulo
Diretor Acadêmico e Professor Titular do CEU Law School
Professor da Faculdade de Direito de Ribeirão Preto
da Universidade de São Paulo [2018-2020]
Advogado.

PRINCIPAIS NORMAS RELACIONADAS AO TEMA

1. Histórico da capacidade civil no Código Civil brasileiro

Código Civil Brasileiro	CC/16	CC/2002	CC – alterado pelo EPD
Rol dos absolutamente incapazes	Art. 5. São **absolutamente incapazes** de exercer pessoalmente os atos da vida civil: I. Os menores de dezesseis anos. II. Os **loucos** de todo o gênero. III. Os surdos-mudos, que não puderem exprimir a sua vontade; IV. Os ausentes, declarados tais por ato do juiz.	Art. 3º São **absolutamente incapazes** de exercer pessoalmente os atos da vida civil: I – os menores de dezesseis anos; II – os que, por **enfermidade ou deficiência mental**, não tiverem o necessário discernimento para a prática desses atos; III – os que, mesmo por causa transitória, **não** puderem exprimir sua vontade.	Art. 3º São **absolutamente** incapazes de exercer pessoalmente os atos da vida civil os **menores de 16 (dezesseis) anos.** (Redação dada pela Lei nº 13.146, de 2015) (Vigência) I – (Revogado); (Redação dada pela Lei nº 13.146, de 2015) (Vigência) II – (Revogado); (Redação dada pela Lei nº 13.146, de 2015) (Vigência) III – (Revogado). (Redação dada pela Lei nº 13.146, de 2015) (Vigência)
Rol dos relativamente incapazes	Art. 6. São incapazes, relativamente a certos atos (art. 147, n. 1), ou à maneira de os exercer: I. Os maiores de dezesseis e menores de vinte e um anos (arts. 154 a 156);	Art. 4º São incapazes, relativamente a certos atos, ou à maneira de os exercer: I – os maiores de dezesseis e menores de dezoito anos;	Art. 4º São incapazes, relativamente a certos atos ou à maneira de os exercer: (Redação dada pela Lei nº 13.146, de 2015) (Vigência) I – os maiores de dezesseis e menores de dezoito anos;

Código Civil Brasileiro	CC/16	CC/2002	CC – alterado pelo EPD
	II. Os pródigos; III. Os silvícolas. Parágrafo único. Os silvícolas ficarão sujeitos ao regime tutelar, estabelecido em leis e regulamentos especiais, o qual cessará à medida que se forem adaptando à civilização do País. Art. 7. Supre-se a incapacidade, absoluta, ou relativa, pelo modo instituído neste Código, Parte Especial. Art. 8. Na proteção que o Código Civil confere aos incapazes não se compreende o benefício de restituição.	II – os ébrios habituais, os viciados em tóxicos, e os que, por deficiência mental, tenham o discernimento reduzido; III – os excepcionais, sem desenvolvimento mental completo; IV – os pródigos. Parágrafo único. A capacidade dos índios será regulada por legislação especial.	II – os ébrios habituais e os viciados em tóxico; (Redação dada pela Lei nº 13.146, de 2015) (Vigência) III – aqueles que, por causa transitória ou permanente, não **puderem exprimir sua vontade**; (Redação dada pela Lei nº 13.146, de 2015) (Vigência) IV – os pródigos. Parágrafo único. A capacidade dos indígenas será regulada por legislação especial. (Redação dada pela Lei nº 13.146, de 2015) (Vigência)
Cessação da incapacidade	Art. 9. Aos vinte e um anos completos acaba a menoridade, ficando habilitado o indivíduo para todos os atos da vida civil. § 1º Cessará, para os menores, a incapacidade: I. Por concessão do pai, ou, se for morto, da mãe, e por sentença do juiz, ouvido o tutor, se o menor tiver dezoito anos cumpridos; II. Pelo casamento; III. Pelo exercício de emprego público efetivo; IV. Pela colação de grau científico em curso de ensino superior.	Art. 5º A menoridade cessa aos dezoito anos completos, quando a pessoa fica habilitada à prática de todos os atos da vida civil. Parágrafo único. Cessará, para os menores, a incapacidade: I – pela concessão dos pais, ou de um deles na falta do outro, mediante instrumento público, independentemente de homologação judicial, ou por sentença do juiz, ouvido o tutor, se o menor tiver dezesseis anos completos; II – pelo casamento;	Não houve alteração no art. 5º.

Código Civil Brasileiro	CC/16	CC/2002	CC – alterado pelo EPD
	V. Pelo estabelecimento civil ou comercial, com economia própria.	III – pelo exercício de emprego público efetivo; IV – pela colação de grau em curso de ensino superior; V – pelo estabelecimento civil ou comercial, ou pela existência de relação de emprego, desde que, em função deles, o menor com dezesseis anos completos tenha economia própria.	

2. **Tomada de decisão apoiada (art. 1783-A, do Código Civil)**

CAPÍTULO III

Da Tomada de Decisão Apoiada (Incluído pela Lei nº 13.146, de 2015) (Vigência)

Art. 1.783-A. A tomada de decisão apoiada é o processo pelo qual a pessoa com deficiência elege pelo menos 2 (duas) pessoas idôneas, com as quais mantenha vínculos e que gozem de sua confiança, para prestar-lhe apoio na tomada de decisão sobre atos da vida civil, fornecendo-lhes os elementos e informações necessários para que possa exercer sua capacidade. (Incluído pela Lei nº 13.146, de 2015) (Vigência)

§ 1º Para formular pedido de tomada de decisão apoiada, a pessoa com deficiência e os apoiadores devem apresentar termo em que constem os limites do apoio a ser oferecido e os compromissos dos apoiadores, inclusive o prazo de vigência do acordo e o respeito à vontade, aos direitos e aos interesses da pessoa que devem apoiar. (Incluído pela Lei nº 13.146, de 2015) (Vigência)

§ 2º O pedido de tomada de decisão apoiada será requerido pela pessoa a ser apoiada, com indicação expressa das pessoas aptas a prestarem o apoio previsto no caput deste artigo. (Incluído pela Lei nº 13.146, de 2015) (Vigência)

§ 3º Antes de se pronunciar sobre o pedido de tomada de decisão apoiada, o juiz, assistido por equipe multidisciplinar, após oitiva do Ministério Público, ouvirá pessoalmente o requerente e as pessoas que lhe prestarão apoio. (Incluído pela Lei nº 13.146, de 2015) (Vigência)

§ 4º A decisão tomada por pessoa apoiada terá validade e efeitos sobre terceiros, sem restrições, desde que esteja inserida nos limites do apoio acordado. (Incluído pela Lei nº 13.146, de 2015) (Vigência)

§ 5º Terceiro com quem a pessoa apoiada mantenha relação negocial pode solicitar que os apoiadores contra-assinem o contrato ou acordo, especificando, por escrito, sua função em relação ao apoiado. (Incluído pela Lei nº 13.146, de 2015) (Vigência)

§ 6º Em caso de negócio jurídico que possa trazer risco ou prejuízo relevante, havendo divergência de opiniões entre a pessoa apoiada e um dos apoiadores, deverá o juiz, ouvido o Ministério Público, decidir sobre a questão. (Incluído pela Lei nº 13.146, de 2015) (Vigência)

§ 7º Se o apoiador agir com negligência, exercer pressão indevida ou não adimplir as obrigações assumidas, poderá a pessoa apoiada ou qualquer pessoa apresentar denúncia ao Ministério Público ou ao juiz. (Incluído pela Lei nº 13.146, de 2015) (Vigência)

§ 8º Se procedente a denúncia, o juiz destituirá o apoiador e nomeará, ouvida a pessoa apoiada e se for de seu interesse, outra pessoa para prestação de apoio. (Incluído pela Lei nº 13.146, de 2015) (Vigência)

§ 9º A pessoa apoiada pode, a qualquer tempo, solicitar o término de acordo firmado em processo de tomada de decisão apoiada. (Incluído pela Lei nº 13.146, de 2015) (Vigência)

§ 10. O apoiador pode solicitar ao juiz a exclusão de sua participação do processo de tomada de decisão apoiada, sendo seu desligamento condicionado à manifestação do juiz sobre a matéria. (Incluído pela Lei nº 13.146, de 2015) (Vigência)

§ 11. Aplicam-se à tomada de decisão apoiada, no que couber, as disposições referentes à prestação de contas na curatela. (Incluído pela Lei nº 13.146, de 2015) (Vigência)

3. Comparativo entre a Convenção da ONU sobre os direitos das pessoas com deficiência e o Estatuto da Pessoa com Deficiência no tocante ao tratamento da capacidade civil

EPD	CONVENÇÃO ONU
CAP. 2: DA IGUALDADE E NÃO DISCRIMINAÇÃO Art. 6º A deficiência **não** afeta a **plena** capacidade civil da pessoa, inclusive para: I – casar-se e constituir união estável; II – exercer direitos sexuais e reprodutivos; III – exercer o direito de decidir sobre o número de filhos e de ter acesso a informações adequadas sobre reprodução e planejamento familiar;	Artigo 12 – Reconhecimento igual perante a lei 1. Os Estados Partes reafirmam que as pessoas com deficiência têm o direito de ser reconhecidas em qualquer lugar como pessoas perante a lei. 2. Os Estados Partes reconhecerão que as pessoas com deficiência **gozam de capacidade legal em igualdade de condições com as demais pessoas em todos os aspectos da vida.**

EPD	CONVENÇÃO ONU
IV – conservar sua fertilidade, sendo vedada a esterilização compulsória; V – exercer o direito à família e à convivência familiar e comunitária; e VI – exercer o direito à guarda, à tutela, à curatela e à adoção, como adotante ou adotando, em igualdade de oportunidades com as demais pessoas. **CAPÍTULO II: DO RECONHECIMENTO IGUAL PERANTE A LEI** Art. 84. A pessoa com deficiência tem assegurado o direito ao **exercício** de sua capacidade legal em **igualdade** de condições com as demais pessoas. § 1º Quando necessário, a pessoa com deficiência será submetida à **curatela**, conforme a lei. § 2º É facultado à pessoa com deficiência a adoção de processo de **tomada de decisão apoiada**. § 3º A definição de curatela de pessoa com deficiência constitui medida protetiva **extraordinária, proporcional** às necessidades e às circunstâncias de cada caso, e durará o **menor tempo** possível. § 4º Os curadores são obrigados a prestar, anualmente, contas de sua administração ao juiz, apresentando o balanço do respectivo ano. Art. 85. A curatela afetará **tão somente** os atos relacionados aos direitos de natureza **patrimonial e negocial**. § 1º A definição da curatela não alcança o direito ao próprio corpo, à sexualidade, ao matrimônio, à privacidade, à educação, à saúde, ao trabalho e ao voto. § 2º A curatela constitui medida extraordinária, devendo constar da sentença as **razões e motivações** de sua definição, preservados os interesses do curatelado. § 3º No caso de pessoa em situação de institucionalização, ao nomear curador, o juiz	3. Os Estados Partes tomarão medidas apropriadas para prover o acesso de pessoas com deficiência ao **apoio** que necessitarem no exercício de sua **capacidade legal**. 4. Os Estados Partes assegurarão que todas as medidas relativas ao **exercício da capacidade legal** incluam **salvaguardas apropriadas e efetivas para prevenir abusos**, em conformidade com o direito internacional dos direitos humanos. Essas **salvaguardas** assegurarão que as medidas relativas ao exercício da capacidade legal respeitem os direitos, a vontade e as preferências da pessoa, sejam isentas de conflito de interesses e de influência indevida, sejam proporcionais e apropriadas às circunstâncias da pessoa, se apliquem pelo período mais curto possível e sejam submetidas à revisão regular por uma autoridade ou órgão judiciário competente, independente e imparcial. As salvaguardas serão proporcionais ao grau em que tais medidas afetarem os direitos e interesses da pessoa. 5. Os Estados Partes, sujeitos ao disposto neste Artigo, tomarão todas as medidas apropriadas e efetivas para assegurar às pessoas com deficiência o igual direito de possuir ou herdar bens, de controlar as próprias finanças e de ter igual acesso a empréstimos bancários, hipotecas e outras formas de crédito financeiro, e assegurarão que as pessoas com deficiência não sejam arbitrariamente destituídas de seus bens.

EPD	CONVENÇÃO ONU
deve dar preferência a pessoa que tenha vínculo de natureza familiar, afetiva ou comunitária com o curatelado. Art. 86. Para emissão de documentos oficiais, não será exigida a situação de curatela da pessoa com deficiência. Art. 87. Em casos de relevância e urgência e a fim de proteger os interesses da pessoa com deficiência em situação de curatela, será lícito ao juiz, ouvido o Ministério Público, de ofício ou a requerimento do interessado, nomear, desde logo, curador provisório, o qual estará sujeito, no que couber, às disposições do <u>Código de Processo Civil.</u>	
TÍTULO II – DOS DIREITOS FUNDAMENTAIS **CAPÍTULO I – DO DIREITO À VIDA** Art. 10. Compete ao poder público garantir a dignidade da pessoa com deficiência ao longo de toda a vida. Parágrafo único. Em situações de risco, emergência ou estado de calamidade pública, a pessoa com deficiência será considerada vulnerável, devendo o poder público adotar medidas para sua proteção e segurança. Art. 11. A pessoa com deficiência não poderá ser obrigada a se submeter a intervenção clínica ou cirúrgica, a tratamento ou a institucionalização forçada. Parágrafo único. O consentimento da pessoa com deficiência em situação de curatela **poderá ser suprido**, na forma da lei. Art. 12. O consentimento prévio, livre e esclarecido da pessoa com deficiência é indispensável para a realização de tratamento, procedimento, hospitalização e pesquisa científica. § 1º Em caso de pessoa com deficiência em situação de curatela, deve ser assegurada sua participação, no maior grau possível, para a obtenção de consentimento.	

EPD	CONVENÇÃO ONU
§ 2º A pesquisa científica envolvendo pessoa com deficiência em situação de tutela ou de curatela deve ser realizada, em caráter excepcional, apenas quando houver indícios de benefício direto para sua saúde ou para a saúde de outras pessoas com deficiência e desde que não haja outra opção de pesquisa de eficácia comparável com participantes não tutelados ou curatelados. Art. 13. A pessoa com deficiência somente será atendida sem seu consentimento prévio, livre e esclarecido em casos de risco de morte e de emergência em saúde, resguardado seu superior interesse e adotadas as salvaguardas legais cabíveis.	

4. **Quadro comparativo das principais revogações expressas ao CC feitas pelo artigo 123, EPD**

Art. 123. Revogam-se os seguintes dispositivos: (Vigência)

I – o inciso II do § 2º do art. 1º da Lei nº 9.008, de 21 de março de 1995;

II – os incisos I, II e III do art. 3º da Lei nº 10.406, de 10 de janeiro de 2002 (Código Civil);

Art. 3º São absolutamente incapazes de exercer pessoalmente os atos da vida civil: I – os menores de dezesseis anos; II – os que, por enfermidade ou deficiência mental, não tiverem o necessário discernimento para a prática desses atos; III – os que, mesmo por causa transitória, não puderem exprimir sua vontade.	Art. 3º São absolutamente incapazes de exercer pessoalmente os atos da vida civil os menores de 16 (dezesseis) anos. (Redação dada pela Lei nº 13.146, de 2015) (Vigência) I – (Revogado); (Redação dada pela Lei nº 13.146, de 2015) (Vigência) II – (Revogado); (Redação dada pela Lei nº 13.146, de 2015) (Vigência) III – (Revogado). (Redação dada pela Lei nº 13.146, de 2015) (Vigência)

III – os incisos II e III do art. 228 da Lei nº 10.406, de 10 de janeiro de 2002 (Código Civil);

Art. 228. Não podem ser admitidos como testemunhas: I – os menores de dezesseis anos; II – aqueles que, por enfermidade ou retardamento mental, não tiverem discernimento para a prática dos atos da vida civil;	Art. 228. Não podem ser admitidos como testemunhas: I – os menores de dezesseis anos; II – (Revogado); (Redação dada pela Lei nº 13.146, de 2015) (Vigência)

| III – os cegos e surdos, quando a ciência do fato que se quer provar dependa dos sentidos que lhes faltam; | III – (Revogado); (Redação dada pela Lei nº 13.146, de 2015) (Vigência) |

IV – o inciso I do art. 1.548 da Lei nº 10.406, de 10 de janeiro de 2002 (Código Civil);

| Art. 1.548. É nulo o casamento contraído: I – pelo enfermo mental sem o necessário discernimento para os atos da vida civil; II – por infringência de impedimento. | Art. 1.548. É nulo o casamento contraído: I – (Revogado); (Redação dada pela Lei nº 13.146, de 2015) (Vigência) II – por infringência de impedimento. |

V – o inciso IV do art. 1.557 da Lei nº 10.406, de 10 de janeiro de 2002 (Código Civil);

| Art. 1.557. Considera-se erro essencial sobre a pessoa do outro cônjuge: I – o que diz respeito à sua identidade, sua honra e boa fama, sendo esse erro tal que o seu conhecimento ulterior torne insuportável a vida em comum ao cônjuge enganado; II – a ignorância de crime, anterior ao casamento, que, por sua natureza, torne insuportável a vida conjugal; III – a ignorância, anterior ao casamento, de defeito físico irremediável, ou de moléstia grave e transmissível, pelo contágio ou herança, capaz de pôr em risco a saúde do outro cônjuge ou de sua descendência; IV – a ignorância, anterior ao casamento, de doença mental grave que, por sua natureza, torne insuportável a vida em comum ao cônjuge enganado. | Art. 1.557. Considera-se erro essencial sobre a pessoa do outro cônjuge: I – o que diz respeito à sua identidade, sua honra e boa fama, sendo esse erro tal que o seu conhecimento ulterior torne insuportável a vida em comum ao cônjuge enganado; II – a ignorância de crime, anterior ao casamento, que, por sua natureza, torne insuportável a vida conjugal; III – a ignorância, anterior ao casamento, de defeito físico irremediável que não caracterize deficiência ou de moléstia grave e transmissível, por contágio ou por herança, capaz de pôr em risco a saúde do outro cônjuge ou de sua descendência; (Redação dada pela Lei nº 13.146, de 2015) (Vigência) IV – (Revogado). (Redação dada pela Lei nº 13.146, de 2015) (Vigência) |

VI – os incisos II e IV do art. 1.767 da Lei nº 10.406, de 10 de janeiro de 2002 (Código Civil);

| Art. 1.767. Estão sujeitos a curatela: I – aqueles que, por enfermidade ou deficiência mental, não tiverem o necessário discernimento para os atos da vida civil; II – aqueles que, por outra causa duradoura, não puderem exprimir a sua vontade; III – os deficientes mentais, os ébrios habituais e os viciados em tóxicos; | Art. 1.767. Estão sujeitos a curatela: I – aqueles que, por causa transitória ou permanente, não puderem exprimir sua vontade; (Redação dada pela Lei nº 13.146, de 2015) (Vigência) II – (Revogado); (Redação dada pela Lei nº 13.146, de 2015) (Vigência) III – os ébrios habituais e os viciados em tóxico; (Redação dada pela Lei nº 13.146, de 2015) (Vigência) |

| IV – os excepcionais sem completo desenvolvimento mental;
V – os pródigos. | IV – (Revogado); (Redação dada pela Lei nº 13.146, de 2015) (Vigência)
V – os pródigos. |

VII – os arts. 1.776 e 1.780 da Lei nº 10.406, de 10 de janeiro de 2002 (Código Civil).

| Art. 1.776. Havendo meio de recuperar o interdito, o curador promover-lhe-á o tratamento em estabelecimento apropriado. (Revogado pela Lei nº 13.146, de 2015) (Vigência) | Art. 1.776. (Revogado pela Lei nº 13.146, de 2015) (Vigência) |
| Art. 1.780. A requerimento do enfermo ou portador de deficiência física, ou, na impossibilidade de fazê-lo, de qualquer das pessoas a que se refere o art. 1.768, dar-se-lhe-á curador para cuidar de todos ou alguns de seus negócios ou bens. (Revogado pela Lei nº 13.146, de 2015) (Vigência) | Art. 1.780. (Revogado pela Lei nº 13.146, de 2015) (Vigência) |

Diagramação eletrônica:
Linotec Fotocomposição e Fotolito Ltda., CNPJ 60.442.175/0001-80
Impressão e encadernação:
DEK Comércio e Serviços Ltda., CNPJ 01.036.332/0001-99

A.S. L10291